4 000 ANS
DE MYSTIFICATIONS
HISTORIQUES

DU MÊME AUTEUR

Joséphine, l'obsession de Napoléon, L'Archipel, 2011.
Ramsès II
I. *Le Diable flamboyant*, L'Archipel, 2010.
II. *Le Roi des millions d'années*, L'Archipel, 2010.
III. *Taousert, celle qui s'empara du ciel*, L'Archipel, 2010.
Le Krach du sperme, avec le Dr Pierre Dutertre, L'Archipel, 2010.
Un espoir aussi fort
I. *Les Années de fer*, L'Archipel, 2009.
II. *Les Années d'argent*, L'Archipel, 2009.
III. *Les Années d'or*, L'Archipel, 2009.
Jurassic France, L'Archipel, 2009.
Saladin, chevalier de l'islam, L'Archipel, 2008.
Padre Pio, ou les prodiges du mysticisme, Presses du Châtelet, 2008.
Le Secret de l'Auberge rouge, L'Archipel, 2007.
Jacob, l'homme qui se battit avec Dieu
I. *Le Gué du Yabboq*, L'Archipel, 2007.
II. *Le Roi sans couronne*, L'Archipel, 2007.
Le tourisme va mal ? Achevons-le !, Max Milo, 2007.
40 siècles d'ésotérisme, Presses du Châtelet, 2006.
Judas le bien-aimé, JC Lattès, 2006.
Marie-Antoinette, la rose écrasée, L'Archipel, 2006.
Saint-Germain, l'homme qui ne voulait pas mourir
I. *Le Masque venu de nulle part*, L'Archipel, 2005.
II. *Les Puissances de l'invisible*, L'Archipel, 2005.
Cargo, la religion des humiliés du Pacifique, Calmann-Lévy, 2005.
Et si c'était lui ?, L'Archipel, 2005.
Orages sur le Nil
I. *L'Œil de Néfertiti*, L'Archipel, 2004.
II. *Les Masques de Toutankhamon*, L'Archipel, 2004.
III. *Le Triomphe de Seth*, L'Archipel, 2004.
Trois mille lunes, Robert Laffont, 2003.
Jeanne de l'Estoille
I. *La Rose et le Lys*, L'Archipel, 2003.
II. *Le Jugement des loups*, L'Archipel, 2003.
III. *La Fleur d'Amérique*, L'Archipel, 2003.
L'Affaire Marie-Madeleine, JC Lattès, 2002.
Mourir pour New York ? Max Milo, 2002.

(suite en fin de volume)

GERALD MESSADIÉ

4 000 ANS DE MYSTIFICATIONS HISTORIQUES

l'Archipel

www.editionsarchipel.com

Si vous souhaitez recevoir notre catalogue
et être tenu au courant de nos publications,
envoyez vos nom et adresse, en citant ce livre,
aux Éditions de l'Archipel,
34, rue des Bourdonnais 75001 Paris.
Et, pour le Canada,
à Édipresse Inc., 945, avenue Beaumont,
Montréal, Québec, H3N 1W3.

ISBN 978-2-8098-0546-8

L'homme est de glace aux vérités,
Il est de feu pour les mensonges.

Jean DE LA FONTAINE

Il est permis de violer l'Histoire,
à condition de lui faire un enfant.

Alexandre DUMAS

Sommaire

SECONDE PARTIE

LES MYSTIFICATIONS DU MONDE MODERNE

Avant-propos

Dénoncer la mystification, c'est dénoncer le mensonge. Entreprise philosophique si vaste qu'elle prendrait toute une vie. De surcroît, il n'est pas deux visions identiques de la réalité ; il s'ensuit que toute personne qui décrit la sienne ment involontairement à l'autre. L'adage est d'ailleurs ancien : « Chacun voit midi à sa porte. »

Dire le faux se présente cependant sous des formes diverses, souvent enchevêtrées. Le mensonge sincère, par exemple celui du témoin d'un fait divers qui s'est trompé sur l'apparence d'un délinquant, se différencie du mensonge intentionnel, tel que celui du faux témoin : celui-là est un manipulateur.

Dans la Grèce antique, personne n'avait jamais vu Athéna, mais clamer qu'elle n'existait pas était un crime passible de mort. Sa réalité appartenait à cette forme de fiction ou de mensonge sincère qui s'appelle mythe et qui permet de rallier un grand nombre de citoyens à la défense d'une noble cause. Se prétendre délégué par les dieux pour prendre une décision politique importante était en revanche un mensonge manipulateur, c'est-à-dire une mystification, elle aussi passible de la peine de mort.

Distinguer entre les deux est ardu. Peut-être le mystificateur est-il sincère ? Peut-être a-t-il eu un songe et se croit-il vraiment délégué par les dieux ? Dans la vie des nations, ces questions revêtent bien plus d'importance que dans un amphithéâtre. Car la parole est instrument du pouvoir et celle qui s'exprime publiquement est signe de l'autorité. Seul celui qui détient les deux dispose du privilège de s'adresser au plus grand nombre.

Qu'on m'autorise ici un souvenir personnel ; il me paraît opportun. En 2006, la télévision suisse romande décida d'organiser un débat public sur le Diable et réunit à cette fin un prêtre catholique, un pasteur protestant, un imam musulman et un laïc, en l'occurrence moi-même, parce que j'avais publié une *Histoire générale du Diable*[1]. Le débat aborda la place de ce personnage dans les théologies. Il fut convenu par les invités qu'il incarnait l'essence du Mal et l'ennemi de Dieu, mais quand mon tour vint de répondre, je différai d'eux. Je rappelai que, selon l'Ancien Testament, il était le serviteur de Dieu. L'étonnement, teinté de scandale, se manifesta sur le plateau. Je citai alors ces lignes du *Livre de Job* : « Le jour vint où les membres de la Cour des cieux s'assemblèrent en présence du Seigneur, et Satan était là parmi eux. Le Seigneur lui demanda où il avait été. "Je parcourais la Terre d'un bout à l'autre", répondit-il. Le Seigneur lui demanda alors : "As-tu remarqué mon serviteur Job ? Tu ne trouveras aucun autre comme lui sur la Terre." » (Job, I, 6-8). Satan était donc membre de la Cour des cieux. La consternation succéda au scandale et le rabbin déclara que je venais de démontrer la raison pour laquelle il ne fallait pas mettre les Livres saints dans les mains des profanes.

La raison implicite en était que seule l'autorité peut interpréter ces livres. Cependant, l'autorité est humaine. Elle a parfois défailli au cours des siècles, comme on sait.

*

Depuis la seconde moitié du XXe siècle, une révolution silencieuse se fait de plus en plus tonitruante. Elle est internationale. Son cri de ralliement : « On nous a menti ! » Sur quoi ? Sur le passé. Qui sont les manifestants ? De jeunes historiens. Aux États-Unis, en France, en Angleterre, en Italie et ailleurs, ces érudits dont le métier est de raconter le passé poursuivent une insurrection qui en déconcerte plus d'un. Ils multiplent les livres, les études et les numéros spéciaux de revues sur les

1. Robert Laffont, 1993.

falsifications qui constitueraient la trame de la mémoire collective et transmissible.

Aussi, dès le XIXe siècle, l'historien Fustel de Coulanges les avait-il prévenus : « Enseigner l'histoire est une guerre civile. »

Les mensonges après lesquels en ont ces rebelles n'étonneront que les naïfs : depuis les peintures des grottes préhistoriques, il est évident que l'esprit humain est en quête perpétuelle de mythes. Seul le mythe fait palpiter son cœur et lui infuse le goût de l'action. L'image de l'aurochs percé de flèches symbolisait le triomphe de l'humain sur la bête, et la dépouille de l'animal assurait la nourriture essentielle à la vie, tout comme les os qu'on pouvait aiguiser en poignards, la peau dont on s'habillait. Et les guerriers prirent l'habitude de planter des cornes sur leur casque : ils avaient vaincu l'aurochs, ils étaient des héros, ils s'en étaient approprié les armes. À l'époque historique, des légions partirent se battre sous l'égide d'un dieu de la Guerre, Mars, Arès, Bellone, Ogmios ou autre. Personne ne l'avait jamais vu, mais il existait puisqu'il le devait. On lui inventa même une biographie et l'on s'esclaffait au récit de la mésaventure de Mars, par exemple, quand Vulcain l'avait pris avec son filet alors qu'il s'ébattait avec Vénus.

Car le mythe est plus fort que la vérité.

Mais il est mensonge.

Au fur et à mesure que l'imprimerie fixa et répandit le savoir, on s'avisa que nombre de gens avaient fabriqué des mythes et que, en plus d'être des instruments de pouvoir, ils pouvaient être toxiques. La naissance de la propagande les rendit encore plus dangereux. Quelques fabricants de mythes galvanisèrent, par exemple, une nation aussi cultivée que l'Allemagne avec le mythe de la « race aryenne ».

Repus des fadaises dont leurs aînés les avaient gavés, les jeunes historiens partirent en guerre, pareils à des exterminateurs. Ils n'ont pas fini leur tâche : les mythes pullulent, en effet. Ils se nichent dans les recoins des mémoires.

Mais comment les reconnaître ?

*

Tout savoir est par définition incomplet et sujet à révisions, donc à erreurs. Tout médecin peut vérifier que l'art de guérir au XXIe siècle n'a que de lointains rapports avec celui du début du XXe. L'histoire ne fait pas exception à la règle. Qu'est-elle ? Un récit ou la combinaison de plusieurs récits du passé, d'après des documents et témoignages de l'époque. Mais qu'il s'agisse de l'histoire antique, de celle des siècles passés ou bien des dernières décennies, elle est constamment modifiée par des découvertes archéologiques ou par l'apparition de documents et de témoignages.

Il s'ensuit que tout savoir est par définition inachevé.

Ainsi, jusqu'au dernier quart du XIXe siècle, lettrés et public pensaient que l'*Iliade* d'Homère était le récit poétique d'événements qui s'étaient peut-être déroulés au temps d'Homère, mais qui n'avaient pas grand rapport avec une quelconque réalité historique. On douta même de l'existence du poète. En 1868, un riche Américain d'origine allemande, Heinrich Schliemann, passionné d'Homère, entreprit des fouilles à l'entrée des Dardanelles, sur le site présumé de Troie, puis en Argolide, à Mycènes et Tirynthe. La découverte de ruines anciennes ravagées par le feu et de trésors considérables le convainquit d'avoir retrouvé Troie. La mise au jour de seize tombeaux à Mycènes le persuada cette fois qu'il avait identifié les vestiges de l'antique royaume d'Agamemnon. On a depuis considérablement nuancé les affirmations de Schliemann, mais enfin, il avait donné quelque substance historique au poème d'Homère.

Le mythe avait été confirmé par l'histoire.

Mais l'histoire peut aussi défaire le mythe. Ainsi, les instituteurs ont enseigné pendant des décennies, dans les écoles républicaines, qu'un certain Charles Martel, à la tête des armées franques, avait arrêté les Sarrasins (certains disaient déjà « les Arabes ») à Poitiers en 732. Les armées franques étaient alors identifiées aux armées françaises et, dans l'esprit des écoliers, même devenus adultes, les croisades n'étaient pas loin (trois siècles les séparaient de l'épisode de Poitiers). La référence gagna les milieux politiques et la bataille de Poitiers devint une préfiguration de la naissance de la France, puis de sa résistance au « péril arabe », magnifiée dans les croisades. Pénétré de la notion d'« identité nationale », l'enseignement de la IIIe République exalta les gestes de Charles Martel, de Roland à Roncevaux et de Jeanne d'Arc comme autant d'exemples de l'indomptable esprit de la France. En réalité, c'étaient trois mythes issus de faits dénués de toute la portée grandiose et symbolique qu'on leur prêtait pour des raisons politiques. L'interprétation en est fausse et même tendancieuse. Mais elle est aussi tenace.

*

Au début du XXe siècle, alors que l'histoire était devenue, en France comme dans plusieurs autres pays européens, une véritable discipline sous l'impulsion d'Ernest Lavisse, les historiens s'avisèrent de trois faits : d'abord, cette discipline tenait une place fondamentale dans la culture, car elle ouvrait l'esprit à la compréhension du monde ; elle devait donc, à ce titre, être associée à la géographie ; ensuite, elle exerçait une influence politique et, de ce fait, elle était elle-même influencée en retour par la politique ; or, celle-ci étant tributaire de l'éthique, du moins en principe, il s'ensuivait que l'historien devait la respecter aussi. Il eût été immoral, par exemple, de représenter un tyran ennemi comme un monarque éclairé, comme il était immoral de décrire comme un pleutre ou un incapable un roi dont la dynastie régnait toujours. Ce fut ainsi que Néron, ennemi supposé du christianisme, fut représenté comme un monstre.

Enfin, sans prétendre à être une science exacte, au même titre que les mathématiques ou la chimie, l'histoire devait néanmoins se fonder sur les documents et s'aider de disciplines telles que l'économie, la sociologie, l'ethnologie, l'évolution des sciences et des techniques, et – en Allemagne en particulier – la philosophie.

Tout à la fois, l'histoire s'enrichit donc et devint plus rigoureuse dans ses interprétations. Progressivement, elle s'affranchissait des mythes et de la manipulation politique.

Une telle évolution ne pouvait se faire sans bouleverser des habitudes de pensée et des traditions souvent entretenues depuis des siècles, non seulement chez les instituteurs, mais aussi dans les milieux académiques. Elle entraînait en effet la remise en question de bien des idées ancrées dans les cultures nationales. Dès le XIXe siècle, Fustel de Coulanges, auteur de *La Cité antique*, dénonçait le mythe de la liberté dans l'Antiquité. Scandale : le citoyen romain, ce modèle – imaginaire – de l'homme accompli, n'était donc pas libre ? Non, la liberté est une idée récente en histoire.

Au début du XXe siècle, le philosophe italien Benedetto Croce, désabusé, déclarait que « toute histoire est roman et tout roman, histoire ».

Les protestations indignées fusèrent contre ces révisions, qualifiées tour à tour de positivistes, de négativistes (ce qui n'avait rien à voir avec le négationnisme), d'antipatriotiques ou de cyniques, mais qui étaient en tout cas rejetées par certains courants idéologiques. En France, par exemple, les mythes de « nos ancêtres les Gaulois » et de « Jeanne d'Arc qui bouta les Anglais hors de France » demeurent particulièrement tenaces. Même dans l'histoire récente, on a vu des fabrications à l'encontre de toutes les évidences.

Puis un accident fâcheux et même détestable advint : après la Seconde Guerre mondiale, quelques historiens, eux-mêmes intoxiqués par des mythologies, prétendirent que le nombre de juifs assassinés « scientifiquement » par les nazis avait été démesurément gonflé, que les chambres à gaz étaient une invention concoctée par des juifs et que le Zyklon B n'avait servi qu'à désinfecter les prisonniers…

On se méfia alors des négationnistes, comme on les appela. La surabondance des preuves contraires finit par discréditer leurs thèses, et diverses lois, avec sanctions assorties, réprimèrent leurs discours. La mesure était drastique, mais un peu moins de véhémence de leur part leur eût sans doute épargné ce sort.

Les révisionnistes reprirent alors leur inventaire des mensonges, mystifications, omissions et fabrications du passé…

*

Ici se pose une question troublante : les historiens responsables de ces erreurs étaient-ils des ignorants ? Non : les documents qu'ils avaient patiemment mis au jour de génération en génération le démontrent amplement. Il suffit de les consulter pour s'assurer des erreurs.

Étaient-ils alors de mauvaise foi, sinon des menteurs eux-mêmes ? Pour outrancière qu'elle soit, l'accusation est un peu plus fondée, mais elle doit être si fortement nuancée qu'elle perd une grande part de son poids. Ces hommes (on compte peu de femmes dans leurs rangs) ont souvent modifié l'interprétation des faits pour démontrer ce qu'ils considéraient comme une vérité ; c'est-à-dire qu'ils ont sacrifié la réalité à l'idée.

Parfois aussi, l'historien est à son insu prisonnier du prisme de sa culture et suit des schémas de pensée autocentrés. Le cas de Galilée est à cet égard exemplaire : jusqu'à lui et à Copernic – qui ne publia pas ses conclusions –, les autorités intellectuelles et spirituelles de l'Occident tenaient que la Terre était le centre de l'univers. Aucune démonstration ne les aurait convaincus du contraire ; c'est un phénomène connu en psychologie sous le nom de dissonance cognitive. L'esprit se refuse à admettre des évidences contraires à ses convictions.

Au XXIe siècle, l'historien Jack Goody[1] a démontré que des historiens éminents avaient commis la même erreur ; ils avaient interprété l'histoire selon un angle européen. Ils décrivaient, par exemple, la découverte du sucre et des épices comme un phénomène européen et ne se souciaient pas de savoir comment d'autres civilisations les avaient découverts, avant l'Europe. Le cas le plus pittoresque est celui du père missionnaire Labat (1663-1738), qui avait déclaré que les Arabes ne connaissaient pas l'usage de la table, et Fernand Braudel cite un observateur selon qui les chrétiens ne s'assoient pas par terre pour manger, comme les musulmans. Formidable erreur : l'Orient connaissait la table depuis les pharaons. Et quant à s'asseoir par terre pour manger, il suffit d'avoir un peu voyagé pour savoir que les animistes, les bouddhistes et bien d'autres le font.

1. *The Theft of History*, Cambridge University Press, 2007 ; trad. fr. *Le Vol de l'histoire*, Gallimard, coll. « NRF Essais », 2010.

Inconsciemment, les historiens suivaient un schéma de pensée destiné à prouver la supériorité de l'Occident chrétien sur le reste du monde.

Cette déformation s'explique. L'histoire est un chaos de données et nulle intelligence ne peut se résoudre à ce qu'elle, sa famille, ses proches et ce qu'elle considère comme son peuple ne soient que des fétus entraînés dans des tourbillons aveugles, dont nul ne sait où ils vont. C'est le problème fondamental de la philosophie : nul n'accepte l'absurde. Un tel consentement serait immoral, parce que celui qui se résout à l'injustice devient lui-même injuste.

Les études d'éthologie du XXe siècle l'ont démontré : même l'animal refuse l'injustice.

Pour l'historien, il s'ensuit que sa mission est de donner un sens à la masse de faits qu'il est chargé de traiter pour en offrir un récit selon lui cohérent. On ne peut pas douter de la sincérité de tous ceux qui, dans le système d'enseignement de la IIIe République, étaient convaincus que la république était un progrès social par rapport à la royauté, de même que l'automobile était un progrès par rapport à la traction animale. Cette idée prouvait à leurs yeux qu'il y avait bien un sens dans l'histoire. De ce fait, l'historien se devait de distinguer ceux des faits qui le démontraient, quitte à négliger, occulter ou oublier les autres. Ce fut ainsi que les faits qui risquaient de nuire à l'aura de la Révolution de 1789, tels que les massacres de Vendée, étaient mis sous le boisseau. La tendance perdura jusqu'au XXe siècle : il est alors difficile de trouver, dans l'abondante littérature consacrée à Robespierre, une mention de sa tentative de suicide, peu avant son arrestation ; certains ouvrages étrangers allèguent même que Robespierre aurait été blessé par un soldat nommé « Melda » ; à une consonne près, d'autres disent franchement « Merda »... on devine l'intention.

Dans son cas, l'amnésie aggrava la fabrication : il y avait bien cent personnes autour de Robespierre à ce moment-là, mais personne ne se souvint de rien.

Ainsi, l'idée s'affirme et se transforme en mythe.

L'historien est un mythificateur qui vise à montrer que son monde est supérieur aux autres ; le mystificateur, lui, cherche à montrer qu'il est lui-même supérieur aux autres. La différence entre les deux est ténue.

Jadis vécut peut-être un homme d'une force inouïe. Celle-ci était si prodigieuse qu'elle ne pouvait s'expliquer que par une origine surnaturelle : cet homme devait avoir été enfanté par un dieu amoureux d'une mortelle. Demi-dieu, donc toujours asservi à la condition humaine, il était donc voué à la mort. Mais même la mort d'un demi-dieu est difficile à admettre : il fallait qu'il se la donnât lui-même. Et pourquoi ? Seul le désespoir peut pousser un demi-dieu au suicide, et le plus noble est l'amour.

Ce fut ainsi qu'Hercule, le plus fort des hommes, monta sur le bûcher parce qu'il avait été trahi par Déjanire.

Et ce fut l'un des premiers mythes. Et l'un des premiers faux.

*

Comme tous les remèdes, la dénonciation des faux comporte ses effets secondaires ; le principal est la manie du complot.

Elle peut se retourner contre le dénonciateur lui-même : de quel droit conteste-t-il des faits reconnus de tout le monde ? Quels sont ses titres ? Ne serait-ce pas un fauteur de troubles ? Car c'est un point divertissant de l'histoire : on n'a pas besoin de titres pour croire, mais on en a besoin pour ne pas croire. Passe que lord Kelvin, éminent savant, ait déclaré solennellement devant ses collègues de la Royal Society, après la découverte de la radioactivité : « On ne tardera pas à découvrir que les rayons X sont une supercherie. » Il avait, lui, homme de science qualifié, le droit de se tromper, mais on n'avait pas le droit de le lui dire si l'on n'était pas son égal : c'est l'un des traits du mandarinat universel.

La manie du complot, elle, est très ancienne ; elle dérive, en effet, d'un excès de logique ; tout effet ayant une cause, il s'ensuit qu'il n'est rien d'inexplicable. En attestent les innombrables et tragiques procès en sorcellerie qui émaillèrent l'histoire de l'Occident jusqu'au XVIIe siècle : si les moutons d'un paysan mouraient ou si son fils avait le croup, on soupçonnait d'emblée le voisin de lui avoir jeté un sort. Et l'affaire se terminait généralement par la mort d'un malheureux ou d'une malheureuse auxquels on avait extorqué des aveux par la torture et qu'on brûlait sur un bûcher après lui avoir arraché la langue.

Cette folie perdura jusqu'au siècle des Lumières : le premier procès que plaida le jeune avocat Robespierre à Arras fut celui de bourgeois qui avaient installé un paratonnerre sur leur maison. Leurs voisins avaient déposé plainte, arguant que ces mécréants voulaient détourner le courroux divin sur des innocents. Bien que Benjamin Franklin eût démontré la nature électrique de la foudre, peu de gens prêtaient crédit à ces bavardages scientifiques et tenaient pour acquis que la foudre était l'expression de la colère de Dieu. La vieille mystification entretenue par l'esprit religieux résistait vaillamment.

Au XXe siècle, le président Roosevelt et le Premier ministre Churchill furent désignés comme suspects dans deux théories du complot : le premier aurait laissé bombarder la flotte américaine à Pearl Harbour pour disposer enfin d'un prétexte à l'entrée en guerre ; quant au second, il aurait laissé bombarder Coventry pour démontrer la barbarie nazie. Les deux théories circulent encore. Leur fausseté sera démontrée dans les pages qui suivent.

Plus près de nous, on a vu des fractions de l'opinion douter du récit général – on ne dira pas « officiel », car il n'y en eut pas – de l'attentat du 11 septembre 2001. Les films qui avaient défilé sur les écrans de télé et qui montraient bien les avions détournés heurter de plein fouet les tours du World Trade Center ne les avaient pas convaincues. Certaines singularités, il est vrai, entretenaient des doutes.

Mais la nouvelle théorie dépassa de loin les questions posées par ces singularités – et d'ailleurs demeurées sans réponse.

La séduction du faux est souvent irrésistible. Pour l'illustrer, nous avons inclus dans cette anthologie divers exemples qui touchent à la finance, aux beaux-arts, à la science ; ils contribuent à cerner la tendance des manipulateurs à falsifier les faits.

*

Le choix des termes qui qualifient les faux en histoire est large : il va du mythe, qui s'est forgé sans intention délibérée de tromper, à la mystification, qui est une tromperie volontaire, en passant par l'omission, forme particulièrement perfide du mensonge, et l'imposture, généralement dictée par des raisons idéologiques et plus spécifiquement politiques. Suivent la rumeur, le bobard, l'intox, le canard, l'idée reçue, dont les sens se chevauchent plus ou moins. La sanction en reste la même : ce sont des délits.

Les bonnes intentions risquent alors d'être perverties et l'historien peut être mené à mentir sincèrement, si l'on peut ainsi dire ; l'exemple le plus flagrant en est celui de l'Encyclopédie soviétique, qui variait d'une édition à l'autre afin de satisfaire aux diktats du Kremlin. L'historien cesse à la fin de l'être pour se changer en propagandiste.

Divers efforts ont été faits ces dernières années pour corriger ces dérives. Plusieurs d'entre eux méritent des éloges, mais beaucoup m'ont semblé excessivement respectueux à l'égard de certains mythes : ils ne les ont tout simplement pas mentionnés.

Le lecteur aura deviné la raison de ces pages. Peut-être demandera-t-il s'il est possible à un seul historien, non universitaire, de couvrir d'aussi larges domaines que ceux qui y sont évoqués. La réponse est qu'en un demi-siècle de recherches on peut apprendre et découvrir bien des choses demeurées dans l'ombre, même celles qu'on ne cherchait pas. Plusieurs des domaines dont il est ici question, dont ceux de l'histoire antique, des sources du christianisme et de la Seconde Guerre mondiale, m'étaient déjà familiers.

L'histoire de l'Égypte, par exemple, me porta à m'interroger sur certains de ses personnages les plus célèbres, tel Ramsès II qui fut, alors que j'étais enfant, puis adolescent, l'objet d'une vénération quasi religieuse dans son pays (l'une de ses colossales statues s'élevait sur la place de la Gare, au Caire, avant qu'on la déplaçât au musée, pour lui épargner la pollution). Je finis par interroger des égyptologues de mon entourage et leurs analyses me conduisirent vers la conclusion exposée dans ces pages : ce monarque fut l'un des premiers inventeurs de la propagande.

Parallèlement, la quasi-sanctification dont Socrate faisait l'objet de la part de mes professeurs de grec et de latin finit aussi par susciter mes soupçons, après avoir excité ma curiosité. Ces soupçons me lancèrent dans une enquête de plusieurs décennies sur ce que put être l'enseignement d'un maître qui ne voulait pas être un professeur et d'un penseur qui n'a pas laissé un seul mot écrit.

L'adolescence passe au tamis le grain que ses aînés lui donnent à moudre.

De mes recherches sur les sources du christianisme, qui ont fait l'objet d'autres ouvrages, on ne trouvera ici que deux ou trois points saillants, qui me semblent faire l'objet de non-dits décidément pesants.

Enfin, la Seconde Guerre mondiale est un domaine qui reste inépuisable, comme en témoignent les flots d'ouvrages qui s'efforcent de la raconter et de l'expliquer depuis plus de six décennies. Je n'ai cessé, depuis le choc que me causèrent les photos des premières victimes des camps de la mort, d'interroger ceux qui en vécurent tel ou tel chapitre, de consulter les archives accessibles et de lire tout ce que je pouvais lire à ce sujet.

Ainsi tombai-je parfois sur des personnages dont certains suscitaient mon admiration depuis l'enfance, tel Orde Wingate, mystificateur de génie, ou des mystificateurs pathologiques, tel Trebitsch Lincoln, juif pronazi. Ainsi découvris-je aussi des légendes douteuses et des mystifications pudiquement voilées.

En somme, ces pages sont en quelque sorte une manière d'autobiographie, en même temps qu'un tour commenté de ma bibliothèque.

PREMIÈRE PARTIE

LES MYSTIFICATIONS DU MONDE ANCIEN

XIIIe *siècle av. J.-C.*

Ramsès II : grand pharaon et premier grand mythomane

De tous les pharaons connus du grand public occidental, Ramsès II est avec Tout-Ankh-Amon l'un des plus célèbres. Ce dernier, éphémère roitelet, doit sa notoriété à l'émotion que suscita la découverte de sa tombe par Howard Carter en 1929 et aux trésors qu'elle révéla ; le premier doit la sienne à la profusion de monuments colossaux qu'il érigea sur le territoire égyptien et à ses statues gigantesques, dont celles que l'Unesco déclara partie du patrimoine mondial de l'humanité et qui furent surélevées dans les années 1960, lors de la construction du Grand Barrage sur le Nil. Ce legs formidable fait à ce jour l'admiration des touristes, aussi bien que des égyptologues.

Ramsès II fut aussi l'organisateur de la plus grande mystification du monde antique.

En 1274 avant notre ère, âgé de vingt-six ans, couronné depuis cinq ans, il lança quatre divisions dans une campagne destinée à reconquérir la place forte de Qadesh, sur l'Oronte, en Syrie, que les Hittites, peuplade du nord-est de la Méditerranée en conflit latent avec l'Empire égyptien, avaient enlevée quelques années plus tôt. Il parvint un mois plus tard à destination.

Dupé par les fausses informations d'émissaires hittites, il crut ses ennemis plus éloignés qu'ils ne l'étaient. Il commit alors une erreur tactique : à la tête de la division d'Amon, il partit de l'avant et installa son camp au pied de la citadelle dont il comptait faire le siège ; il s'isola donc du gros de son armée. Les Hittites, alors tout proches, déboulèrent dans son camp en pleine nuit et Ramsès II ne dut son salut qu'à la fuite. Il se retrouva seul dans une mêlée nocturne. Sa garde personnelle, les Néarins, lui permit cependant de résister au premier choc. La division d'Amon put alors se regrouper et, avec l'aile d'une division qui arrivait à la rescousse, celle de Rê, contint l'offensive hittite.

Le roi hittite Mouwattali avait réussi à repousser les Égyptiens.

Ramsès II ne conquit jamais Qadesh et n'en entreprit même pas le siège. Mais il transforma une déroute caractérisée en une formidable victoire. D'abord, un scribe nommé Pentaour rédigea un immense poème célébrant les triomphes successifs de son monarque dans cette épopée, lui prêtant des exploits imaginaires, comme des incursions en Mésopotamie et en Asie mineure, avec le secours héroïque de ses fils... qui avaient alors dix ou douze ans. Non content d'avoir ainsi pansé son amour-propre, Ramsès II fit ensuite réaliser des hectares de hauts-reliefs sur les murs des temples, pour illustrer ces fables.

Les sujets de Ramsès II ne surent jamais rien de la vérité et les militaires qui avaient participé aux combats tinrent sans doute leur langue, de peur des conséquences. Mais les Égyptiens avaient aussi le sens de la satire, et ils savaient écrire des textes séditieux ; ceux-ci ne nous sont pas tous parvenus, mais il en est au moins un qui témoigne que certains scribes se doutèrent des rodomontades du monarque ; ainsi du *Récit du scribe Hori*, qui dénonce les vantardises d'un traîneur de sabre et l'invective en ces termes :

> *Tu n'es pas allé dans le pays des Hattous* [Hittites] *et tu n'as pas vu le pays d'Oupi* [la Syrie]. *Tu ne connais pas plus les paysages du Khedem que ceux d'Iged. Tu n'es jamais allé à Qadesh...*

La dénonciation est transparente.

Ramsès II finit par pactiser avec les Hittites et il dépensa même des trésors de patience pour obtenir la main de la fille du « vil Hattou » qu'il avait agoni d'injures. Il n'en fut pas moins un grand roi.

Mais c'eût été moins évident pour ses sujets et ses successeurs s'il n'avait inventé la propagande.

Xe siècle av. J.-C.

La Grande Jérusalem existait avant David

En 1998, l'archéologue israélien Ronny Reich publiait, au terme de deux ans de travaux, les résultats de fouilles entreprises dans les sous-sols de Jérusalem ; il concluait que le système de canalisations qui approvisionnait la ville en eau depuis des dizaines de siècles datait de 1800 avant notre ère et que la superficie de la ville ancienne était double de celle qu'on avait jusqu'alors estimée ; en effet, elle incluait la source de Gihon que, par tradition, on avait située à l'extérieur de la ville conquise par David.

L'archéologie est une science qui souvent frise le domaine politique, notamment en Israël, et les résultats des fouilles de Reich suscitèrent des interpellations à la Knesset et des débats assez vifs, oubliés depuis.

Pour mémoire, selon la tradition, appuyée sur la Bible (Samuel, II), le roi David décida de s'emparer de la ville cananéenne de Jérusalem, qui appartenait aux Jébusites, afin de mettre fin à la guerre fratricide entre les tribus de Benjamin et de Juda et de leur imposer sa volonté et la paix. Pour cela, il recruta une armée de Kérétiens et de Pérétiens, c'est-à-dire des Crétois ; partant du conduit de la source de Gihon, à l'extérieur de la ville selon la Bible, lui et ses soldats s'infiltrèrent dans Jérusalem, défirent promptement les défenseurs jébusites et s'emparèrent de la ville. Par la suite, le roi David agrandit considérablement sa capitale.

Que les canalisations fussent plus anciennes qu'on l'avait cru ne contrariait pas la tradition, puisque c'était par ces boyaux que David et ses soldats avaient pénétré dans la ville. Mais que la source de Gihon se trouvât à l'intérieur de l'enceinte de celle-ci contredisait cette tradition ; comment alors les envahisseurs se seraient-ils introduits dans la ville ? C'est toute l'histoire de la conquête de Jérusalem qui se trouve mise en cause. Plusieurs aspects en demeuraient déjà problématiques : comment une petite armée avait-elle pu s'infiltrer par ses canalisations dans une ville fortifiée sans que les occupants de celle-ci s'en aperçoivent ? Et que devint la population ?

Plus ils sont anciens toutefois, plus certains mythes résistent à la critique.

Ve siècle av. J.-C.

Les Grecs ont-ils inventé la démocratie ?

L'une des idées reçues les plus solidement ancrées dans la culture générale occidentale moderne est que la Grèce aurait inventé la démocratie. Mis à part la création du mot à partir des racines *demos*, « peuple », et *kratos*, « pouvoir », rien n'est plus faux. Pour mémoire, le mot n'apparut qu'assez tard, vers la fin du Ve siècle.

Pour commencer, la Grèce, au sens d'entité nationale, n'existait alors pas. L'Hellade se partageait en districts indépendants, la Thrace, la Chalcidique, les Iles, l'Ionie et la Carie. Là se dressaient des cités-États, dont la population n'excédait pas dix mille citoyens : Athènes, Thèbes, Mégare, Argos, Sparte, Amphipolis et, sur la côte de l'actuelle Turquie, Sestos, Clazomènes, Éphèse, Milet... Des alliances se forgeaient parfois entre ces cités-États, mais des antagonismes les opposaient souvent aussi, comme entre Athènes et Sparte. Sparte demeura une royauté alors qu'Athènes ébauchait la démocratie.

L'ethnologie et l'archéologie ont démontré que la démocratie directe, forme de gouvernement où le droit de prendre des décisions est exercé par le corps entier des citoyens, selon la loi de la majorité, existait depuis des siècles dans bien d'autres régions du monde sous la forme des conseils de clans. La démocratie représentative exista aussi sous la forme de conseils de tribus, quand celles-ci devaient élire un chef.

La démocratie ne s'imposa pas d'emblée à Athènes et, jusqu'à la conquête romaine, la cité balança entre l'oligarchie et la démocratie. Telle que la concevaient les Athéniens, celle-ci ne peut en tout cas être confondue avec le régime qu'on entend sous ce nom à l'époque moderne : d'abord, elle excluait certaines catégories d'habitants qui n'étaient pas considérés comme citoyens, tels que les esclaves et les marins, par exemple ; l'esclavage était même considéré comme constitutif de la démocratie, seuls les citoyens dégagés de leurs tâches pouvant s'occuper des affaires de la cité. Ensuite, elle ne connaissait pas la séparation des pouvoirs et le même magistrat pouvait être à la fois juge et législateur.

Jusqu'à Périclès, la démocratie était dirigée en fait par les citoyens les plus riches ; c'était l'héritage de la constitution de Solon (VIIe-VIe siècles avant notre ère). Quand Périclès institua une taxe permettant de verser une indemnité (les mistophories) aux plus pauvres, afin qu'ils pussent participer à la vie de la cité, une pluie de critiques s'abattit sur cette innovation, qui ne correspondait pas à la conception athénienne de la démocratie.

Enfin, au IIIe siècle, Aristote considérait le mode d'élection des responsables de la cité à son époque comme « trop puéril » (*Politique*, II) ; on ne sait pas si l'élection se faisait par acclamation, comme pour les gérontes, ou bien par tirage au sort, après consultation des auspices. Plutarque rapporte que les scrutateurs, « enfermés dans un bâtiment, estimaient l'intensité des acclamations »... (Lycurgue). En tout cas, elle ne s'effectuait pas par vote.

Il est donc erroné d'attribuer aux « Grecs » l'invention de la démocratie. Le terme est un emballage qui a même servi à des denrées putrides, telles ces « démocraties populaires » du glacis soviétique, qui n'étaient ni populaires ni démocratiques, réalisant à la fois les sinistres prophéties de la « novlangue » de George Orwell (*1984*) et les fantasmes des fanatiques de l'utopie.

399 av. J.-C.

La mort de Socrate : un suicide à peine déguisé

En l'an 399 av. J.-C., sur dénonciation de trois citoyens, le poète Mélétos, l'artisan et politicien Anytos et l'orateur Lycon, l'Aréopage d'Athènes, tribunal de cinq cents citoyens, traduisit en jugement Socrate, « le plus sage de tous les hommes » selon l'oracle de Delphes, c'est-à-dire la voix du dieu Apollon. Il l'accusa de deux crimes : « Corruption de la jeunesse » et « Négligence des dieux de la cité et pratique de nouveautés religieuses ». Il refusa d'être défendu par un avocat célèbre, Lysias, qui l'aurait sans doute tiré d'affaire, et assuma lui-même sa plaidoirie. Elle fut tellement désinvolte et insolente que l'Aréopage indigné le déclara coupable par 280 voix contre 220.

Les procureurs avaient requis la mort : il boirait une coupe de ciguë, selon la pratique athénienne. Il aurait pu négocier sa peine, mais il déclara qu'il était un bienfaiteur de la Cité et qu'il devrait être entretenu par elle. Alors l'indignation de l'Aréopage s'amplifia : la majorité favorable à la peine de mort augmenta. Socrate boirait la ciguë. Il la but, en effet, arguant que, puisque la peine avait été prononcée par un tribunal légitime, il devait l'accepter. Il avait alors soixante-dix ans. Ses amis lui avaient offert d'organiser son évasion de prison ainsi que l'exil dans un lieu sûr, mais il refusa avec fermeté. La condamnation à mort acceptée ressemble alors à un suicide.

Vingt-cinq siècles plus tard, aucune explication plausible du jugement des citoyens d'Athènes n'a été offerte. On ne connaît qu'indirectement les preuves et les exemples spécifiques de corruption invoqués par l'Aréopage. Les allusions à l'homosexualité ne sont évidemment pas soutenables, car celle-ci n'était pas délictueuse à Athènes. Quant au second chef d'accusation, il se réfère aux allusions à une divinité insaisissable qui ne correspondait pas aux définitions des dieux que révérait Athènes et qui se manifestait à lui sous la forme de son célèbre *daimon*, son génie personnel.

Cependant, la sentence de l'Aréopage a pris au cours des siècles les couleurs d'une injustice monstrueuse et son acceptation par Socrate a été interprétée comme l'expression d'un stoïcisme admirable devant l'injustice des Athéniens. Tous les ouvrages scolaires et universitaires, toutes les encyclopédies sont unanimes sur ce point. Le philosophe a ainsi revêtu des dimensions quasi christiques de héros défenseur de la vérité qui accepte courageusement la mort.

Plusieurs historiens ont mis l'accusation de Socrate au compte de l'inintelligence et de l'influence des accusateurs Anytos, Lycon et Mélétos ; à supposer qu'ils aient en effet été bêtes et méchants, pareille plaidoirie fit bien peu cas de la majorité des Athéniens qui votèrent pour la condamnation à mort : plus de trois cents sur cinq cents. Il faudrait qu'il y ait eu à Athènes beaucoup de gens bêtes et méchants.

*

La vérité est bien différente. Et elle ne correspond guère aux apologies des vingt-cinq siècles successifs.

En 399 av. J.-C., Athènes émergeait de la désastreuse guerre du Péloponnèse, qui l'avait ruinée, et de deux épisodes de tyrannie sanglants : la tyrannie des oligarques, dite aussi des Quatre Cents, en -411, et la tyrannie des Trente, en -404. La jeune ébauche de démocratie athénienne avait manqué y sombrer. Or, parmi les meneurs de l'une et de l'autre, on trouvait des disciples de Socrate, Charmide et Critias. Platon a d'ailleurs donné leurs noms à deux de ses *Dialogues* (comble d'impudence, il a ajouté au *Charmide* un second titre, *De la sagesse morale*).

Pis encore, l'homme qui avait causé la ruine d'Athènes, Alcibiade, aventurier tapageur, provocateur et cynique, compromis dans un scandale de mauvais goût (lui et une bande d'amis avaient castré les hermès qui servaient de bornes protectrices de la cité), mais riche et joli garçon, était celui-là même dont Socrate s'était écrié : « J'aime deux choses au monde, Alcibiade et la philosophie. » Désertant Athènes, Alcibiade était passé dans le camp de Sparte, l'ennemie jurée, et avait indiqué à ses chefs comment priver sa ville natale de ressources : en s'emparant des mines d'argent du Laurion, qui n'étaient gardées que par des esclaves. Et, après la défaite d'Athènes et la destruction des Longs murs qui protégeaient le port du Pirée, ce détestable trublion était revenu, seul sur un navire à la voile pourpre, comme s'il était un roi.

Charmide, Critias et Alcibiade étaient donc devenus trois des personnages les plus exécrés de la jeune protodémocratie athénienne. Tous trois avaient été des intimes de Socrate. Bien sûr, celui-ci ne leur avait enseigné ni la cruauté ni la tyrannie, mais enfin, son enseignement devait avoir comporté quelque élément subversif.

La mise en jugement du philosophe ne découlait donc ni de la hargne de quelques citoyens bornés, ni du besoin de trouver un bouc émissaire, comme l'ont prétendu certains auteurs modernes, mais de soupçons justifiés. Il eût certes pu se défendre plus habilement qu'en rétorquant à ses juges : « Comment, vous me convoquez ici alors que je devrais être au Prytanée ? » (C'est-à-dire nourri et logé aux frais de la cité.) Il est vraisemblable qu'il ait accepté la sentence de mort parce que la trahison d'Alcibiade lui avait brisé le cœur. Même s'il n'avait pas le privilège d'être citoyen d'Athènes, cette ville était chère à son cœur. Il était vieux, il préféra la mort.

L'Aréopage est donc passé dans les siècles pour une sorte de tribunal populaire, plus soucieux de vindicte que de justice. Or cette accusation est insoutenable : cette cour était composée des hommes les plus instruits de la ville, et on les voit mal cédant à une haine soudaine pour le sage distingué quelques années plus tôt par l'oracle d'Apollon.

*

L'historien contemporain s'interrogera alors sur les éléments pervers éventuels de l'enseignement de Socrate : vaste et hasardeuse entreprise, car Socrate n'a rien rédigé et l'on ne connaît cet enseignement que par les écrits de Xénophon et surtout de Platon, son disciple le plus fidèle. De plus, l'admiration que lui ont portée Jean-Jacques Rousseau, Emmanuel Kant ou Friedrich Hegel interdirait presque une analyse aussi audacieuse. Un indice toutefois retient l'attention : Socrate n'était pas unanimement respecté à Athènes, comme la révérence posthume tend à le faire croire ; en témoigne le personnage ridicule et même nocif que l'auteur satirique Aristophane campe de lui dans trois de ses comédies, *Les Nuées, Les Oiseaux* et *Les Guêpes* : celui d'un phraseur délirant qui égare la jeunesse. Et l'on retrouve là un préjugé courant à Athènes contre les philosophes, dits « sophistes » : leurs idées creuses étourdissent la jeunesse, la détournent du gymnase et sont finalement contraires à l'intérêt de la cité.

On recoupe ici l'accusation de corruption de la jeunesse. Le succès des comédies d'Aristophane révèle la méfiance d'une partie au moins de la population athénienne à l'égard de Socrate.

Le soupçon peut être précisé : dans un passage du *Minos* de Platon, Socrate explique que seuls peuvent gouverner ceux qui possèdent le « savoir », lequel est conféré par le ciel et qu'un homme du commun ne peut revendiquer, même s'il est vertueux. Or, c'étaient là des propos fondamentalement antidémocratiques : ils renforçaient la cause des oligarques, aristocrates héréditaires, qui mirent à deux reprises la république en péril. Ils confirment que l'influence intellectuelle de Socrate encouragea les Oligarques dans leurs coups d'État.

D'ailleurs, l'hostilité à la démocratie de Platon, le plus proche des disciples de Socrate, est bien connue : il fulmina contre le partage des richesses d'Athènes avec les pauvres et contre les hommes qui, comme Périclès, « régalent les Athéniens et leur servent tout ce qu'ils désirent », les rendant ainsi « paresseux, lâches, bavards et avides d'argent ». La démocratie économique était sa bête noire. Après avoir assisté au procès de son maître, il alla se mettre au service du tyran Denys de Syracuse.

Enfin, concernant l'accusation contre Socrate d'honorer des dieux étrangers, on peut formuler l'hypothèse que les Athéniens se référaient aux évocations que le philosophe avait faites de son *daimon*, dont les commandements étaient plus forts que ceux de la religion.

Mais un point est sûr : les Athéniens avaient eu de bonnes raisons de soupçonner Socrate. Il eût pu se disculper. Sans doute était-il las de la vie.

*

Par un paradoxal incident, le procès de Socrate justifie les pages que voici et au moins une partie de l'enseignement de ce philosophe.

Le philosophe avait mis en garde ses auditeurs contre les professeurs et toute personne investie de l'autorité d'informer la vérité. La méthode socratique, la maïeutique, était en fait une méthode de dialogue critique visant à faire admettre par l'interlocuteur lui-même qu'il ne savait pas de quoi il parlait et qu'il répétait des notions inculquées par d'autres, bref, qu'il répétait des lieux communs. Le célèbre tableau de David, *La Mort de Socrate*, qui représente celui-ci l'index dressé dans un geste professoral, est à cet égard un comble d'absurdité : Socrate s'érigeait justement contre l'index didactique.

> *Comme les sages-femmes, je suis stérile, et le reproche qu'on m'adresse souvent, celui de poser des questions aux autres et de n'avoir pas l'esprit d'y répondre moi-même, est très juste. La raison en est que le dieu m'impose d'être une sage-femme, mais ne me permet pas d'accoucher.*

Or, sa mère était une sage-femme.

Cette attitude critique ne pouvait être appréciée des Athéniens, pour qui le mot *logos* revêtait alors une autorité quasi divine. Ils avaient pris Socrate pour un professeur, alors qu'il n'était qu'un éveilleur.

*

L'historien américain Daniel J. Boorstin (1914-2004) rapproche à juste titre cet enseignement de l'avertissement du dieu-roi Thamis à Thoth, le dieu égyptien qui avait inventé l'écriture : « Ta découverte [l'écriture] rendra oublieux ceux qui veulent apprendre, parce qu'ils ne se serviront plus de leur mémoire. »

330 av. J.-C.

La découverte de Thulé par Pythéas, ou la galéjade qui n'en était pas une

Quand le géographe grec Polybe (IIe siècle av. J.-C.) commenta le récit de voyage de son compatriote marseillais du IVe siècle, Pythéas, il le traita de « fieffé menteur ». « Qui croira qu'un simple particulier, de fortune notoirement médiocre, ait pu trouver le moyen de parcourir d'aussi énormes distances ? » Son illustre successeur Strabon (Ier siècle av. J.-C.) ne fut pas plus élogieux, il qualifia Pythéas de « charlatan de profession » qui « partout et toujours cherche à tromper son monde ». Les sarcasmes des spécialistes se sont poursuivis jusqu'à nos jours, et une illustre encyclopédie du XXe siècle assure que Pythéas a bien mérité le mépris de Strabon par sa description d'une mer « coagulée ». Une mer coagulée, vraiment ! C'était bien des siècles avant la sardine qui boucha le port de Marseille.

Pythéas le Massaliote, natif de Massalia, colonie grecque fondée au VIIe siècle av. J.-C. par des Grecs à l'emplacement de Marseille, mérite pourtant plus de respect, et il a d'ailleurs fini par en regagner. Pour commencer, même Strabon concède que ce n'était pas un ignorant : « En ce qui concerne l'astronomie et les mathématiques, Pythéas semble avoir montré de la compétence. »

Vers 330 av. J.-C., Pythéas franchit les Colonnes d'Hercule, c'est-à-dire le détroit de Gibraltar, alors unique porte du bassin méditerranéen dont les riverains pensaient que c'était le berceau des civilisations et le seul digne de ce nom ; l'Inde et la Chine étaient pour eux des contrées reculées dans le temps et l'esprit.

D'après les fragments qui nous sont parvenus de sa *Description de l'Océan* et des citations d'autres auteurs, Pythéas remonta la côte atlantique vers le nord et, dépassant la péninsule bretonne, gagna « la grande île britannique ». Preuve qu'il n'était pas un hâbleur, il fut le premier à évoquer la position, la forme et les dimensions de la Grande-Bretagne avec une précision étonnante. Il en décrit aussi la population. Diodore de Sicile, qui le cite, rapporte qu'elle a « des habitations très pauvres, faites le plus souvent de roseaux et de bois ». Les gens y conservent leurs récoltes dans des abris couverts. « De ces réserves, ils tirent chaque jour les vieux épis, qu'ils égrènent et travaillent de façon à y trouver de la nourriture. Pour ce qui est de leur caractère, ce sont des gens très simples et bien éloignés de cet esprit vif et méchant de ceux d'aujourd'hui. »

Et il n'avait pas connu Strabon.

Le rapport qui ébaubit l'Antiquité, puis la fit ricaner mais qui conserve son mystère, est la découverte d'une terre « à six jours de navigation au nord » de la grande île britannique. Pythéas l'appelle Thulé et la désigne comme « la plus septentrionale des terres qui ont un nom ». Là, relève-t-il, « la nuit était tout à fait petite, de deux heures pour les uns, de trois pour les autres ». À l'évidence, Pythéas est arrivé dans le cercle polaire arctique, au moment du solstice d'été.

Détail frappant : Pythéas rapporte que les habitants de cette contrée battent leurs récoltes sous abri, « la pluie et le manque de soleil les empêchant de se servir d'aires découvertes ». Le manque de soleil dont il parle ne peut se produire que l'automne et l'hiver, où les jours sont très courts ; Pythéas n'a pas pu inventer ce fait, puisqu'il n'était pas dans la région à cette époque. Il n'a pas inventé non plus que les Hyperboréens fabriquent une boisson à base de céréales et de miel.

Qu'était cette terre dont la légende hanta les imaginations jusqu'au XXe siècle ? Estimer sa position exacte serait hasardeux, car on ignore la vitesse à laquelle l'explorateur avança pendant six jours au nord de la Grande-Bretagne, et la majorité des navigateurs et historiens supposent que Pythéas aurait pu atteindre l'archipel des Orcades ou des Shetland, mais certainement pas l'Islande. Toutefois, cette restriction laisse fortement sceptique, car le temps nécessaire pour rallier les deux archipels à partir du nord de la Grande-Bretagne est bien inférieur à six jours de navigation : il est à peine d'un jour entier. Pythéas a pu se rendre plus au nord, surtout si l'on tient compte du courant et des alizés de l'Atlantique nord au moment du solstice d'été. L'Islande est située à quelque 250 milles au nord-ouest de la Grande-Bretagne ; un vent soutenu aurait permis à Pythéas de franchir une quarantaine de milles par jour, à une vitesse inférieure à deux nœuds par heure. Certains lui concèdent qu'il aurait pu atteindre la Norvège, puisqu'il descendit jusqu'à la Baltique ; ce qui ne serait déjà pas si mal pour cette époque.

La « mer coagulée » empêcha notre pionnier d'aller plus au nord, et il bifurqua vers l'est ; il atteignit la Baltique, puisque Pline l'Ancien rapporte sa présence à l'embouchure de la Vistule. Puis il rentra à Massilia. Il avait fait un voyage prodigieux.

Les navigateurs romains ne parvinrent jamais à le refaire ; telle fut probablement la raison du scepticisme affiché des auteurs anciens. Comment ce Massiliote aurait-il réussi tout seul ce que la puissante marine romaine n'avait pu faire ? Ils daubèrent donc sur la « mer coagulée » et rejetèrent Thulé au rang des inventions de ce « menteur ».

*

Que fut cette « mer coagulée », dont la mention a jeté Pythéas dans un discrédit interminable ? À l'évidence, une mer semée de petits débris de glaces, comme pouvaient en créer les fontes de fragments de banquise en été, et qui donnait de loin une impression de lait coagulant sa crème. Pythéas lui-même n'avait jamais rien vu de tel, il se contenta de décrire le phénomène ; ses détracteurs pouvant encore moins imaginer celui-ci, ils s'esclaffèrent. Mais certains universitaires modernes persistent à rejeter catégoriquement cette explication et jugent que la description de Pythéas ressemble trop à celles des limites du monde, ainsi que les Anciens les imaginaient, des régions où les trois éléments se fondent dans le chaos, interdisant le passage humain.

Au cours des siècles, on a étudié plus attentivement l'exploit du Massiliote. Pour commencer, plusieurs auteurs antiques mentionnent qu'il calcula la hauteur du soleil à l'aide d'un grand gnomon ou cadran solaire, au solstice d'été ; il put ainsi déterminer la latitude de Massilia avec une surprenante exactitude. Reprenant sa méthode, Ératosthène puis Hipparque améliorèrent ainsi le calcul des latitudes.

Pythéas fut aussi le premier à établir une corrélation entre les marées et l'influence de la Lune.

Il fut également le premier à observer que l'étoile polaire ne se trouve pas exactement au-dessus du pôle Nord ; il fallait quand même être monté assez au nord pour cela, et cette observation seule suffit à vérifier son voyage vers Thulé.

Tous ces faits indiquent qu'il n'était certes pas le premier hâbleur venu. Les critiques modernes lui reprochent le peu de fiabilité de ses mesures et sa crédulité, qui auraient induit en erreur des géographes et navigateurs ultérieurs. Mais, dix-huit siècles plus tard, Christophe Colomb commettrait encore des erreurs de calcul phénoménales ; les mesures géographiques ont souffert d'une lourde imprécision jusqu'au XVIIIe siècle.

Reste à déterminer les conditions et les raisons pour lesquelles Pythéas entreprit cette expédition, qui exigeait des moyens matériels importants. C'est le point sur lequel Polybe se fonde pour contester la réalité du voyage de Pythéas. Or, Polybe semble ignorer qu'un autre navigateur, Euthymène, partit en même temps que Pythéas pour explorer, lui, les côtes africaines. La coïncidence est frappante : qui donc aurait été le commanditaire ayant financé ces deux voyages, et dans quel but ? La réponse est Alexandre. Le grand conquérant, qui venait de soumettre l'Asie, cherchait d'autres territoires à ses exploits ; il était encore jeune (il mourut, en 323 av. J.-C., du typhus ou de paludisme). Or, le monde méditerranéen ne savait encore rien du septentrion. Seul Alexandre pouvait financer des expéditions de plusieurs trières (chacune comptait alors deux cents rameurs) et y aurait trouvé son intérêt.

Le scepticisme et les sarcasmes des experts modernes constituent un risque aussi grand que la mystification éventuelle. L'histoire de Pythéas est à cet égard exemplaire : elle rappelle les erreurs de ces experts. En 1900, un grand physicien, lord Kelvin, président de la British Royal Society, déclarait solennellement : « Les rayons X sont une mystification. » Cinq ans plus tôt, il avait affirmé tout aussi solennellement : « Des machines volantes plus lourdes que l'air sont impossibles. »

La liste des erreurs modernes est aussi longue que celle des anciennes. Pythéas n'en est que l'une des victimes.

62 av. J.-C.

Un scandale fabriqué dans la Rome de Jules César

L'enseignement classique de la Rome antique prête généralement une inaccessible noblesse aux personnages de cette civilisation ; ils sont, dans toutes les écoles et universités du monde, présentés à l'étudiant comme des modèles absolus de la vertu héroïque et d'une sagesse immarcescible. S'ils ne l'étaient, d'ailleurs, pourquoi étudierait-on leurs faits et écrits ? Drapés dans leurs toges, ils dominent ainsi les cultures modernes, pâles et déplorables reflets d'une splendeur à jamais perdue.

Cette mystification – car c'en est bien une, aussi pieuse soit-elle – déforme la perception des réalités moderne et antique. Une approche moins solennelle démontre amplement que les Romains étaient des gens comme nous, avec leurs ridicules et leurs qualités, qu'ils étaient des *people* comme tous les autres et, accessoirement, qu'ils se livraient eux aussi à des mystifications.

En 62 av. J.-C., un scandale épouvantable secoua la bonne société de la Ville éternelle. Les acteurs ne furent autres que Jules César et Cicéron, et cet événement fut assez retentissant pour qu'un auteur aussi réputé que Plutarque le rapporte dans ses *Vies des hommes illustres*. Dans la nuit du 3 au 4 décembre, un jeune homme de la bonne société, Publius Clodius – forme plébéienne de Claudius – Pulcher, se déguisa en musicienne pour entrer dans la maison de Jules César. Cette nuit-là, seules des femmes étaient autorisées à être présentes dans la demeure : César lui-même et tous les hommes de la maisonnée étaient allés dormir ailleurs ; car la nuit était consacrée aux rites de la Bona Dea, célébrée par les vierges vestales, en présence de toutes les Romaines de la société.

Qu'étaient ces rites ? Des mystères. Et les hypothèses à leur sujet s'échelonnent de la chaste célébration de l'essence divine de la femme à des pratiques plus ou moins graveleuses. Toujours fut-il que Pulcher prévint Abra, la servante de la femme de César – sa deuxième ou troisième, on ne sait –, Pompeia, qu'il était dans les lieux. En effet, il entretenait avec celle-ci une liaison adultérine. Abra s'en alla donc prévenir sa maîtresse. Mais la mère de César, qui présidait à la cérémonie et surveillait les allées et venues, repéra l'intrus. Elle délégua sa bonne pour lui demander de jouer de sa lyre. Pulcher se trouva poussé au centre de l'assemblée. Hélas, il ne savait pas se servir de cet instrument. On lui demanda ce qu'il faisait là, il répondit qu'il attendait Abra. Mais sa voix trahit naturellement son sexe. Sacrilège ! Un homme était présent aux rites des vestales ! Et, s'il attendait Abra, c'était évidemment pour être introduit auprès de Pompeia. Pulcher fut donc expulsé.

Le scandale de l'adultère doubla celui du sacrilège. Une clameur horrifiée emplit les lieux, et les femmes présentes s'enfuirent pour rentrer chez elles et tout raconter à leurs maris.

Le lendemain, tout Rome bruissait de l'affaire.

*

En fait, c'était un coup monté.

Quelle que pût être l'attirance de Pulcher pour Pompeia, la nuit de la Bona Dea n'était pas, à l'évidence, un moment propice à un rendez-vous amoureux.

Pulcher ne pouvait l'ignorer. Ce jeune homme, « le beau Clodius », était un des *people* de Rome. Non seulement parce qu'il était fort avenant, mais aussi en raison de sa réputation de galanterie. Il n'était cependant pas le premier godelureau venu : il appartenait à une ancienne et noble famille dont le fondateur, Appius Claudius, avait construit l'une des grandes routes de Rome, la Via Appia. Et s'il avait changé son nom de Claudius en Clodius, c'était parce qu'il appartenait au parti de la Plèbe, qu'on nommerait aujourd'hui gauche. Sa sœur Clodia était la coqueluche de Rome, car, outre qu'elle écrivait des poèmes saphiques, elle était connue pour dispenser ses faveurs moyennant monnaie ; elle était ce qu'on appellerait de nos jours une *call-girl*.

Par sa fausse bévue, Clodius avait offert à César le prétexte attendu pour divorcer. La famille de Pompeia étant puissante, le jeune chef du parti plébéien n'avait pas osé jusqu'alors la répudier ; mais là, aucun juge ne pouvait contester ses motifs. Une fois libre, il pourrait conclure un nouveau mariage politique plus utile à sa carrière.

César et Clodius étaient du même parti politique. Il n'est pas difficile de deviner qu'ils avaient été de mèche pour déclencher ce scandale.

L'aristocratie romaine fut-elle dupe de l'intrigue ? On ne peut l'affirmer. Pour commencer, le Sénat vota une nouvelle loi pour la circonstance et, selon celle-ci, le coupable d'un sacrilège n'aurait pas le droit de se défendre. Clodius corrompit alors les juges, grâce à de l'argent prêté par le riche Crassus ; en plus des pots-de-vin, il offrit aux cinquante-six juges des nuits avec « certaines femmes » ou des « jeunes gens bien nés ». Il fut acquitté de l'accusation de sacrilège par trente et une voix contre vingt-cinq.

Ce fut alors que Cicéron s'émut. Il tonna et écrivit que les vingt-cinq juges hostiles avaient sans doute détesté Clodius encore plus qu'ils n'avaient besoin de sexe. L'effet sur les événements n'en fut pas sensible.

On traduisit quand même Clodius en jugement, cette fois pour adultère. Le procureur déversa sur lui un tombereau d'avanies. Mais l'élément décisif du procès devait être le témoignage de César : était-il au courant de la liaison ? Il répondit que non. Dans ce cas, pourquoi avait-il divorcé ? demandèrent les juges. Parce que la femme de César devait être au-dessus de tout soupçon, répondit-il. Nouvel acquittement de Clodius.

Les procès truqués ne datent pas d'hier.

Et, deux ans plus tard, César conclut une alliance politique avec celui qui avait, du moins pour la galerie, brisé son mariage. César, faut-il le préciser, n'était guère un mari idéal ni l'incarnation de la fidélité. Ses aventures avec les deux sexes ne surprenaient plus personne. Dans sa jeunesse, quand il était consul en Bithynie, l'actuelle Libye, sa liaison avec le roi de ce pays l'avait fait surnommer par son propre proconsul « reine de Bithynie ».

Mais on n'enseigne pas l'histoire en ces termes. C'est ainsi que l'on a figé celle de Rome, entre autres, dans une fresque héroïque sans grand rapport avec la réalité.

Jésus fut-il conçu à Nazareth ?

Nazareth, *Nasara* en grec, nom du hameau, village ou bourgade, on ne sait, mais certes pas une « ville », où l'ange Gabriel apparut à « une vierge nommée Marie » (Mt. II, 23 ; Lc 1, 26), est une localité inconnue de l'Ancien Testament et de l'auteur romain du Ier siècle Flavius Josèphe, l'une des sources les plus riches d'informations sur l'antique Palestine. Il est dit dans l'Évangile de Matthieu qu'elle se trouve en Basse Galilée, puisque proche du lac de Genésareth, dit aussi lac de Tibériade, et que c'est ici que Jésus aurait passé son enfance et son adolescence. Ce n'est cependant pas là que celui-ci naquit, mais à Bethléem, car lorsque Marie était enceinte, Joseph lui annonça qu'il devait s'y rendre pour s'y faire recenser, selon l'édit d'Auguste ; Joseph était, en effet, natif de Bethléem. Après la Fuite en Égypte, dit Matthieu, Joseph retourne à Nazareth, « afin que s'accomplisse ce qui avait été annoncé par les prophètes : il s'appellera Nazoréen ». (Mt. II, 23) Problème : aucun prophète n'a jamais mentionné de Nazoréen, ni le nom de Nazareth.

Le mot lui-même soulève une question supplémentaire : alors que Matthieu écrit Nazoréen, *Nazoraios*, Marc, Luc et Jean, puis les Actes utilisent celui de Nazarénien, *Nazarenos*, au sens restreint d'« habitant de Nazareth », pour désigner Jésus. Le terme est ensuite appliqué aux apôtres. Est-ce un mot dérivé de l'hébreu *netser*, « rejeton » ? Non, car il ne comporte pas le tsadé *ts*. Dériverait-il alors de *nazir*, « ascète » ? Non, car Jésus ne fut pas un ascète. Étrange néologisme qui divise même les évangélistes. Peut-être signifie-t-il tout simplement « habitant de Nazareth ».

Mais où se trouve donc ce lieu ?

Ce ne peut être celui que l'on désigne aujourd'hui comme tel et qui s'appelait El Nasira, sur le flanc d'une des collines de Galilée, au débouché de la plaine de Yizréel : celui-ci est distant d'une vingtaine de kilomètres à vol d'oiseau du lac de Genésareth, alors que Marc et Jean le situent sur la rive orientale de ce lac.

Ce ne peut être non plus la Nazareth dont parle Luc, car elle se trouvait sur une montagne. En effet, quand Jésus prêcha dans la synagogue de ce lieu et annonça aux fidèles qu'il ne ferait pas de miracles, en raison de leur incrédulité, ces derniers, furieux, le menèrent au sommet de la montagne, du haut de laquelle ils projetaient de le précipiter. Toutefois, l'escarpement que l'on montre de nos jours et depuis sans doute le Moyen Âge comme étant celui où l'épreuve eut lieu se trouve à deux kilomètres de l'actuelle Nazareth.

On a supposé que le nom de Nazareth dériverait de la racine *nesr*, qui signifie « cacher », en raison des grottes qui abondaient dans les parages et où les cultivateurs entreposaient leurs récoltes ; mais on n'a pas de preuves de l'existence d'une localité habitée de ce nom. L'archéologie confirme que le site n'a pas d'existence à la préhistoire ni antérieurement à notre ère. Les ruines et bâtiments que l'on y trouve actuellement sont postérieurs au Ier siècle.

L'hypothèse la plus plausible est que l'existence de Nazareth découle d'une collusion phonétique entre *Nazoraios*, très abondamment utilisé dans le Nouveau Testament, et *Nazarenos*, de sens différent, le premier ne pouvant désigner un habitant de Nazareth. Il est plus vraisemblable que *Nazoraios*, mot grec, dérive d'un mot araméen, *Nasorayya*, qui désignait une secte de chrétiens gnostiques de l'Église primitive.

Par la suite, les chrétiens auraient créé un site justifiant les Évangiles de Marc, Luc et Jean.

Jésus, en tout cas, ne semble pas avoir été attaché à cette hypothétique bourgade car, après son baptême par Jean, il alla s'installer à Capharnaüm.

Mais il est périlleux de contester un mythe, et l'on continue de parler de « Jésus de Nazareth ».

37-68 av. J.-C.

Néron, victime de la calomnie

Les empereurs romains n'ont jamais eu bonne presse : les mêmes admirateurs de l'Imperium, qui élevèrent durant des siècles leurs plus beaux édifices sur le modèle romain, n'ont jamais tari d'insultes et de mépris à l'égard de leurs maîtres. L'opinion générale n'a guère retenu d'eux que leurs vices, de la pédophilie de Tibère à la folie de Caligula, sans compter l'abominable trahison de Julien, qui tenta de restaurer l'antique religion païenne à la place du christianisme.

Une bonne partie de ce discrédit tient à Suétone, auteur ennuyeux – c'est Roger Vailland, entre autres, qui le jugea[1] – collectionnant les ragots et les informations vraies, qui nous a légué dans *Les Douze Césars* la plus étonnante galerie de portraits de monstres. À dégoûter à tout jamais de Rome et de tout ce qui s'y rattache. C'est à peine si Jules César et Auguste réchappent du massacre.

Le pire de tous aurait été Néron, qui aurait volontairement incendié la Ville éternelle et qui, pendant qu'elle flambait, aurait – invention d'Hollywood – joué du violon sur sa terrasse (il n'y avait pas de violon à l'époque). Cet abominable ventripotent aurait fait brûler des chrétiens pour éclairer la ville et autres horreurs.

Si l'on n'y croit pas, que l'on se réfère à Suétone :

> XXVI. *L'emportement, la débauche, le luxe, l'avarice, la cruauté furent des vices auxquels il se livra d'abord par degré, secrètement, et comme égaré par sa jeunesse ; mais même alors,*

1. *Les Pages immortelles de Suétone*, choisies et commentées par Roger Vailland, Buchet-Chastel, 1962.

personne ne douta plus que ces faits fussent le fait de la nature et non de l'âge.

Bigre ! L'auteur n'explique nullement comment l'on pourrait être à la fois dépensier (le luxe) et avare, ni comment il apprit ces choses, puisqu'elles étaient secrètes et qu'il n'était pas né. Il semble également croire que, plus on vieillit, plus on devient vicieux. Qu'importe. Des faits ?

Dès la chute du jour, il se coiffait d'un bonnet ou d'une casquette, courait les cabarets et vagabondait dans les rues, en manière de jeu, mais ce jeu n'était pas innocent : en effet, il frappait d'ordinaire les gens qui revenaient de dîner, les blessait quand ils lui résistaient et les jetait dans des égouts ; il allait jusqu'à enfoncer les portes des petites boutiques et à les piller, et il avait installé chez lui une sorte de marché où il vendait son butin par lots, à l'encan, pour en faire disparaître le produit. Souvent, dans ce genre de rixes, il risqua de perdre les yeux et même la vie ; un sénateur dont il avait insulté la femme faillit le tuer sous les coups ; aussi, après cette mésaventure, il ne se risqua plus en public à ces heures-là sans être suivi de loin et en secret par des tribuns...

Ce n'est là qu'un échantillon. Il suffit, car le reste est aussi nauséeux. Celui que décrit ainsi Suétone est un imbécile vicieux, s'exposant, il le dit lui-même, à un sale coup. On s'étonne même qu'il ait survécu à plus d'une de ces virées nocturnes, car les Romains n'étaient, pas plus que nos contemporains, gens à se faire bousculer par un trublion enfiévré. Et pourquoi Néron s'en serait-il pris aux petites boutiques, alors que les grandes étaient mieux achalandées ?

Mais on sait trop bien où Suétone a recueilli ses ragots : auprès de l'aristocratie, qui détestait Néron, lequel le lui rendait bien. Né à Hippone en 69, un an après la mort de Néron, et mort vers 125, ce pseudo-mémorialiste n'avait strictement rien vu de Néron ni de l'empire sous son règne.

Nous laisserons à ceux que n'écœurent pas trop les fiches de basse police le soin de découvrir le reste : en comparaison, les œuvres du marquis de Sade ne sont que des marivaudages un peu poussés. L'autorité qu'on prête un peu trop facilement aux historiens anciens, en réalité des mémorialistes parce que les siècles ont préservé leurs œuvres et leurs noms, semble lourdement compromise.

Et, décidément, à en croire Suétone, les leçons de son précepteur Sénèque n'avaient guère profité à l'empereur Néron, car notre ragoteur oublie de le dire : le père de Néron, Claude, avait confié au célèbre sage l'éducation de son fils ; quand Claude fut assassiné et que Néron devint empereur à l'âge de dix-sept ans, le véritable régent de l'empire fut Sénèque, avec Burrus, préfet de la garde. Sénèque n'aurait jamais toléré des excentricités délictueuses comme celles que décrit Suétone. L'influence du philosophe, l'auteur de *La Vie heureuse* et de *La Constance du sage*, fut au contraire bénéfique et, de l'avis des historiens les plus hostiles à Néron, elle se fit sentir dans tout l'empire.

Néron ne fut pas un modèle de vertu mais, étrangement, l'on pardonne bien plus aux pharaons, protégés par les mirages des sables, ce qu'on ne tolère chez les Européens. Peut-être serait-ce par la faute d'un racisme inconscient.

*

Venons-en au crime que l'on reproche le plus communément à Néron : l'incendie de Rome. Cette accusation dérive directement de la croyance populaire de l'époque : nous savons, en effet, par Tacite et Dion Cassius que cet incendie fut interprété par le peuple comme un signe de la colère des dieux et que Néron fut soupçonné d'en être l'auteur. L'origine de cette antique théorie du complot se retrouve chez Suétone, encore lui (*Néron*, 38), et chez Dion Cassius (*Histoire romaine*, LXII, 16-17), qui rapportent que des esclaves de la maison impériale avaient lancé des torches et de l'étoupe enflammée dans divers quartiers de Rome. Mais comment auraient-ils su que c'étaient des esclaves de la maison impériale ? Les deux auteurs omettent de dire que Néron avait perdu dans cet incendie le plus beau de ses palais, la Domus Aurea, où il avait rassemblé ses collections d'art et tous ses trésors.

L'incendie éclata, au mois de juillet 64, le plus chaud de l'année, dans les boutiques et échoppes qui longeaient le Tibre, et où l'on trouvait des marchands d'huile. Il fut attisé par le vent.

L'historienne Catherine Salles[1] a démontré l'inanité de l'accusation imposée à Néron durant des siècles. Elle a surtout rappelé les mesures que prit l'empereur pour remédier au désastre : il ouvrit les jardins impériaux à ceux qui avaient perdu leur maison et fit venir du blé par Ostie des autres provinces de l'empire. Ce n'est pas le comportement d'un tyran incendiaire.

La responsabilité de l'incendie fut jetée sur les chrétiens, à tort ou à raison et, sur la foi de Tacite, on avança que des « foules immenses » furent sacrifiées ; l'historien Richard Bodéüs[2] a ramené cette estimation à deux ou trois cents victimes. C'est encore trop, mais à l'époque, c'était le juste châtiment pour des gens qui avaient causé un si vaste désastre.

Il faudra sans doute bien des travaux pour rendre à Néron la place d'empereur « comme les autres », surtout en se défaisant des ragots d'un Suétone.

---

1. « Néron et l'incendie de Rome », *L'Histoire*, n° 133, mai 1990.
2. *Vingt remarques sur les persécutions des chrétiens dans l'Empire romain aux deux premiers siècles de notre ère*, Humanités chrétiennes, 1980.

6-5 av. J.-C. – 62-64 apr. J.-C.

L'état civil de saint Paul, question déplacée

Évoquer la question de l'état civil de saint Paul au XXIe siècle risque fort d'apparaître incongru, sinon subversif et mal intentionné. Quand nous le fîmes, en 1991, et que nous publiâmes les résultats de nos recherches et analyses, nous nous fîmes traiter d'Antéchrist, rien de moins. Paul, considéré par plus d'un historien comme le véritable fondateur de l'Église en Occident, a en effet dépassé le statut de saint pour accéder à celui de mythe, et sa parole d'apôtre revêt l'autorité de la révélation.

Cependant, ce personnage est apparu à une date déterminée dans l'histoire et, comme tel, il appartient au domaine historique, indépendamment des hagiographies.

Les deux premières questions qui se posent dans ce cadre sont : où est-il né ? et était-il juif ?

Selon lui, il serait juif et né à Tarse : « Circoncis dès le huitième jour, israélite de race, de la tribu de Benjamin, un hébreu de naissance et d'éducation ; dans mon attitude à l'égard de la Loi, un Pharisien. » (III Phil., 5-6) De plus, il se dit citoyen romain, « de Tarse en Cilicie, citoyen d'une ville qui n'est pas sans renom ». (Actes, XXIX, 39) Et il le répète : « Je suis un homme, un juif, né à Tarse, en Cilicie, élevé dans cette ville aux pieds de Gamaliel. » (Actes, XXIII, 3) Gamaliel I, dit aussi l'Ancien, fut un célèbre docteur de la Loi.

Il revendique énergiquement sa citoyenneté romaine. Quand les Romains l'arrêtent à Jérusalem et menacent de le flageller, il rappelle au centurion qu'il est interdit de flageller un citoyen romain, ce qui est exact. Le tribun, alors alerté par le centurion, vient interroger Saül : « Dis-moi, es-tu romain ? » Saül le lui affirme. Le tribun observe qu'il a, lui, obtenu ce droit de cité contre une forte somme et Saül lui rétorque : « Moi, je suis né avec. » (Actes, XXII, 28-29)

On comprend l'étonnement du tribun : cette double identité juive et romaine n'est plausible que pour des auditeurs qui ignorent tout de la réalité en Palestine, où elle serait exceptionnelle, sinon extraordinaire, car les juifs sont sujets et non citoyens de l'empire. Le point reste méconnu jusqu'à nos jours, comme en témoignent bien des ouvrages sur saint Paul : la citoyenneté romaine n'est pas un titre de droit consulaire ; elle implique l'hommage obligatoire aux dieux romains sous peine de parjure, peine très grave qui entraîne pour commencer la privation *de facto* de ce privilège.

Comment Saül se tira-t-il de ce dilemme ? Romain, il aurait cessé de l'être s'il avait refusé de participer aux cultes, et juif, il aurait été exclu de la communauté juive – et n'aurait certainement pas pu suivre l'enseignement de Gamaliel – s'il avait participé à ces cultes.

De surcroît, la référence à Gamaliel est étrange : ce docteur enseignait à Jérusalem et non à Tarse. Mais enfin, on peut supposer que Saül, Paul comme il s'appela plus tard, aurait pu être envoyé à Jérusalem à un âge indéterminé, par un père dont il ne soufflera jamais mot, alors qu'il s'enorgueillit de cette citoyenneté romaine qu'il lui doit à coup sûr.

*

Dans son catalogue des auteurs chrétiens jusqu'au Ve siècle, *De viris illustribus*, saint Jérôme modifie sensiblement ces données : « L'apôtre Paul, autrefois appelé Saül, doit être compté hors du nombre des douze apôtres. Il était de la tribu de Benjamin et de la cité de Giscala, en Judée. Quand celle-ci fut conquise par les Romains, il émigra avec ses parents à Tarse, en Cilicie, puis fut envoyé à Jérusalem pour y étudier la Loi, et il fut instruit par Gamaliel, homme très savant dont Luc fait mémoire. »

Jérôme contredit donc formellement Paul et Luc ; il est le premier à mentionner Giscala. Il doit avoir ses informations, mais elles semblent incomplètes. D'abord, l'appartenance à la tribu de Benjamin n'avait plus de sens au Ier siècle, étant donné que la fraction de cette tribu, qui était demeurée en Palestine après la déportation des Dix Tribus par Salmanazar d'Assyrie, avait pratiqué les mariages avec la tribu de Juda, dans laquelle elle s'était fondue. Elle n'existait plus que dans les vieux rouleaux. Ensuite, si les parents de Saül avaient été des habitants de Giscala lors de la conquête de cette ville par les Romains, ils auraient été considérés comme captifs et n'auraient pu émigrer à leur convenance. Cela est confirmé au IXe siècle par Photius, patriarche de Constantinople : « Paul, de par ses ancêtres selon la chair, avait pour patrie Giscala. [...] Lors de la conquête romaine, ses parents, ainsi que la plupart des autres habitants, furent emmenés en captivité à Tarse. » (*Ad Amphilocium*, CXVI) Or, des juifs déportés n'auraient d'aucune manière obtenu la citoyenneté romaine, privilège dans le monde romain.

Tarse accordait certains privilèges aux juifs, comme le précise Theodor Mommsen dans son *Histoire romaine* ; ils y étaient dispensés de la capitation romaine, puisqu'ils payaient déjà un impôt pour l'entretien du Temple et, sauf s'ils étaient déportés, comme c'était le cas des parents de Saül, ils étaient dispensés du service militaire. Mais la ville n'accordait absolument pas la citoyenneté romaine.

Les parents de Saül n'auraient donc pas été citoyens romains et il ne l'aurait pas été non plus « de naissance ».

Ce fut d'ailleurs en raison de la double appartenance qu'il s'attribuait que les Ébionites, juifs disciples de Jésus et établis en Syrie, qui se constituèrent en secte au IIe siècle, pense-t-on, rejetèrent les écrits de Paul, qu'ils accusèrent d'imposture. Pour eux, il était grec et, s'étant installé à Jérusalem, il avait tenté, en vain, « d'épouser la fille du Grand prêtre ; dépité, il s'en prit aux juifs et à la Loi ». (Épiphane de Salamine, *Panarion*, I, II, 16, 8)

Il en découle que Paul accommode à sa convenance la vérité sur son état civil. Que cache-t-il ?

*

Est-il vraiment juif ? Cela est moins que sûr, à en juger par ses propres propos :

> *Oui, libre à l'égard de tous, je me suis moi-même asservi à tous, afin d'en gagner le plus grand nombre. Et je suis devenu pour les juifs comme un juif, afin de gagner les juifs. Pour ceux qui sont soumis à la Torah – sans être moi-même sous la Torah –, afin de gagner ceux qui sont sous la Torah. Je suis devenu pour les sans-Torah comme sans-Torah, n'étant pas sous la Torah d'Elohim, mais sous la Torah du Messie, afin de gagner les sans-Torah...* (I Cor. IX, 19-21)

Cet amphigouri cache mal un aveu : Paul a prétendu être juif et ne l'était pas d'origine, car il n'existe pas de juifs sans Torah. Dans une ville comme Jérusalem, dont la population à l'époque est estimée à quelque vingt-cinq mille âmes, tout le monde se connaissait, et l'on ne pouvait raconter n'importe quoi sur son statut et ses origines, comme le fit Paul, à des populations étrangères – Romains, Corinthiens, Galates, Éphésiens, Philippiens, Colossiens, Thessaloniciens.

Déduction logique : Paul n'a acquis son identité juive que tardivement, pour entrer dans la communauté des disciples de Jésus.

Mais qu'était-il auparavant ?

Un passage en grec des Actes des Apôtres recèle un indice. Il se rapporte à une assemblée de prophètes et de docteurs présents à Antioche, parmi lesquels se trouvent Barnabé, Simon le Noir, Lucius de Cyrène et « Menahem, qui avait été élevé avec Hérode le Tétrarque et Saül » : *Manahm te Hrodon tou Tetraarkon sûntrophos kai Saulos*. Si Saül avait été élevé avec le tétrarque Hérode, ce n'était certes pas à Tarse, mais à Jérusalem. Et pas n'importe où : dans le palais où était élevé ce descendant d'Hérode le Grand, à Jérusalem ou à Césarée. La fiction de l'éducation « aux pieds de Gamaliel » perd de plus en plus sa vraisemblance. Qui était donc Saül pour être élevé avec un prince ? On le verra plus bas.

N'a-t-il donc aucun rapport avec Tarse ? Il ne s'y rend pour la première fois qu'à l'âge adulte, peu avant que Barnabé aille l'y chercher. Il le reconnaît lui-même dans un lapsus révélateur : « Vous savez comment je me suis conduit avec vous tout le temps, depuis le premier jour où j'ai posé le pied en Asie », répond-il à Barnabé, envoyé par les disciples qui s'alarment de conversions de gentils auxquels Paul n'impose même pas la circoncision. (Actes, XX, 18)

Il se dément lui-même : il n'a donc passé ni enfance ni jeunesse à Tarse.

*

Un autre indice éclaire la véritable identité de Saül : lorsque quarante juifs s'engagent à jeûner jusqu'à ce qu'ils aient obtenu du Sanhédrin la mise à mort de Saül, le neveu de celui-ci l'apprend, l'avertit, puis le tribun Lysias en est informé à son tour et appelle deux centurions : « Préparez deux cents soldats pour aller à Césarée, avec soixante-dix cavaliers et deux cents archers, dès 9 heures du soir. » (Actes, XXIII, 23) Le Romain Lysias met donc à disposition de Saül quatre cent soixante-dix hommes pour assurer son transfert en lieu sûr ; pareille escorte est réservée à des personnages de haut rang, Jésus fut loin de bénéficier de tant d'égards. La faveur du prévenu se poursuit quand Saül est conduit chez le procurateur Félix, successeur de Ponce Pilate ; l'auteur des Actes – Luc – croit l'expliquer en alléguant que Félix « espérait recevoir de l'argent de Paul ». Il faut en déduire que Paul, prétendument « fabricant de tentes », ait été bien riche pour qu'un procurateur de Judée, le plus haut fonctionnaire romain à l'étranger, en ait attendu un pot-de-vin.

Le successeur de Félix conserve la même mansuétude à l'égard de son hôte ; il l'autorise à recevoir des visites, dont celles d'Hérode Agrippa II, roi de Chalcis, puis d'Iturée, qui passe par Césarée ; le récit de la rencontre de celui-ci avec Saül, qui interpelle son royal visiteur comme si c'était un vieil ami, évoque celle de deux princes. Et le roi déclare évidemment Saül innocent.

Mais la clé de l'identité de Saül réside dans l'adresse finale de l'Épître aux Romains : « Saluez les gens de la maison d'Aristobule, saluez Hérodion mon parent, saluez Rufus, l'élu dans l'Adôn, et sa mère, qui est aussi la mienne. » (Rom. XVI, 10-13) L'adresse est rédigée à Corinthe, à l'intention des chrétiens de Rome. Les noms d'Aristobule et d'Hérodion sont typiques de la dynastie hérodienne. En effet, il y a bien un Aristobule à Rome, c'est Aristobule III, fils d'Hérode Agrippa II et de Bérénice, visiteurs de Saül quand il se trouvait à Césarée, chez Festus ; ce prince est un favori de Néron, qui lui concédera en 54 le royaume de la Petite-Arménie, en 60, une partie de la Grande-Arménie et, à la mort de son père, le royaume de Chalcis ; il est aussi le second mari de Salomé II, petite-fille d'Hérode le Grand.

Mais on peut également supposer que ce diminutif, Hérodion, qui ne s'appliquait qu'aux jeunes garçons de la dynastie hérodienne n'étant pas encore en âge de régner, pourrait être Aristobule III lui-même.

Saül, devenu alors Paul, avait des connaissances en haut lieu, à la hauteur des camarades de jeux qu'il avait eus dans son enfance, tel le tétrarque Hérode (un neveu d'Hérode le Grand).

Ce qui retient particulièrement l'attention est la mention de la mère de Paul, qui demeurerait à Rome. Étrangeté considérable, dont aucun historien ni hagiographe n'a jamais tenu compte. Qui peut-elle être ? Nous avons précédemment exposé en détail[1] les raisons de penser qu'elle est la fille d'Antigone, dernier de la dynastie des Hasmonéens dont Hérode le Grand fut le roi le plus illustre. Mariée à Antipater, un des fils d'Hérode le Grand, elle eut une fille et plusieurs fils, dont les noms ne nous sont pas parvenus (ou ont été effacés par les copistes chrétiens des textes romains). Nous postulons donc que Paul et Rufus furent les fils de cette Bérénice, exilée à Rome. Hasmonéenne, elle n'était donc pas juive, et hérodien lui-même, son époux Antipater ne l'était pas non plus.

Saint Paul n'était donc pas né à Tarse et n'était pas juif. Cela ne change rien à ses écrits, mais cela démontre que même les apôtres pouvaient mentir. S'il dissimula ses ascendances

1. *L'Incendiaire. Vie de Saül apôtre*, Robert Laffont, 1991. L'ouvrage contient, entre autres, la généalogie complète de la dynastie hérodienne.

hérodiennes, c'était parce qu'Hérode le Grand souffrait d'une réputation fâcheuse chez les disciples de Jésus. La sienne n'était guère sans tache non plus, il s'en faut : Saül présida, en effet, à la lapidation du premier martyr chrétien, Étienne, avant de se rallier, sur le chemin de Damas, selon la tradition, à l'enseignement de Jésus.

Ier siècle apr. J.-C.

Noël est une fête païenne et le calendrier retarde de sept ans

C'est en 339 selon certains, 353 selon d'autres, que l'Église décida de célébrer la naissance de Jésus le 25 décembre, « afin, dit le Larousse encyclopédique, de christianiser la fête du solstice d'hiver ». En réalité, cette décision faisait partie de la formidable offensive visant à étouffer une religion rivale, le mithriacisme, qui ressemblait dangereusement au christianisme : son dieu était Mithra, création de son père, le tout-puissant Ahoura Mazda, et dont la renaissance s'opérait justement ce jour-là, marquant la reconquête du monde par le soleil invaincu. Mithra, dieu aryen, était celui que ses fidèles célébraient en ces termes : « Tu nous as sauvés en répandant le sang éternel. »

Et, pour marquer le renouveau, les mithraïstes plantaient un jeune arbre, symbolisé par notre sapin. Le rite païen a donc survécu quelque dix-sept siècles par l'entremise de l'Église.

Le mithriacisme avait gagné l'Europe entière, de l'Espagne au nord de l'Angleterre, et il régnait sur tout le bassin de la Méditerranée, de la Turquie à l'actuelle Tunisie. Il fut long à éliminer. La date de Noël, dont le nom dérive de la formule romaine *Natalis solis invicti*, « naissance du soleil invaincu », demeura.

Jésus succéda à Mithra, au prix de ce qu'on qualifiera, en termes mesurés, de pieuse désinformation et qu'on appellera une usurpation, en langage moins châtié. Ce n'est d'ailleurs pas la seule : peu de fidèles savent que la pratique de placer un bénitier à la porte des églises est directement empruntée au mithriacisme : les temples de cette religion comportaient une vasque d'eau placée à la porte, pour que les fidèles s'y purifient les mains.

Mais quelle était donc la date de naissance de Jésus ?

L'Évangile de Luc, et lui seul, spécifie que le Sauveur naquit « dans une mangeoire », c'est-à-dire dans une étable, à Bethléem, « parce qu'il n'y avait pas de chambre où ils [Joseph, Marie et l'enfant] pussent loger dans la maison ». Cela signifie que Bethléem affichait complet. Or, il n'y avait qu'un moment dans l'année où cela se produisait, et c'était celui de la Pâque, qui attirait à Jérusalem une foule de fidèles. Le nombre de ces fidèles, dont les estimations oscillent considérablement d'un auteur l'autre (de cent vingt-cinq mille à trois cent mille), excédait les capacités d'accueil de la Ville Sainte, et les visiteurs se repliaient donc sur les villages voisins, Béthanie, à deux kilomètres, soit moins d'une heure de marche, et Bethléem, à neuf kilomètres, soit quelque deux heures de marche.

Jésus naquit donc en avril. Mais de quelle année ?

*

Les Évangiles nous informent que c'était sous le règne d'Hérode le Grand (Mt. II, 1), mort en 4 avant notre ère, et peu après le décret de recensement commandé par César Auguste (Lc. II, 2), « alors que Quirinius était gouverneur de Syrie ». Il y a là une contradiction, car ce Romain fut deux fois gouverneur de Syrie : la première fois de l'an 3 à l'an 2 av. J.-C., alors qu'Hérode était mort depuis un an ; la seconde, de l'an 6 à l'an 7 apr. J.-C.. Il apparaît donc que Luc s'est trompé : le recensement ne peut pas avoir été fait à la fois du vivant d'Hérode et pendant l'administration de Quirinius.

Ce ne serait pas la seule fois qu'un Évangéliste se serait trompé.

Une stèle mise au jour en Turquie en 1924 donne les dates des recensements ordonnés par Rome : on en relève un en l'an 8 av. J.-C., et un autre en l'an 6 apr. J.-C. Aucun des deux ne correspond aux mandats de Quirinius, mais, s'il faut tenir compte du fait qu'Hérode régnait encore, c'est celui de l'an 8 avant notre ère qui s'impose.

Jésus serait donc né en l'an 8 av. J.-C.

Un autre indice invite à rectifier légèrement cette date, et c'est l'étoile dite de Bethléem, mentionnée par Marc seulement (II, 1-6), qui aurait attiré les Rois mages. Ces personnages, rappelons-le, étaient de grands prêtres étrangers, astrologues comme tous les prêtres de l'époque. Leur venue troubla Hérode, car ils avaient été alertés par l'étoile de la naissance d'un nouveau roi des juifs, et le monarque ordonna donc pour cette raison le massacre des nouveau-nés qui mettraient son trône en péril. On fera la part de la légende tragique – qu'aucune preuve historique ne confirme – pour retenir un fait astronomique, reconstitué par l'astronome David Hughes[1] : à une date correspondant au 7 mars de notre calendrier, en l'an 7 av. J.-C., il y eut une conjonction de Saturne et de Jupiter à leurs levers héliaques ; elle donna l'illusion d'une étoile nouvelle, à l'éclat exceptionnel. Saturne est alors trente-huit fois plus brillant que les étoiles avoisinantes, et Jupiter, treize fois plus brillant que Saturne. Les astrologues s'agitèrent : Saturne passait pour le protecteur d'Israël et Jupiter, qui était la planète des rois. Une liaison se serait donc faite dans l'esprit des astrologues entre les deux planètes : un grand roi d'Israël allait naître. Déduction hasardeuse : Jésus ne fut jamais roi d'Israël et n'y prétendit pas non plus.

Le recensement avait été commandé en l'an 8 : pourquoi n'y aurait-on procédé qu'en l'an 7 ? La raison est simple : le temps que l'édit parvînt en Palestine, plusieurs semaines, voire des mois, pouvaient s'écouler et l'on passait à l'année suivante.

Trois semaines après l'apparition de l'étoile de Bethléem, le temps était venu de la Pâque juive et Jésus naissait.

Ç'aurait été aux environs du 15 avril de l'an 7 av. J.-C.

*

Quand l'Église s'appropria donc les dépouilles opimes du mithriacisme, elle recueillit également les coutumes païennes attachées à cette époque de l'année, dont celle des cadeaux aux enfants, perpétuée par les Saturnales romaines. Les trois mythes

1. *The Star of Bethleem*, Pocket Books, New York, 1979.

celtiques de Gargan (dont Rabelais s'inspira pour son Gargantua), d'Odin et de Julenisse furent également repris : le premier était un bon géant qui allait par les chemins avec une grande hotte de cadeaux sur le dos ; le deuxième, premier dieu des Vikings, passait dans les maisons, vêtu d'une grande cape, pour distribuer aussi des cadeaux, mais aux seuls enfants sages ; quant à Julenisse, c'était un lutin à la longue barbe blanche, vêtu d'une fourrure rouge. L'Église leur substitua saint Nicolas, qui avait ressuscité trois enfants massacrés par un boucher.

La dévotion à Gargan, elle, survit particulièrement dans le rite des festins de Noël.

IIIe siècle av. J.-C. – Ve siècle apr. J.-C.

Nos ancêtres les Gaulois ?

Les instituteurs, politiciens et tribuns qui s'obstineraient à reprendre la fameuse formule de l'école républicaine « Nos ancêtres les Gaulois » feraient bien de tenir leur langue : ils risqueraient de provoquer une crise diplomatique de première grandeur, voire de faire exploser l'Europe. S'ils revendiquaient les frontières de l'ancienne Gaule, ils se mettraient à mal avec les Belges, les Hollandais, les Allemands, les Suisses et les Italiens.

La Gaule des Romains, en effet, comportait deux grands districts : la Gaule cisalpine, c'est-à-dire toute l'Italie du nord entre les Alpes et les Apennins, et la Gaule transalpine, qui, en plus du territoire actuel, comprenait la Belgique, une partie des Pays-Bas, la région rhénane de l'Allemagne et une partie de la Suisse.

Telle était l'antique Gallia. Ses habitants parlaient des dialectes celtiques. Ils étaient constitués de trois peuples principaux, les Aquitains au sud, les Gaulois au centre et les Belges au nord. Ils se diversifiaient en de nombreuses tribus : les Helvètes, les Séquanes et les Aèdes dans les bassins du Rhône et de la Saône ; les Arvernes dans les Cévennes ; les Sénones et les Carnutes dans le bassin de la Loire ; les Vénètes et autres tribus armoricaines aux embouchures de la Loire et de la Seine. Ceux-là étaient des Celtes. Les Nervis, les Bellovaques, les Suèces, les Rèmes, les Morins, les Ménapes et les Aduapes étaient des Belges. Les Tarbelles et d'autres tribus composaient les Aquitains.

L'inventaire a été ici très abrégé. Ainsi Amiens conserve le souvenir des lointains Ambiens ; Paris, des Parisis ; Rheims, des Rèmes ; Soissons, des Suèces. Les Namnètes partageaient la Bretagne avec les Vénètes (que l'on retrouvera plus tard... en

Vénétie), le Marais poitevin appartenait aux Pictes, les Aulerques, les Carnutes et les Séquanes s'étaient fixés dans l'Ile-de-France. Les Arvernes avaient poussé jusqu'au Languedoc, où ils cohabitaient avec les Volques. Les Avars occupaient la future Bourges et les Hèques et les Bituriges, le Cantal. Les Allobroges s'étaient, avant de disparaître, aventurés dans le sud-est, rejoignant les Voconces, Helvètes et Lingons…

Et n'oublions pas que Marseille et sa région étaient grecques depuis le VIIe siècle av. J.-C.

Il y faudrait un annuaire. Il y avait décidément beaucoup d'étrangers autour d'Astérix.

Jules César résuma cette diversité en ces termes : « L'ensemble de la Gaule est divisé en trois parties : l'une est habitée par les Belges, l'autre par les Aquitains, la troisième par le peuple qui, dans sa langue, se nomme Celte et dans la nôtre, Gaulois. »

Ces tribus ne constituaient évidemment pas une nation au sens donné de nos jours à ce mot : elles n'avaient pas de langue ni de lois communes, et elles n'avaient pas non plus de chef unique ; la royauté de Celtillos, l'Arverne père de Vercingétorix, fut brève, et s'il faut chercher une ébauche de système politique unissant les tribus gauloises, ce sera celui d'un conseil tribal. Il n'existe pas la moindre trace d'une quelconque conscience de former une nation. Leur seul lien était la religion, et la seule autorité qu'ils reconnaissaient était celle des druides. Jules César l'avait compris et comme il savait que les grands dignitaires druidiques siégeaient outre-Manche, ce fut là-bas qu'il décida d'aller les réduire en sujétion. Sans grand succès, d'ailleurs.

Les invasions franques, à la fin du IIIe siècle, modifièrent considérablement la répartition décrite plus haut, et ce furent elles qui esquissèrent les origines de la France.

La formule « Nos ancêtres les Gaulois » est donc un contresens si l'on veut désigner les fondateurs de la France, car les Francs, des Germains, et les Gaulois forment deux entités distinctes.

*

À partir du second Empire apparaît une tendance à créer un mythe gaulois ; celui-ci se constituera autour de Vercingétorix, qui occupe une place de choix dans l'imaginaire français, en raison de celle que lui consacre César dans ses *Commentaires sur la guerre des Gaules* : ce jeune homme de la classe nobiliaire gauloise aura trois fois défié les armées romaines en -52, à Bourges, Gergovie et Alésia, mais la dernière lui aura été fatale : César l'y capturera et l'emmènera à Rome, où le malheureux vaincu croupira six ans dans un cachot obscur avant d'être étranglé.

L'épopée de Vercingétorix n'a duré que neuf mois de cette année -52, mais l'imagination impériale s'en empara comme d'un symbole et l'instruction publique républicaine reprit le mythe et l'amplifia jusqu'à l'absurde. Vichy le hissa au niveau d'un symbole de la vraie France… et la Libération en fit le héros de la Résistance.

Elle commença par fabriquer une image physique du héros : grand, blond, chevelu, moustachu, hérissé d'armes et le regard terrible ; c'est l'image que propose la statue de bronze érigée en 1865 au sommet du mont Auxois, bardée d'armes anachroniques (elles vont de l'âge de bronze à l'époque mérovingienne !). Or, le seul historien connu qui l'ait rencontré, et pour cause, était César lui-même, qui n'en trace aucun portrait. Ceux de l'Antiquité auxquels on a emprunté cette image farouche, Dion Cassius et Florus, ont vécu un et deux siècles après les événements. Une monnaie d'or frappée à l'effigie de Vercingétorix le représente de profil, sans un poil de moustache ni de barbe, avec des cheveux courts et bouclés. Au temps pour la tradition de l'hirsutisme qui a prévalu dans l'iconographie moderne, jusqu'à Astérix.

Ce n'était certes pas le scrupule historique qui guida les créateurs du mythe de Vercingétorix : un historien prudent aurait même répugné à ressusciter son personnage ; en effet, quand César exigea la reddition totale des Gaulois et exigea que Vercingétorix lui fût remis, celui-ci ne se rendit pas, mais fut livré par les autres chefs. En somme, il fut trahi par les siens.

*

Il s'ensuit qu'à l'origine, les Gaulois n'habitaient que le centre de la France, et qu'à se réclamer de leurs ascendance il faudrait considérer tous les autres comme des intrus.

Au IIe siècle av. J.-C., le sud de la Gaule transalpine revêtit pour les Romains une importance stratégique en raison des guerres puniques, contre Carthage ; la bande côtière de Montpellier aux Pyrénées et la route commerciale de Toulouse à l'Atlantique, Narbonne comprise, furent décrétées municipalité romaine : ce fut la Gaule narbonnaise, au nord de laquelle se trouvaient les Allobroges. Le nombre de fonctionnaires et de garnisons qui s'y installèrent fut évidemment bien plus important que dans le reste de la région ; et ces gens n'étaient pas gaulois ; on y comptait même des natifs de terres lointaines, des Syriens, des Galates de Turquie, des Grecs de diverses régions, des Illyriens… La Gaule narbonnaise devint ainsi un creuset de mélanges ethniques.

Vers 105 av. J.-C., soit une vingtaine d'années plus tard, trois invasions venues de la côte ligure bouleversèrent les répartitions de tribus citées plus haut : en effet, originaires de la côte dalmate, les Ambrons, les Teutons et les Cimbres déboulèrent dans tout le pays, du sud au nord (suivant un autre itinéraire, les mêmes tribus envahirent le Danemark avec les Arudes).

Rome partagea ensuite le pays en cinq divisions, séparant plusieurs territoires tribaux. Ce fut ainsi que les Allobroges disparurent, puis les Volques et d'autres. Les Gaulois du centre, eux, témoignaient d'une grande attirance pour la Gaule cisalpine, et il n'y eut bientôt plus de différence entre eux et les Cisalpins.

La situation se perpétua avec plus ou moins d'échanges et de migrations jusqu'en 407, quand déferlèrent des hordes de Francs, de Germains donc, qui donnèrent leur nom à la future France, de Wisigoths, venus du sud-ouest, d'Alamans et de Burgondes.

Astérix aurait eu de la peine à s'y retrouver. Et nos ancêtres étaient perdus dans la foule.

À vrai dire, la Gaule avait déjà disparu depuis belle lurette.

*

Dans la légende dorée de la Gaule, matrice de la France, le sacre de Clovis à Reims, en 498, marque la naissance de la France chrétienne, fille de la Gaule. Las, ce gamin de quinze ans, Chlodovech, qui se trouve à la tête du petit royaume des Francs Saliens[1], parents pauvres des Francs Ripuaires, est un Germain, comme les Wisigoths, les Burgondes ou les Alamans. Ce ne serait certes pas lui qui se réclamerait des Gaulois, celtiques, comme ancêtres. Et, tout au long du VIe siècle, on peinerait à retrouver ce qui peut subsister de la Gaule mythique dans le formidable brassage de royaumes qui s'opère en France de 460 à 507. Que le lecteur se rassure ; nous ne déroberons pas son siège à l'instituteur pour raconter l'histoire du Haut Moyen Âge ; il y faudrait d'ailleurs tout un volume. Mais qu'on se borne à jeter un coup d'œil sur une carte de la France trente ans avant le sacre de Clovis : les Wisigoths en occupent tout le sud-ouest, Béarn et Languedoc ; les Suèves sont maîtres de la Gascogne ; les Francs dominent le nord-ouest : Bretagne, Normandie, Anjou, Maine, Orléanais, Poitou, Saintonge, Marche, Bourbonnais, Champagne, Picardie, Artois et une bonne partie de la Belgique actuelle. Le royaume des Burgondes englobe la Bourgogne, la Franche-Comté, le Dauphiné et le Lyonnais ; enfin, les Ostrogoths occupent la Provence.

Les fortes connotations ethniques, c'est-à-dire « raciales », qui sous-tendent les discours sur les origines « gauloises » de la France, se trouvent autant mises à mal que les arguments historiques. Les invasions successives, en effet, n'ont cessé d'enrichir le stock génétique des habitants de la France, tout comme celui des habitants du reste de l'Europe tout entière. Du VIIe au Xe siècle, les Normands ont une fois de plus bouleversé les cartes ethniques et linguistiques européennes. Normands, le terme veut simplement dire « hommes du nord » ; en fait ce sont les Vikings et les Varègues. En France, nous n'aurons affaire qu'aux premiers : à la fin du IXe siècle, ces pillards qui ne restent tranquilles que l'hiver lancent une expédition en Provence et s'installent à l'embouchure de la Seine.

1. Voir p. 71.

Singulière situation : à l'ouest, l'émirat de Cordoue, maître de l'Espagne, occupe le Languedoc, et à l'est, des gens du nord occupent la Provence. La France est vraiment le théâtre des paradoxes.

Il ne reste qu'à consoler Astérix et, par la même occasion, Obélix.

V^e-VIe siècles

Clovis, premier roi de France... ou prince belge ?

Fondateur de la dynastie mérovingienne, Clovis (481-511) est l'un des prototypes les plus représentatifs des mythes historiques français. Il jouit d'une gloire inoxydable. Tous les manuels le présentent comme le créateur d'un empire et l'artisan d'une union entre l'État et l'Église qui résistera douze siècles. Carolingiens, Capétiens, Valois, Bourbons n'auraient fait que reprendre et consolider son œuvre. L'imagerie nationale scintille de scènes magnifiques et barbares, à commencer par le sacre à Reims et l'épisode du vase de Soissons. Puis n'a-t-il pas, le premier, fait de Paris sa capitale ? Il est vraiment le premier roi de la France. Comme on ne prête qu'aux riches, on a accroché à son image des légendes extravagantes, telle celle d'un monstre marin qui aurait engrossé l'une de ses aïeules... La bière du temps titrait fort.

L'inventaire invite à la nuance. D'autant plus que la source principale d'informations sur ce roi, l'*Histoire des Francs* de Grégoire de Tours, a été écrite soixante ans après la mort du héros. Elle est donc sujette à l'imprécision.

Ce Franc, donc un Germain, dont le nom véritable est Chlodovech ou Chlodweig, érodé en Ludovic et déformé en Clovis, formes primitives de Louis, est le fils d'un roitelet de la « Belgique seconde », de l'Escaut à la Somme, qui se voulait d'abord général romain : c'était d'ailleurs son costume. Clovis a quinze ans quand Chilpéric meurt, vers 481, et il prend la succession de son père dans l'administration du territoire. Il a une vingtaine d'années quand, avec d'autres chefs francs de la région, il élimine son rival Syagrius, qui régnait sur la Normandie et une partie de la Bretagne actuelles. Il attaque ensuite les Armoricains et leur enlève Blois.

C'est après la victoire contre Syagrius que se situerait l'épisode du vase de Soissons, un objet précieux prélevé dans une église et qu'avait réclamé Rémi, évêque de Reims et ami de Clovis (ils administraient les mêmes territoires). Clovis entendait satisfaire ce dernier, mais quand il le réclama au soldat qui l'avait pris comme butin, ce dernier le lui aurait refusé et, pour marquer son mécontentement, l'aurait abîmé d'un coup de francisque. Clovis lui aurait alors fendu le crâne. Comme modèle de roi, on eût pu espérer mieux.

On se contente aujourd'hui de douter de l'anecdote, sous prétexte que, le vase étant en métal précieux, or ou argent, il aurait tout juste été cabossé. Et le crâne du soldat ? N'importe : l'exemple contraignit l'armée à la discipline. Il paraît que, de surcroît, la lance, l'épée et la francisque du soldat étaient malpropres...

*

Toujours est-il que, en 493, Clovis est assez puissant pour obtenir la main de Clotilde, fille de Gondebaud, roi des Burgondes, qui possède un bon tiers du territoire de la France actuelle, tout le sud-est. Clovis lorgne ce royaume ; il ne l'obtiendra jamais. Mais il emportera ceux des Francs Saliens et des Francs Rhénans, et il guerroie à droite et à gauche ; ainsi il écrase les Alamans en 497 (pas à Tolbiac, c'est encore une invention, mais on ne sait pas vraiment pas où) et il tue le roi wisigoth Alaric à Vouillé, près de Poitiers, en 507.

Quelle est l'origine de cette invention de Tolbiac ? Quelques lignes de Grégoire de Tours, seule source d'informations sur Clovis, bien que cet auteur ait écrit son *Histoire ecclésiastique des Francs* près d'un siècle plus tard : « Il [Clovis] avait avec lui comme auxiliaire le fils de Sigebert le Boiteux, nommé Chlodéric. » Et il explique : « Ce Sigebert boitait d'un coup qu'il avait reçu à la bataille de Tolbiac contre les Alamans. » De ce détail, on a déduit que la bataille avait eu lieu à Tolbiac, alors que rien dans ces lignes n'indique que Clovis eût alors combattu aux côtés de Sigebert.

C'est à la veille de la bataille contre les Alamans qu'il se serait écrié : « Dieu de Clotilde, si tu me donnes la victoire, je croirai en toi ! » (Les paroles exactes varient d'un auteur l'autre.) Marchandage bien peu conforme à la théologie. Et histoire suspecte, parce qu'elle ressemble un peu trop au *In hoc signo vinces* de Constantin. Bref, il se convertit. Mais sans hâte : c'est un an plus tard que saint Rémi, en la cathédrale de Reims, l'apostrophera, non selon les termes qui ont connu tant de succès, « Courbe-toi, fier Sicambre... », mais « Abaisse humblement la tête, fier Sicambre... » Quant à la date exacte, elle défie l'érudition : on se contente en général de supposer qu'elle se situe entre 498 et 499, et l'on se garde de préciser à quel moment de l'année.

Un évêque moderne, Mgr Saltet, a trouvé douteuse l'histoire du « vœu de Tolbiac ». Il note en effet que, lorsqu'il félicite Clovis pour sa conversion, saint Avit, évêque de Vienne, ne fait pas la moindre allusion au vœu du roi ni à sa victoire, omission singulière.

A-t-on pourtant glosé sur le baptême du roi ! Il aurait imposé le christianisme en « France », voire la première église chrétienne, érigée à Lyon en 177. Depuis le règne de l'empereur romain Constantin (313), les chrétiens n'étaient plus persécutés dans l'empire, et depuis celui de Théodose (491), le christianisme était quasiment la religion de l'empire. Et ç'avait été dans une église que le fameux vase de Soissons avait été dérobé. Même la Burgonde Clotilde, l'épouse de Clovis – elle finira sainte, qui en aurait douté –, était chrétienne ; et, à la différence de son père, arianiste[1], elle était catholique. La population gallo-romaine est chrétienne et le clergé influent : Clovis se fait bien plus d'alliés que d'ennemis par son baptême.

Clovis n'a certes pas introduit ni imposé le catholicisme en France. Et il s'en faudra que l'harmonie règne entre l'Église et l'État avant plusieurs siècles. La marque la plus forte que laisse Clovis avant sa mort en 511 est l'imposition de la loi salique,

1. Hérésie d'Arius, évêque d'Alexandrie, selon laquelle il existait une hiérarchie dans la sainte Trinité, le Père ayant prééminence sur le Fils.

code pénal en soixante-cinq articles, qui romanise les coutumes germaniques en matière de justice et exclut les femmes des lignes de succession au trône. Finalement, ce prince belge était, comme son père, fidèle à l'esprit de l'empire, et ce fut pourquoi on dit que le Barbare romanisé l'avait emporté sur le Romain barbarisé.

Mais la légende en fit un tout autre personnage, le « premier roi chrétien » pour les uns, « le valet de la réaction cléricale » pour les autres.

En faire l'ancêtre, sinon « l'inventeur » de la France, est une théorie démentie par les faits. Le partage de ses possessions entre ses fils n'abolit nullement la ligne de scission entre le nord et le sud du pays que représentait la Loire. Pendant des siècles, les seigneuries de l'une et l'autre moitiés du pays entretiendront une méfiance réciproque. Onze siècles plus tard, sous Charles VII[1], l'unité nationale était loin d'être réalisée. Au regard des historiens, il apparaît plus comme le dernier sursaut dans la décomposition du mode gallo-romain que comme un précurseur.

---

1. Voir p. 99.

732

« Charles Martel arrêta les Arabes à Poitiers », ou l'escarmouche qui fit mouche

L'une des exagérations les plus phénoménales de l'histoire s'enclencha presque immédiatement après l'événement qui en faisait l'objet. Ce fut le fait d'armes de l'arrière-petit-fils naturel d'un saint, cette « bataille de Poitiers », où les Sarrasins furent vaillamment arrêtés par Charles Martel.

Celui-ci est le fils naturel de Pépin d'Héristal, ou d'Herstal, maire du palais du royaume d'Austrasie depuis 680. L'Austrasie, pour mémoire, est ce royaume qui occupa le nord-est de la France de 561 à 751, dont le roi le plus célèbre fut le bon Dagobert (Clotaire II et Sigisbert III ont été éclipsés par sa culotte), et qui était rival de la Neustrie, située au nord-ouest. La capitale en était Metz. Un enfant naturel, c'était à l'époque banal, mais il se trouvait que le père était donc maire du palais, personnage formidable presque aussi puissant que son souverain ; de surcroît, et c'est bien moins courant, Pépin était le petit-fils légitime de deux saints ! Du côté paternel, figure saint Pépin de Landen, maire du palais lui aussi, et du côté maternel, saint Arnoul, évêque de Metz. Ce dernier, curieux gaillard (bien que laïc et père de famille, il avait été nommé évêque, puis s'était lassé de sa charge), est resté au calendrier, mais saint Pépin de Landen en a disparu.

Avec un aussi brillant lignage, comment serait-on dénué d'ambition ?

Charles en brûlait : il voulait être, lui aussi, maire du palais. Quand il le devint, l'Austrasie avait avalé la Neustrie et le père céda sa place à ce fils tout en conservant le pouvoir véritable. À quarante-quatre ans, Charles, maire de deux palais, à Metz et Rouen, était un guerrier à la réputation bien établie. Il était surtout « plus-que-roi » : un maire du palais était en ce temps le potentat suprême, et les rois mérovingiens, qu'on qualifia d'ailleurs de fainéants, étaient des gamins qui montaient sur le trône à l'âge tendre et n'y restaient pas longtemps. Clovis IV fut roi à neuf ans et mourut à treize, Dagobert III fut roi à douze ans et mourut à seize, Clotaire IV ne régna qu'un an, etc.

Le véritable roi des Francs était Charles Martel.

*

À l'époque, les Sarrasins, maîtres de l'Espagne, s'étaient installés dans des territoires au-delà des Pyrénées, le Béarn, le Comminges, les Corbières et le Languedoc et, pillards comme tout le monde, ils faisaient des razzias vers le nord, le long du Rhône et sur la côte atlantique jusqu'en Gascogne. Eudes, le duc d'Aquitaine, en était évidemment contrarié. En 721, à Toulouse, il avait déjà infligé une raclée à une expédition de Sarrasins, mais ils ne semblaient pas se l'être tenu pour dit ; ils recommençaient.

Curieusement, aucun manuel ne mentionna jamais la victoire sur les Arabes d'Eudes d'Aquitaine, à Toulouse ; ceux-ci y avaient pourtant laissé un souvenir culturel durable : une version du couscous, connue sous le nom de cassoulet et incorporant, après leur départ, des saucisses.

Eudes, las de guerroyer contre les Sarrasins, appela à son secours Charles Martel. Et celui-ci accourut. Il n'avait tant cure des Sarrasins que de s'emparer de l'Aquitaine. Le 25 octobre 732, entre Tours et Poitiers, l'émir Abd el-Rahman fonce à la tête de sa cavalerie vers de nouveaux pillages. Il tombe sur un mur de fantassins francs qui lui infligent une défaite cuisante. Abd el-Rahman ne demande pas son reste et détale vers le Languedoc.

*

La victoire de Charles Martel lui permet de se poser en sauveur de l'Aquitaine, qui passe bientôt sous la coupe des royaumes francs, Austrasie, Neustrie et Bourgogne, c'est-à-dire sous sa propre coupe. Il ne la laissera pas oublier : son frère Childebrand la célébrera dans sa *Chronique*. Et l'escarmouche est immortalisée, magnifiée, exaltée, par la chevalerie, les chroniqueurs et les troubadours, tous toujours en quête d'héroïsme. Lettrés et copistes, qui appartiennent dans leur majorité à des ordres religieux, prennent leur relais. En 750, un chrétien d'Espagne, qu'on désigne comme l'Anonyme de Cordoue, évoque un déferlement d'« Européens », rien de moins, comme si les croisades avaient commencé au VIIIe siècle. Sans doute faut-il attribuer son exagération à la frustration d'un chrétien contre une religion à laquelle il ne comprend rien et qu'il déteste évidemment, car l'Espagne a été christianisée depuis le début du IVe siècle. Point paradoxal : la christianisation s'est opérée à partir de l'Afrique du Nord et, justement, le premier centre de forte évangélisation a été Cordoue, la ville que l'émirat musulman a choisie comme capitale.

Mais aussi, les descendants de Charles Martel s'enorgueillissent de l'exploit de leur ancêtre. L'un d'eux n'est autre que Charlemagne et son influence est donc considérable. Au XIIe siècle, les *Chroniques de saint Denis* relatant l'exploit de Poitiers décrivent la bande de pillards d'Abd el-Rahman comme une armée partie à la conquête de la France et de l'Occident. La renommée de Charles Martel conforte une campagne de Rome contre les religions étrangères et les hérésies telles que l'arianisme ; à ce titre, elle ne faiblira jamais.

L'exploitation patriotique et nationaliste de la « bataille de Poitiers » ne pouvait tarder. Dans les manuels scolaires de la fin du XIXe siècle, l'épisode devient le symbole de la défense du territoire national contre les mécréants. On croit déjà entendre en arrière-fond le vers sanguinaire de *La Marseillaise*, « Qu'un sang impur abreuve nos sillons ». L'exagération se justifie alors par l'expansion coloniale en cours.

L'assaut de Poitiers a fait deux fois mouche. Elle ne sert plus désormais qu'à attiser l'islamophobie, c'est-à-dire à dresser une mythologie contre une autre.

Les rois mérovingiens puis carolingiens étaient-ils polygames ?

La mémoire humaine, et même celle des historiens, souffre souvent d'amnésies sélectives. Ainsi, au XXIe siècle et depuis au moins dix siècles, la polygamie est unanimement considérée en Occident comme une aberration archaïque, quasiment un signe d'arriération civile, sinon de barbarie. Interdite par la totalité des lois occidentales, elle est considérée comme étrangère à la civilisation de l'Occident.

On surprendrait donc plus d'un contemporain en lui rappelant que tous les rois qui régnèrent sur le territoire actuellement appelé France, des Mérovingiens aux Carolingiens, du VIe au VIIIe siècle, furent polygames. Mais ce point étant nuisible à l'image des premiers monarques de France, comme à celle de l'autorité, il est discrètement éludé.

La lecture du célèbre mémorialiste de l'époque, Grégoire de Tours, auteur de l'*Histoire des Francs*, est à cet égard aussi divertissante qu'une pièce de Feydeau. On y apprend que lorsque Ingonde pria son époux Clotaire, roi de Soissons et l'un des quatre fils de Clovis, de trouver un mari riche et intelligent pour sa sœur Aregonde, Clotaire courut chez celle-ci pour lui proposer le mariage. À son retour au palais, il déclara à sa première épouse : « En cherchant l'homme riche et intelligent que je devrais marier à ta sœur, je n'ai rien trouvé de mieux que moi-même. »

Clotaire eut sept fils ; on ne parle bizarrement pas des filles – Ingonde, Aregonde, Chunsine, Radegonde, Gondieuque (veuve de son frère Clodomir, roi d'Orléans) et Waldrade (ex-épouse d'un cousin, Theodebald). Après la révolte de Thuringe, sur laquelle régnait son père, et l'exécution de son frère par

Clotaire en 555, Radegonde fuit la cour : consacrée diaconesse par saint Médard, elle fonda à Poitiers l'abbaye de la Sainte-Croix, où repose un fragment de la Vraie Croix que lui a envoyé l'empereur de Byzance. Cette rescapée du harem sera canonisée et elle est la sainte patronne de Poitiers.

Les frères de Clotaire, Thierry, roi de Reims, Clodomir et Childebert, roi de Paris, ne firent pas moins bien. Ni les quatre fils qui se partagèrent – sauvagement – son royaume, Caribert, Gontran, Chilpéric et Sigebert. Ainsi, Gontran, roi de Bourgogne, épouse d'abord Vénérande, puis Marcatrude et enfin Austrigilde, surnommée Bobilla. Il faut préciser qu'entre-temps Marcatrude a été répudiée et qu'elle en est morte. Caribert aussi a eu quatre épouses, mais il ne laisse qu'une fille en descendance. Le pire des quatre fils, du point de vue conjugal et politique, est Chilpéric : marié à Audevère, il la répudie pour épouser Galswinthe, fille aînée du roi des Wisigoths. Las, un an plus tard, elle est retrouvée étranglée dans son lit (le meurtrier est son propre mari) et c'est l'infâme Frédégonde qui lui succède ; elle fait assassiner la première femme de Chilpéric, Audevère, et ses deux enfants, puis elle fait assassiner Sigebert, son beau-frère. Chilpéric aussi meurt assassiné.

Cette polygamie royale et sanglante s'est perpétuée tout au long des règnes des Mérovingiens, puis des Carolingiens : Charlemagne a eu neuf épouses, qui lui ont donné dix-neuf enfants, mais à sa mort un seul survit, Louis, qui sera connu sous le nom de Louis le Pieux. La mortalité infantile et juvénile très élevée explique en partie la polygamie des monarques (sans parler de celle de leurs sujets). Les coutumes germaniques – car les Francs sont des Germains – expliquent le reste. Les Gallo-Romains, eux, sont traditionnellement monogames.

À partir de la fin du VIIIe siècle, l'Église, dont le rôle grandit dans le royaume, commence à mettre un peu d'ordre dans ces mœurs déréglées : seuls les enfants de la première épouse sont considérés comme légitimes, mais cela n'interdit pas de prendre une épouse de second rang.

Ce changement suscite un nouveau problème : l'épouse de second rang s'accommode souvent mal de son statut, et celle de premier rang, évidemment plus âgée, refuse de céder sa place ; il ne reste alors au mari qu'à demander le divorce d'avec celle-ci. Or, l'Église ne l'accorde que de plus en plus difficilement et stipule que le mari ne doit pas abandonner sa première épouse parce qu'elle a vieilli ou est devenue infirme. Une querelle longue et compliquée opposera ainsi le pape Nicolas Ier et Lothaire II (825-869), roi de Lotharingie (Lorraine), qui veut divorcer de Theutberge.

La monogamie gagne encore du terrain avec la réforme grégorienne au XIe siècle. L'ère des favorites et des maîtresses va commencer. Il eût été malséant d'évoquer ces mœurs devant les écoliers et tout autant devant leurs parents. Aussi a-t-on pasteurisé le récit de la vie des premiers rois.

768-814

L'invention de Charlemagne, patron des écoliers et « père de l'Europe »

Quand son frère aîné Carloman meurt, en 771, le cadet de Pépin le Bref enferme ses neveux, les héritiers, et s'approprie leur royaume. Couronné en 748, à l'âge tendre de six ans, il était déjà roi de territoires francs ; il devient également roi d'une moitié de l'Aquitaine, de la Septimanie, la Bourgogne, l'Alsace et l'Alémanie. Puis il défait le roi des Lombards, Desiderius (son propre beau-père, un pillard effréné), et s'empare de ses territoires, c'est-à-dire de tout le nord-ouest de l'Italie. Il se proclame alors roi des Francs et roi des Lombards.

N'importe quel chef d'État qui se serait comporté de la sorte au XIXe siècle aurait été qualifié de tyran ; au XXe, on l'aurait traité de nouveau Saddam Hussein. L'indulgence de l'histoire s'explique peut-être par la brutalité des mœurs de l'époque. Mais enfin, il n'y a là rien d'exemplaire.

Soucieux de caser ses fils, Charlemagne crée en 790 la marche de Bretagne qu'il donne à Charles le Jeune. Les Bretons ne veulent pas de lui et se révoltent. N'importe, on les mate.

La même année, il rattache la Saxe à l'État franc. Les Saxons sont des païens et Charlemagne exige qu'ils se convertissent. Protégés par le relief montagneux de leur pays et les forêts du Teutoburger Wald et du Harz, ils se défendent âprement. Charlemagne déchaîne alors l'horreur, à coups de massacres et de déportations en masse. Dans une seule journée de l'année 791, il fait ainsi décapiter quatre mille cinq cents prisonniers saxons. Il ne pouvait évidemment en faire autant tous les jours, mais il aurait exécuté de la sorte une vingtaine de milliers de Saxons et en aurait déporté le double.

Tel est le personnage sanguinaire, ivre de pouvoir, que tous les manuels d'histoire présentent comme le bon roi créateur des écoles – ce qui est faux, car il en demanda seulement la multiplication –, félicitant les bons élèves pauvres et réprimandant les mauvais élèves fils de riches, « fiers de leur naissance ». Au XIXe et au début du XXe siècle, il avait été, dans l'ordinaire confusion entre le royaume des Francs et la France moderne, un « roi de France ». À la fin du XXe siècle, quelques visionnaires crurent voir en lui le « précurseur de l'Europe ». L'énormité de la bévue ne peut que faire sourire.

Il est certain que Charlemagne encouragea les lettrés, pour la bonne raison qu'ils lui fournissaient des fonctionnaires, mais le fanatisme qu'il manifesta au Concile de Francfort en 794 contre le culte des images ne témoigne guère d'une grande ouverture d'esprit ni d'une grande logique pour un monarque qui se targuait d'encourager les arts.

*

À Noël 800, Charlemagne se fit couronner empereur par le pape Léon III ; les circonstances de ce sacre furent confuses et même tortueuses pour deux raisons principales. D'une part, ce pontife était autant contesté par le clergé franc que par le peuple de Rome (à l'époque, les papes étaient élus par le peuple et le clergé) ; il avait même failli, en 799, être écharpé par la foule, en raison des accusations de débauche et de parjure qui pesaient sur lui. D'autre part, cette consécration fut préparée en grand secret. Pourquoi ? Parce qu'il existait déjà un siège impérial à Byzance et qu'une telle initiative risquait de déclencher une guerre. En effet, l'Empire romain d'Occident avait disparu en 476.

Conseillé par deux théologiens demeurés célèbres, Anguilhard et Alcuin, Charlemagne prépara donc son coup en secret, avec la complicité de Léon III, qui avait tout intérêt, pour rétablir son prestige, à être celui qui couronnerait l'empereur. Il se rendit dans les parages de Rome comme s'il était là pour des raisons militaires. Et, soudain, le 25 décembre, coup de théâtre !

Charlemagne est couronné empereur (de manière détournée, d'ailleurs, car selon le protocole, c'était le pape seul qui lui avait conféré cette dignité suprême).

Ce coup de théâtre était aussi un coup fourré, et Byzance s'apprêta d'ailleurs à contester la légitimité de Charlemagne. Mais il eût fait beau voir aux derniers siècles qu'on en instruisît le public et surtout les écoliers : c'eût presque été un crime de lèse-majesté posthume.

Ainsi se creusa un fossé entre les Empires romains d'Orient et d'Occident.

Quant à l'exemple politique paternel de Charlemagne, il fut désastreux : la folle arrogance et la brutalité de son unique héritier, Louis le Pieux, disloqua définitivement, en 840, l'empire si péniblement assemblé. Digne fils de son père, ce dernier fit crever les yeux de l'un de ses neveux, Bernard d'Italie, qui avait osé contester l'*ordinatio imperii*, plan de partage de l'empire. Guère un modèle pour des écoliers non plus.

Un formidable malentendu règne au sujet d'un autre surnom de Louis le Pieux, le Débonnaire. Il a donné à penser que ce monarque aurait été d'un naturel conciliant. Rien de tel : en vieux français, le mot signifie « de bonne souche », *de bonne aire*. Louis le Pieux n'était pas plus accommodant que son père.

*

L'image d'Épinal de Charlemagne est généralement assortie d'un autre héros de légende, Roland. En 778, Charlemagne lança une offensive contre les Sarrasins à Saragosse. Ce fut un désastre : l'arrière-garde de l'armée fut anéantie par les Basques, exaspérés par la destruction des murailles de leur grande cité, Pampelune, mais une fois de plus, comme dans la légende de Charles Martel, les Basques devinrent des Sarrasins. Le chroniqueur contemporain Éginhard cite trois victimes, dont « Hruodlandus, le préfet de la marche de Bretagne » et c'est tout. Pas question de Roncevaux. De ces trois mots jaillit la légende du preux Roland, jouant du cor avant sa mort, que le poète Turold raconta vers 1150 dans les milliers de vers de « La Chanson de Roland ».

La chevalerie inspirait déjà des romans. Et les cœurs de maintes générations se gonflèrent d'émotion au récit d'une invention où les Sarrasins tenaient le rôle des légions de l'enfer.

855

La papesse Jeanne, une mystification pluriséculaire

En 855, entre les pontificats de Léon IV (847-855) et de Benoît III (855-858), s'en serait inséré un troisième, celui d'un certain Johannes Anglicus, qui aurait été en réalité une femme. Dans une des versions de l'histoire, car il y en a plusieurs, elle serait née à Mayence ou Ingelheim, en Allemagne, des œuvres d'un moine natif d'Angleterre. À dix-huit ans, elle se serait éprise d'un clerc de l'abbaye de Fulda qu'elle aurait suivi à Athènes. Là, les deux amants auraient fait des études savantes. Le clerc étant mort, Jeanne aurait revêtu par commodité des habits d'homme et aurait voyagé pendant plusieurs années. Elle serait allée à Londres, puis à Paris où elle aurait remporté le titre de docteur, puis à Rome, où sa science lui aurait valu une chaire de hautes études, le *quadrumvir*. Devenue prêtre, toujours sous son déguisement d'homme, elle aurait reçu le chapeau de cardinal, puis aurait été élue pape sous le nom de Jean VIII et aurait gouverné l'Église avec beaucoup de sagesse. Las ! Elle se serait laissé séduire par un homme, peut-être Lambert de Saxe, ambassadeur à Rome. Et, *horribile dictu*, elle aurait accouché dans la rue, en pleine procession pontificale. Mais un démoniaque ne l'avait-il pas prophétisé ?

Scandale et destitution de la papesse. Ce serait depuis lors que les cardinaux assoiraient les impétrants sur une chaise percée, par laquelle ils tâteraient ses génitoires. Puis ils se redresseraient et clameraient à leurs collègues : « *Duas habet et bene pendentes.* »

On s'étonne que le scénario n'ait pas été porté à l'écran.

Abrégeons le suspense. Il y a eu des papes très contestables, mais jamais de papesse. Cette mystification phénoménale mérite attention pour trois raisons : d'abord, l'Église elle-même y crut, au moins jusqu'au XIVe siècle ; ensuite, elle agita la chrétienté durant des siècles, opposant catholiques et protestants et ranimant des prophéties fumeuses sur la venue de l'Antéchrist ; enfin elle révèle la misogynie fondamentale de la chrétienté d'antan.

*

La première mention connue de la papesse Jeanne se trouve dans un manuscrit du XIIe siècle, une des copies du *Liber Pontificalis* ou *Livre des papes*, datant du IXe siècle ; la copie, elle, dite *Manuscrit d'Anastase*, date de 1142. Ces ouvrages étaient copiés par des moines pour la diffusion. À l'évidence, l'un d'eux, d'humeur facétieuse, inventa cette histoire, soit à des fins subversives soit pour le divertissement et l'inséra dans la liste des papes. Le nom du suspect est connu : ce serait Martin Polonius, pénitencier du pape Innocent IV et archevêque de Cosenza.

L'essentiel est que l'Église y crut et passa l'épisode sous silence, sans songer à vérifier l'histoire. Car il n'y a eu aucune césure entre les pontificats de Léon IV et de Benoît III. Mais le pouvoir de la parole écrite était égal sinon supérieur à celui de la parole imprimée après l'apparition de l'imprimerie : si c'était écrit, c'était vrai. Il survécut d'ailleurs longtemps comme l'indique l'imparable argument : « C'est dans le journal. »

L'Église avait d'autres raisons, aujourd'hui oubliées, de prêter foi à l'histoire : elle avait compté, dans les huit premiers siècles, des femmes prêtres. En attestent de nombreuses représentations de femmes en vêtements ecclésiastiques, avec la croix et l'encensoir, en France, en Italie, en Dalmatie (Codex 2058 de la Bibliothèque nationale de Paris, par exemple), ainsi que des inscriptions funéraires, des mosaïques et des fresques. L'une des preuves les plus saisissantes se trouve dans l'église Sainte-Praxédis, à Rome : *horresco referens*, c'est une mosaïque qui porte l'inscription *Episcopus Theodora*, « l'évêque Theodora ». Pour la hiérarchie de l'époque, il n'était pas impossible que l'une de ces femmes fût devenue cardinal, puis eût accédé au pontificat.

Pétrarque et Boccace se servirent de cet épisode, et il fut donc tacitement admis qu'il y avait eu une papesse Jeanne. La suite des péripéties était moins vérifiable. Une floraison d'écrits sur le personnage déferla en Europe occidentale, *Histoire du pape Jean VIII qui fut une femme*, *Les Couches papales*, *Jean VIII Femin*... Quelques illuminés avancèrent que le fils de la papesse, fruit d'une union diabolique, serait né en 857 et qu'il aurait été l'Antéchrist ; dans ce cas, il n'y a guère de raison de s'en inquiéter, ce fâcheux sera parti comme il était venu.

Certains auteurs émirent l'hypothèse que Jean VIII ne fut pas une femme, mais un homme homosexuel, d'où sa tolérance particulière envers les Grecs, théorie tellement absurde qu'elle n'appelle pas de commentaires. Toujours fut-il que l'affaire commençait alors à nuire au prestige du siège pontifical.

*

Entre papes et antipapes, cette période de l'Église était non seulement troublée, mais pis, trouble. Tandis que les antipapes compromettaient l'autorité pontificale, ceux qui semblaient légitimes ne manifestaient guère l'inspiration de l'Esprit saint. En fait, la légende de la papesse Jeanne naquit dans les fanges de leurs débordements. Dans la première moitié du Xe siècle, la papauté était ainsi tombée aux mains d'une famille riche et puissante, les Theophylacti, que menaient trois femmes, Theodora et ses deux filles, Maroussia et Theodora la Jeune. Elles plaçaient leurs amants aux postes clés, et la chrétienté leur dut quelques-uns de ses papes, amants ou fils, on ne sait : Jean X (898-900), Léon VI (mai-décembre 928), Étienne VII ou VIII, on ne sait non plus (928-931), Jean XI (931-935)... Ce dernier fut renversé par son frère Abéric et finit ses jours en prison.

« Nous avons des femmes pour pontifes », grommelait le peuple. Et le palais de Latran passait pour un mauvais lieu où les femmes honnêtes ne s'aventuraient pas. Incidemment, cette situation dura des décennies et laissa des traces fâcheuses dans les mémoires. Que dire et, encore pis, que penser d'un pape tel que Boniface VII (juin-juillet 974), élu irrégulièrement, qui faisait jeter en prison son prédécesseur Jean XIV, puis le faisait empoisonner, mais retournait quand même sur le trône pontifical (984-985) ? De rumeur en vérité occulte, la papesse Jeanne acquit un état civil virtuel dans le *Manuscrit d'Anastase*.

Une papesse brochant sur cette saga de nervis mitrés constituait une flétrissure insupportable.

En 1602, les Jésuites de Mayence se disposèrent à produire la première version imprimée du *Liber Pontificalis* et prièrent une notabilité d'Augsbourg, Marquard Freher, de leur prêter les deux copies du *Manuscrit d'Anastase* qu'il possédait, ce manuscrit dont venait tout le mal. Pour se débarrasser de cette encombrante mystification, les Jésuites procédèrent à une falsification ingénieuse : ils supprimèrent le passage relatif à la papesse Jeanne dans les exemplaires destinés à la diffusion... mais pas dans les deux copies qu'ils envoyèrent à Freher en remerciement.

Une falsification pour éliminer une mystification, le cas est rare.

*

Freher s'avise de l'astuce des Jésuites, s'en indigne et déclenche une querelle entre érudits.

Cette bisbille s'inscrit dans un contexte déjà tourmenté, qui est celui de l'hostilité croissante entre les catholiques et les protestants. Pour l'éminent Théodore de Bèze, principal collaborateur de Calvin et personnage estimé d'Henri IV, il y a eu une interruption dans la succession des évêques de Rome, par la faute de la papesse Jeanne. Pour Florimond de Rémond, non moins éminent défenseur de la papauté, il n'y a jamais eu de papesse Jeanne et cette carabistouille dérive d'une falsification du *Manuscrit d'Anastase*, probablement inspirée par le fait qu'une femme fut patriarche de Constantinople.

Mais les duels oratoires et rhétoriques se multiplient et les injures échauffent les deux camps : « Ce ne sont que syllogismes de couvent, vapeurs de froc, exhalations d'une âme pestilente », pour reprendre les termes de l'un des belligérants, André Rivet.

Le fond de la question transparaît au travers de ces flots de hargne ; les deux parties admettent tacitement le même principe : le fait qu'une femme ait pu occuper le trône de Saint-Pierre en compromet la légitimité.

L'honnêteté intellectuelle s'imposera lentement dans l'un et l'autre camps. Les protestants admettront que la source de la fable de la papesse Jeanne est bien Martin Polonius[1].

Au XIXe siècle, les humeurs se calment, la papesse Jeanne retourne lentement dans les vapeurs du mythe dont elle n'aurait jamais dû sortir. Au XXe siècle, c'est devenu une histoire drolatique. La papesse ne survit plus que dans une figure des tarots et une farce d'Alfred Jarry.

La mystification aura cependant servi à démontrer que les clergés de tous bords ne veulent pas de femmes dans leurs hiérarchies. Il advient ainsi que les mensonges révèlent la vérité.

1. Plusieurs éléments de ce chapitre ont été empruntés à l'ouvrage magistral en trois volumes de Claude Pasteur, *Le Manuscrit d'Anastase*, Olivier Orban, 1986.

1347

La fabrication nationaliste des bourgeois de Calais

N'était le monumental groupe de sculptures d'Auguste Rodin, qui frôle la grandiloquence républicaine, tout le monde aurait probablement oublié les bourgeois de Calais. Pourquoi Calais fut-elle privilégiée ? Et les bourgeois de Tournai, de Bayeux, de Rennes, de Soissons, de Paris, de Dijon... ? La plupart des villes d'Europe qui subirent un siège – et laquelle n'a été assiégée au cours de son histoire ? – pourraient s'orner de groupes similaires. Et toutes ont évidemment compté des bourgeois, « habitants d'un bourg ». Quand la ville se rendait, les bourgeois allaient en remettre les clés au conquérant. Pourquoi Calais se distingue-t-elle ?

Après la désastreuse bataille de Crécy, en août 1346, où la chevalerie de Philippe VI se fit décimer par une arme nouvelle, l'artillerie, et par les archers gallois, Édouard III d'Angleterre fit le siège de Calais. La ville résista héroïquement un an, mais en août 1347, son maire, Eustache de Saint-Pierre, et trois bourgeois de la ville, Jean de Fiennes, Andrieu d'Andres et Jean d'Aire, allèrent, en chemise, pieds nus et « la hart au col », solliciter du roi d'Angleterre la grâce de la ville. Leur mise était un peu théâtrale, il est vrai, mais elle était destinée à apitoyer le vainqueur. De fait, Édouard III, irrité par la longue résistance de Calais, songea un moment à les faire exécuter, mais attendri par son épouse, Philippa de Hainaut, il leur fit grâce. Les Calaisiens quittèrent leur ville, qui fut repeuplée par des Anglais, mais – on l'apprit bien plus tard – Eustache de Saint-Pierre, lui, résolut d'y rester et de servir le roi d'Angleterre.

*

L'épisode fut rapporté par le célèbre chroniqueur Jean Froissart, protégé de la reine Philippa et de bien d'autres cours (dont celles de Danemark, d'Aragon, de Navarre, de Lancaster, de Brunswick, de Bavière...). Il en fit un épisode édifiant, où cinq hommes s'étaient dévoués pour sauver leur ville et avaient été eux-mêmes sauvés par une reine compatissante ; au XVIIIe siècle, ce récit devint un apologue patriotique et, selon les termes de Dormont de Belloy, « la première tragédie française où l'on ait procuré à la nation le plaisir de s'intéresser à elle-même ». L'emphase était déjà démesurée ; c'était une histoire de siège comme il y en eut des dizaines pendant la guerre de Cent Ans et la nation, au sens moderne de ce mot, n'y avait rien à voir. En fait, Édouard III avait dû sa victoire à un seigneur breton, Geoffroy d'Harcourt, qui lui avait facilité le débarquement à Saint-Vaast-la-Hougue ; le duché de Bretagne n'appartenait alors pas au royaume des Valois, et Geoffroy d'Harcourt aurait été scandalisé, à juste titre, d'être accusé de trahison.

Un érudit faisant des recherches à la Tour de Londres avait découvert en 1766 qu'Eustache de Saint-Pierre n'était pas du tout l'ardent patriote ennemi des Anglais et qu'il était donc resté à Calais pour servir le roi d'Angleterre. Rien n'y fit. Le mythe avait pris son envol, et la IIIe République l'amplifia. Les bourgeois de Calais revêtirent les dimensions de martyrs héroïques de la nation, voire celles d'adversaires des Anglais : l'Entente cordiale était alors loin sur l'horizon et l'Angleterre était qualifiée de Perfide Albion. Au cours des décennies suivantes, les bourgeois de Calais entrèrent dans l'imaginaire national et, même, furent immortalisés dans le bronze par Rodin en 1895.

1351

Les voyages de Marco Polo, ou le livre des élucubrations

La plus ancienne copie existante du *Livre des merveilles*, l'ouvrage qui pendant des siècles fit rêver monarques et voyageurs d'Occident, date de 1351. Il est rapporté qu'un siècle et demi plus tard Christophe Colomb en emporta une autre lors de son fameux voyage vers l'Ouest, qu'il lisait tous les soirs à bord du *Santa Maria*.

À cette époque, le « noble gentilhomme » Marco Polo, *nobile vir*, comme il se qualifiait lui-même, était mort : né en 1254, il avait juste achevé sa soixante-dixième année en 1324, avant d'aller dormir sous les dalles de l'église de San Lorenzo, à Venise.

Le Livre des merveilles aurait, selon la tradition historique, ouvert les yeux de l'Occident sur l'existence de régions ignorées. Certes, des routes commerciales reliaient le monde méditerranéen avec l'Orient et le sud de l'Asie depuis au moins le IIe siècle av. J.-C., et le Vatican envoyait couramment des missionnaires en Chine du Sud. Et, contrairement à ce qui a parfois été avancé, l'Europe savait qu'il existait de vastes contrées à l'est ; on les désignait sur les cartes par la mention *Hic sunt leones*, « Là, il y a des lions », pour signifier qu'on n'en savait pas grand-chose. Mais, en plus de ses descriptions extraordinaires et originales, telles que celle du terrifiant désert de Gobi, qu'il appelle Lop-Nor, ou du Pamir, Marco Polo excita les imaginations par le récit de ses mirifiques aventures à la cour splendide du grand Kublai Khan. Ainsi, le noble Vénitien avait tant impressionné ce seigneur que ce dernier l'avait nommé gouverneur de la ville de Yangshow et, quand un autre potentat, le grand khan de Perse Argoûn, avait perdu sa femme, ç'avaient été Marco Polo, son père Nicolo et son oncle Maffeo – car il voyageait avec eux – qui avaient satisfait à la dernière volonté de celle-ci. Elle avait exigé que celle qui lui succéderait fût de la même origine qu'elle, c'est-à-dire mongole. Et les trois Vénitiens avaient donc escorté de Pékin à Tabriz la belle Cocachine. Mais, entre-temps, Argoûn était mort et c'était son fils Ghazân qui avait épousé la promise.

Ah, romance et visions de paradis exotiques ! Douce gloire de l'héroïsme et voluptés des fortunes mirifiques !

On attribua ensuite à Marco Polo l'introduction en Europe du compas de marine, de la poudre, voire de l'imprimerie… On ne prête qu'aux riches.

Au cours de leurs extraordinaires périples, qui avaient duré vingt ans, de 1275 à 1295, les trois commerçants vénitiens étaient devenus immensément riches. Ils rentrèrent à Venise, mais quand ils se présentèrent à leur demeure, dans la paroisse de Saint-Jean-Chrysostome, vêtus de manière extravagante, on leur en refusa l'entrée et on les traita d'imposteurs. Ce ne fut que grâce aux témoignages de relations vénitiennes qu'ils se firent reconnaître et purent regagner leurs aîtres. Notre voyageur y gagna le sobriquet de « Marco Millioni ».

Guère fatigué de ses aventures, Marco Polo, seul cette fois, se vit confier, en 1298, le commandement d'une galère de deux cent cinquante hommes qui allait affronter la flotte des Génois, commandée par Lamba Doria, dans une bataille navale aux motifs obscurs. Les Génois gagnèrent, le *sopracomito* Polo fut fait prisonnier. Il partagea sa geôle de Gênes avec un plumitif nommé Rustichello ou Rusticiano de Pise, qui le convainquit de lui dicter le récit de ses voyages.

Ainsi naquit *Le Livre des merveilles*.

*

Le manuscrit original a aujourd'hui disparu mais, après la sortie de prison de Marco Polo, plusieurs copies en furent faites.

Dès le XIVe siècle, quand d'autres voyageurs eurent commencé à explorer l'Asie, certains s'étonnèrent des omissions de Marco

Polo. Pas un mot sur le thé, que les Européens ne connaissaient pas, mais que les peuples de Chine buvaient déjà sous la dynastie des Han. Pas un mot sur l'usage intensif du papier, utilisé depuis la dynastie Tang au VIe siècle. Pas un mot sur les livres imprimés avec des caractères mobiles, ni sur la calligraphie, un art que les Chinois avaient porté au sommet. Ni sur les billets de banque, invention chinoise datant de la dynastie Yuan (960-1279), alors que Marco était marchand comme son père et son oncle, et qu'un tel mode de transfert de fonds eût dû l'intéresser au premier chef. Ni sur l'éclairage urbain au gaz naturel, autre invention chinoise (les canalisations en terre cuite véhiculaient le gaz jusqu'à de gros troncs de bambous évidés, érigés dans les rues).

Bizarre, de la part d'un auteur qui « portait, de son propre aveu, la plus grande attention à toutes les nouveautés et curiosités qu'il rencontrait ». De plus, on n'a pas retrouvé trace dans les annales mongoles ni chinoises d'un voyageur aussi distingué.

Au fil des siècles, historiens, sinologues, voyageurs s'étonnèrent de lacunes, mais aussi de coïncidences trop fortes et répétées. Certains passages du *Livre des merveilles* sont des plagiats de récits d'autres voyageurs. Et de nombreux passages comportent des erreurs que des spécialistes attribuent à des traductions approximatives.

L'étendue des voyages que Polo et ses parents auraient faits, fût-ce en vingt ans, semble par trop prodigieuse pour être possible, du sud de l'Inde à la Mongolie, de la Perse à Sumatra, du Mien (Birmanie du nord) au Négropont (mer Noire)... Notre homme a vu les rivages de l'Arctique et visité le royaume d'Abyssinie ; il connaît Java, Sumatra, les îles Andaman et Nicobar ; il est allé à Zanzibar et à Madagascar, mais aussi à Ceylan et au Japon ; il a traversé l'Inde et parcouru le Tibet et à l'extrémité de la Sibérie il a vu les Toungouz qui montaient à dos de rennes et les Goldes qui circulaient sur des traîneaux à attelages de chiens...

À l'âge des jets, cela donnerait le vertige.

Aurait-il menti ? On lui conserve cependant le crédit d'avoir, par exemple, été le premier à décrire les plateaux du Pamir, dont l'Occident ne connaissait alors ni l'existence ni le nom, après avoir gravi l'Oxus et être descendu jusqu'à l'Arkand et au Khotân.

On commença alors à soupçonner que *Le Livre des merveilles* était un *compendium*, un *digest* dirait-on de nos jours, de récits d'autres voyageurs, réalisé non par Marco Polo lui-même, mais par le douteux Rustichello ou Rusticiano de Pise. Il disait ainsi être entré au service de Kublai Khan et avoir été nommé gouverneur de Yangshow. Sans parler ni écrire mongol ? Ni mandarin ? C'était plus que douteux. Car le fait est que, au terme d'un séjour en Chine de tant d'années, Marco Polo ne parlait pas un traître mot de ces langues.

Un autre épisode fleurait un peu trop le récit hagiographique : émerveillé par la rencontre des premiers Européens qu'il eût jamais vus, Kublai Khan les aurait renvoyés en Europe avec une lettre patente, réclamant au pape Clément IV des hommes instruits, pour enseigner le christianisme et les arts libéraux à ses sujets. Passons sur la lettre patente, dont on se demande comment le pape l'aurait déchiffrée et dont on ne trouve d'ailleurs pas trace dans les archives du Vatican ; mais la requête de missionnaires et de professeurs faite par le Mongol reflète un « européo-centrisme » douteux. Il n'y manque que le baptême du khan.

Des preuves existent démontrant que les Polo n'étaient pas les premiers étrangers que rencontrait le khan et qu'il existait en Chine des communautés turques, persanes et autres – musulmanes, nestoriennes (c'est-à-dire chrétiennes), manichéennes, zoroastriennes et juives. Quoi qu'il en fût, Marco, son père et son oncle auraient rebroussé chemin pour satisfaire à la demande du khan. Mais, quand ils arrivèrent à Acre, en territoire ottoman de Palestine, en 1269, ils apprirent que Clément IV était mort et que son successeur n'avait pas encore été désigné. Quand celui-ci le fut, il ne leur consentit que deux dominicains, avec lesquels ils reprirent le chemin vers Cathay. Mais les deux religieux s'en seraient retournés, on ne sait pourquoi. Le Vatican aussi envoyait déjà des missionnaires en Asie du Sud.

Les Polo demeurèrent deux ans à Acre, ce qui paraît bien long, et quand ils reprirent le chemin de Cathay, en 1271, ils se dirigèrent vers Hormuz, à l'embouchure du golfe Persique, projetant d'atteindre la Chine par voie de mer. Mais ils changèrent d'avis et remontèrent vers le nord par voie de terre et gagnèrent la Perse. Quatre ans plus tard, ils étaient chez le grand khan, à Singtu.

Là, le jeune Marco se serait distingué en parcourant la Chine dans tous les sens, faisant au khan des rapports sur les tribus qui, paraît-il, intéressèrent vivement le monarque. Il faudrait croire que le potentat aurait attendu le Vénitien pour être informé sur ses sujets, ce qui est douteux. Et il est permis de se demander en quelle langue ces rapports étaient rédigés.

*

Quand on suit sur une carte ces périples, gardant en mémoire les conditions de voyage de l'époque, on en est étourdi. Cela représente des dizaines de milliers de kilomètres.

Et, pourtant, plusieurs de leurs indications cartographiques, comme celles de l'Inde, sont à peu près correctes. Dès le XIXe siècle, on flaira la fabrication : non contents de piquer dans d'autres récits de voyages, Marco Polo et son rédacteur de Pise avaient extorqué des informations à d'autres voyageurs, y compris des données géographiques. De surcroît, une main inconnue ajouta ensuite des informations prises à d'autres auteurs, postérieurs.

Il faut rappeler à ce propos que, en dépit de l'hostilité déclenchée par les croisades, les Vénitiens avaient été les seuls à conserver des relations commerciales avec les musulmans ; les Polo frayaient donc avec des marchands arabes dont ils étaient plus à même de comprendre les récits que le chinois. La raison de leur halte de deux ans à Acre s'explique bien plus par des raisons commerciales que par l'attente de missionnaires délégués par le nouveau pape.

Au XXe siècle, l'œil des spécialistes se fit plus pointu : Marco Polo n'avait jamais introduit en Europe la poudre, le compas de marine ni l'imprimerie. Pas même les macaronis, le blé dur ayant été importé en Italie, via la Sicile, par les Arabes au IXe siècle.

En 1995, Frances Wood, sinologue de la British Library, consacra une longue analyse au *Livre des merveilles*, mettant fortement en doute jusqu'à l'idée que Marco Polo ait été en Chine[1]. Pour elle, il n'aurait pas dépassé Sébastopol.

Il apparaît aujourd'hui que *Le Livre des merveilles*, qui s'appelait à l'origine *Description ou le Devisement du monde*, fut à l'origine une vaste compilation réalisée par Rustichello ou Rusticiano de Pise, dont seule la première partie est à peu près véridique. C'est celle qui raconte le premier voyage des Polo vers l'Asie. Ce qui n'exclut pas que Marco Polo lui-même ait enjolivé sa narration. Surprise : la première version fut rédigée en français, un français assez bizarre (elle est conservée à la Bibliothèque nationale, FFr. 1116). Et, autre surprise, le tout premier exemplaire daté (1307) fut offert à Thiébault de Cépoy, gentilhomme de la maison de Charles de Valois, frère de Philippe le Bel. Or, ce seigneur représentait les intérêts de son maître à Constantinople et, autre coïncidence, il résidait à Venise. Qu'en attendait donc Marco Polo ?

Les premières copies manuscrites de l'ouvrage – cent quarante-trois en ont été recensées – furent réservées aux monarques et aux cartographes. Ainsi Charles Quint en possédait-il cinq. Ce furent les rois et les voyageurs européens qu'il fit d'abord rêver, et Dante, par exemple, ne semble pas en avoir eu connaissance. Manteau d'Arlequin littéraire, c'est-à-dire assemblage de pièces rapportées, ce livre eut l'immense mérite de révéler à l'Occident des régions de l'Asie dont nul n'avait encore entendu parler. Il fouetta les imaginations des explorateurs et des commerçants. Le mouvement qu'il avait enclenché changea l'histoire du monde et contribua même à ouvrir l'ère coloniale.

1. *Did Marco Polo go to China ?*, Secker & Warburg, Londres, 1995.

Au regard contemporain, un tel ouvrage serait méprisable, mais la notion de livre était à l'époque moins rigoureuse. Celui-là eut l'avantage de faire rêver l'Europe.

Les Vénitiens furent sans doute les seuls à n'être pas dupes des mirobolantes fabrications de Marco Polo : après sa mort, on vit apparaître un nouveau personnage dans les masques du carnaval : c'était celui de Marco Millioni, qui racontait des histoires à dormir debout, pour divertir la foule.

8 mai 1429

Jeanne d'Arc a-t-elle existé ?

Pendant des siècles, précepteurs puis instituteurs ont enseigné que Jeanne d'Arc libéra la France des Anglais. Formulation audacieuse, voire périlleuse, à force de simplisme ; elle devient même séditieuse quand on y fait intervenir le surnaturel.

Résumons d'abord la situation dans le pays à la mort de Charles VI, en 1422 : son cinquième fils et seul héritier, le futur Charles VII, a été déclaré bâtard par sa mère, Isabeau de Bavière, deux ans plus tôt, au traité de Troyes. Il est donc exclu du trône, qui revient officiellement à Henri VI d'Angleterre. Celui-ci n'a alors qu'un an. Pour être roi d'Angleterre, il n'en est pas moins français par son père, Henri V Plantagenêt, et sa mère, Catherine de Valois, la propre sœur du futur Charles VII. C'est d'ailleurs au château de Vincennes que son père Henri V vient de mourir, la même année que Charles VI.

Le jeu turbulent des successions royales fait que le concept des nationalités n'a nullement la signification ni la portée qu'il revêt de nos jours. La preuve la plus évidente en est généralement négligée : Henri VI, le rival virtuel du futur Charles VII, est son propre neveu, puisqu'il est le fils de sa sœur Catherine de Valois.

Ce jeu est compliqué par les intrigues sulfureuses d'Isabeau de Bavière. En effet, en dépossédant son fils Charles sous le prétexte de bâtardise, c'est elle et elle seule qui offre le royaume de France aux Plantagenêts. Cette forfaiture, qui lui vaudra quelques années plus tard d'être enterrée sans funérailles, s'explique par son ambition frénétique : elle entend exercer la régence à la fois sur le royaume de France et sur celui d'Angleterre. N'est-elle pas la grand-mère du petit Henri VI, trop jeune pour régner ? Coucheuse fieffée, elle s'était liée avec Louis d'Orléans, père naturel supposé du futur Charles VII, le frère même de Charles VI, dans l'espoir de redevenir reine quand ce dernier, déjà fou et malade, serait mort ou aurait été assassiné. Mais ce fut Louis qui fut assassiné, en pleine rue, par Jean sans Peur, qui lui disputait le duché de Bourgogne.

Cet épisode est important : il a déclenché une guerre civile entre les Armagnac, qui voulaient venger Louis d'Orléans, et les Bourguignons, partisans de Jean sans Peur. Pendant un certain temps, Isabeau s'était rangée dans le camp des Armagnac ; puis, dans un revirement qui ressemble à une trahison, elle a rallié les Bourguignons. Pour l'heure, elle est toujours dans le camp de ces derniers, eux-mêmes alliés des « Anglais ».

Isabeau est maîtresse du jeu sur les terres de France et d'Angleterre, au sens purement géographique.

*

À dix-neuf ans, en cette année 1422, Charles vient d'épouser Marie d'Anjou, fille du roi Louis II de Naples et de Yolande d'Aragon – le point mérite attention, car les ducs d'Anjou sont liés à la dynastie d'Henri VI, héréditairement comte d'Anjou, on l'a vu. Paradoxalement, Charles s'est donc marié avec une lointaine parente de son ennemi.

L'infortuné prince, au physique ingrat, n'est alors reconnu que comme « roi de Bourges », et seules quelques régions du Centre, du Midi et de l'Est le considèrent comme l'héritier de son père. En fait, il n'est qu'un dauphin virtuel. Aurait-il d'ailleurs hérité du trône que la plus grande part du territoire de France, tout le nord-ouest, échapperait à son pouvoir : en effet, le duché de Bretagne est indépendant, la Normandie (au sens le plus large, puisqu'elle englobe alors la plus grande partie de l'Orléanais et l'Ile-de-France, y compris Paris) et la Champagne (également au sens le plus large, puisqu'elle inclut la Lorraine) sont aux mains des Anglais, de même que la Guyenne, au sud-ouest. Enfin, le comté et le duché de Bourgogne sont alliés aux Anglais. Les comtés de Blois, d'Angoulême et du Périgord, eux, sont aux mains des Orléans ; les comtés de Poitou, la seigneurie de Bourbon et le comté d'Auvergne, de la maison de

Berry. Pour finir, le comté de Provence appartient à la maison d'Anjou, liée aux Plantagenêts.

Peut-on dire que ces seigneurs ne soient pas « français » ? Il y faudrait beaucoup d'audace. Peut-on même affirmer que les Bourguignons et les Armagnac ne le soient pas parce qu'ils sont alliés des Anglais ? Pas davantage, et il serait même ridicule de le prétendre : les ducs d'Anjou, de Bourbon, de Bourgogne et d'Aragon sont les oncles du défunt Charles VI ; ils ont d'ailleurs exercé la régence du royaume quand celui-ci a accédé au trône, parce qu'il n'avait alors que douze ans.

« Anglais », le terme revêtait lui aussi un sens différent à l'époque ; la preuve en est que, mis en difficulté, le camp du dauphin attend des troupes écossaises, qui arriveraient à son secours avec Marguerite, fille du roi Jacques d'Écosse. Parce que, pour eux, les Écossais n'ont rien à voir avec les Anglais.

Charles VI a été roi du royaume des Francs, dit « France » dans un sens dérivé, mais totalement différent de ce que fut plus tard la France des Bourbons, puis de l'Empire et des républiques.

La France politique est alors une fiction qui ne peut être évoquée que pour et par des gens qui ignorent tout de la réalité des féodalités du temps. Ou bien qui veulent fabriquer un mythe nationaliste pour défendre leur cause.

*

Pendant ce temps, les intrigues et les batailles se poursuivent. Et les Anglais, en fait des rois angevins, veulent conquérir encore plus de territoires, afin que, lorsque Henri VI gouvernera, sa part de France soit encore plus grande. Ils possèdent des places fortes le long de la Loire et, en février 1429, ils préparent un siège d'Orléans. Les maigres troupes du dauphin Charles tentent d'intercepter un convoi de ravitaillement des assiégeants, mais ils échouent lamentablement. C'est la terrible « Journée des harengs ». Charles n'a plus de pouvoir, plus d'avenir, et il ne survivrait que dans la fuite, vers le Dauphiné, la Castille, l'Écosse...

Le 6 mars, selon l'histoire officielle ou plus exactement traditionnelle, le destin de Charles pivote : il rencontre à Chinon une étrange jeune fille de dix-sept ans, Jeanne d'Arc, déguisée en soldat et qui s'est fait prêter une escorte armée par le capitaine Robert de Baudricourt, afin de se présenter au roi.

Prend alors place l'un des entretiens les plus invraisemblables de toute l'histoire : cette bergère lorraine, qui ne connaît apparemment rien à l'art militaire ni à la politique, serait venue de son village de Domrémy pour convaincre Charles de sa légitimité et, dit-elle, le faire sacrer roi à Reims. Le caractère miraculeux de l'épisode l'a propagé aux sommets de l'imagerie historico-religieuse et, depuis des décennies, les historiens s'évertuent à en déchiffrer le sens. Ainsi, pour l'historien Jules Michelet, Jeanne d'Arc préfigure l'émergence du peuple et la naissance de la France, tandis que, pour les hagiographes chrétiens, la piété et la virginité de la Pucelle d'Orléans seraient les marques de sa sainteté prédestinée et la preuve de la sollicitude divine pour la France, future « Fille aînée de l'Église ».

Incidemment, « pucelle », comme le latin *puella* dont il est issu, signifie alors « jeune fille », et non spécifiquement « vierge ». Car on suppose à l'époque qu'une jeune fille est nécessairement vierge.

C'est l'un des exemples les plus probants de la fabrication d'un mythe. L'analyse des éléments et des faits en atténue sensiblement l'aspect miraculeux. Si on l'établit à partir des récits traditionnels, la conclusion est déjà alarmante : l'histoire tient difficilement debout. Si l'on s'appuie sur des faits généralement occultés par les historiens, même les plus réputés, elle s'effondre dans un nuage de poussière : Jeanne d'Arc n'aurait jamais existé. Efforçons-nous d'abord d'interpréter l'histoire selon cette tradition.

Que Jeanne ait, à partir de treize ans, entendu des voix et eu des visions – qu'elle dit être celles des saintes Catherine et Marguerite (pourquoi celles-là, le point est important, on le verra plus loin), vêtues comme des reines et couvertes de bijoux, parfois précédées par une vision de saint Michel –, nous n'avons que son témoignage pour le croire. Les cas d'hallucinations ne sont cependant pas exceptionnels chez des jeunes filles en période de puberté, comme en témoigne la littérature psychiatrique. Le caractère somptueux des visions atteste cependant qu'elles sont produites par l'imagination de Jeanne car les saintes, autant qu'on sache, ne montèrent pas au ciel avec leurs parures et leurs joyaux. Elle n'est pas démente pour autant : ses hallucinations ne feront que renforcer sa détermination. Relevons toutefois qu'elles ne concernent pas la délivrance d'Orléans ; son obstination à repousser le siège anglais est de son fait.

Sa détestation des Anglais, elle, n'est pas imaginaire : l'année précédente, elle a vu les horreurs de la guerre quand Antoine de Vergy, gouverneur de Champagne, donc sous les ordres des Anglais, a fait brûler Domrémy pour pacifier une population qui s'agitait trop à son gré.

C'est ce souvenir qui fortifierait sa résolution à se battre contre les Anglais et pour la cause du seul homme qui s'oppose alors à eux, le dauphin Charles, dont elle a sans doute déjà entendu parler. Elle tente d'abord d'en convaincre le capitaine de la place forte de Vaucouleurs, proche de Domrémy, favorable au dauphin ; peine perdue, il la prend pour une délirante. Mais elle séduit un de ses écuyers, Jean de Metz, qui lui prête des habits d'homme.

Cette obsession de Jeanne à vouloir se déguiser en homme est plus que bizarre : le travestissement est à l'époque un délit grave et l'on se demande pourquoi Jean de Metz y aurait consenti. On conviendra en tout cas que la bêlante bergerette est une fiction ridicule : Jeanne est une gaillarde dotée d'un solide aplomb pour aller tancer le capitaine d'une place forte, afin qu'il coure avec ses hommes au secours d'un dauphin sans avenir prévisible, sous prétexte qu'elle a eu des visions.

Là ne s'arrêtent pas les invraisemblances. Il faut que Jeanne ait disposé d'un argument sans appel pour que le duc Charles II de Lorraine ait cédé à ses exhortations et qu'il lui ait même envoyé un sauf-conduit pour qu'elle le rejoigne à Nancy. Elle le convainc là-bas de la nécessité d'aller parler au dauphin et même de lui assigner son gendre René comme escorte. Puis elle retourne à Vaucouleurs, afin de persuader une fois de plus

Robert de Baudricourt. Il n'ira pas lui-même au secours du dauphin, mais il consent à ce qu'elle aille lui parler. Apprenant le projet, la ville de Vaucouleurs se serait enthousiasmée pour Jeanne et lui aurait offert un cheval, cadeau coûteux ; elle aurait alors échangé ses habits contre une tenue de page – toujours ce goût du travestissement – et serait partie vers l'est, grâce aux fonds avancés par Jean de Metz et Bertrand de Poulengy. Baudricourt lui aurait alors donné une épée en lui disant : « Va, et advienne que pourra. »

Pour dévots qu'ils soient, tous ces gens n'ont pas prêté leur concours matériel et financier sur la foi de visions de saintes endiamantées.

Le geste de Baudricourt mérite commentaire : les règles de la chevalerie interdisent qu'on donne une épée à un manant, et la donner à une femme, encore plus à une femme travestie en homme, évidemment contraire aux bonnes mœurs, est inédit. Cela tend à confirmer que Jeanne aurait invoqué un argument de poids. Personne ne le connaîtra jamais.

Elle dispose alors d'une petite escorte. Voyageant de nuit, elle et ses soldats échappent aux Anglais et aux maraudeurs bourguignons, passent Saint-Urbain, Auxerre, Gien et arrivent à Fierboys. Jeanne écrit alors au dauphin pour lui demander audience et lui faire part d'une information qu'elle seule possède.

La rencontre de Jeanne d'Arc et de Charles, le 6 mars 1429, présente tous les signes d'un plan mûrement prémédité ; elle vient de la Champagne, sous domination anglaise, pour se rendre à Chinon, à plus de six cents kilomètres, à la lisière des comtés d'Anjou et de Poitou.

C'est un long voyage, qu'à moins d'être une folle illuminée suivie de grands délirants, on n'entreprend pas sans un motif solide ; il dure bien une quinzaine de jours à cheval. Or, tout montre qu'en dépit de ses visions la bergerette témoigne d'astuce autant que de ténacité. Elle n'hésite pas à braver les coutumes et les convenances ; ajoutant à ses autres infractions, elle a quitté le foyer familial contre le consentement de son père, qui avait déclaré qu'il préférerait la noyer que la laisser partir à l'aventure. C'est du moins ce qu'on racontera par la suite, lorsqu'il s'agira d'étoffer cette laborieuse fiction.

En tout cas, ce n'est pas en bêlante bergère envoyée par le ciel que Jeanne d'Arc se présente à Charles, mais l'épée à la ceinture. Les chevaliers qui entourent le dauphin se demandent que penser de ce joli jeune homme introduit par Louis de Bourbon, comte de Vendôme.

« Je te le dis de la part de Messire que tu es le vrai héritier de France et fils du roi », déclara-t-elle à Charles. Sur quoi Charles et Jeanne s'entretinrent pendant deux heures.

Pendant des siècles, une utilisation abusive a été faite et refaite des mots de Jeanne, véritable adoubement royal du dauphin. Or, l'on oublie que la France dont elle parle est le royaume des Francs, et l'on interprète ses paroles comme une préfiguration de ce que sera la France de Richelieu. L'on s'appuie pour cela un peu trop commodément sur l'hypothèse d'une inspiration divine, sans trop songer que celle-ci aurait exclu la Bretagne, la Champagne et la Bourgogne de la France imaginaire.

Et l'on tend également à oublier que deux femmes d'outre-Manche, deux « Françaises », Marguerite d'Anjou et Marguerite de Bourgogne, jouèrent des rôles très importants dans l'histoire d'Angleterre. Nul ne songerait à dire que le premier Tudor « libéra » l'Angleterre.

Historiens et mythologues ne se sont pas interrogés non plus sur l'incongruité monumentale de l'affirmation de cette Lorraine déclarant tout de go au dauphin, à son entrée dans la cour de Chinon, qu'il est un fils légitime de son père. Que peut-elle en savoir ? En admettant même qu'elle ne fût pas bergère, mais fille de paysans aisés (son père, Jacques d'Arc, était quasiment maire de Domrémy, et lui et sa famille habitaient le château de l'Ile), de quoi se mêlait-elle ? Ce n'était certes pas le ciel qui lui avait révélé le secret de la naissance d'un prince des Valois. L'adresse de Jeanne à Charles est essentiellement politique : elle le somme quasiment de passer à l'action.

Mais la formulation même en est étrange. Comme aucun nom ne suivait « Messire », chroniqueurs, historiens et mythologues se sont empressés d'en déduire qu'il s'agissait du Seigneur. Mais Jeanne aurait-elle maîtrisé si mal le français d'alors qu'elle aurait désigné Dieu par « Messire », formule honorifique alors accolée aux noms des grands personnages terrestres, mais jamais de

Dieu ? Aurait-elle, si pieuse, ignoré le mot de « Roi du ciel » ? Se serait-elle faite la messagère de Dieu, alors que c'étaient les saintes Catherine et Marguerite dont elle avait eu des visions, et non Jésus ? Ou bien était-elle la messagère d'un messire qui était un prince de ce monde et dont Charles connaissait l'identité ? Cette histoire frise l'incohérence tout du long.

Incidemment, pourquoi Jeanne rêve-t-elle des saintes Catherine et Marguerite en particulier ? Relevons que l'une et l'autre – depuis rayées du calendrier – étaient d'origine royale : la première était fille de roi, la seconde, de prince. Cela est singulier et même significatif.

Reste aussi à savoir quel était ce message que Jeanne n'a jamais révélé, qui lui avait valu le soutien de Charles II de Lorraine et qu'elle livra donc au dauphin pendant ces deux heures d'entretien. Il est quand même bizarre que rien n'en ait jamais filtré.

Rien ne change en tout cas la portée de la déclaration de Jeanne à Charles : en lui affirmant qu'il doit succéder à son père Charles VI, elle défait l'intrigue d'Isabeau de Bavière. C'est une solennelle déclaration de guerre.

*

Les essais d'explication n'ont pas manqué. Le plus connu est que Jeanne aurait été une fille naturelle d'Isabeau de Bavière et du duc Louis d'Orléans ; dans ce cas, elle serait à la fois demi-sœur et cousine du dauphin. Mais l'hypothèse ne tient pas chronologiquement : Jeanne est présumée née le 6 janvier 1412, alors que Louis d'Orléans est mort assassiné en 1407. Isabeau n'était certes pas en peine d'amants, et ses amours parallèles auraient pu produire une fille dont elle se serait trouvée assez embarrassée pour la confier à une famille accueillante. Jeanne n'aurait pas été le seul enfant naturel du temps et des siècles suivants qui aurait été confié à des parents adoptifs parce que son existence aurait contrarié de trop puissants intérêts. Mais nul n'a trouvé d'explication plausible au rejet d'une fille par Isabeau de Bavière.

On a tenté de reculer la naissance de Jeanne à 1407, année où Isabeau de Bavière était enceinte. Cette grossesse était bien réelle : mais l'enfant qui vit le jour le 10 novembre de cette année-là était un garçon, Philippe, qui serait mort en bas âge. Or il ne mourut pas, comme on le verra plus bas.

Une autre hypothèse mérite l'intérêt : c'est que Jeanne ait été la fille de Charles VI lui-même. Et qui aurait été la mère ? Peut-être la charmante maîtresse dont l'histoire s'est trop peu souciée, Odinette de Champdivers, que Jean sans Peur lui avait présentée pour le distraire de la politique. Et là, les dates correspondent : Odinette est entrée dans le cercle intime de Charles VI à la fin de l'année 1410, et l'on sait qu'elle lui a donné une fille dont nul n'a plus jamais entendu parler.

Les fameuses – ou fumeuses – visions des saintes Catherine et Marguerite prennent ici une signification particulièrement pertinente, puisque les deux élues et déchues étaient de sang royal. Jeanne serait une fille naturelle de Charles VI et d'Odinette, dont Isabeau aurait trouvé moyen de se débarrasser en la confiant à une famille d'adoption. Où donc ? Justement en Bourgogne, où elle conserve encore des complicités. Et n'oublions pas que Domrémy présente un statut exceptionnel : ce village appartient à la couronne royale, statut confirmé par Charles VI en 1381. Coïncidence oubliée trop facilement : Louis de Guyenne, le frère de Charles VII, avait eu pour précepteur... Guillaume d'Arc.

On comprendrait alors bien mieux que Jeanne, bâtarde royale, témoigne si peu de sens familial : elle n'a cure de la volonté de son père supposé, de sa mère, de son frère, de sa famille et, travestie en homme, ce qui est alors un scandale majeur, part fougueusement défendre le dauphin comme s'il appartenait, lui, à sa vraie famille.

À quel moment Jeanne aurait-elle appris sa royale origine et décidé de passer à l'action ? À l'évidence, vers sa treizième année, celle de ses premières visions célestes : étrange coïncidence, c'est en 1422, date de la mort de Charles VI (elle n'aurait eu treize ans révolus que le 6 janvier 1423). Une nouvelle hypothèse surgit : dans ces semaines cruciales, quelqu'un, indigné de la vacance du trône, aurait informé Jeanne de ses origines. Qui ? Ce pourrait être le père Minet, curé de Domrémy, qui accompagnait Jeanne quand elle allait porter des gerbes de fleurs à la cathédrale de Notre-Dame de Bermont ; les ecclésiastiques du temps ont, en effet, un sens politique aigu. Ce pourrait être aussi un Armagnac, furieux du revirement d'Isabeau de Bavière, passée de son camp à celui des Bourguignons, et décidé à contrarier ses intrigues. L'Armagnac (on ne peut exclure que ç'ait été l'évêque lui-même) et le curé auraient ainsi réparé l'infortune du dauphin Charles. En propulsant au premier plan cette fille rebelle et illuminée, dont ils connaissent peut-être le secret de naissance, ils défendraient ainsi la cause des Valois et remédieraient au désarroi de Charles.

*

Érudits ou traditionnels, les récits de la jeunesse de Jeanne sont eux aussi suspects d'avoir été embellis *a posteriori* par les auteurs de sa légende.

Reprenons les visions de Jeanne : d'abord, elles sont annoncées par l'archange Michel. Pourquoi lui et pas Gabriel ou Raphaël ? Parce qu'il est le protecteur de l'Église et l'annonciateur des grands mystères, selon saint Grégoire. Quant à Catherine et Marguerite, elles ne font pas partie des saints du calendrier, qu'à l'époque on révère couramment dans les campagnes. Pourtant, ce sont bien elles que Jeanne a distinguées dans le ciel (ou l'inverse). Ce ne peut être que parce que le père Minet lui en aurait raconté l'histoire. Elle se serait ainsi persuadée en être la parèdre terrestre. Fille de roi, elle en suivra l'exemple et sera sainte, elle aussi. Et c'est là que sa piété exaltée joue pleinement son rôle.

Quatre ans durant, l'idée d'une mission divine aurait donc enflammé Jeanne, jusqu'à l'entrevue de Chinon.

Mais le secret qu'elle livrera à Charles sur sa légitimité ne lui a pas été dicté par le ciel. Comment le connaîtrait-elle ? Les ecclésiastiques de l'époque savent beaucoup de choses. Il en est certainement un, aumônier ou confesseur attaché à la maison de Charles VI, qui sait que le roi n'a pas eu de rival amoureux en cette année 1403 où le dauphin est né. Louis d'Orléans, l'amant d'Isabeau, était trop occupé à en découdre avec Philippe le Hardi, duc de Bourgogne, lors de cette guerre civile qui déchira le pays. Il n'est réapparu qu'en 1405, quand il a entraîné la reine et le petit Charles, alors âgé de deux ans, à Juvisy, où ils seront plus en sécurité qu'à Paris. Cela seul suffirait à établir la légitimité de Charles, contre toutes les allégations de sa mère.

Une question aussi importante qu'une succession royale aura alors incité cet ecclésiastique à faire part de son secret à un collègue. Peut-être l'évêque de Vaucouleurs ou un Armagnac qui en informera le père Minet et l'instruira de la conduite à tenir.

Dans quel but l'aurait-il fait ? Outre la réprobation du comportement conjugal d'Isabeau et de sa cynique injustice à l'égard de son fils, la déshérence de la maison de Valois risque d'entraîner des suppressions de charges, des changements de diocèses et des conflits sur les terres attachées. Il est essentiel que le dauphin Charles relève les armes de son père.

De surcroît, cet ecclésiastique n'est certes pas le seul au fait des origines de Jeanne. Une bâtarde royale, même si c'est une fille, n'est pas un secret négligeable ; il est partagé. Pendant les quatre ans qui séparent la révélation de ses origines faite à Jeanne de l'entrevue de Chinon, l'idée de sa mission « divine » serait forgée dans l'esprit de la jeune fille.

Bien des gens sont favorables à ce que le dauphin relève le défi de sa mère, à commencer par des membres de la maison d'Anjou, à laquelle Charles était lié par mariage, et qui se désolait de l'indolence quasi neurasthénique du dauphin ; ils n'ont pu réserver qu'un accueil chaleureux à Jeanne.

Il est, en effet, surprenant que Charles ait si rapidement introduit celle-ci dans sa maison privée. Après qu'il l'eut envoyée se faire examiner par un collège de théologiens à Poitiers et que celui-ci l'eut approuvée, il l'installe à Tours dans la même maison que la dame de cour de sa belle-mère, Yolande d'Aragon, duchesse d'Anjou et reine de Naples-Sicile. Puis il lui attribue une suite où l'on compte le confesseur Jean Pasquerel, un écuyer, Jean d'Aulon, et deux pages, et il la nomme commandant de compagnie avec sa propre bannière. Enfin, il lui offre une armure, objet alors coûteux. Une armure blanche, rapporte la tradition ; sans doute la fit-elle peindre.

Voilà décidément beaucoup d'honneurs pour une prétendue bergère lorraine. La générosité de Charles évoque plutôt la façon dont on traite une personne qui vous a été recommandée, un neveu, un cousin, ou en tout cas une personne de haute naissance.

Et comment négliger le fait que Yolande, duchesse d'Anjou, est elle-même liée à la famille royale d'Angleterre, puisque Henri II Plantagenêt était comte d'Anjou ? Et que le dauphin et sa cour se trouvaient justement aux portes du comté d'Anjou quand ils reçurent Jeanne ? Tout indique qu'une intrigue dynastique a renforcé le plan du clergé pour pousser Jeanne dans le cercle du dauphin.

En tout cas, le premier intéressé n'a pas cru au fatras surnaturel qui, dans la légende, entoure à ce jour le personnage de Jeanne d'Arc. Les rois de l'époque sont souvent dévots, parfois superstitieux, mais rarement jobards. On le vérifie à la prudence avec laquelle le dauphin fait d'abord effectuer une enquête de moralité sur Jeanne d'Arc, à Domrémy, avant de la faire interroger par des théologiens.

*

La suite des faits ne correspond pas davantage à la légende. La bataille d'Orléans ne revêtit aucun caractère miraculeux ; la ville était puissamment fortifiée et équipée de deux cent cinquante canons, c'est-à-dire qu'elle aurait pu résister longtemps aux Anglais. D'où les lourds et lents préparatifs entrepris par ceux-ci pour leur siège : ils l'avaient entourée de fortins ou bastilles qu'ils croyaient imprenables. Mais les Orléanais, placés sous le commandement de Dunois, le « Bâtard d'Orléans » (un de plus), et d'Étienne de Vignoles, dit La Hire, manquaient de détermination. Pour qui donc se battraient-ils puisqu'ils n'avaient pas de roi ? Ce que Jeanne apporta à la ville était une détermination nouvelle.

Elle apportait aussi les quatre mille hommes que le dauphin avait fait lever à Tours, et qui se mirent donc en marche vers Orléans, suivis par un cortège de prêtres – ce qui prouve la participation du clergé – et un troupeau de bétail. Jeanne traversa la Loire à la tête de ses troupes, puisqu'elle était donc devenue capitaine, dans la nuit du 28 avril. Elle coucha chez Jacques

Boucher, trésorier du duc d'Orléans, l'oncle du dauphin. Après deux ultimatums aux Anglais, le 5 mai elle donna l'assaut.

Ses quatre mille hommes étaient l'exact équivalent des forces anglaises. Ils emportèrent la bastille des Augustines, puis les Tourelles, qui commandaient la tête du pont, et le 8 mai, deux mois à peine après l'entrevue de Chinon, le siège d'Orléans était levé. Sur leur lancée, Jeanne et ses troupes libérèrent ensuite Jargeau et Beaugency, défirent une nouvelle fois les troupes anglaises à Patay, firent prisonniers le comte de Suffolk et sir John Fastolf. Les Anglais qui traînassaient depuis des semaines, trop sûrs d'emporter la mise, avaient été surpris par ce déferlement de fougue.

En aucun cas on ne peut parler de la « libération » d'Orléans, la ville n'ayant jamais été occupée.

Jeanne s'était battue vaillamment, mais peu d'historiens contesteront qu'elle n'aurait pas remporté la victoire sans les La Hire, Xaintrailles, Gaucourt et autres capitaines, dont la détermination fut égale à la sienne. On omet généralement de rappeler que parmi ces héros figure Gilles de Rais, dont la rage au combat a stupéfait les Anglais et qui est déjà un homosexuel notoire. Mais le dauphin ne va pas renvoyer pareil champion pour quelques peccadilles, Gilles de Rais est très riche et paie ses soldats. Et, depuis la rencontre de Chinon, lui et Jeanne étaient devenus frères d'armes.

Le renversement de la situation militaire était dû à des raisons morales : Jeanne avait surtout rendu la confiance au camp du dauphin ; ainsi put-elle, à Gien, convaincre celui-ci d'infliger à sa mère le camouflet suprême et de se faire sacrer à Reims. Lors de la cérémonie dans la cathédrale, le 17 juillet, elle se tenait à droite derrière lui, bannière en main, privilège extraordinaire et témoin de son rang nouveau. À gauche se trouvait Gilles de Rais.

Jeanne choisira ce dernier pour l'offensive contre Paris : le roi ne l'a-t-il pas nommé maréchal de France ?

Si l'on s'obstine à prétendre que Jeanne avait libéré la France, il faudrait alors en exclure Paris. Car la ville, aux frontières des duchés de Normandie et de Champagne, donc dans le camp bourguignon, célébra bruyamment la nouvelle de sa mort sur le bûcher : elle ne faisait pas partie du royaume des Valois.

*

Les événements ultérieurs ont été estompés et déformés, une fois de plus, par la légende.

Dans la version ordinaire de celle-ci, Jeanne d'Arc fut condamnée au bûcher par le bien-nommé évêque Pierre Cauchon, créature des Anglais et voué par la suite à l'opprobre éternel. Archi-faux : c'était l'Église qui réclamait Jeanne, alors aux mains des Anglais. Ceux-ci mirent d'ailleurs un temps à la lui livrer. Le pouvoir ecclésiastique, bien plus puissant que celui que nous connaissons de nos jours, s'alarmait de cette prophétesse autoproclamée, qui estimait ne pas avoir besoin de lui pour aller au ciel, ses interrogatoires l'ont assez démontré. L'Église était déjà en guerre contre les hérésies qui la menaçaient, comme les Hussites de Bohême, dont elle dépêcha le meneur, Jean Hus, au bûcher lui aussi, parce qu'il avait soulevé les foules contre les abus des clercs ; pareillement, ils brûleront deux Bretonnes qui allaient partout clamant l'innocence de Jeanne.

L'Inquisition aurait voulu faire un exemple en dressant le procès de la Pucelle.

Aussi Cauchon, qui incidemment venait d'être chassé de son siège de Beauvais, lorsque l'armée du dauphin avait libéré cette ville après Compiègne et Senlis, s'entoura-t-il d'un formidable appareil juridique ecclésiastique. Son tribunal comportait dix membres de l'université de Paris, Bourguignons convaincus, et vingt-deux docteurs en droit canon venus de Rouen, également Bourguignons. Car il s'en faudrait que le reste du pays se soit félicité de la « libération de la France ». D'abord, ce n'était pas leur France, ensuite ils n'avaient que piètre estime pour les Valois : le feu roi Charles VI avait été un fou, sa veuve était une mégère combinarde, infidèle et lubrique, et le roi qui venait de se faire sacrer à Reims sous le nom de Charles VII présentait tous les caractères d'un débile physique et mental. À preuve, il avait fallu une femme, une bergère disait-on, illuminée et travestie, pour le sortir de sa mauvaise passe. Forts de leurs préjugés moraux et politiques, ils considéraient donc que toute cette affaire fleurait le scandale.

Mais pourquoi les Anglais auraient-ils livré Jeanne à l'Église et non pas à leurs tribunaux ? Parce qu'ils s'étaient avisés que c'était la meilleure manière de détruire l'aura prestigieuse et quasi surnaturelle qui l'entourait et qui risquait de se répandre dans le pays. Et cela, seul un tribunal spirituel pouvait le faire.

L'affaire Jeanne d'Arc serait donc l'un des premiers exemples de guerre psychologique dans l'histoire.

Capturée à Compiègne avec ses frères Jean et Pierre, à la suite d'une bévue de Guillaume de Flavy (il avait fait lever le pont-levis de la ville avant que Jeanne fût rentrée), l'inculpée était en mauvais état de santé : elle avait été une première fois atteinte par une flèche à l'épaule, lors du siège d'Orléans, puis d'une autre à la cuisse, lors du siège de Paris. De plus, elle était éprouvée par une longue incarcération. Peut-être aussi était-elle démoralisée par le comportement de celui qu'elle avait fait sacrer roi : seul dans le conseil de Charles VII l'archevêque d'Embrun demanda qu'on allât la libérer. Le roi, lui, semblait étrangement indifférent au sort de Jeanne.

Contrairement à une interprétation courante et biaisée, Cauchon n'était pas du tout décidé depuis le début à condamner Jeanne d'Arc. Les actes du procès, conservés à ce jour, en attestent (ils se trouvent dans les archives de l'Assemblée nationale) : il laissa à l'inculpée la possibilité de se racheter en reconnaissant l'autorité de l'Église, représentée par ses juges. Ceux-ci lui reprochaient les péchés suivants : s'être attribué le don de prophétie, s'être travestie, avoir désobéi à ses parents et avoir prétendu qu'elle n'avait de comptes à rendre qu'à Dieu seul et qu'elle irait au paradis sans absolution. Ce dernier péché, le rejet de l'autorité de l'Église, était celui qui exaspérait le plus les juges : il reflétait le péché d'orgueil et il menaçait l'autorité ecclésiastique.

Elle fut conduite à la chambre de torture puis, le 23 mai, au cimetière de Saint-Ouen, où elle fut prévenue qu'elle serait brûlée au bûcher si elle n'abjurait pas son obstination. Elle signa un acte dont il n'est pas sûr qu'elle ait compris les termes. Elle fut alors condamnée à la prison à vie. Quand Cauchon lui rendit visite fin mai, il constata qu'elle avait repris son attitude antérieure au jugement et des vêtements d'homme ; telle fut la raison pour laquelle elle fut qualifiée de « relapse », c'est-à-dire d'insoumise récidiviste. Cauchon et les autres juges décidèrent alors de la livrer au bras séculier de la justice. Et ce fut le bûcher.

Son duel contre Isabeau de Bavière se serait donc achevé sur sa défaite.

*

Tout cela est bel et bon, et l'on aura compris que Michelet s'est lourdement laissé abuser pour ainsi camper, dans le tome V de son *Histoire de France*, sa légendaire héroïne, incarnation idéalisée de l'âme du peuple. Comme bien d'autres, avant et après lui, il a négligé des faits pourtant cruciaux.

Le premier est le tournoi, longuement décrit dans les *Chroniques de Lorraine*, qui opposa le 6 mars 1429 la bergerette de Domrémy au duc d'Alençon, dans la cour du château de Chinon, devant le roi et la cour réunis. Un tournoi est un duel équestre entre deux cavaliers en armure, munis de lances ; il est strictement réservé aux hommes de la noblesse. On n'a jamais vu manant ni femme s'y risquer. On ne peut, en effet, s'y aventurer que fort d'un entraînement donné par des maîtres d'armes. Le tournoi s'acheva par la victoire de « Jeanne », à laquelle Alençon offrit son destrier et une bourse.

La bergère en armure ? Et où diantre se serait-elle entraînée ? C'est impossible, puisque ce tournoi aurait eu lieu le jour même de la rencontre de Jeanne avec Charles VII, ce même 6 mars 1429, donc bien avant qu'elle ait eu la moindre expérience des armes. Et se travestir en page ne confère certes pas des connaissances de cavalier et de lancier. L'obstination de cette bergère à s'habiller en homme ne procède-t-elle pas plutôt du fait qu'elle en est un ? Quoi qu'il en soit, le récit de la fameuse rencontre de Chinon s'écroule : c'est une fabrication postérieure – mais de peu.

Le deuxième fait est la déclaration de Martin Le Franc, protonotaire apostolique et secrétaire des papes Eugène IV et Nicolas V, qui écrivit en 1440 que Jeanne d'Arc était « fier prince et non simplette bergerette ». Un secrétaire de deux papes n'avance pas de telles assertions à la légère. Quel prince ? Philippe d'Orléans, déjà cité : le propre demi-frère de Charles VII.

Aurait-on donc brûlé un homme sur la place du Vieux-Marché à Rouen ? En vérité, on n'en sait rien : les autorités de la ville prirent des précautions extraordinaires pour qu'on ne pût établir l'identité de la personne immolée, qui fut d'abord asphyxiée par la fumée. Le supplice était destiné à montrer au peuple la punition des coupables tels que Jeanne, prétendument « hérétique et relapse ». Or, et c'est là le troisième fait négligé, la personne qui fut hissée sur le bûcher était encagoulée. Bizarre... Plus bizarre encore, le fait que tous les volets de la place du Vieux-Marché furent cloués. Et pour corser le tout, huit cents soldats furent chargés de tenir les spectateurs à distance. D'ailleurs, les huissiers de Rouen refusèrent d'enregistrer le décès.

Les vers célèbres de François Villon sur Jeanne, qu'« Anglois bruslèrent à Rouen », ne reposent sur rien, car ce furent pas les Anglais mais la Sorbonne qui prononça la sentence de mort. Mais personne ne peut dire que quelqu'un ait été brûlé ni qui c'était. Selon certains[1], ce serait une fille de rue, Jeanne La Turquenne, qui aurait été suppliciée. Qui serait donc Jeanne ? Philippe d'Orléans, le bâtard d'Isabeau et de Louis d'Orléans, commodément déclaré mort parce que toute la cour savait qu'Isabeau n'avait pas partagé la couche de Charles VI depuis deux ans. Mais il naquit bien le 10 novembre 1408.

On a beaucoup répété que Jeanne fut examinée pour savoir si elle était fille ou garçon, ce qui prouverait que le personnage exista bien et qu'il n'avait pas vraiment l'apparence d'une fille. Il est plus vraisemblable que cet examen ait été une légende destinée à répondre à des rumeurs selon lesquelles les exploits du personnage appelé Jeanne ne correspondaient pas à ceux d'une fille ; la maison royale aurait donc rétorqué que la donzelle avait

1. François Ruggieri, *Jeanne d'Arc. Le Stratagème*, L'Éditeur, 2011. Cet auteur est, à notre connaissance, le premier qui reprenne des faits un peu trop commodément occultés, dont le tournoi du 6 mars 1429.

bien été examinée, que c'était une fille et qu'elle était vierge. Mais il est révélateur que le premier de ces examens supposés ait été effectué à la requête de Yolande d'Aragon, la propre belle-mère de Charles VII, qui avait tout intérêt à ce que le peuple crût à la réalité de Jeanne d'Arc.

Bien évidemment, Philippe d'Orléans ne se déguisa jamais en fille, puisque cette fille n'existait pas. Mais, détail singulier et significatif, il est dit que « Jeanne » portait une livrée aux couleurs des Orléans. Or elle n'avait aucune raison de porter les couleurs de cette maison, puisqu'elle était au service d'un Valois. L'explication la plus plausible est que le personnage masculin qu'on a, à l'époque, désigné comme étant la mythique Jeanne était en fait Philippe d'Orléans.

Quel aurait été le sens de ce montage ? Créer la légende d'un personnage providentiel susceptible d'asseoir l'autorité de Charles VII. Par qui fut-il perpétré ? Par Yolande d'Aragon et Philippe d'Orléans.

Incidemment, il y eut une certaine Jeanne d'Arc qui était suivante d'Isabeau de Bavière. Elle servit de modèle pour le personnage de l'intrigue royale. Mais ce n'était certes pas celle qu'on a cru.

*

Le rôle de l'Église dans la genèse du mythe de Jeanne d'Arc fut sensiblement différent de celui qui est souvent décrit. En 1456, après enquêtes à Domrémy et auprès de tous ceux qui avaient connu la Pucelle – Dunois, Jean d'Aulon, Jean II, duc d'Alençon et d'autres –, le Grand Inquisiteur Pierre Bréhal publia un long mémoire concluant à l'orthodoxie de Jeanne d'Arc ; le 16 juin 1456, le jugement de 1431 fut annulé par le pape Calixte III, au dépit des Anglais ; c'était là un geste de conciliation à l'égard de Charles VII, qui avait mal pris le procès religieux de sa femme-lige, comme on le verra plus bas. Mais Jeanne ne fut béatifiée que quatre siècles et demi plus tard, en 1906, pour parer à la vague de laïcité militante qui déferlait sur l'Europe. N'avait-elle pas montré que les voix du ciel intervenaient dans les affaires des nations ? Et elle ne fut canonisée qu'en 1920, par Benoît XV.

Pourquoi un délai aussi extraordinaire ? Il révèle un scepticisme tenace de l'Église à l'égard des grâces célestes de l'héroïne nationale et sa grande répugnance à la réhabilitation d'une hérétique. On ne recensait aucun miracle qu'elle eût déclenché, aucune guérison merveilleuse. Puis les théologiens du Sacré Collège restaient réservés sur la vraisemblance d'une intervention céleste dans la politique des nations. Admettre cette intrusion du ciel dans la politique eût risqué d'entraîner bien des abus. Si les chefs de guerre allaient, eux aussi, se proclamer délégués par saint Michel ou saint Georges, l'Église y perdrait son latin. C'était exactement la raison inverse de celle pour laquelle Jeanne avait été canonisée. Nos théologiens avaient donc oublié le signe céleste qui avait donné la victoire à l'empereur Constantin, *In hoc signo vinces !*

Par la suite, l'Église s'employa à pasteuriser autant qu'elle pouvait l'histoire de la Pucelle et à gommer le rôle qu'elle y avait joué.

Charles VII garda rancune à la hiérarchie catholique de son parti pris dans le procès de Jeanne : non qu'il demeurât fidèle au souvenir de la Pucelle, mais parce que ce procès contestait insidieusement sa légitimité... Ses adversaires clameraient, en effet, qu'il avait dû son trône à une sorcière ! En 1438, la Pragmatique Sanction de Bourges affirma que l'autorité des évêques réunis en concile était supérieure à celle du pape et conféra au roi le droit d'intervenir dans leur nomination.

Cauchon, lui, on l'ignore souvent, mourut prospère : en 1432, l'année suivant le martyre de Jeanne, le Saint-Siège le nomma évêque de Lisieux ; au Congrès d'Arras, il déclara qu'Henri VI était le roi légitime de France, ce qui faillit lui coûter cher en 1436, quand les Français prirent Paris, où il se trouvait. Cela révéla incidemment les préférences politiques de l'Église.

Ses restes reposent dans la somptueuse chapelle de la Vierge, à Lisieux. Peu d'écoliers de la République en sont informés : ils continuent jusqu'à nos jours à couvrir de sarcasmes le nom infortuné de celui qu'ils tiennent pour l'assassin de Jeanne d'Arc.

*

On ne peut, en 2011, avancer qu'une conclusion : Jeanne d'Arc est l'un des mythes les plus extravagants et incohérents de l'histoire de France. Il est impossible de prêter la moindre vraisemblance au récit de cette bergerette inspirée par le ciel et qui, le jour même de sa présentation à Charles VII, se bat en tournoi avec le duc d'Alençon. Son procès est un truquage et l'on ignore, vu les précautions prises, qui fut la personne brûlée à Rouen. L'Église le savait bien, car elle ne canonisa ce mythe qu'avec un retard sans précédent. Mais bien des travaux seront encore nécessaires pour rétablir la vérité. Quant à l'interprétation traditionnelle de son rôle, elle est biaisée.

Pour mémoire, si « Jeanne » avait bien donné le signal d'une révolte contre les Anglais, l'unification de la France était loin d'être réalisée. Même quand Charles VII eut repris la Guyenne, mettant ainsi fin à la guerre de Cent Ans, le royaume de France sous la couronne des Valois comportait un nombre important de fiefs plus ou moins indépendants, duché de Bretagne, comtés d'Armagnac, de Comminges ou de Foix (un siècle plus tard, en 1595, le duc de Mayenne se battrait encore contre le premier Bourbon, Henri IV) et d'autres. Ce fut Richelieu qui acheva l'ouvrage.

Et les mêmes nationalistes qui hissent le drapeau de la France à tout propos s'indigneront étourdiment de la furie des Barbares qui avaient envahi Rome à la suite d'Attila : ils oublient que les Francs figuraient parmi ces Barbares, Vandales et Wisigoths. Les mots sont parfois des traîtres que dénoncent les faits. Entre-temps, la légende héroïque de la Pucelle a engendré dans les populations une fièvre mystique, sans grand rapport et parfois sans rapport aucun avec les faits. C'est un trait commun de l'esprit collectif que celui de se croire protégé par le ciel et promis à une destinée illustre.

Le mysticisme, comme le mythe, peut engendrer des mystifications. Mais quand il est engendré par une mystification réussie, il a encore plus de chances de perdurer.

1436

Le cas de Claude des Armoises, ou la fausse Jeanne d'Arc

Les historiens contemporains dépêchent généralement en quelques lignes l'épisode de la Dame des Armoises, la fausse Jeanne d'Arc qui mystifia des populations entières plusieurs années après la mort de la Pucelle d'Orléans. Pourtant cette étonnante imposture mérite bien plus d'intérêt que de mépris : elle révèle la puissance de la capacité d'automystification collective.

En 1436, cinq ans seulement après la mort de Jeanne d'Arc, « qu'Anglois bruslèrent à Rouen », comme écrivait à tort le poète François Villon (si elle mourut ce ne fut pas brûlée, mais asphyxiée, et ce n'était pas de la main des Anglais, on l'a vu), on signala de village en village et de ville en ville la présence d'une jeune femme qui ressemblait étonnamment à l'héroïne. Comment pouvait-on juger qu'elle lui ressemblait si on ne l'avait vue ? Car peu de gens avaient jamais rencontré la Pucelle. On argua qu'elle avait le même port altier, le même visage énergique et les mêmes cheveux très noirs. Sans doute étaient-ce là des traits exceptionnels. Mais enfin, la rumeur se répandit. Peut-être Jeanne n'était-elle pas morte sur le bûcher, peut-être était-elle ressuscitée...

Elle se fit recevoir par des notabilités de Mez, avec les honneurs dus à son personnage et une autre rumeur se propagea : elle aurait été reçue par Élisabeth von Görlitz, la duchesse de Luxembourg, qui avait traité Jeanne avec compassion quand celle-ci avait été prisonnière au château de Beaurevoir. Bizarre : la duchesse était morte en 1430...

On l'interrogea évidemment sur les péripéties qui lui auraient permis de survivre ; elle raconta qu'on lui avait substitué une autre condamnée et que les soldats anglais avaient tenu le public à bonne distance du bûcher, afin qu'on ne s'en aperçût pas. Et quel aurait été le motif de cette substitution ? Un calcul politique des Anglais, qui auraient échangé la prisonnière contre des concessions. Lesquelles ? Mystère. Certains furent probablement prompts à croire que l'indifférence de Charles VII à l'égard de sa libératrice n'avait été que feinte.

L'épreuve cruciale attendait la fausse Jeanne : comme elle voyageait dans son pays natal, près de Domrémy, la vraie famille d'Arc demanda à voir celle qui signait ses écrits « Jeanne du Lys », puisque sa famille avait été anoblie. Ses frères Jean et Pierre coururent à sa rencontre. Cela se passait en public. Et, étrangement, les deux hommes ne manifestèrent pas d'autre émotion que celle de revoir leur sœur héroïque.

Puis sa mère, Isabelle Romée, ne la renia pas quand sa fausse fille lui rendit visite. Cela équivalait à un adoubement.

À Orléans, les échevins la reçurent en grande pompe et lui remirent une grosse bourse d'argent, pour la remercier d'avoir sauvé la ville.

Assuré de la clairvoyance surnaturelle de celle qu'il prenait pour la Pucelle, le comte Ulrich de Wurtemberg l'emmena à Cologne, pour qu'elle désignât celui de deux prélats qui devait occuper le siège épiscopal, Udalric de Manderscheidt et Raban de Helmstadt. Elle choisit le premier. Hélas, à quelques jours de là, le concile de Bâle le voua à l'ignominie en déclarant que c'était un imposteur.

N'importe : elle était protégée par son aura. Elle s'aventura à faire des miracles. Des esprits sourcilleux les trouvèrent suspects de magie, et l'inquisiteur de Mayence, qui ne croyait sans doute pas à l'identité de la donzelle, l'excommunia. Elle se réfugia au château d'Arlon et y fit la connaissance de l'accort Robert des Armoises, comte de Tichemont ; elle l'épousa et lui donna deux enfants. Elle y gagna son titre de Dame des Armoises (elle se prénommait en réalité Claude). La fidélité n'étant pas son fort, elle quitta bientôt son mari pour un clerc.

Son ancien compagnon d'armes supposé, le sinistre Gilles de Rais, maréchal de France, l'invita dans son château de Tiffauges et ne manifesta pas plus de doutes que tous ceux qui avaient fait si bon accueil à la miraculée.

Elle continuait de sillonner le pays par monts et par vaux, et Charles VII, informé de la réapparition de celle qui avait sauvé son trône, manifesta le désir de la revoir, si du moins c'était bien elle, et l'invita au château de Chinon. Il avait apparemment ses doutes, car il se dissimula parmi ses courtisans, pour vérifier qu'elle le reconnaîtrait. Elle avait été informée par un complice, car elle le repéra d'emblée et alla lui faire sa révérence. Fut-il dupe ? Amusé ? Indulgent ? On l'ignore, vu tous les mystères qui pèsent sur l'héroïne originale, mais elle se tira saine et sauve de cette épreuve. Le roi était en tout cas informé de sa désertion du foyer conjugal, car il lui enjoignit de retourner auprès de son époux.

La Dame des Armoises avait les reins chauds, la chronique de ses aventures amoureuses en était défrayée. Pour certains, ce n'était qu'une ribaude. Ces choses-là étaient alors mal vues. Au terme de quatre années de débauche, elle fut arrêtée par les archers du roi et traduite devant le Parlement de Paris pour imposture et mauvaises mœurs. Menacée de torture, elle avoua tout, sauf son vrai nom qu'elle disait ignorer. Sa peine fut légère : une journée au pilori dans la cour du palais.

Sa carrière était finie. On la retrouva en Anjou, remariée à un certain Jean Douillet, avec lequel « la dicte dame tint lieux publics », autrement dit une maison de passes. Cela lui valut d'échouer sur la paille de la prison de Saumur et, quand elle en sortit, le bon roi René la fit expulser. Là, on perd sa trace sans regret.

*

Comment une « imposteuse » (le terme devrait être autorisé) mystifia-t-elle son monde pendant quatre ans ? Une image confuse mais persistante voudrait que les gens du passé aient été différents de nous, d'une intelligence inférieure. Ils étaient certainement moins instruits – l'imprimerie n'avait pas encore commencé à diffuser le savoir par les livres – et donc plus naïfs. Mais, au contraire de ce qu'on croit, cela affinait l'intuition et aiguisait la méfiance. L'argument d'une jobardise universelle ne semble donc pas recevable. Au XXIe siècle, Bernard Madoff a donné pendant des années l'illusion d'un financier rusé et hautement honorable ; cela lui permit d'abuser la confiance de gens qui étaient certainement avisés en affaires et qui pourtant brûlaient de lui confier leurs avoirs ; il escroqua ainsi une cinquantaine de milliards de dollars qui ont disparu en fumée. Aucune époque n'a le privilège de la jobardise.

La propre famille de Jeanne d'Arc, Charles VII et Gilles de Rais, qui avaient bien connu l'héroïne, à la différence des autres, tels les échevins d'Orléans, ne dénoncèrent pas la Dame des Armoises. Furent-ils dupes ? Ou ne furent-ils pas plutôt dupes d'eux-mêmes ? Ou bien encore ne feignirent-ils pas de croire à la Dame des Armoises pour des raisons inavouées ?

Jeanne Ramée, la mère de la vraie Jeanne supposée, aurait peut-être été bouleversée de revoir une fille qu'on lui disait morte de façon atroce. Elle était âgée, peut-être n'y voyait-elle plus très clair et l'émotion brouilla son entendement.

De son frère Jean, on ne sait rien, mais selon certaines hypothèses, il aurait monté la mystification en se servant de la ressemblance de Catherine avec sa sœur Jeanne. Cela expliquerait que la Dame des Armoises ait pu donner des détails troublants d'exactitude sur son enfance et sa jeunesse à Domrémy. Il se trouve cependant que Catherine avait épousé en 1430 le laboureur Colin de Greux et qu'elle mourut peu de temps après. Cela ne concorde d'aucune façon avec les vagabondages de la ribaude dite Dame des Armoises.

Quant à Pierre, il était notoirement à court d'argent. On ne peut exclure que, après la donation des échevins d'Orléans, il ait espéré tirer parti de la « miraculée ». On ne peut non plus excepté qu'il ait percé l'imposture, mais décidé de s'en servir.

*

Restent les autres. Charles VII n'avait donc vu Jeanne d'Arc qu'à quelques occasions. Elle ne faisait pas partie de sa cour ni de sa suite, et il ne pouvait juger des transformations physiques qu'elle aurait pu subir après ses épreuves et après cinq années écoulées depuis son procès. Les personnages célèbres n'étaient pas, comme ils le sont de nos jours, exposés aux feux constants des caméras. Impossible de faire des comparaisons avec des images du passé. De surcroît, le monarque avait toujours témoigné de circonspection à l'égard de Jeanne et, on l'a vu plus haut, il n'avait rien fait pour la libérer lorsqu'elle était prisonnière. Quand elle se fut tirée du piège qu'il lui avait tendu lors de la réception à Chinon, il la laissa repartir sans plus d'intérêt. Elle ne pouvait plus lui être utile, qu'importait si elle avait échappé au bûcher ou si c'était une aventurière. Elle n'aurait plus de rôle à jouer dans sa destinée.

Incidemment, cela en dit long sur la stature nationale de Jeanne d'Arc, que l'histoire a bâtie dans les siècles suivants. Si elle était une héroïne dans le royaume des Valois, elle ne l'était pas partout.

Gilles de Rais n'était guère amateur de femmes et, la plupart du temps, il n'avait vu Jeanne qu'au combat, casquée et masquée. Cela relevait du diable de pouvoir la reconnaître cinq ans plus tard. Tout le monde tenait que c'était bien celle aux côtés de laquelle il s'était battu, il crut peut-être à la fable de la substitution et accueillit donc noblement la menteuse.

Les échevins, enfin, n'avaient pas vu davantage la Pucelle en dehors du combat. Ils s'étaient, sans doute naïvement, laissé abuser. Dans une époque chargée de superstition, il en fut plus d'un qui espéra sincèrement que le ciel avait volé au secours de l'héroïque Lorraine qui avait payé de sa vie la défense du roi et du royaume.

*

L'imposture de la Dame des Armoises en apprend au moins autant que les faits sur l'histoire de Jeanne d'Arc. Comme on le verrait maintes fois dans l'histoire, le peuple avait voulu croire que les puissances célestes n'abandonneraient pas ceux qu'elles avaient délégués pour accomplir leurs volontés.

C'est une forme d'autosuggestion qu'on a vu apparaître au cours de l'histoire : les héros ne le deviennent que s'ils se coulent dans le moule que le sentiment populaire leur a préparé. Et l'on verra plus bas que l'imposture n'était pas si rare à l'époque[1].

La Dame des Armoises ne fut pas la dernière réincarnation de Jeanne d'Arc : on en compta trois autres dans la région de Saumur. En 1456, année de l'annulation de la condamnation de Jeanne comme hérétique, une quatrième apparut au Mans – elle voulait qu'on l'appelât la Pucelle du Mans – et se disait inspirée par Jeanne d'Arc.

Nous l'avons dit au début de cet ouvrage : les mythes sont tenaces. Jeanne d'Arc n'avait peut-être même pas existé.

---

1. Voir p. 127.

1440

L'escroquerie de la Donation de Constantin, dénoncée puis « oubliée »

En 1440, un petit séisme secoua la chrétienté et le Vatican. Un grand humaniste romain, Lorenzo Valla, avait osé publier une dénonciation de la Donation de Constantin, document fondamental par lequel l'empereur Constantin (306-337) léguait au pape Sylvestre Ier, dix-neuvième pontife (314-335), la pleine souveraineté sur Rome, l'Italie et l'Occident, fondant également la primauté de l'Église de Rome sur les quatre sièges principaux d'Antioche, d'Alexandrie, de Constantinople et de Jérusalem.

Les papes revendiquaient en effet la souveraineté temporelle aussi bien que spirituelle du monde connu, et tout le Moyen Âge l'avait admise. Selon ce document, les empereurs, rois, princes et autres seigneurs n'étaient que des lieutenants des souverains pontifes. Telle fut la raison pour laquelle l'évêque de Rome entretenait une véritable armée. En 754, d'ailleurs, au cours d'une visite à Rome, Pépin le Bref, père de Charlemagne, avait confirmé la fameuse donation.

Valla apostrophait le pape en exercice, Eugène IV, en termes assez vifs, surtout pour l'époque. Mais, surtout, il introduisait en histoire l'expertise des documents : la langue, démontrait-il, ne pouvait être celle de l'époque de Constantin, c'était du bas latin du VIIIe siècle. Les données historiques en étaient fausses : ainsi, il n'existait pas à Rome, au IVe siècle, d'église des saints Pierre et Paul, l'un des nombreux monuments légués par Constantin. Enfin, Constantin ne disposait pas du pouvoir juridique pour faire un tel legs. Argument final, cette donation était absurde : « Je ne peux croire que quelqu'un dans son bon sens agisse ainsi. »

Le texte de la fameuse donation comportait, il est vrai, des passages étonnants de ridicule : « [...] Pour que la gloire pontificale brille du plus vif éclat, nous décrétons que les saints clercs de cette sainte Église romaine chevauchent des chevaux ornés de housses et de draps, c'est-à-dire ornés de la plus éclatante blancheur [...]

« Doux Jésus ! Tu ne répondras donc pas du haut des cieux à cet imbécile qui déroule ses phrases dans une langue barbare ? tonna Valla. Tu ne lanceras donc pas contre un tel blasphème ta foudre vengeresse ? »

Autant dire que l'Église se rendait coupable d'imposture depuis des siècles et tirait profit d'un faux grossier ; autant dire également qu'elle se rendait coupable d'escroquerie. Le scandale fut énorme : Valla fut convoqué par le tribunal de l'Inquisition et il y aurait laissé la vie n'eussent été la protection et l'intervention d'Alphonse V d'Aragon, souverain puissant. Il parvint à s'enfuir à Barcelone sous un déguisement.

Les répercussions de sa dénonciation pour la politique de l'Église eussent dû être considérables : il n'en fut rien. La dénonciation fut promptement oubliée. Après la mort d'Eugène IV, en 1447, Valla retourna à Rome et entra dans les bonnes grâces du nouveau pape, Nicolas V, qui le nomma secrétaire apostolique. Puis le pape suivant, Calixte III, nomma même Valla à la Curie.

La fausse Donation de Constantin fut parfois évoquée au cours des siècles suivants, sans grande conséquence ; elle perdit tout intérêt politique en 1929, quand Mussolini réduisit le pouvoir temporel de la papauté au seul territoire du Vatican.

C'est un exemple de la primauté de l'opinion sur les faits. Et aussi un bel exemple de mystification[1].

---

1. *Cf.* Lorenzo Valla, *La Donation de Constantin*, traduit et commenté par J.-B. Giard, préface de Carlo Ginzburg, Les Belles Lettres, 1993.

1487

Le faux Warwick et le faux Richard de la guerre des Deux-Roses

Il est souvent difficile de résister à la compassion pour les professeurs d'histoire, anglais en l'occurrence, lorsqu'ils doivent enseigner des chapitres aussi embrouillés que la guerre des Deux-Roses. Seuls quelques amateurs de romans de chevalerie, comme ceux de Walter Scott (1771-1832), connaissent ce long épisode, pourtant crucial dans l'histoire d'Angleterre, et les plus férus de précision évoqueront à ce sujet la rose blanche d'York et la rose rouge de Lancaster, symboles des deux clans qui s'étripèrent durant un demi-siècle pour s'emparer du pouvoir. Information incomplète : l'emblème de Richard d'York était le faucon et le cadenas, celui d'Édouard IV d'York était la « rose en soleil ». Les « Deux-Roses » ne sont qu'une appellation de convention.

La guerre en question, qui dura quatre règnes – ceux d'Henri VI, d'Édouard IV, de Richard III et d'Henri VII –, de 1426 à 1509, fut une succession ininterrompue d'intrigues, de trahisons, d'assassinats, de massacres et d'empoignades meurtrières entre des bandes de ruffians et de soudards réchappés de la guerre de Cent Ans, menées par des seigneurs locaux auprès desquels les chefs de gangs modernes feraient figure de gandins. Tout le talent de Shakespeare n'a fait que brosser d'une main légère l'effroyable violence de l'époque. Ce fut aussi une histoire touffue. Telle est la raison pour laquelle, cinq siècles plus tard, des historiens s'efforcent encore de l'expliquer.

L'épisode qui fait l'objet de ce chapitre est celui d'une double et extravagante imposture.

En 1485, Henry, comte de Richmond et futur Henri VII, tentait de conquérir la couronne à son retour de France ; il affrontait alors deux ennemis, les Plantagenêts, qui tentaient de récupérer leur couronne, et le roi usurpateur Richard III. Et il avait fait emprisonner dans la Tour de Londres les deux héritiers putatifs, les célèbres enfants d'Édouard – en fait ses neveux –, l'un prénommé également Édouard et comte de Warwick, l'autre prénommé Richard, comte d'York.

En 1487 apparut un jeune homme autour duquel se forma rapidement une coalition menaçante : il prétendait être Édouard, comte de Warwick. Il était financé par Marguerite de Bourgogne, sœur d'Édouard IV et, fait remarquable, l'héritier de l'usurpateur Richard III, John de la Pole, se rallia à lui. Les partisans d'York se rassemblèrent autour de lui et leur armée gagna l'Irlande ; celle-ci nomma Édouard roi et il se prépara à envahir l'Angleterre. Lui et ses troupes débarquèrent et se battirent à Stoke contre l'armée d'Henry, entre-temps couronné. Édouard fut fait prisonnier.

Or, il n'était nullement le comte de Warwick, toujours prisonnier de la tour de Londres, mais un garçon de la bourgeoisie nommé Lambert Simnel. Dans un acte de magnanimité rare, Henri VII le prit en sympathie et l'engagea dans le personnel de ses cuisines en tant que gâte-sauce. Ce fut à coup sûr l'unique fois dans l'histoire qu'on vit un mitron couronné. Mais la seule également où deux frères firent séparément l'objet d'impostures.

Ne s'avouant pas défaite par la capture de Simnel, Marguerite de Bourgogne finança un autre jeune homme, Perkin Warbeck, qui prétendit, lui, qu'il était l'autre prisonnier de la tour de Londres, Richard d'York. Celui-ci donna plus de fil à retordre à Henri VII. Il jouissait, en effet, d'un vaste soutien européen, celui de Maximilien, régent des Flandres, et de Jacques IV d'Écosse, et il compliqua sérieusement la politique étrangère d'Henri VII, qui ne put jamais convaincre ses ennemis que Warbeck était un imposteur. Mais, en 1499, le roi parvint enfin à s'emparer de lui et le fit décapiter à la tour de Londres en même temps que le vrai Warwick.

La tromperie de Warbeck avait pris des proportions internationales et, s'il avait échappé à la capture, peut-être serait-il devenu vrai roi d'Angleterre… sous le nom de Richard IV.

Cette imposture donne ainsi à réfléchir sur les mystifications de ceux qui ont conquis le pouvoir en leur nom propre.

1492

Christophe Colomb a-t-il découvert l'Amérique ?

Tous les manuels d'histoire ou de géographie, du plus élémentaire au plus érudit, le disent et tout le monde répète depuis des siècles que Christophe Colomb a découvert l'Amérique en 1492. C'est l'un des mythes les plus tenaces de la culture occidentale.

L'inventaire des terres découvertes est à peu près indiscutable :

– lors du premier voyage, le vendredi 12 octobre 1492, à 2 heures du matin : l'île de San Salvador (Guanahani pour les aborigènes), puis Santa Maria de la Concepcion (actuellement Rum Cay), Fernandina (Long Island des Bahamas), Isabella (Crooked Island), Juana (Cuba) et Hispaniola (Haïti et Saint-Domingue) ;

– deuxième voyage, le dimanche 3 novembre 1493 : la Dominique, puis Marie-Galante, la Guadeloupe, Montserrat, Antigua, Saint-Martin, les Iles Vierges et San Juan Bautista (Porto-Rico) ; le 3 mai 1494 : Sant'Jago (la Jamaïque, Xamaïca en indien) ;

– troisième voyage, le 6 juillet 1498 : Trinidad, Tobago, la Grenade et la Margarita, au large du Venezuela ;

– quatrième voyage, le dimanche de l'Épiphanie 1503, 3 janvier : une tempête le pousse dans l'embouchure du fleuve Veragua, au Honduras, et il y fonde une colonie pour l'extraction de l'or, très abondant. C'est le seul territoire du continent américain sur lequel Colomb mette le pied. Il ne pousse pas plus loin sa reconnaissance de la région. À la fin mars, il repart pour l'Espagne.

Colomb a découvert plusieurs îles des Antilles et des Caraïbes, mais celles-ci ne sont pas les Amériques. La seule fois qu'il a aperçu le continent sud-américain, c'est à l'embouchure de l'Orénoque, le 1er août 1498 ; la masse d'eaux douces qui se déversait dans l'océan eût dû retenir son attention. Tel ne fut pas le cas : il jugea que les terres à l'horizon étaient une île sans intérêt, qu'il nomma Isla Santa.

On pourrait avancer que Colomb ouvrit la voie à la découverte des Amériques, mais ce n'est pas non plus le cas au sens strict.

Le premier homme qui, à la connaissance de l'Occident, mit pied sur le continent américain fut un jeune navigateur qui chercha pendant des mois à entrer en rapport avec lui ; il se nommait Amerigo Vespucci et, paradoxe, ce fut lui qui donna son prénom aux Amériques, mais il est pourtant bien moins célèbre que Colomb.

*

Taxer Colomb d'inintelligence serait juger le passé avec les yeux du présent. Le goût du savoir pour le savoir n'était pas son fait. L'homme ne peut être rangé dans la catégorie des Bougainville, Cook, Scott ou Amundsen : il était avant tout un aventurier, la tête emplie des récits mirifiques de Marco Polo et rêvant de fortunes dans des terres inconnues. À son époque, bien des gens croyaient encore que la Terre était plate.

Et il n'en existait pas de cartes fiables, seulement des portulans réalisés d'après les journaux de bord et les rapports de marins qui n'avaient même pas les instruments nécessaires pour établir des relevés exacts : l'art de fixer une longitude ne fut introduit qu'au XVIIIe siècle. En 1479, Colomb travaillait, pour gagner sa vie, à copier et améliorer des cartes et portulans, dont plusieurs provenaient de son beau-père, Bartolome Perestrello, un capitaine au service du célèbre Portugais Henri le Navigateur. Il avait fait des études d'astronomie, de géométrie et de cosmographie à l'université de Pavie, et n'était certes pas peu qualifié pour ce travail. Persuadé à juste titre que la Terre était ronde, il conçut l'idée qu'il était possible de rallier l'Asie par l'ouest, en traversant l'océan.

Et ici, les hypothèses ou quasi-hypothèses prennent le pas sur les certitudes.

Celle qui s'impose par-dessus les autres est que les navigateurs de l'époque soupçonnaient l'existence de terres à l'ouest de l'Atlantique depuis de nombreuses années. Ainsi, une carte d'Andrea Bianco de 1448 représentait une *Ixola Otitincha Xe Longa a Ponente 1500 mia* (« une île véritable au ponant à mille cinq cents milles d'ici », c'est-à-dire de l'Afrique de l'Ouest).

Cette « île », à quelque deux mille sept cents kilomètres de l'Afrique de l'Ouest ne pouvait être que le Brésil. L'Amérique du Sud était donc connue bien des années avant Colomb et Vespucci.

Trois notes dans le journal de bord du voyage de 1492, dont la plus précise est à la date du 19 septembre, indiquent que Colomb n'avançait pas au hasard, mais qu'il avait bien vu les cartes révélant des îles dans l'Atlantique occidental, notamment Porto Rico. L'une de ces cartes, celle de Cristobal Soligo, datant de 1489, montre que Colomb n'en fut pas le découvreur : elles avaient été accostées par des Européens avant lui.

Pourquoi Colomb n'approfondit-il pas l'exploration des terres qu'il redécouvrait, et pourquoi notamment n'aborda-t-il pas au Brésil ? Il faut, pour l'expliquer, rappeler les extraordinaires difficultés de ses expéditions, les avaries et les pertes de navires, les mutineries de ses équipages et les révoltes des colonies qu'il avait fondées, les intrigues rocambolesques dans les cours royales qui subventionnaient ses voyages, l'animosité particulière du gouverneur Bobadilla, qui le ramena en Espagne les fers aux pieds.

En effet, Colomb ne fut guère avisé ni humain dans son administration d'Hispaniola... Il expédia ainsi cinq cents esclaves Tainos sur le marché aux esclaves de Madrid, ce qui finit par indisposer la reine Isabelle. L'aventurier était devenu homme d'affaires. Il n'avait ni le loisir, ni les moyens, ni peut-être le désir d'enrichir ses connaissances et la géographie.

*

N'y eut-il donc pas de découvreurs des Amériques ? Si, il est prouvé qu'au Xe siècle les Vikings Erik le Rouge et Leif Eriksson abordèrent aux rives de ce qui est l'actuel Massachusetts et y implantèrent une colonie. Il est certain que les frères Corte Real, des Portugais, furent les premiers à aborder ensuite l'Amérique du Nord au cours de deux voyages, en 1500 et 1503.

On suppose qu'ils auraient été devancés par les frères Zeno, de Venise. Mais il est désormais prouvé qu'en 1421 une très importante expédition maritime chinoise, disposant de jonques immenses, a contourné les Amériques et qu'elle a plusieurs fois mis pied à terre. Les cartes qu'elle a laissées en attestent.

Il existe aussi de sérieuses raisons de penser que des navigateurs béninois auraient atteint le Mexique au XIVe siècle : les types négroïdes des têtes colossales de La Venta, près de Veracruz, jusqu'alors inconnus dans l'art précolombien, le font fortement soupçonner. Et l'on s'interroge toujours sur l'origine d'un personnage mythique aztèque, représentant un dieu blond comme les barbes du maïs, qui fut sacrifié. Certains en attribuent l'introduction au moine irlandais Brendan, qui serait parti pour l'ouest et aurait tenté d'implanter le christianisme au Mexique...

Les mythes peuvent parfois informer sur l'histoire. Il n'en demeure pas moins qu'il est grand temps de mettre fin à celui de Colomb, découvreur de l'Amérique.

Quand commença le Moyen Âge et quand finit-il ?

Tout le monde en conviendra : un billet de banque dont la valeur changerait selon celui qui le présente serait refusé par tout le monde. Ainsi en serait-il d'une notion qui ne correspondrait qu'à celui qui l'utilise. Par exemple, l'adjectif « noir » : si pour certains il signifiait « gris foncé » et pour d'autres « gris clair », cela n'aurait plus de sens.

Tel est pourtant le cas d'une notion courante, celle de « Moyen Âge ».

Généralement utilisée pour désigner les quelque trois ou quatre siècles qui précèdent et qui suivent l'an mille, elle ne comporte ni commencement ni fin qui fassent l'unanimité. Moyen, c'est-à-dire médian ; mais par rapport à quels repères ? Si le premier est à l'évidence le début de l'ère chrétienne, où se situe l'autre, puisqu'on ignore la fin de cette ère ? Le Moyen Âge ne pourrait mériter son nom que si l'ère chrétienne s'achevait à l'an 2000, ce qui n'est pas le cas. Débuta-t-il à la chute de l'Empire romain au Vᵉ siècle ? À la naissance de l'Empire carolingien au VIIIᵉ siècle ? Ou bien à celle du Saint Empire romain germanique, aux Xᵉ et XIᵉ siècles ? Chaque école d'historiens a ses raisons pour préférer telle ou telle époque, mais, au fur et à mesure que les siècles passent, elles pâlissent sans plus enrichir notre entendement. Et que faut-il penser d'expressions telles que « Haut Moyen Âge » ?

Un certain consensus voudrait que le Moyen Âge s'achève à la chute de Constantinople en 1453, pour d'autres, à la Réforme, au XVIᵉ siècle, ou à la Renaissance. Mais quand la Renaissance elle-même commença-t-elle ? Si l'on se penche sur son histoire propre, on constate que la Haute Renaissance chevauche le Moyen Âge. Et la Renaissance ne s'étant pas manifestée au même moment dans toute l'Europe, les distinctions tournent parfois aux distinguos.

Un postulat commun à toutes les écoles est que l'Italie fut le foyer de la Renaissance ; ce fut là que l'âge classique prit forme et sépara un âge des ténèbres supposé d'un âge des lumières. L'antique culture gréco-romaine, jusqu'alors enfouie sous les décombres de la superstition et de l'ignorance, se serait progressivement imposée, reflétant une vision du monde fondée sur la loi divine et la logique, qui en est l'expression. Dans ce cadre spirituel et intellectuel, les savants auraient repris leur exploration du monde, enrichissant de la sorte les sciences et les techniques. Et le niveau de vie des Européens se serait élevé petit à petit, entamant la progression qui le mènerait aux temps modernes. Cette période commencerait à la charnière des XVe et XVIe siècles.

Cette interprétation est à première vue plausible et surtout rassurante. Elle comporte cependant des failles importantes. En premier lieu, l'étude des textes anciens, en grande partie transmis par les Arabes, ne fut jamais plus intense qu'au XIIIe siècle ; il faudrait alors reporter le début de la Renaissance à cette époque. Et de nouveaux problèmes de chronologie surgiraient.

En deuxième lieu, la conviction que les lumières provenaient de la culture gréco-romaine et d'elle seule entraîna des erreurs importantes. Ainsi de l'idée que l'architecture gothique était « barbare » (l'appellation « gothique » l'exprime clairement, bien que le gothique fût né en Ile-de-France), alors que le principe de celle-ci était d'un modernisme saisissant : c'est celui de la structure autoportante, que l'architecture du XXe siècle allait récupérer, rejetant aux oubliettes le principe des murs porteurs de l'architecture classique.

En troisième lieu, la domination de plus en plus tyrannique de la culture gréco-romaine constituait une régression plutôt qu'une évolution. La quasi-sacralisation des textes d'Aristote et de Platon ne correspondait absolument plus à l'expérience du monde au XVIe siècle. On ne le mesura jamais plus clairement qu'à la réaction de l'Église aux découvertes de Galilée, en plein XVIIe siècle.

*

Dans la seconde moitié du XXe siècle, et tandis que l'on utilisait encore, faute de mieux, la notion de Moyen Âge, il apparut à plusieurs historiens que ce repère perdait progressivement de son utilité. À l'ère de la mondialisation, son caractère européocentriste le rendait inutilisable par et pour le reste du monde. Il eût été ridicule de parler d'un Moyen Âge pour la Chine, l'Inde ou les Amériques. S'il fallait se référer au développement des techniques, la Chine, par exemple, qui avait découvert le papier, la poudre, l'imprimerie à caractères mobiles et la boussole, pour ne citer que ces instruments qui commandèrent le destin du monde, la Chine, donc, aurait vécu sa Renaissance avant son Moyen Âge. Dès la fin du XVe siècle, en effet, ce pays se replia de plus en plus sur lui-même.

Mais l'on s'était intéressé auparavant aux origines de la tradition tacite et plus ou moins consciente, consistant à fixer l'an mille comme repère historique. Et l'on mit au jour une masse de prophéties relatives au fameux An Mil, de saint Augustin et de Bède le Vénérable à l'époque de Bossuet. L'origine de l'expression « Moyen Âge », monnaie de singe, se situait en réalité dans une vieille peur de la fin du monde.

Marignan, un cataplasme sur une gloire militaire endommagée

Rien n'enchanterait davantage François Ier, s'il vivait encore, que la prouesse mnémonique de tous les écoliers de France depuis des siècles à se rappeler « quinze cent quinze, bataille de Marignan ». Ce fut lui-même qui fit... en 1525 propager cette date quasiment mythique au firmament des heures héroïques de son royaume. Il en avait bien besoin : il venait de subir une défaite cuisante. L'empereur Charles Quint, qui revendiquait le Milanais, s'était emparé de Milan, jusqu'alors aux mains de François Ier ; celui-ci était allé, avec quelque retard, assiéger la ville proche de Pavie. Et, désastre, non seulement il n'avait pas emporté la ville, mais il avait été fait prisonnier et emmené en captivité à Madrid. Sa mère, Louise de Savoie, avait alors assumé la régence.

En cette année 1525, un obscur humaniste lyonnais, Symphorien Champier, fit paraître une *Vie du preux Chevalier Bayard.* C'est une histoire héroïque, destinée à faire palpiter les cœurs et à mouiller les yeux, dont l'une des scènes majeures est celle où le Chevalier Sans Peur et Sans Reproche adoube le roi François Ier au soir de la victoire de Marignan, le 14 septembre 1515, contre les Suisses de la Sainte-Ligue. Cet adoubement a-t-il eu lieu ou bien est-il sorti de l'imagination de l'auteur ? Nul n'en sait rien, car il n'existe aucun témoignage et ce n'est certes pas Bayard qui viendrait contredire le récit : il est mort d'un coup d'arquebuse, en 1522, en couvrant la défaite de Romagnano – une de plus –, en Italie.

Mais les sujets de François Ier ont besoin d'héroïsme et rien ne flatte mieux leur amour-propre que ce récit flamboyant, où la splendeur royale s'allie à l'honneur de la chevalerie pour la défense du territoire. Bayard, c'est le nouveau Roland. Et qui n'a besoin des images de vaillance dans des heures sombres telles que le royaume en traverse ? Car un grand roi prisonnier de son ennemi, c'est une grave humiliation pour ses sujets.

L'on célèbre donc Marignan pour se donner du cœur.

Que fut cette bataille ? Un de ces centaines de sanglantes empoignades qui font le tissu de l'histoire de l'Europe pendant des siècles. À peine monté sur le trône de feu son cousin et beau-père, le 1er janvier 1515, ce « gros garçon » – dont Louis XII déclarait : « Il va tout gâcher » – veut se faire un nom. Il va reprendre le Milanais, que les Valois ont perdu deux ans plus tôt. Car, il faut le rappeler, les monarques de l'époque revendiquent des territoires où ils n'ont que faire ; c'est ainsi que les Suisses revendiquent la Bourgogne, tout comme le fera un peu plus tard Charles Quint.

François Ier a comme ennemis l'empereur Maximilien, le roi d'Espagne, futur Charles Quint, quatre cantons suisses et le pape, tous ralliés par le duc de Milan, Maximilien Sforza. Comme alliés, il a les républiques de Gênes et de Venise, et surtout une arme nouvelle sur les champs de bataille, l'artillerie légère. Le premier jour, le 13 septembre, les combats durent jusqu'à la nuit et s'arrêtent parce que personne n'y voit plus rien, en dépit du clair de lune, à cause de la poussière. Le 14, la victoire est à François Ier. Elle a coûté la vie à huit mille de ses soldats et à vingt-deux mille Suisses, sans parler des victimes vénitiennes et génoises. Un minimum de trente mille morts. Et pour quoi ? Six ans plus tard, le Milanais est de nouveau perdu et, pour prix de ses nouvelles rodomontades, François Ier devra céder à Charles Quint les Flandres, l'Artois, la Bourgogne et le royaume de Naples en échange de sa liberté. De plus, il lui laissera ses fils en otage ; il ne les récupérera qu'en 1529, contre rançon. Pis, il devra épouser la sœur de l'empereur lui-même, Éléonore d'Autriche (sa première femme, Claude, est morte), dont il n'aura aucun enfant.

Marignan a été une victoire stérile et coûteuse et la prédiction de Louis XII s'est avérée. Son mode de présentation à la nation et à la postérité en fait une mystification intégrale. Mais il faut à l'époque raconter des histoires au peuple, alors on lui parle de Marignan. Et l'on en parlera longtemps aux écoliers.

*

L'image que le pouvoir royal puis, paradoxalement, les républiques successives présenteront de François Ier est totalement étrangère au bilan politique négatif de son règne ; en fait, elle est mystificatrice. Les uns et les autres le dépeindront comme le monarque qui ouvrit la France à la Renaissance et à l'humanisme et qui fut un mécène éclairé ainsi que le protecteur de Léonard de Vinci. On racontera même que le peintre mourut dans les bras du roi, le 2 mai 1519... Douteuse histoire, car le lendemain, le 3 mai, ce dernier était à Saint-Germain-en-Laye, et il fallait deux jours de voyage à l'époque pour aller de Saint-Germain au Clos Lucé, près d'Amboise. Attribuer l'essor des belles lettres au roi, c'est oublier que les lettrés voyageaient déjà beaucoup et que l'humanisme se répandit dans le royaume grâce à l'essor de l'imprimerie et non par la volonté du monarque. C'est omettre également que les châteaux que celui-ci fit construire et les chefs-d'œuvre de l'art italien qu'il introduisit dans le pays étaient destinés à rehausser sa gloire personnelle (il paya *La Joconde* 4 millions d'écus, plus de cent kilos d'or) et qu'ils ne bénéficièrent d'aucune manière à ses sujets. Mais c'est une coutume établie que d'attribuer les collections des seigneurs d'antan à leur volonté d'enrichir le patrimoine culturel national.

Le royaume fut prospère, mais sa prospérité ne dut rien non plus à François Ier. Fernand Braudel a montré dans *La Dynamique du capitalisme*[1] que l'essor de celui-ci commença au XVIe siècle dans l'Europe entière, grâce en particulier au développement des foires et des marchés.

En glorifiant la vanité d'un roi qui en regorgeait – qu'on se souvienne du grotesque épisode du camp du Drap d'Or –, les

---

1. Flammarion, 1985.

républiques croyaient exalter l'essor de la nation française et son génie culturel, doublé à Marignan du génie militaire. L'erreur fut grave, elle relevait de la superficialité autant que de la fabrication.

1632

Les Diables de Loudun et autres fariboles

Les mystifications sont parfois perpétrées à l'insu même de leurs auteurs. L'esprit humain, en effet, interprète les faits selon les grilles qu'il a lui-même forgées. En témoigne, entre autres, l'affaire des Diables de Loudun.

Dans cette ville de l'Isère, sous le règne de Louis XIII, éclata un scandale de diableries comme on en avait recensé des centaines depuis la création de l'Inquisition, mais qui devait laisser au travers des siècles un sillage comparable à celui des sorcières de Salem. Celui-là s'était produit dans un établissement religieux. Urbain Grandier, curé de l'église Saint-Pierre-du-Marché, était accusé d'avoir introduit au moutier Sainte-Ursule des diables qui avaient rendu lubriques l'abbesse et les seize nonnettes sous sa férule.

Quand le président de l'Élection de Poitiers, le procureur et le chanoine se rendirent au cloître, afin de vérifier l'accusation, ils furent accueillis en termes fort grossiers par les moniales dépoitraillées. Celles-ci déclarèrent aux autorités que Grandier les avait livrées à des diables qui les excitaient à jouir de leurs corps. Grandier fut écroué et protesta. Un tribunal finit par le disculper et le libérer.

Bel homme et beau parleur, mais également luxurieux, Grandier avait le tort d'être porté au calvinisme et de s'y obstiner. Cela équivalait à la sédition politique et, l'année suivante, Richelieu dépêcha sur place le conseiller Laubardemont, afin de mettre bon ordre à Loudun. Grandier fut arrêté de nouveau et son procès, rouvert. Le 23 janvier 1634, il fut confronté aux possédées. La séance fut agitée : les Ursulines se déchirèrent mutuellement leurs robes, se grifferent et se mordirent comme de véritables possédées. Deux moines les exorcisèrent et les greffiers notèrent qu'à l'injonction traditionnelle, *Vade retro Satanas !* l'abbesse Jeanne des Anges avait vomi six cornus.

Richelieu le crut-il ? L'on ne plaisantait alors pas avec le Diable. Quinze juges traitèrent le procès de Grandier qui, sous la torture, reconnut ses sortilèges et fut brûlé vif en face de son église.

Ce genre d'affaires était hélas fréquent dans les siècles passés, mais chacun sait l'omniprésence du Malin. En 1951, un incident grave survint à Pont-Saint-Esprit, dans le Gard, et jeta une lumière nouvelle sur la possession démoniaque. Plusieurs personnes montrèrent des signes de dérangement mental, dans le comportement et les propos. Le Malin reparaissait-il après des décennies de chômage ? Une enquête de la Santé publique révéla que le coupable était bien différent : les intoxiqués avaient consommé du pain fabriqué avec du seigle moisi. Or, la moisissure en question, qui se nomme ergot de seigle, est l'un des plus puissants hallucinogènes connus ; c'est de ce champignon qu'on extrait une drogue qui connut une certaine vogue dans les années 1960, l'acide lysergique diéthylamide, ou LSD. On réexamina l'affaire des Diables de Loudun sous un autre angle.

Le caractère fortement toxique de l'ergot de seigle avait été découvert au XVIIIe siècle par l'abbé Tessier, mais c'eût été du diable si l'on avait soupçonné que bien des procès en sorcellerie, sinon tous, avaient été motivés par du seigle mal conservé. Les autorités disposaient alors d'une explication souveraine : les maléfices des suppôts de Satan. La preuve en était les six cornus vomis par Jeanne des Anges. Mais on ne peut évidemment exclure que les juges et les greffiers du procès d'Urbain Grandier aient eux-mêmes souffert d'hallucinations causées par l'ergot de seigle.

Les conditions d'entreposage du seigle se sont beaucoup améliorées. Pas la prévention des mystifications.

1687

De quel métal était le « masque de fer » ?

L'affaire de l'homme au masque de fer est traditionnellement rangée dans les énigmes historiques. Et des flots d'encre ne cessent d'en entretenir le mystère. Après quelque trois siècles de supputations savantes ou folles, l'hypothèse la plus plausible ne cesse de s'imposer : ce faux mystère doit être rangé dans les grandes mystifications.

D'abord, les faits. Le 29 avril 1687, quarante hommes en armes auraient déboulé à Grasse pour arrêter un inconnu de grande taille, lui couvrir le visage d'un masque de métal et le conduire au fort de la Croix, à Cannes. Notre inconnu aurait été ensuite mené en chaloupe au fort de l'île Sainte-Marguerite, dans les îles de Lérins. En septembre de la même année, une feuille anonyme circule sous le manteau et prétend que, avant d'être arrêté à Grasse, le mystérieux prisonnier avait été détenu douze ans au fort de Pignerol, Pinerola, dans l'actuel Piémont. Il aurait donc été en prison depuis 1675. Mais qu'en sait l'auteur de cette lettre ? C'est invérifiable et déjà suspect.

Cet informateur anonyme en dit peut-être moins qu'il n'en sait, et peut-être aussi ses motifs sont-ils d'égarer l'attention, car avant d'être envoyé à Pignerol, le personnage masqué avait été incarcéré à Dunkerque, on ne sait exactement quand. Pas avant 1662 en tout cas, car c'est cette année que cette ville avait été rachetée à l'Angleterre.

Onze ans plus tard, en 1698, notre captif aurait été conduit à la Bastille, dont M. de Saint-Mars, le même qui l'appréhenda à Grasse, venait d'être nommé gouverneur. Il aurait voyagé en litière, le visage masqué cette fois d'un loup de velours noir. Le voiturier auquel on a loué le carrosse relève que c'est un homme de grande taille. L'inconnu arrive à Paris le 18 septembre dans l'après-midi et il est incarcéré dans un cachot clair de la tour de la Bertaudière. Nul n'est autorisé à savoir son identité ; l'on chuchote que, s'il la révélait, il y perdrait la vie. Il la perd enfin le 19 novembre 1703, après un malaise en sortant de la messe, et est enterré dans le cimetière de l'église Saint-Paul sous le nom « Marchioly ». Mais cela ne veut rien dire, car les prisonniers sont à l'époque souvent inhumés sous de faux noms.

L'histoire est plus que vermoulue, car on découvrira plus tard que l'incarcération de l'inconnu aux îles de Lérins a eu lieu en 1677 et non dix ans plus tard.

S'il avait été emprisonné à Pignerol douze ans avant Lérins, donc dès 1665, sans compter l'incarcération à Dunkerque, ce malheureux aurait passé au moins trente-huit ans en prison. Presque une vie, à l'époque.

Or, l'âge estimé de l'inconnu à sa mort était de quarante-cinq ans. Il serait donc né vers 1655. Il faudrait donc en déduire qu'il avait dix ans quand il fut condamné.

Une lettre adressée à Saint-Mars par le fils de Louvois – qui succéda à son père à la mort de celui-ci, en 1691 – semblerait modifier quelque peu les données que voici : elle précise en effet que le mystérieux captif était sous la garde de Saint-Mars depuis 1671 ; datée du 13 août de cette année-là, les termes en sont nets : « [...] le prisonnier qui est sous votre garde depuis vingt ans. » Or, s'il est mort à quarante-cinq ans, il aurait donc été arrêté à l'âge de treize ans.

Détail étrange : en 1694, Saint-Mars avait décrit à Louvois père son détenu comme « valétudinaire », c'est-à-dire en mauvaise santé. À trente-trois ans ? Cela ne correspond nullement à la description du prisonnier de la Bastille.

À l'évidence, quelque chose cloche dans ces récits.

*

Les hypothèses ont fait florès : on en recense au moins cinquante-deux. Nous ne rappellerons que les plus courantes.

– L'inconnu aurait été un demi-frère de Louis XIV, donc un rival éventuel. Fadaise : les reines accouchaient en public et l'on sait trop bien que Louis XIII était rétif à la besogne. Selon certains, il aurait été un frère jumeau, né quelques instants après le premier : autre fadaise car, vu le nombre de personnes présentes dans la chambre de l'accouchée, il y aurait eu une trentaine de prisonniers au masque de fer, hommes et femmes voués au secret éternel.

– Ç'aurait été le page noir de la reine Marie-Thérèse, son amant présumé. L'argument se fonde sur le fait que l'inconnu était brun. Mais brun n'est pas noir, et si l'on avait pu masquer son visage de haut en bas, on n'aurait pu masquer ses mains. Alors un fils clandestin de Marie-Thérèse et du Noir, donc un métis ? Autre faribole : Marie-Thérèse, née en 1638, n'a eu ce page qu'à son arrivée à la cour de France, en 1660. Son premier enfant, le Grand Dauphin, naquit l'année suivante. Et l'homme au masque de fer était né cinq ou six ans plus tôt. Les hypothèses dynastiques ont évidemment dominé : un personnage qui faisait l'objet de tant de précautions devait forcément – comme disait Marguerite Duras, à propos d'une autre affaire – être de la famille.

– Il aurait été le comte Matthioli, ministre du duché de Mantoue, qui avait tenté de vendre à la France la place forte frontalière de Casale, puis qui avait révélé aux Espagnols les pourparlers entre la France et le duché de Mantoue. Attiré dans un guet-apens par les agents de Louis XIV, il avait été embastillé pour forfaiture. C'était la thèse de Sainte-Beuve et de Funck-Brentano. La similitude avec le nom « Marchioly » a prêté quelque consistance à l'hypothèse, mais on ne voit guère pourquoi l'on aurait drapé le ministre indélicat de tant de mystères. D'ailleurs, il mourut, lui, à Sainte-Marguerite, et ne passa certes pas trente-huit ans en prison.

– Il aurait été le fils de Cromwell.

– Enfin, il aurait été l'abbé Pregnani, conseiller de Charles II d'Angleterre pour les affaires religieuses et, comble de l'intrigue, un fils naturel de ce roi ! Même objection : pourquoi lui imposer prison et masque de fer ? Et pourquoi Charles II ne fit-il rien pour le faire libérer ?

Le délire inventif, voire mythomaniaque, s'en mêlera : on prétendra tour à tour que l'homme au masque de fer avait été

Louis XIV lui-même, son frère Alexandre ayant pris sa place, que c'était Molière, puis un ancêtre de la maison Bonaparte ! Au début du XXe siècle, l'abbé Félix de Valois (rien de moins), de Marseille, prétendit descendre de l'inconnu et revendiqua le trône de France.

Plusieurs chercheurs et historiens se sont attachés à un curieux personnage, le chevalier Eustache d'Oger de Cavoye, dit par certains Danger (il ne peut y avoir eu un Eustache d'Oger et un Eustache Danger, tous deux suspects), qui se serait prétendu détenteur d'un secret d'État : le projet de conversion de Charles II d'Angleterre au catholicisme. Cela aurait modifié sans doute la politique de la France, mais il n'y aurait alors eu aucune raison d'enfermer l'informateur dans le double cachot d'un masque et de murs. D'Oger est certainement un candidat plausible à l'identité de l'homme au masque de fer : il avait été arrêté à Calais en 1669 ; or, cette ville est proche de Dunkerque, où il aurait pu être emprisonné avant d'être expédié à la Bastille. Objection majeure : lorsqu'il fut arrêté et embastillé, d'Oger ou Danger avait gardé le visage découvert ; on l'avait même mis au service du surintendant des Finances, le célèbre Fouquet, qui était lui aussi pensionnaire de la Bastille. Il y demeura cinq ans et fut soupçonné d'avoir empoisonné Fouquet. En tout cas, il n'avait certes pas commis un grand crime à son entrée dans la forteresse, sans quoi on ne lui eût pas concédé un emploi stipendié – il touchait 165 livres par mois –, où il avait même licence d'aller se promener sur les remparts. Il avait tout au plus essayé de monnayer des bobards à la police et avait sans doute fini par indisposer quelque puissant personnage qui avait décidé de le mettre à l'ombre.

Mais pourquoi tout à coup l'affubler d'un masque ? Et pourquoi fut-ce l'unique personnage du règne de Louis XIV à qui l'on imposa cet accessoire de carnaval ? Il y en avait pourtant eu quelques autres qui avaient souffert de la vindicte royale et qu'on avait donc expédiés au trou sans trop de façons et sans masque.

*

Ce masque lui-même pose un problème : il présente tous les caractères d'une mise en scène ; si l'on avait vraiment voulu dissimuler son visage, on lui eût mis une cagoule.

Dès le départ, ce masque fleure fort la mystification. Qui l'a demandée, Louis XIV ou Louvois ?

Un masque ne peut, par définition, servir qu'à cacher l'identité d'un personnage célèbre dans tout le pays. Or, aucun des candidats cités plus haut ne l'était et aucun grand personnage du royaume n'avait disparu.

De surcroît, l'idée que le prisonnier aurait été condamné à porter ce prétendu masque de fer sans cesse ne tient pas debout. Que le masque eût comporté une mentonnière, soit, mais en fer c'est abracadabrant. D'abord, le prisonnier aurait été vite étouffé par sa barbe, et comme il lui fallait se raser, le barbier de la prison aurait découvert son identité. Ensuite, les prisons de l'époque, et la Bastille comme elles, n'avaient rien de commun avec celles qu'on imagine de nos jours ; c'étaient plutôt des résidences forcées, où les détenus pouvaient se faire apporter leurs meubles, comme le firent Fouquet et plus tard, le cardinal de Rohan, pour ne citer qu'eux, et se faire livrer des repas de chez les meilleurs traiteurs. Les prisonniers avaient droit à des visites et l'on y allait et venait sans contrôles incessants. On lit dans le *Journal* d'Étienne du Junca, second du gouverneur de la Bastille, qu'un nouveau prisonnier, M. de Courlandon, s'était présenté au gouverneur, M. de Besmaus, et que celui-ci n'ayant pas de chambre meublée à lui offrir, il l'envoya coucher à ses frais à La Couronne, une auberge proche. Et M. de Courlandon revint le lendemain se faire coffrer ! Dans un tel contexte, le mystère de l'homme au masque de fer aurait été percé en peu de jours.

Nul n'ignore ces faits. Louvois n'aurait certes pas pris le risque de ridiculiser le pouvoir. Seul Saint-Mars aurait pu oser une telle mascarade. Ne l'a-t-il pas organisée dès Grasse ?

Un masque de fer ? La première fois que l'on en a connaissance, c'est sous la plume de Voltaire, dans *Le Siècle de Louis XIV* : notre grand esprit y écrit que, quelques mois après la mort de Mazarin, « il arriva un événement qui n'a point d'exemple. [...] On envoya dans le plus grand secret au château de l'île Sainte-Marguerite, dans la mer de Provence, un prisonnier inconnu, d'une taille au-dessus de l'ordinaire, jeune, de la figure la plus belle et la plus noble. Ce prisonnier, dans la route, portait un masque dont la mentonnière avait des ressorts d'acier qui lui laissaient la liberté de manger avec le masque sur le visage ».

Voltaire n'est pas un jobard. Le romancier perce sous le polémiste historien et devance Alexandre Dumas de plusieurs longueurs : où a-t-il donc trouvé que ce prisonnier était si beau, puisque, justement, personne ne vit son visage ? Et ce masque aux « ressorts d'acier », où donc en a-t-il trouvé la description ? Jusqu'alors, les contemporains ne parlent que d'un masque de velours noir. Du Junca, cité plus haut, le spécifie bien dans son journal, quand il enregistre la mort du fameux captif : « Un prisonnier inconnu toujours masqué d'un masque de velours noir. »

Jusqu'à la mort du malheureux, son masque fut donc un loup de velours. Exit l'homme au masque de fer.

*

Le goût du romanesque, cette sève qui nourrit les mythes, n'attendit pas *Le Vicomte de Bragelonne*, de Dumas. Voltaire, déjà, a affabulé à toute vapeur. L'affaire alimentait les ragots, surtout dans les milieux libéraux, qui croyaient y discerner une preuve de plus de l'arbitraire royal. La Bastille, on l'a vu, est quasiment une pension de famille, mais, dès 1715, Constantin de Renneville la décrit comme le théâtre d'orgies organisées par les geôliers, quasiment un enfer imaginé par le Marquis de Sade. Voltaire a cédé à la séduction de la légende : si quelqu'un est embastillé, il est à coup sûr un homme remarquable, victime du pouvoir despotique. L'écrivain n'est pas l'inventeur du mythe, il rapportera plus tard ce qu'on lui avait dit de l'inconnu, que celui-ci aimait le linge fin et qu'il avait la voix harmonieuse... Un véritable héros imaginaire, comme allait l'incarner Leonardo di Caprio au XXIe siècle.

Revenons au début de l'histoire.

La première fois qu'on voit le mystérieux inconnu, c'est quand il est aux mains de Saint-Mars, ancien mousquetaire de la compagnie de d'Artagnan. Car c'est bien lui qui est chargé de la mission, la missive anonyme le nomme en toutes lettres. Saint-Mars est alors chargé d'escorter des prisonniers et de les conduire à bon port. Morne besogne que celle de garde-chiourme pour un mousquetaire nostalgique des glorieux éclats du front et des pistolétades ou des chocs d'épées. Saint-Mars veut se donner de l'importance. On lui a dit que son prisonnier est une fripouille, mais il n'a aucune idée du bonhomme qui vient de Dunkerque, à supposer que ce soit Eustache d'Oger ou Danger, comme il le semble. Il veut se donner l'air de convoyer un captif dangereux ; d'où ce déploiement de quarante soldats en armes, totalement extravagant pour surveiller un seul homme : comme si une horde allait se jeter sur le cortège pour arracher ce noble innocent aux griffes de la soldatesque ; personne n'en a cure. Mais, pour accuser le mystère de l'identité de son prisonnier, Saint-Mars décide de le masquer. Tout le monde, et encore moins un capitaine, ne se promène pas avec un masque sur lui. Saint-Mars le coiffe donc d'un heaume, probablement emprunté à l'un de ses soldats ou trouvé dans une caserne. Le prisonnier manque s'y étouffer. C'est certainement la seule fois qu'il l'aura porté. Quand il est transféré à la Bastille, deux décennies plus tard, il ne porte qu'un loup, cela est établi.

Saint-Mars est alors gouverneur de la Bastille ; on l'interroge sur l'identité du prisonnier, il fait l'important et répond par des fariboles sibyllines. C'est lui qui a inventé le stratagème du masque, il en est désormais le prisonnier. Il mystifie son monde. On peut aussi le soupçonner d'avoir écrit la fameuse lettre anonyme pour attirer l'attention sur lui et son prisonnier.

Les ragots se sont emballés, la légende est en branle, elle aura une longue vie.

Autre bizarrerie, pourquoi le principal intéressé porta-t-il lui-même cet accessoire de bal ? Sans doute parce que le mystère flattait sa propre importance. Même les filous ont le sens romanesque.

*

Reste un dernier point, la hargne extraordinaire du pouvoir à l'égard d'un personnage qui aurait connu quatre forteresses successives – Dunkerque, Pignerol, Sainte-Marguerite et la Bastille. Quel est le sens de ces déplacements ? Et qu'aurait donc pu faire cet inconnu qui aurait outragé ou menacé à ce point le pouvoir, Louis XIV ou l'un de ses ministres ? Et cela pendant trente-huit ans ? Car, à ses deux derniers transferts, il était toujours masqué.

L'on finit par se demander si Saint-Mars n'aurait pas fait masquer deux ou trois prisonniers à la suite : quand l'un mourait, l'autre prenait sa succession.

C'est la réponse cherchée : il y eut plusieurs hommes au masque de fer, et Saint-Mars était un mystificateur.

Quels étaient ces hommes ? Les candidats ne manquent pas : intrigants qui s'étaient attiré le déplaisir du roi, charlatans... Un historien, Jean-Christian Petitfils, qui a consacré une étude détaillée à cette affaire, *Le Masque de fer*[1], conclut lui aussi que Saint-Mars fut bien un mystificateur.

---

1. Perrin, 2004.

1693

L'invention des vampires

Supprimer les vampires du répertoire des films d'épouvante serait cruel. Que feraient les amateurs de frissons s'ils étaient privés du comte Dracula, de ses babines et de ses beuveries d'hémoglobine ?

Il faut s'y résigner, hélas ; ces créatures sont nées des noces ordinaires de l'ignorance et de la superstition et nourries de l'intarissable propension à l'automystification. Une enquête récente d'un historien du CNRS (Centre national de la recherche scientifique) les a frappés d'un ordre de reconduite à la frontière des affabulations.

Cet historien, M. Koen Vermeir, a retrouvé l'une des sources de celle-ci : un rapport du *Mercure galant*, journal littéraire du XVIIe siècle. Dans le numéro de mai 1693, Pierre Des Noyers, érudit et ancien secrétaire de la reine Marie-Louise de Pologne, y racontait qu'on avait retrouvé en Russie et en Pologne nombre de cadavres qui n'étaient pas morts. Ces créatures échappaient au tombeau, ou peut-être des démons avaient-ils pris leurs formes, et elles allaient visiter des parents ou des connaissances, et les affaiblissaient jusqu'à la mort en leur suçant le sang. La seule défense contre ces monstres consistait à les déterrer pour leur planter un pieu dans la poitrine ; on les trouvait alors tellement gorgés de sang qu'ils en étaient ballonnés, ce sang dérobé refluant par leurs bouches et leurs oreilles. Le mythe engendra des pratiques redoutables et certainement peu hygiéniques : selon Des Noyers, certaines personnes prélevaient ce sang, le mélangeaient à de la farine et en faisaient un pain censé les protéger contre les attaques des morts vivants.

On désignait ceux-ci sous le nom d'« oupires ». Un demi-siècle plus tard, ce mot d'origine slave acquit son statut actuel grâce à un néologisme de la langue allemande, *vampir*.

La croyance s'était alors répandue, entraînant des troubles sociaux. Un naturaliste de l'époque, Joseph Pitton de Tournefort, n'y croyait guère ; mais il assista à l'exhumation d'un vampire et rapporta que des familles avaient fui leurs maisons par crainte de ce monstre. Au début du XVIIIe siècle, les vampires devinrent une plaie ; il y en eut ainsi une épidémie en Hongrie. Des savants décidèrent d'enquêter sur le phénomène. L'occasion se présenta à Kisiljevo, un village à soixante-quinze kilomètres de Belgrade, où un paysan mort, du nom de Peter Plogojowitz, avait étranglé neuf villageois en une semaine, puis était rentré chez lui et avait demandé ses chaussures à sa femme terrifiée.

On le déterra, en présence des autorités. On trouva un cadavre présentant une apparence de fraîcheur anormale. Et sa bouche était pleine de sang ! Et ses cheveux avaient poussé ! On lui enfonça évidemment le pieu réglementaire dans la poitrine.

L'obsession des vampires ravageait alors l'Europe et frisait le délire. On déterra à qui mieux mieux des cadavres soupçonnés d'être des morts vivants, car ces ignobles créatures contaminaient même des innocents. On trouva un bébé de huit jours qui, au terme de quatre-vingt-dix jours au tombeau, restait aussi frais qu'au premier jour. Il était devenu vampire ! Et un pieu !

En 1749, Dom Augustin Calmet, célèbre exégète biblique, publia un traité sur l'apparition des esprits et sur les vampires ou revenants de Hongrie, Moravie, etc. La même année, le pape Benoît XIV consacra un long texte aux vampires.

*

Les guerres et l'instruction publique finirent par affaiblir l'hystérie en imposant aux gens d'autres horreurs. Et l'explication des morts vivants s'imposa elle aussi : tous les cadavres ne se décomposent pas de la même manière ; il en est qui, lividité mise à part, conservent plus longtemps une apparente fraîcheur, en raison de la nature du sol.

Mais le mythe s'était enraciné. En 1925, un criminel de Hanovre fut décapité pour avoir tué vingt-sept adolescents, qu'il avait attirés chez lui pour les mordre à la gorge et boire leur sang. En 1931, un père de famille apparemment paisible se révéla être le « vampire de Düsseldorf » ; il fut convaincu de vingt-neuf meurtres similaires et exécuté lui aussi.

Le 10 août 1949, John Haigh, le « vampire de Londres », fut pendu pour avoir tué neuf personnes dont il voulait boire le sang. Il laissa une lettre dans laquelle il racontait que c'était à dix ans qu'il avait découvert « le goût ineffable » du sang, quand il avait léché une blessure à sa main.

En 1972, le « vampire de Nüremberg » fut arrêté et incarcéré pour des délits innommables : il déterrait des jeunes femmes dans le cimetière de la ville pour leur trancher le cou et boire leur sang. On ne sait ce qu'il buvait, le sang étant alors coagulé, ni comment il échappa à des septicémies fulgurantes.

Tous ces criminels étaient eux-mêmes victimes du mythe ; il les avait vampirisés. Ils s'étaient eux-mêmes mystifiés de la plus lamentable façon. Car les mythes sont toxiques et ni les festivités d'Halloween, désormais fête occidentale, ni l'évidente fiction des films de vampires ne peuvent effacer le souvenir de ceux qui perdirent la vie parce que des esprits faibles y avaient trop cru.

1753

« Le pays de Voltaire », douteuse commodité de la conversation

Dès lors qu'il s'agit d'invoquer les vertus du pays où furent proclamés les droits de l'homme, orateurs, pamphlétaires et journalistes recourent volontiers à l'expression « le pays de Voltaire ». Elle est à peu près comprise de tout le monde, l'écrivain s'étant illustré dans la défense de la justice, comme l'attestèrent ses plaidoyers pour Jean Calas et le chevalier de La Barre. C'est, comme on disait au Grand Siècle (pour désigner les sièges), une commodité de la conversation.

Un examen des écrits de Voltaire donne toutefois à penser que cette commodité est bancale, voire inappropriée. Le maître de Ferney, en effet, tient une pleine besace de propos sur les juifs qu'on ne tolérerait pas de nos jours chez de moins illustres auteurs : « ramas de brigands », « des fripons et des imbéciles », « troupe de gueux », et la Bible est emplie de « fables de cannibales[1] ».

Et la diatribe est assaisonnée de bonne vieille ironie :

> *Dieu ayant été leur seul roi très longtemps, et ensuite ayant été leur seul historien, nous devons avoir pour les juifs le respect le plus profond. Il n'y a pas de fripier juif qui ne soit au-dessus de César et d'Alexandre. Comment ne pas se prosterner devant un fripier qui vous prouve que son histoire a été écrite par la Divinité elle-même, tandis que les histoires grecques et romaines ne nous ont été transmises que par des profanes[2] ?*

1. *Mélanges (Examen important de milord Bolingbroke, ou le tombeau du fanatisme).*
2. *Histoire des rois juifs et paralipomènes*, in *Dictionnaire philosophique*.

En veut-on davantage ?

> *Vous ne trouverez en eux* [les juifs] *qu'un peuple ignorant et barbare qui joint depuis longtemps la plus sordide avarice* [à la] *haine pour tous les peuples qui les tolèrent et les enrichissent.*

L'*Essai sur les mœurs* de 1753 pullule de pareilles sanies qu'on se gardera de reproduire ici une fois de plus. Il a été parfois avancé, en défense de l'une des gloires du siècle des Lumières, que l'antisémitisme de Voltaire aurait été une façon détournée de critiquer le christianisme ; l'argument semble spécieux. D'autres ont avancé que l'antisémitisme était si répandu à l'époque qu'il ne faut pas s'étonner que Voltaire y ait sacrifié ; l'argument n'est guère plus recevable : ni Montesquieu ni Condorcet, pour ne citer qu'eux, ne cédèrent à ce « travers ».

Ces voiles pudiques jetés sur « quelques pages malheureuses » ne suffisent hélas pas à masquer le racisme de Voltaire, qui, toujours avide d'argent – le même trait qu'il imputait aux juifs –, fit de juteuses affaires dans la traite des Noirs. L'omission équivaut dans pareil cas à la falsification, et l'honneur ne perdrait rien à ce que « le pays de Voltaire » devînt « le pays de Montesquieu », par exemple.

Ou bien il n'y aurait aucune raison d'annuler le cinquantenaire de la mort de Louis-Ferdinand Céline, comme on l'a vu en 2011.

1774

L'insaisissable mythe du Boston Tea Party

En 2010, des groupuscules républicains se réclamant du Boston Tea Party occupèrent des mois durant les chroniqueurs politiques américains. C'étaient des ultras du parti conservateur, décidés à défendre des valeurs conservatrices, pour ne pas dire réactionnaires, qu'ils jugeaient négligées par les modérés. Leur objectif était de lutter contre ce qu'ils appelaient le *Big Government*, c'est-à-dire un gouvernement fédéral qu'ils jugeaient envahissant et contraire au principe des libertés, selon eux garanti par la Constitution. Leur agitation mena un déséquilibré à commettre une tuerie à Tucson, ce qui ternit leur réputation. Ils avaient jusqu'alors frappé l'opinion par leur référence à un chapitre célèbre de l'histoire des États-Unis, le Boston Tea Party de 1774, qui fut le point de départ de la guerre d'Indépendance.

Chapitre célèbre, mais si confus que, près de deux siècles et demi plus tard, les historiens américains et anglais ne sont pas parvenus à en donner une image cohérente. Il paraît régulièrement des ouvrages sur le sujet[1], sans plus d'effet ; c'est bien un mythe, mais on ne sait quel symbole il pourrait bien recouvrir.

Dans le catalogue des mythes, un spécimen sans substance est une rareté.

Les événements sont apparemment simples. En 1761, le gouvernement colonial britannique donna aux douanes, par le

1. Entre la fin 2010 et janvier 2011, il en est ainsi paru trois, consacrés au Boston Tea Party et aux origines de la révolution américaine : Benjamin L. Carp, *Defiance of the Patriots*, Yale University Press ; Richard Archer, *As If an Enemy's Country*, Oxford University Press ; et Jill Lepore, *The Whites of their Eyes*, Princeton University Press.

Stamp Act (Duties in American Colonies Act), l'autorisation de pénétrer dans les entrepôts et les maisons pour y apposer des timbres sur les denrées d'importation, dont le sucre. Le revenu de cette fiscalité devait renflouer non seulement les douanes, mais aussi l'administration coloniale, passablement corrompue par ailleurs. Et, en Angleterre, les maîtres de l'East India Company, qui assurait le commerce maritime du royaume, faisait pression sur le gouvernement de lord North et la Chambre des communes, ainsi que sur le gouvernement de la colonie du Massachusetts, pour l'aider à sauver ses entreprises déficitaires. Les colonies d'Amérique du Nord ne rapportaient pas assez à certains grands intérêts. Les colons refusèrent le Stamp Act. Dès lors s'instaura un état d'insurrection latente entre les colons et le gouvernement de Londres ; elle marqua le début de la période révolutionnaire.

L'hostilité de principe se matérialisa en hostilités de faits. Le 26 août 1775, les colons incendièrent la maison du lieutenant gouverneur Thomas Hutchinson, à Boston. Cette ville était, en effet, la plus active dans la résistance au gouvernement anglais. Elle comptait des clubs d'activistes, dont le membre le plus influent était Samuel Adams, depuis lors désigné comme « Père de la révolution américaine ».

L'année suivante, le Stamp Act fut annulé par le gouvernement, mais remplacé par une série de taxes sur le plomb, le verre, le papier, les peintures et le thé, tous articles de première nécessité pour les colonies. Les communes estimaient avoir le droit de taxer les colonies. La situation s'envenima. Hutchinson fit installer deux régiments en ville. De provocations en répliques, les Anglais tirèrent et des Bostoniens tombèrent : cette première tuerie, en mars 1770, est connue sous le nom de Massacre de Boston.

Le 16 décembre 1773, une centaine d'insurgés, dont le fameux Paul Revere, coiffés de plumes comme des Indiens, montèrent sur trois navires de l'East India Company chargés de thé et vidèrent froidement leurs chargements dans le port. Celui-ci fut fermé et des commerçants firent faillite. Les troupes coloniales entrèrent en jeu. Ainsi commença la guerre d'Indépendance. Elle ne s'acheva qu'en 1783.

Entre-temps, l'épisode du Boston Tea Party – qui ne fut désigné ainsi que cinquante ans plus tard – continua d'influencer la politique américaine. Il était devenu une référence. Mais à quoi ?

*

Qu'avait été le Boston Tea Party à l'origine ? Une révolte contre la brutalité anglaise et le gouvernement corrompu de George III. Les représentants du Tea Party de 2010 en ont totalement changé le sens, en en faisant une révolte contre les gouvernements envahissants (et, incidemment, socialisants).

Le mouvement a été interprété comme la première expression du patriotisme américain. Mais, en 1774, la nation américaine n'existait alors même pas à l'état de projet, et les pères fondateurs, comme on désigne les rédacteurs de la Constitution, n'avaient guère d'estime pour ceux qui avaient jeté le thé dans le port de Boston : pour eux, c'était une atteinte à la propriété individuelle.

Le Boston Tea Party a aussi été représenté comme le début de la République des États-Unis. Mais n'était aucunement la vision des colons qui venaient d'être affranchis. Un ami intime de George Washington écrivit ainsi : « Beaucoup de gens espéraient secrètement que chacun des nouveaux États serait complètement indépendant et que [...] dès que la question de nos dettes aurait été réglée, le Congrès serait dissous – un projet qui serait aussi néfaste à nos intérêts domestiques qu'il serait ruineux à l'étranger. » Washington, dont les vues étaient bien plus larges et qui aspirait, lui, à créer un nouvel État, était informé de cet état d'esprit et il en était consterné. « Aucune aube ne s'était annoncée plus propice que la nôtre, et aucun jour n'a été plus sombre que le présent », confiait-il en 1786 à James Madison, surnommé le « père de la Constitution » et qui devait devenir le quatrième président des États-Unis. Un fort courant public s'opposait, en effet, à la création d'un gouvernement central de tous les États de l'Union. La preuve en fut le Texas, qui resta indépendant de 1836 à 1845.

Telle fut la raison pour laquelle Madison et Hamilton joignirent leurs efforts à ceux de Washington pour présenter à la Convention de Philadelphie, en 1787, une constitution qui empêcherait les Américains ordinaires d'influencer la vie politique du pays ; celle-ci devait rester dans les mains de citoyens instruits, riches et puissants. En témoignent également les écrits de John Jay (1745-1829), auteur des *Federalist Papers* avec Hamilton et Madison[1].

Le Boston Tea Party ne fut donc pas non plus le germe de la démocratie américaine.

Il n'en reste pas moins que le mythe continue d'inspirer chez certains la nostalgie d'une époque où être américain signifiait simplement que l'on était un homme blanc et chrétien et où les femmes, les Noirs et les minorités sexuelles n'avaient pas voix au chapitre.

C'est celle qu'entend ranimer le Boston Tea Party contemporain, en titillant chez ses partisans l'impossible fiction d'un pays dont le gouvernement ne s'occuperait pas de ses affaires personnelles (entendez : ne subventionnerait pas une Sécurité sociale), bref d'un pays sans *Big Government*. Cette représentation passéiste, proche de l'anarchie, est exactement antinomique des principes des pères fondateurs.

Le Boston Tea Party est donc devenu un mythe que chacun interprète à sa convenance.

1. *Cf.* A. Hamilton, J. Jay, J. Madison, *The Federalist. A commentary on the Constitution of the United States*, Random House, 2001.

1778

Les momeries de M. Mesmer

Aucune histoire des charlatans ne serait complète sans une mention de Franz Anton Mesmer. Mais l'affaire de celui-ci est paradoxale, parce que, dans l'arsenal de pratiques absurdes et de propos invertébrés de ce marchand d'orviétan, gisait une once de vérité.

Illuminé, cet Autrichien né en 1734 l'était à plus d'un titre : il appartenait en effet à la secte des Illuminés de Bavière, issue d'un mouvement apparu en Espagne à la fin du XVe siècle et qui avait essaimé en France et dans plusieurs pays d'Europe. Leur doctrine confuse mêlait l'alchimie et l'astrologie à l'ésotérisme religieux. Ingolstadt, en Allemagne, où Mesmer acquit ses diplômes de médecin, en était un centre. Mais mystificateur, Mesmer l'était certes également. Il monnayait en effet ses services pour un traitement ainsi administré : les patients s'asseyaient autour d'un grand baquet dont jaillissaient des tiges de fer recourbées que l'on s'appliquait sur la partie du corps présumée souffrante. De surcroît, les patients tenaient une corde par laquelle circulait le fluide de Mesmer. Celui-ci faisait également boire à ses clients de l'« eau magnétisée », arguant qu'un fluide mystérieux venu des étoiles ranimait les esprits malades.

Quelque primitive que fût encore la médecine à la fin du XVIIIe siècle, aucun de ses diplômés n'aurait accordé le moindre crédit à cette méthode, pour la bonne raison qu'elle ne comportait pas non plus le moindre fondement. Le fameux baquet ne contenait que des bouteilles remplies d'eau, de verre pilé ou de limaille de fer.

Aussi Mesmer avait-il été expulsé d'Autriche en 1778 et s'était-il installé à Paris, où il y avait nombre de gens riches et pas moins de jobards qu'ailleurs. Car Mesmer, lui-même marié à une femme fortunée, n'acceptait que des patients qui l'étaient aussi.

On comptait surtout des femmes dans sa pratique et leurs symptômes étaient déconcertants par leur nature : elles se convulsaient, souffraient de palpitations et de sueurs, roulaient des yeux, criaient ou riaient. Charcot n'étudierait l'hystérie qu'un siècle plus tard ; il aurait eu fort à faire au luxueux hôtel Bouret, place Louis-le-Grand, l'actuelle place Vendôme, où Mesmer recevait ses clients et les traitait aussi par des discours apaisants en agitant un hochet devant leurs yeux.

L'aristocratie était-elle donc constituée de faibles d'esprit ? Non, car on signalait des cas de guérison des fameux symptômes. Ils étaient rares, mais ils existaient. Quand en 1784 Louis XVI, agacé des rumeurs qui couraient Paris sur Mesmer, chargea les académies des sciences et de médecine d'y mettre bon ordre, celles-ci formèrent une commission d'examen. Benjamin Franklin en fit partie. Il constata les guérisons, rejeta l'idée qu'elles pouvaient être attribuées au magnétisme animal ou céleste et postula l'existence d'une cause inconnue.

On finit bien plus tard par l'identifier : c'était l'hypnotisme, souvent efficace sur l'hystérie. À l'insu de Mesmer, ses discours apaisants avaient calmé certaines patientes. Mais les hommes de l'art français avaient été indisposés par les momeries de Mesmer. Ils le prièrent de quitter le territoire. L'on avait assez de charlatans à Paris, avec des personnages comme Cagliostro, mêlé au scandale de l'affaire du collier. Mesmer déguerpit donc. Il mourut solitaire et à demi ruiné près de son village natal, en 1815, l'année de l'abdication de Napoléon. Les bénéfices de l'hypnose ne seraient constatés qu'un siècle plus tard. Ce faiseur avait quand même trouvé quelque chose. Peut-être avait-il flairé les pouvoirs de l'autosuggestion[1].

*

1. Voir p. 425.

Le plus déconcertant de ces histoires de fluide est que, dans les années 1960, un théoricien autrichien, Wilhelm Reich, mort en 1957 aux États-Unis, en prison pour escroquerie, connut un regain inattendu de popularité. Auteur de *L'Analyse caractérielle*, de *La Psychologie de masse du fascisme*, de *La Révolution sexuelle*, ce psychanalyste pour le moins original avait ranimé les idées de Mesmer sur le fluide universel. Il avait inventé des appareils qu'il appelait des « accumulateurs d'orgone », nouveau nom de ce fluide, qu'il « utilisait » dans les cures d'« orgonothérapie » qui motivèrent son arrestation. Il n'a pas été prouvé que Reich ait été un mystificateur, au sens juridique de ce terme, c'est-à-dire un escroc, mais l'orgonothérapie n'a jamais reçu l'aval d'aucune autorité scientifique et, jusqu'à plus ample informé, c'est une de ces innombrables élucubrations qui foisonnent dans les « médecines parallèles ». Son succès à l'époque donne cependant à penser que les mythes se révèlent parfois plus résistants que leurs démentis par les faits.

1784

L'affaire du collier de la reine : une escroquerie qui finit en intox

On n'en finira pas de traduire Marie-Antoinette en jugement. Quand on l'informa que le peuple manquait de pain, elle aurait laissé tomber : « Qu'ils mangent donc de la brioche. » Elle ne l'a jamais dit. D'ailleurs, elle était reine, tare fondamentale, elle n'avait pas droit à la justice, ni celle de son temps, ni celle des siècles ultérieurs et encore moins celle des historiens républicains : aucun d'eux n'admit que son exécution et les souffrances qui la précédèrent ne contribuèrent aucunement à l'essor du peuple français.

On peut ainsi lire dans un dictionnaire du XXe siècle que « sa manière de vivre à Versailles dans le luxe et les fêtes, entourée d'une coterie d'aristocrates avides, dont son amant le Suédois Axel de Fersen, lui valut le sobriquet de "Madame Déficit" » et que « l'affaire du collier acheva de la rendre impopulaire ».

Or, elle était totalement innocente.

Tout cela commença quand deux bijoutiers hongrois, Böhmer et Bassenge, se mirent à écumer Paris pour vendre un collier extravagant de 647 diamants (2 840 carats), véritable harnais de cheval, dont ils demandaient une somme tout aussi délirante, 1 600 000 livres. Ils l'avaient déjà proposé à Louis XV pour Madame du Barry, mais en vain. Puis ils avaient entrepris Louis XVI, mais celui-ci les avait éconduits avec plus de sagesse qu'on ne lui en prête : « La France a plus besoin de vaisseaux que de bijoux. » Ils pressentirent alors une aventurière qui se disait Jeanne de Valois, comtesse de La Motte – le nom est véridique – et descendante présumée d'un bâtard d'Henri II ; elle avait ses entrées à Versailles (tout le monde les avait, pourvu que sa mise fût convenable), ils la prièrent donc de soumettre le collier à Marie-Antoinette. Mais celle-ci l'avait déjà refusé. « Ne m'en parlez plus », avait-elle déclaré sèchement aux deux marchands. Ce qui prouve incidemment qu'elle n'était pas l'évaporée dépensière qu'on a dit.

Jeanne de La Motte décida alors de s'emparer du joyau en exploitant la vanité et la crédulité du cardinal prince de Rohan, grand aumônier de Versailles. Il n'était pas bien en cour et s'en désolait. Aussi, quand il avait été ambassadeur à Vienne, ce prélat avait indisposé la cour impériale par ses coucheries tapageuses, et Marie-Antoinette avait emporté avec elle ses préjugés contre l'ecclésiastique coureur de jupons. La Motte parvint à le persuader d'acheter le collier en catimini pour le compte de la reine, dont elle se prétendait familière. Il le paierait par traites garanties par Marie-Antoinette, assurait-elle. Un protocole de vente fut accepté par Böhmer et Bassenge, orné de fausses signatures de la souveraine. Tout alla bien pendant quelques mois, Rohan paya les premières traites et fut récompensé par de fausses lettres de Marie-Antoinette, rédigées par le complice de La Motte, Rétaux de Villette, et même par une rencontre nocturne dans le parc du château, avec une comédienne qui jouait le rôle de Marie-Antoinette. Rohan n'y vit que du feu. La naïveté du cardinal n'eut d'égale que sa sottise.

Le collier avait entre-temps changé de mains. La Motte s'en était emparée sous couleur de le remettre à la reine. Rohan se trouva à court de fonds et les deux Hongrois allèrent demander le solde à Marie-Antoinette, excipant du contrat paraphé de fausses signatures. Le pot aux roses fut découvert et les intrigants, parmi lesquels on compta le faux comte et pseudo-mage Cagliostro, « conseiller » de Rohan, furent démasqués. L'indignation du couple royal fut à son comble. La Motte avait été arrêtée, marquée au fer rouge et condamnée à la prison à vie à La Salpêtrière, ses complices (sauf Rétaux de Villette, en fuite à Londres où il était allé vendre les pierres). Les époux royaux exigèrent que Rohan fût traduit en justice. Il le fut et dut abandonner ses charges.

*

Les procès avaient démontré que Marie-Antoinette était totalement étrangère à la monumentale magouille où l'on s'était servi de son nom. Ils eurent l'effet inverse. L'affaire du collier avait passionné l'opinion ; elle y fouetta la malveillance à l'égard du trône. Le clergé, étourdiment, y joua son rôle : traîner un cardinal en justice, mais quelle arrogance ! Comme s'il ne connaissait pas le personnage. Pour tout le monde, Rohan était innocent et, en dépit de sa complicité dans une opération où, de toute évidence, un cardinal et grand aumônier n'avait que faire, le Parlement suivit l'opinion et l'acquitta. Pendant les quelques heures qu'il passa à la Bastille, le 29 mai 1785, dix mille personnes allèrent manifester autour de la prison, criant : « Vive le Parlement ! Vive le cardinal innocent ! »

Selon l'opinion publique, la vraie coupable était la reine, pour laquelle le collier avait été fabriqué et qui l'avait fait acheter en sous-main par le prélat. Un flot de libelles odieux ou obscènes circula dans Paris et les grandes villes, tels que *Les Amours de Charlot et d'Antoinette* (Charlot étant le comte d'Artois). Les libertins s'empressèrent de voir dans l'affaire du collier la corruption d'une aristocratie qu'il fallait chasser, alors que les principales victimes, le roi et la reine, avaient été d'une probité irréprochable et avaient d'emblée rejeté tout intérêt pour le collier. Mais l'escroquerie de Jeanne de La Motte avait déclenché une perversion des faits qui perdure jusqu'à nos jours.

La France était alors à quatre ans de 1789. C'était déjà le ressentiment qui rendait la justice. De nos jours, cela s'appelle de l'intox, nom pasteurisé de la calomnie. On peut accuser n'importe qui de n'importe quoi, pourvu qu'il, ou elle, ait le « profil ». La mystification devient meurtrière.

1794

Les fours crématoires de Vendée

La Révolution française de 1789, modèle de toutes celles qui suivirent, dont la révolution bolchevique de 1917, est l'une des chasses les plus soigneusement gardées de toutes les générations d'historiens qui suivirent. Elle est l'événement sacré, la scène capitale où la volonté du peuple renversa la tyrannie et instaura l'égalité entre tous les citoyens, la liberté et la fraternité, fondant ainsi la démocratie moderne. Elle illumina le monde et lui montra le chemin du progrès historique.

Telle est du moins la rhétorique en vigueur près de deux siècles et demi plus tard, mais surtout en France. Des milliers de pages inspirées ont ensuite exalté cette illustration du sens de l'histoire. On peine cependant à discerner comment, onze ans après la décapitation de Louis XVI, Napoléon était sacré empereur et imposait au pays un régime bien plus tyrannique que celui du Bourbon. La succession de monarchies qui vinrent après lui montra, elle, que le sens de l'histoire n'était peut-être pas celui que l'on croyait.

Toujours fut-il qu'un soin jaloux fut dispensé aux récits de la Révolution. On concéda, pour la vraisemblance, quelques images à la Terreur, vite réprimée assura-t-on, par la Réaction thermidorienne. Mais rien de plus : il ne convenait pas de s'attarder sur quelques horreurs, hélas inévitables dans les tempêtes de la passion politique. Une censure tacite régnait sur le sujet.

Il fallut attendre la seconde moitié du XXe siècle pour que le voile fût levé sur l'un des chapitres les plus sinistres de l'histoire de France : le génocide des Vendéens et l'apparition des premiers fours crématoires, monstruosité que l'on avait cru inventée par l'infamie du IIIe Reich.

La Vendée apparaissait depuis deux siècles comme l'un des repaires du cléricalisme papiste, hostile aux Lumières de la Révolution, et tout au long du XIXe siècle et durant une bonne partie du XXe, cette opinion fut propagée sous l'autorité d'éminences telles que Michelet – dont il apparaît aujourd'hui qu'il fut bien plus un idéologue qu'un historien au sens moderne de ce mot (n'avait-il pas fait de Jeanne d'Arc l'annonciatrice de la Révolution de 1789 ?).

> *Ce qui témoigne en 1789 contre l'Église d'une manière accablante*, écrit-il, *c'est l'état d'abandon complet où elle a laissé le peuple. Elle seule, depuis deux mille ans, a eu charge de l'instruire. Voilà comment elle l'a fait. Les curés avaient des vertus, quelques instincts de résistance, point de lumières. Partout où ils dominaient, ils étaient un obstacle à toute culture du peuple et le faisaient rétrograder. Pour ne citer qu'un exemple, le Poitou, civilisé au XVIe siècle, devint barbare sous leur influence ; ils nous préparaient la Vendée.*

Pour Michelet, qui écrit trois quarts de siècle après ces événements et qui a pourtant accès aux archives, la Vendée est, en effet, le dépotoir de l'Ancien Régime. Or, ses assertions sont fausses, et le démenti nous en est fourni par un révolutionnaire bon teint, l'abbé Grégoire, puisque « prêtre jureur ». En 1795, il rapporte ceci à la Convention :

> *Il y a neuf à dix ans, chaque commune avait un maître et souvent aussi une maîtresse d'école. Tout cela n'est plus, la persécution a tout détruit. L'ignorance menace d'envahir nos campagnes, nos villes même, avec tous les fléaux qui en sont la suite. On a beaucoup raisonné et même déraisonné sur l'établissement des écoles primaires, et les écoles primaires sont encore à naître.*

*

La Vendée avait beaucoup attendu des promesses révolutionnaires ; elle n'en reçut que le doublement des impôts. Elle fut d'autant plus déçue que la conscription forcée lui enlevait la fleur de sa jeunesse et sa force de travail. Elle le fit entendre. Elle devint l'ennemie.

Sous les ordres du général Westermann, des boucheries innommables furent organisées en Vendée à partir de 1793. L'ordre de l'Assemblée était de faire de cette province « le cimetière de la France ». « L'inexplicable Vendée existe encore ! s'écriait en juillet 1793 le révolutionnaire Barrère. Détruisez la Vendée ! »

Détruire une population pour des raisons ethniques est la définition d'un génocide, mais une notion qui n'existait alors pas ne pouvait retenir les armées révolutionnaires ; elles s'élancèrent à l'assaut de la province maudite avec une sauvagerie exceptionnelle. Un exemple entre d'innombrables autres : au bourg de La Gaubretière, l'officier de police Gannet rapporte à la date du 31 janvier 1794 :

> *Anney fait allumer les fours et, lorsqu'ils sont bien chauffés, il y jette femmes et enfants. Nous lui avons fait des représentations ; il nous a répondu que c'était ainsi que la République voulait faire cuire son pain. D'abord on a condamné à ce genre de mort les femmes brigandes et nous n'avons trop rien dit ; mais aujourd'hui les cris de ces misérables ont tant diverti les soldats et Turreau qu'ils ont voulu continuer ces plaisirs. Les femelles des royalistes manquant, ils s'adressent aux épouses des vrais patriotes. Déjà, à notre connaissance, vingt-trois ont subi cet horrible supplice et elles n'étaient coupables que d'adorer la nation.* [...] *Nous avons voulu imposer notre autorité, les soldats nous ont menacés du même sort*[1].

Combien y eut-il de ces fours ? On l'ignore ; les exactions des troupes révolutionnaires ne sont pas toutes documentées ; mais enfin, il y en eut plusieurs, le rapport de Gannet dit bien « les fours ». Quelque répugnance qu'on y éprouve, force est d'admettre que les premiers fours crématoires datent du

1. Reynald Secher, *La Vendée - Vengé. Le génocide franco-français*, Perrin, 2006.

XVIIIe siècle et qu'ils furent utilisés par les armées de la Révolution pour accomplir un génocide.

Et c'est par dizaines de milliers que les Vendéens furent massacrés. De quoi étaient-ils coupables ? On l'a beaucoup dit et écrit : d'être chrétiens et royalistes. C'est inexact, ils avaient accueilli les promesses de la Révolution avec ferveur ; ils s'organisèrent pour résister ; cela enragea l'Assemblée. Mais, surtout, ils étaient vendéens. Ils souffraient d'un préjugé ancien.

La Vendée, en effet, passait déjà pour être le territoire d'une tribu mystérieuse remontant aux origines du monde, les Colliberts, puis le repaire d'une peuplade monstrueuse, les Cagots, qui vivait dans l'opprobre général : bien que chrétiens, ils n'avaient pas le droit d'entrer dans les églises par la porte principale (on leur avait réservé une porte latérale) ; ils n'avaient pas le droit de toucher à mains nues les rambardes des ponts, ni de se montrer pieds nus en public, ni de cultiver la terre – en 1741, un Cagot qui s'y était risqué avait été condamné à avoir les pieds percés par un tison chauffé à blanc[1].

On eût pu espérer que les principes de la Révolution effaceraient des superstitions d'un autre âge ; il n'en fut rien. On eût également espéré que ces principes retiendraient les militaires chargés de défendre le principe de fraternité ; il n'en fut rien non plus.

Enfin, on eût espéré que le récit de la Révolution par les historiens fît mention des aspects moins glorieux de ce chapitre ; ils en avaient sans doute assez fait avec les noyades de Nantes, les pontons de Carrier et les exécutions de « quelques prêtres réfractaires ». À trop charger le sujet, ne risquaient-ils pas de le couler, lui aussi ? Et surtout après la Seconde Guerre mondiale, parler des fours crématoires de la Révolution aurait suscité l'effroi.

À l'évidence, ces épisodes sinistres ne peuvent résumer la Révolution. Mais ils furent censurés.

Or, il est des cas où la censure équivaut à la falsification. Le manichéisme consistant à identifier les troupes de la Révolution

1. Graham Robb, *The Discovery of France : A Historical Geography from the Revolution to the First World War*, Picador, Londres, 2008.

avec les défenseurs du progrès et leurs adversaires avec les Ténèbres est une fabrication malfaisante. Les disciples de la Révolution de 1789 allaient le démontrer maintes fois, surtout en 1917. Sacrifier l'humain à l'idée est inhumain.

1805

La désinformation qui ouvrit à Napoléon la route de Vienne

Le génie de la stratégie est la facette de Napoléon qui a le mieux résisté à l'analyse critique de ses contemporains et des décennies ultérieures. Des générations de stratèges ont détaillé dans les écoles militaires du monde le déroulement de ses grandes batailles et donné en exemple son sens de la tactique et de la stratégie. Cependant, la déférence qu'inspirent les grands personnages de l'histoire a souvent aussi forcé le trait et occulté des aspects moins flatteurs des faits ; elle a même conduit à les gommer.

Tel fut le cas pour la bataille d'Ulm.

Ce fut devant cette ville du Bade-Wurtemberg, en Allemagne et sur le Danube, que les troupes impériales remportèrent une de leurs plus éclatantes victoires sur les troupes autrichiennes. Trois semaines plus tard, Napoléon entrait dans Vienne.

Le généralissime autrichien Mack avait commis une grave erreur : après avoir pénétré en Bavière, alors alliée de la France, il avait attaqué les Français sans attendre la jonction de son armée avec les troupes russes du maréchal Koutouzov. Il avait escompté une victoire facile sur les soldats du maréchal Ney, qu'il croyait démoralisées. Ses quarante mille hommes furent taillés en pièces par les troupes françaises. La retraite sur Vienne était coupée par Ney. Il se replia dans Ulm, mais ne put tenir le siège : le 24 octobre 1805, il se rendit.

*

Qu'est-ce qui avait conduit Mack à supposer que les troupes impériales étaient démoralisées ? Les propos d'un agent de

Napoléon, Charles-Louis Schulmeister, qui s'était installé à Vienne au début de l'année, en se faisant passer pour un aristocrate hongrois chassé de France. En réalité, il était alsacien et avait été recruté en 1800 par Savary, chef des services de renseignements. À Vienne, il avait gagné la confiance de la meilleure société et en particulier, celle de Mack. Il avait déblatéré sur Napoléon, assurant son interlocuteur que la France brûlait de se débarrasser de son empereur et que les armées, et notamment celle de Ney, étaient sous-équipées et découragées. La confiance dans cette intox et la présomption perdirent Mack. S'il avait attendu Koutouzov, la bataille d'Ulm eût pris une tout autre tournure.

Schulmeister n'était certes pas un obscur agent secret, qui fût facilement passé inaperçu de l'entourage de l'empereur et des mémorialistes. Peu après l'occupation de Vienne, Napoléon le nomma commissaire général de la police de cette ville. Et il s'était évidemment attiré l'aversion tenace de Mack et de l'empereur d'Autriche : quand Napoléon épousa Marie-Louise, l'empereur exigea que Schulmeister fût écarté des cercles impériaux. Et quand les Alliés entrèrent en France, ils prirent soin d'aller incendier les deux châteaux de l'agent secret.

Son absence de la plupart des ouvrages sur les campagnes de Napoléon ne peut avoir été l'effet d'une coïncidence ni d'une distraction. Le personnage faisait tache dans les fresques splendides des batailles impériales, et il eût été contrariant de concéder que les armées françaises lui devaient l'une de leurs victoires. Son oubli relève de la falsification par omission.

Mais il est vrai qu'au siècle suivant les communiqués de victoires et les mémoires des chefs ne rendirent pas non plus à leurs services secrets les hommages que ceux-ci méritaient.

1810-1812

Le général Ned Ludd, ou le roi d'Angleterre qui n'existait pas

L'introduction des métiers à tisser mécaniques de Cartwright en 1785, en Angleterre, entraîna des troubles sociaux : en effet, au fur et à mesure de leur diffusion, les artisans tisserands des industries textiles, cotonnière dans le Lancashire et lainière dans le Yorkshire, se trouvèrent condamnés au chômage. En 1812, ils attaquèrent les fabriques de ces métiers, à West Houghton et à Liversedge, lors de violentes émeutes. Dans la première de ces villes, ils brûlèrent la fabrique. La police arrêta plusieurs meneurs, quatre furent condamnés à mort et pendus, dix-sept furent bannis. Instruit par l'exemple, Cartwright alerta l'armée, qui protégea sa fabrique dans la seconde ville.

Les émeutiers formaient alors une sorte de société secrète n'hésitant pas devant les coups de force ; ils tentèrent ainsi d'assassiner Cartwright, n'y parvinrent pas, mais réussirent à tuer son associé William Horsfall. Ils se donnaient le nom singulier de luddites ou disciples de Ned Ludd, général et roi d'Angleterre qui aurait, selon la légende, embelli la ville de Londres au Moyen Âge. Ils n'étaient guère ferrés en histoire, car il n'y eut jamais de général ni de roi de ce nom dans l'histoire du royaume, mais ils y croyaient, ce qui est l'essentiel dans la formation des mythes. L'on assure encore, de nos jours, que Ned Ludd serait né dans le village d'Anstey, près de Leicester, qu'il aurait grandi dans la forêt de Sherwood, que hanta incidemment le fameux Robin des bois, et qu'il serait enterré à Ludgate, dans la banlieue de Londres.

La condition des luddites s'améliora grâce à la prospérité que finit par amener la révolution industrielle, et l'on n'utilise plus guère leur nom dans le monde anglo-saxon que pour désigner des grévistes qui détruisent leurs outils de travail. Mais le nom imaginaire de Ned Ludd demeure dans la culture anglo-saxonne : c'est celui d'un héros qui œuvre à améliorer la condition de ses concitoyens.

La même révolte de tisserands gagna la France, vingt ans plus tard, en 1831 : cette fois, ce furent les tisserands de la soie de Lyon qui la déclenchèrent. Depuis l'introduction des métiers à tisser, en effet, leurs salaires n'avaient cessé de baisser, passant de 4 à 6 francs par jour sous l'Empire à 18 à 25 sous. Leur révolte revêtit des proportions politiques quand, le 21 novembre 1831, ils prirent possession de la ville et détruisirent les métiers à tisser ou les jetèrent dans le Rhône. Seule l'occupation de la ville par le maréchal Soult, deux semaines plus tard, rétablit l'ordre. Cela avait été la Révolte des Canuts, première des grandes grèves ouvrières de l'ère industrielle.

Cette révolte soulève un problème d'étymologie inattendu : en effet, l'on ignore l'origine du mot « canut », le *Grand Littré* l'admet. On a longtemps supposé que ce serait la canette, lancée sur le métier à tisser, mais le passage de « canette » à « canut » n'est pas évident et semble même douteux.

Le mot correspond cependant au nom d'un personnage bien réel, mais qui devint légendaire, lui aussi, Canut le Grand, roi de Danemark, d'Angleterre et de Norvège, et dont le règne, vers 995, fut prospère.

Nul n'a encore pu établir de liaison entre Ludd et Canut, mais la parenté spirituelle entre luddites et canuts reste troublante. Tout autant que l'invocation de rois anciens par le prolétariat.

La formation des mythes contrarie parfois le sens logique.

1814-1815

Les Bourbons ne sont pas revenus « dans les fourgons de l'ennemi » ?

L'un des lieux les plus communs de l'enseignement républicain est qu'après la capitulation de Napoléon, le 6 avril 1814, puis les Cent Jours et l'abdication de Napoléon, le 22 juin 1815, Louis XVIII rentra en France « dans les fourgons de l'ennemi ».

Il est exact que, la première fois, les Alliés entrèrent dans Paris le 31 mars 1814 et qu'en 1815, fortes de leur victoire à Waterloo, les troupes alliées pénétrèrent une nouvelle fois sur le territoire français : le 30 juin, les Anglais et les Prussiens campaient devant Paris et, le 7 juillet, Blucher défila dans la capitale. C'était la veille du second retour de Louis XVIII à Paris.

Mais cela ne signifie aucunement que la Restauration ait été faite par la volonté de l'étranger. Pour mémoire, en 1814, c'était le Sénat impérial qui avait rappelé en France le frère de Louis XVI, le comte de Provence, futur Louis XVIII, résidant en Angleterre depuis 1807. La seconde fois aussi, ce roi revint en France en tant que souverain légitime.

Des historiens aussi éminents que François Furet et plusieurs autres l'ont établi avec toute leur autorité, mais la légende demeure et tourne au mensonge qualifié, dans le seul but de discréditer la royauté au bénéfice de la République, seule expression légitime selon eux de la souveraineté de la nation. Les Bourbons n'auraient été que des séides de l'étranger et des royaumes européens.

Or, cela est faux.

Les Autrichiens, pour commencer, ne voulaient absolument pas des Bourbons. Après la campagne de France, Metternich avait, au nom de l'empereur François Ier, tenté de convaincre Napoléon d'accepter une régence de Marie-Louise. L'Aiglon résidant à Schönbrunn, sous la coupe impériale autrichienne, Vienne aurait orienté selon ses intérêts la politique de Paris. Le refus absolu de Napoléon avait alors contraint le ministre autrichien à accepter le retour des Bourbons. Il faut préciser que les efforts de Talleyrand au Congrès de Vienne avaient fini par atténuer l'hostilité des délégués à une restauration des Bourbons.

Pour la même raison que l'Autriche, la crainte de voir la France indépendante redevenir une puissance menaçante en Europe, la Russie ne voulait pas davantage des Bourbons ; le tsar Alexandre leur était hostile et favorisait Bernadotte, alors installé sur le trône de Suède.

La Prusse, elle n'avait pas de candidat, mais voulait simplement que la France ne retrouvât pas son rang de grande puissance. Et elle n'était pas favorable non plus aux Bourbons : quand le futur Louis XVIII s'était exilé outre-Rhin, le roi de Prusse, Frédéric-Guillaume III, avait fait arrêter tous les agents de l'émigration et, pis encore, il avait envoyé les pièces compromettantes à Fouché, le chef de la police impériale.

Seule l'Angleterre, conservatrice, souhaitait prévenir de nouveaux remous en France et maintenir la légitimité du pouvoir ; ce fut pourquoi elle ne s'opposa pas au retour du comte de Provence. Ce qui ne signifie certainement pas qu'elle y fût favorable.

Les Bourbons ne rentrèrent donc pas « dans les fourgons de l'ennemi » : si cela avait été possible, celui-ci s'y serait même opposé.

1833

Le mythe de l'Auberge rouge

Le 2 octobre 1833, Pierre Martin, sa femme Marie Breysse et leur commis Rochette furent guillotinés devant leur auberge de Peyrebeille, aux confins de l'Ardèche et de la Haute-Loire. Une foule considérable pour la région, vingt mille personnes selon certains témoins, assista au supplice. Leur cas fascinait l'opinion de cette région et même du pays tout entier depuis des années. On les soupçonnait de tuer les voyageurs pour les dévaliser et, pis, de les faire cuire dans de grands chaudrons pour les manger et les servir à leurs clients. Marie Breysse n'était-elle pas réputée comme cuisinière ? Dieu merci, la justice du roi Louis-Philippe avait enfin sévi. Ces mécréants avaient en effet commis une erreur : ils avaient conservé la houppelande d'un riche client, Antoine Enjolras, retrouvé mort au bord de l'Allier.

Les témoignages abondèrent : certains avaient même vu bouillir dans les affreux chaudrons des Martin les mains et les pieds des victimes, et ils avaient aperçu – ou senti ? – des fumées nauséabondes s'échapper des cheminées de leur auberge. On avait vu Martin transporter des cadavres dans sa charrette. Et certains clients de l'auberge avaient même entendu Martin réveiller des clients qui les imploraient : « Ne me tuez pas ! » et l'aubergiste leur dire : « Tu vas y passer toi aussi ! »

Même un personnage qui n'avait pourtant pas besoin de se faire de la publicité, le baron Haussmann, prétendit s'être enfui de justesse de l'effroyable auberge. Pure affabulation : il n'y dormit même pas.

L'établissement fut surnommé l'« Auberge rouge ». Il hanta l'imaginaire populaire pendant cent soixante-quinze ans et peut-être y traînera-t-il encore dans les esprits mal informés. Après avoir inspiré des romans-feuilletons et des pièces de théâtre de Grand Guignol, comme *L'Auberge des Adrets*, il servit de sujet à un auteur aussi réputé qu'Albert Camus, dans *Le Malentendu*. Puis deux films reprirent le thème au XXe siècle, l'un en 1951, l'autre en 2007...

Une des grandes affaires criminelles des deux siècles passés. Ou plutôt, une des plus graves mystifications judiciaires de l'histoire.

*

En 2006, l'auteur de ces pages reprit un à un les témoignages à charge – il n'y en eut pas à décharge –, providentiellement recopiés par un chercheur, Paul d'Albigny, avant 1886, date à partir de laquelle toutes les pièces du procès ont mystérieusement disparu de tous les greffes des juridictions intéressées – Peyrebeille, Lanarce, Aubenas, Coucouron. Un mystère qui n'est pas étranger au véritable secret de l'affaire.

Tous sans exception, y compris ceux qui figurèrent dans les attendus du procureur, bien entendu, comportaient de telles invraisemblances qu'on pouvait les qualifier de faux témoignages.

Ainsi de la disparition d'« un riche marchand juif », en 1814, alors que l'auberge n'avait même pas été construite.

Ainsi d'un homme qui, pour sauver sa vie, se serait enfui en sautant par la fenêtre de sa chambre et serait retombé sur ses pieds avant de prendre ses jambes à son cou : une visite à l'auberge, qui existe toujours et qu'on visite comme un lieu historique, sous conduite d'un guide, permet de constater que ladite fenêtre est une meurtrière de moins d'un mètre de côté dans un mur d'un mètre d'épaisseur et qu'elle est située à cinq mètres du sol ; il est impossible de s'y glisser sans des contorsions acrobatiques et de se laisser tomber au sol sans se rompre les os.

Un examen du fameux four où des témoins auraient vu cuire des restes humains dans un chaudron démontre la fabrication de ces témoignages : le foyer peut tout juste accueillir une marmite de dimensions courantes et il aurait fallu dépecer les victimes en quartiers si petits que l'opération aurait chaque fois nécessité une équipe de bouchers. D'ailleurs, on n'a pas retrouvé de vestiges humains dans la propriété.

Ainsi de la déposition du principal témoin à charge dans l'affaire du meurtre d'Enjolras, le colporteur Chaze, truffée de contradictions ; ni l'itinéraire qu'il prétendait avoir suivi pour arriver à l'auberge, ni les circonstances dans lesquelles il y aurait passé la nuit en compagnie de la victime ne présentent la moindre cohérence. Ses deux dépositions, à plusieurs mois d'intervalle, divergent sur des points essentiels.

Par ailleurs, la thèse de l'assassinat d'Enjolras pour motifs crapuleux est invalidée par le fait que le mort portait son argent sur lui. La houppelande ? Enjolras s'était arrêté pour déjeuner chez Martin et avait laissé ce lourd vêtement chez son hôte pour sortir ; c'est alors qu'il avait été assassiné. Mais aucun motif à ce crime n'avait jamais été établi.

Aucun procureur contemporain n'eût accepté un tel dossier. Comment se fait-il alors que celui du procès des Martin l'ait fait ?

*

Un examen chronologique des faits indique que les rumeurs concernant les Martin allaient s'enflant depuis de nombreuses années et que leur motif essentiel était l'enrichissement inexpliqué du ménage, sans proportion avec leur activité d'aubergistes. D'où l'invention des crimes qu'on leur attribuait.

Cependant, ni la gendarmerie ni l'administration ne s'en inquiétaient, au contraire : Martin entretenait des relations cordiales avec la gendarmerie. C'était alors sous la première Restauration.

On note également que les bourgeois et les aristocrates de la région témoignaient, eux, de la bienveillance à Martin. Les recherches de l'auteur révèlent que Martin était en rapports amicaux avec la chouannerie ardéchoise, fortement hostile à la Révolution et à l'Empire (la nouvelle de la défaite de Waterloo avait été saluée par l'enthousiasme dans la région).

Soudain, à l'avènement de Louis-Philippe, en 1830, les chefs de l'administration changent et l'attitude de celle-ci à l'égard des

Martin change également. Les nouvelles autorités semblent décidées à perdre les Martin, et elles exhument alors ce qu'il faut bien appeler des ragots invérifiables, qui seraient à tout le moins prescrits. Les graves irrégularités de procédure et, plus encore, la disparition des pièces du procès renforcent considérablement le soupçon. Sous la IIIe République, un scandale compromettant l'institution judiciaire eût été lourdement préjudiciable au pouvoir.

L'évidence s'impose : le procès des Martin n'est pas une affaire criminelle, mais politique.

Quelle en serait la raison ? Au retour des émigrés, dès 1814, Martin, fort des réseaux de la chouannerie, avait été un agent chargé de récupérer des propriétés vendues pour presque rien sous la Révolution ou d'obtenir des compensations de ceux qui les avaient acquises à trop bon prix. En échange de ses services, il percevait une commission ; telle fut l'origine de sa prospérité.

L'Auberge rouge avait été un mythe fabriqué par la vindicte populaire avec la complicité des autorités judiciaires, motivées, elles, par des raisons politiques[1].

« On condamne une innocente », avait dit Marie Breysse en route vers la guillotine.

1. Pour le détail de l'affaire, on consultera *Le Secret de l'Auberge rouge*, de l'auteur, L'Archipel, 2007.

1824 et 1836

De l'existence de Napoléon et de la Monarchie universelle

En 1827, un bibliothécaire d'Agen, Jean-Baptiste Perès, rédigea un mémoire intitulé *Comme quoi Napoléon n'a jamais existé, ou grand erratum, source d'un nombre infini d'errata à noter dans l'histoire du XIXe siècle*[1]. Pour mémoire, cette année-là, Napoléon était mort depuis six ans et Charles X régnait.

L'auteur prétendait y démontrer – non sans érudition, d'ailleurs – que Napoléon était une fiction, une transposition moderne du mythe d'Apollon, et que son prénom même était une variante à peine déguisée du nom du dieu-soleil, *Apoleo*, qui signifie « perdre, tuer, exterminer ». Le nom Bonaparte désignait la moitié du jour consacrée à la lumière, la *mala parte* étant les ténèbres. *Buonaparte*, c'était la lumière d'Apollon.

Le nom de sa mère, Letizia, était également une invention mythologique, la mère d'Apollon s'appelant Leta.

Les quatre frères symbolisaient les quatre saisons et les trois sœurs, les trois Grâces.

Les douze maréchaux étaient les douze signes du zodiaque.

Le reste du texte, qui tient dans une vingtaine de pages, est de la même farine et l'on reste confondu par l'astuce des analogies et l'extravagance du propos. Le canular dut en faire rire plus d'un.

Mais il en laissa d'autres perplexes. Pourquoi pas, après tout…

---

1. Brochure publiée à titre posthume, en 1909, par L'Édition bibliographique, 11, rue Gît-le-Cœur, à Paris.

*

En 1836, quinze ans après la mort de Napoléon, et quatre avant la translation de ses cendres à Paris, Louis Geoffroy, de son nom complet Louis-Napoléon Geoffroy-Château, publia un ouvrage bien plus volumineux et tout aussi déconcertant, intitulé *Napoléon apocryphe (1812-1832), Histoire de la conquête du monde et de la Monarchie universelle*[1].

La préface de Jules Richard nous apprend que Louis Geoffroy était juge au tribunal civil de Paris, jurisconsulte et fils d'un chef de bataillon du génie, qui commanda son arme dans la division de Lannes pendant la campagne d'Égypte et dont la valeur attira l'attention du général Bonaparte.

L'ouvrage, ô paradoxe, se présente comme une démystification. Des historiens « officiels » auraient fait croire à la nation que l'Empereur s'était embourbé en Russie et qu'en 1814 il aurait été exilé dans une île dont il se serait échappé – comme si l'on pouvait s'échapper d'une île ! Puis ces mêmes faussaires auraient fait croire que l'Empereur aurait été battu de nouveau et exilé sur une autre île, alors que chacun sait bien qu'au retour d'une expédition en Afrique il avait fait miner Sainte-Hélène et qu'elle avait été engloutie par les flots. D'ailleurs, elle ne figurait plus sur aucun atlas.

Pourquoi celer la vérité ? Napoléon avait conquis la Russie et, fort de l'appui de toute l'Europe et du nouveau pape (son oncle, le cardinal Fesch), il avait réussi le deuxième débarquement en Angleterre de l'histoire – le premier avait été celui des Romains – et il était devenu maître du continent : tous les royaumes européens étaient ses vassaux. Il avait ensuite soumis l'Empire ottoman, l'Afrique, la Chine…

Certains passages sont hallucinants d'invention. Ainsi, Napoléon, « dans le même système de conquête politique et

1. Chez Desauche, 11, Faubourg-Montmartre. Une deuxième édition parut en 1841 chez Schneider et Langrand, 1, rue d'Erfurth. Une réédition moderne de ces deux ouvrages a paru chez Tallandier en 1983.

religieuse », faisait « enlever et transporter en Europe les rois et les familles royales entières » et « sur la crête des pagodes et des forteresses, il plantait la croix et son drapeau tricolore ».

> *Au moment d'être ainsi transporté sur un vaisseau français, le roi d'Annam fit demander une audience au conquérant. « Que me voulez-vous ? », lui dit Napoléon en entrant dans la salle de l'entrevue. Le roi d'Annam, sans se servir d'un interprète, se dressa avec fierté et lui dit dans un mauvais français : « Que vous me traitiez en roi. — Vous avez lu l'histoire », lui répondit l'Empereur avec un sourire railleur. Et, lui tournant le dos, il s'adressa à ses généraux et dit : « Cet imbécile croit que j'ai fait trois mille lieues pour jouer une parodie ! » Et il partit sans parler davantage au malheureux prince, qui fut en effet traité comme le reste des rois vaincus, traîné à bord d'un vaisseau et conduit en Europe.*
>
> *Napoléon étant à Ummerapoura, des Birmans lui amenèrent des licornes vivantes ; cet animal extrêmement rare avait même été jusque-là considéré comme fabuleux.*

Il faut se le tenir pour dit : Napoléon est alors le seul monarque universel que la terre ait jamais connu.

Près de deux siècles plus tard, la lecture de ces extravagances est aussi divertissante que celle des aventures de Tintin. La description de l'Afrique laisse penser que le juge était grand lecteur de récits d'exploration. Quelques épisodes sont d'un goût discutable, comme la conversion spontanée des juifs au christianisme (Napoléon leur concède l'île de Chypre, dépeuplée par une épidémie).

La politique-fiction n'existait pas à l'époque ; comme il est exclu que Louis Geoffroy ait cru à ses fantaisies, il faut donc en conclure qu'il fut l'inventeur de ce genre. Et l'on souhaiterait que toutes les mystifications fussent aussi divertissantes.

*

Bien différent est l'opuscule qui fut publié pour la première fois à Londres, en 1817, chez John Murray, Albemarle Street, sous le titre *Manuscrit venu de Sainte-Hélène d'une manière inconnue*[1]. Le caractère en est résolument sérieux : d'une centaine de pages, il se présente, en effet, comme le début des mémoires que le monde attend du grand exilé.

L'ouvrage trouble par son style énergique et nerveux, ainsi que par la connaissance de l'envers de la politique impériale. On serait tenté de croire qu'il fut véritablement rédigé ou dicté par Napoléon. On le crut, d'ailleurs à l'époque, ce qui valut à ce texte une diffusion remarquable ; Metternich rapporte dans ses *Mémoires* que le *Manuscrit* fit un « grand effet » en Europe, où l'on pensa que c'était l'amorce des mémoires que Napoléon écrirait en exil. Mais nous savons qu'il n'est pas de l'Empereur déchu. Car un exemplaire lui en ayant été rapporté par l'amiral anglais Plampin, l'exilé déclara à Gourgaud que c'était « un ouvrage qui marquer[ait] et fer[ait] époque ».

Il s'agit d'une apologie de la politique impériale qui apparaît au moment le plus opportun : déçus par la politique de la Restauration et la vague réactionnaire qui déferle sur le continent, les libéraux sont pris par la nostalgie de l'Empire, qui pour eux avait conservé les acquis principaux de la Révolution. C'est à coup sûr un faux, mais il présente les qualités de réflexion d'un esprit profond, malgré des faiblesses insignes, comme la mauvaise « explication » de l'exécution du duc d'Enghien. Il dépasse donc le niveau d'un ouvrage de circonstances. Et, en dépit de singularités de langue – « Enghein », « terrein », « malversateurs », « corrobérée » – qui entachent le style et qui sont peut-être dues au prote britannique, c'est aussi l'un des exemples exceptionnels de faux élevé au rang d'œuvre maîtresse, sinon de chef-d'œuvre.

Diverses hypothèses sur l'identité de l'auteur – Marmont, Mme de Staël... – ont évidemment été émises au cours des décennies. Nous n'en ajouterons pas une de plus et nous limiterons à observer que les pages traitant de l'économie reflètent

---

1. Les éditions Gallimard l'ont republié en 1974.

une maîtrise du sujet qu'on ne trouve nulle part ailleurs dans les textes de Napoléon.

Jusqu'à l'avènement d'Internet, les livres étaient le moyen le plus efficace de propagation des mythes et des mystifications.

La prodigieuse affabulation de Fyodor Kouzmitch, *alias* Alexandre Ier de Russie

Le 2 décembre 1825 (19 novembre selon le calendrier grégorien), le peuple russe apprit avec consternation que son monarque, le tsar Alexandre Ier, avait la veille rendu son dernier soupir. Il n'était pourtant pas vieux, quarante-huit ans.

On ne sut ni ne sait de quoi il mourut : ces choses-là ne concernent pas le commun. L'un des médecins qui l'avaient assisté jusqu'à sa mort, le Dr Wyllie, avait évoqué la malaria, un autre, le chirurgien Tarassov, une affection biliaire. Les deux conclurent cependant à un transport au cerveau. L'absurdité des diagnostics se passe de commentaires.

Fatale conclusion d'un changement d'air hygiénique : quelques semaines plus tôt, la tsarine Elizabeta Fyodorovna, née Marie-Louise de Bade, s'était sentie fatiguée et le couple impérial était parti pour Taganrog, au bord de la mer d'Azov, dans le sud. Peu après son arrivée, la tsarine se rétablit et le couple prolongea son séjour. Le tsar entreprit un tour de la Crimée, dans la perspective de l'offensive contre l'Empire ottoman à laquelle il songeait. Il se rendit aussi au monastère de Saint-Georges, à Balaklava. Il confia au prince Wolkonski : « Bientôt je me retirerai ici pour vivre comme un simple mortel. J'ai fait mon service pendant vingt-cinq ans. À ce terme, un soldat a droit à sa retraite. »

Aussi ce tsar-là était-il un personnage singulier. Épris de liberté, du moins le disait-il, et jacobin convaincu, ce qui était paradoxal pour un potentat absolu, il avait même constitué un Comité de salut public. Il était mystique, mais les béatitudes semblaient lui avoir été refusées, car il sombrait progressivement dans la neurasthénie. Son mariage n'était guère un refuge pour sa mélancolie et le seul enfant qu'il eut eu, une fille, était mort en 1808. Il n'avait donc pas de vie de famille.

De retour à Taganrog, Alexandre fut pris d'une violente fièvre. Elle l'emporta. Peut-être avait-il été « écrasé par la couronne », comme il avait coutume de le dire à la fin de sa vie.

Selon la coutume, il fallut l'embaumer. Le Dr Wyllie s'en chargea seul. Et selon la coutume également, le corps fut exposé un mois dans la cathédrale de Taganrog. Sans doute le médecin s'y était-il mal pris, car lorsque le cadavre fut rapatrié à Tsarskoïe-Selo, pour y être de nouveau exposé, certains familiers du tsar s'étonnèrent de son amaigrissement et de la couleur de son visage : il était tout noir. Puis on l'enterra.

*

À quelques mois de là apparut dans la région de Tomsk, dans la taïga à l'est des monts Oural, en Sibérie inférieure, un *staretz* nommé Fyodor Kouzmitch. Les *staretzi* étaient des personnages familiers dans la vie de la Russie d'alors, ermites ambulants parfois dotés de dons miraculeux, prophètes et guérisseurs. Celui-ci s'était installé dans une isba. Il semblait avoir beaucoup marché, allant de sanctuaire en monastère. Il parlait peu et l'on croyait, à ses rares propos, deviner qu'il avait frayé avec des membres de la cour impériale. Les rumeurs à son sujet parvinrent aux oreilles du métropolite d'Irkoutsk, sur le lac Baïkal, à un millier de kilomètres de là, qui le pria de lui rendre visite.

Quand Kouzmitch arriva, le métropolite poussa un cri de surprise, écarta les bras et, à l'étonnement des témoins, se prosterna devant son visiteur. Kouzmitch le releva et lui donna le baiser de paix. Les deux hommes s'enfermèrent ensuite et nul ne sut rien de la longue conversation qu'ils eurent.

Dès lors, ce fut le métropolite qui se rendit à Tomsk pour rendre visite à Fyodor Kouzmitch. Les habitants de Tomsk en déduisirent que le saint homme était sans doute un prélat de haut rang. « Je ne suis qu'un laïc », déclara-t-il.

Mais il n'était certes pas un homme ordinaire : il parlait le français et l'anglais et ses manières révélaient assez qu'il avait connu l'étiquette de la cour. La propreté de sa mise, sa barbe et ses cheveux soigneusement peignés le différenciaient aussi des autres *staretzi*, généralement hirsutes. Plus extraordinaire encore, il se laissait parfois à évoquer l'entrée des troupes alliées à Paris, après la défaite de Napoléon.

Un jour, des soldats menant une troupe de bagnards à Nertchinsk passa devant l'isba de Kouzmitch et leur lieutenant, apercevant celui-ci, s'écria : « Par Dieu ! Mais c'est notre petit père Alexandre ! C'est le tsar, Alexandre Pavlovitch ! »

Le monarque était mort depuis des années, et c'était son frère cadet Nicolas Ier qui, à contrecœur, et après une révolution de palais en faveur de son frère Constantin, avait hérité la lourde couronne. L'émotion du lieutenant n'est pas convaincante, il ne pouvait raisonnablement reconnaître plusieurs années plus tard un monarque qu'il n'avait vu qu'à distance.

« Tais-toi ! enjoignit Kouzmitch au militaire. Je ne suis qu'un ermite. Ne répète jamais que je suis le tsar, tu serais jeté en prison et, moi, je serais chassé d'ici. »

Mais ce lieutenant fut moins discret que le lui avait ordonné Kouzmitch, puisque nous connaissons cet incident.

La population de Tomsk aussi conçut et entretint l'idée que Kouzmitch était en réalité le tsar prétendument mort à Taganrog. Il avait une façon de tenir sa bure de la main droite comme Alexandre tenait son manteau, leurs écritures se ressemblaient et détail décisif, Kouzmitch était sourd d'une oreille comme le tsar...

Kouzmitch mourut le 20 janvier 1864. Une foule énorme suivit son cercueil jusqu'au monastère de Saint-Alexis, où il fut inhumé. Une dalle sur sa tombe portait l'inscription : « Ici repose le grand *staretz* Fyodor Kouzmitch, vieillard béni de Dieu. » (*blagoslovennyi*) Étrange coïncidence, ce qualificatif de *blagoslovennyi* était le même que celui que le Saint Synode et le Sénat avaient décerné à Alexandre Ier.

*

Cette singulière histoire semblerait s'expliquer simplement : Kouzmitch ressemblait fort à Alexandre Ier et le métropolite d'Irkoutsk s'était « monté le bourrichon », puis la population avait enflé le mythe, selon le processus ordinaire déjà exposé dans ces pages. Reste à savoir qui était ce *staretz* cultivé ; un membre de la Cour abandonnant soudain un monde fastueux pour une vie de moine eût attiré l'attention ; tel n'est pas le cas. Aucun mémorialiste n'a signalé de disparition de ce type. Son nom ou son pseudonyme, on ne sait, ne font pas l'unanimité : certains historiens le donnent comme Fomitch.

Aurait-il vraiment pu être Alexandre Ier ? Ce serait plausible à première vue, ce tsar ayant maintes fois déploré le poids écrasant de sa charge. Dans ce cas, il serait mort à quatre-vingt-sept ans, âge avancé pour l'époque. Mais il aurait alors fallu que tout l'entourage du tsar, son épouse, ses deux médecins et sa suite eussent été complices d'une substitution de corps : le Dr Wyllie aurait embaumé un inconnu et Alexandre serait parti pour les routes. Et cela relève de la plus périlleuse spéculation.

Reste toutefois à savoir ce que recouvrent les lignes du journal de la tsarine Elizabeta Fyodorovna, rédigées à Taganrog, souvent citées, mais dont l'original est introuvable : « Nous avons eu aujourd'hui un entretien très grave. Que la volonté de Dieu soit faite ! » Et que voulait dire le Dr Wyllie quand, au chevet de l'empereur déjà malade, il écrivit : « Quelque chose d'autre préoccupe l'empereur plus que sa guérison et occupe toutes ses pensées » ?

Trois autres bizarreries figurent au dossier. Les rumeurs sur le *staretz* de Tomsk ayant fini par atteindre la Cour, Alexandre II, celui qui présida à l'émancipation des serfs, décida d'en avoir le cœur net. En 1865 – l'année suivant la mort de Kouzmitch –, il fit ouvrir la tombe de son grand-oncle. Le cercueil était vide. La perplexité, on le devine, fut grande.

En 1883, Alexandre III, fils du précédent, voulut en finir avec ces « histoires de bonnes femmes ». Il fit rouvrir le tombeau : le cercueil était aussi vide. Enfer et damnation !

En 1919, les maîtres du Kremlin firent ouvrir tous les tombeaux des Romanov, pour vérifier que chacun d'eux contenait bien la dépouille du monarque dont le nom était gravé sur sa pierre tombale. Le cercueil d'Alexandre était toujours vide.

« Un sphinx inviolé jusque dans sa tombe ! », écrirait le poète Pouchkine.

Force est de reprendre le dossier à zéro. La tsarine Elizabeta Fyodorovna aurait été informée du projet secret de son époux, de même que le Dr Wyllie, seul responsable de l'embaumement. Le cadavre aurait pu être celui d'un serf récemment décédé et ressemblant à Alexandre. Et si le visage du cadavre était si noir, c'était parce que Wyllie avait voulu masquer les dissemblances.

Mais qui aurait subtilisé le cadavre dans le tombeau impérial ? Peut-être Elizabeta Fyodorovna, qui, en digne dépositaire des privilèges monarchiques, se serait refusée à laisser le corps d'un sujet reposer dans le tombeau de son maître.

À moins que l'auteur de ces pages ne soit lui-même victime de la mystification, le mystère demeure donc.

La dépouille de Napoléon repose-t-elle aux Invalides ?

L'une des plus fulminantes mystifications de l'histoire est toujours en cours, et toutes les autorités responsables se refusent à y mettre fin : ce n'est pas la dépouille de Napoléon qui repose dans le monumental sarcophage des Invalides.

L'affirmation n'est pas inspirée par une hypothèse aventureuse, mais par des faits patents qui, dans toute affaire criminelle, imposeraient l'ouverture d'une enquête.

En 1840, sous le règne de Louis-Philippe, une délégation française se rend à l'île de Sainte-Hélène pour récupérer le cercueil de Napoléon, avec le consentement de la reine Victoria. La concession anglaise scelle l'entente indéfectible qui règne désormais entre les deux pays.

L'expédition, placée sous le commandement du prince de Joinville, comprend trois familiers de l'Empereur en exil, les généraux Gourgaud et Montholon et le baron de Las Cases, fils du rédacteur du *Mémorial*, ainsi que les serviteurs Ali, Archambault, Courson, Noverraz et Pierron.

Le 15 octobre 1840, le cercueil est extrait du tombeau dans lequel il est censé avoir été déposé le 7 mai 1821. Par une initiative française qui n'avait pas été annoncée aux Anglais, une étape d'ouverture du cercueil est insérée. Là commencent les surprises des témoins.

– Le cercueil original avait été déposé dans un cercueil en fer-blanc, lui-même inséré dans un cercueil en plomb, lequel avait été déposé dans un cercueil en acajou. Et le premier cercueil avait été soudé. Lors de l'ouverture, tous les témoins peuvent constater qu'un quatrième cercueil a été ajouté ; il est en acajou et s'insère entre celui de plomb et celui de fer-blanc. Singularité :

il est recouvert de velours sur ses faces intérieures. Ce quatrième cercueil est la preuve formelle qu'une manipulation a eu lieu après l'inhumation de Napoléon, comme en atteste le fait que le cercueil de fer-blanc a été forcé.

– Lorsqu'il avait été mis en bière, le cadavre était habillé de sa tenue d'apparat, les pieds chaussés de bas de soie blancs dans ses bottes à éperons d'argent. Le cadavre révélé en 1840 ne portait pas de bas et les coutures des bottes s'étant rompues, quatre orteils nus apparaissent à chaque pied. Et les éperons d'argent ont disparu.

– Le chapeau avec cocarde avait été déposé sur les pieds du cadavre. À l'ouverture, c'est un chapeau sans cocarde et il se retrouve sur les cuisses.

– Les décorations accrochées sur la dernière tenue impériale étaient, en 1821 la Légion d'honneur, la Couronne de Fer, l'Ordre de la Réunion et le Grand Cordon de la Légion d'honneur, avec croix terminale en sautoir sur l'habit. En 1840, l'Ordre de la Réunion et la croix terminale de la Légion d'honneur ont disparu.

– Les témoignages sur l'état du cadavre en 1821 sont formels : sa peau s'était décolorée et il entrait déjà en décomposition lors de son inhumation. Or, le cadavre exhumé en 1840 était en parfaite conservation et présentait les couleurs de la vie ; il avait été momifié. De plus, celui de l'Empereur avait les jambes jointes et tendues, et celui de 1840 avait les jambes écartées et fléchies. Le cadavre de Napoléon était épais et gras ; celui de l'inconnu est mince.

– Le visage et la tête de l'Empereur avaient été rasés ; ceux du cadavre de 1840 portaient des cheveux et une barbe. Le visage de l'Empereur, atteint par la maladie, était très altéré et affaissé, mais celui de 1840 était jeune, sans altération. Napoléon avait été mis en bière la bouche fermée, cachant ainsi une denture très abîmée, alors que la bouche du cadavre de 1840 était ouverte et laissait apparaître trois dents très blanches de la mâchoire supérieure.

– Septième et dernier point : des vases d'argent contenant le cœur et l'estomac de Napoléon avaient été déposés en 1821 aux coins du cercueil de fer-blanc ; en 1840, ils sont retrouvés entre les jambes du cadavre.

Nul besoin d'être un fin limier de police pour en déduire qu'un viol de la sépulture de Sainte-Hélène a eu lieu à une date indéterminée, entre la mise au tombeau et 1840, et que la dépouille qui a été transférée à Paris et qui repose aux Invalides n'est pas celle de Napoléon. Le cercueil n'est même pas l'original : croyant reconstituer les conditions d'inhumation de 1821, les faussaires s'étaient trompés et avaient ajouté un cercueil supplémentaire. Ils allaient par la suite tenter de corriger la bévue, en fabriquant des témoignages *a posteriori*.

*

À vrai dire, tous les membres de l'expédition de 1840 n'avaient pas été aussi surpris qu'on pourrait le croire par la substitution de cadavre. On ignore à quel moment des rumeurs avaient filtré et les avaient prévenus qu'ils devraient s'attendre à une surprise. Il semble plausible qu'on les ait priés de garder le secret sur ce qu'ils auront vu.

Détails bizarres : le prince de Joinville, pourtant chef de l'expédition, s'abstient d'assister à l'exhumation et, lorsque le cercueil est ouvert, le général Bertrand est tellement saisi qu'il fait un bond et manque tomber dans le cercueil. Parmi les historiens qui ont détaillé ces moments révélateurs, nous renverrons le lecteur à Bruno Roy-Henri, dont l'ouvrage *Napoléon : l'énigme de l'exhumé de 1840*[1] est le plus complet sur le sujet. On décèle sans peine les fils conducteurs qui permettent d'avancer que les délégués français avaient reçu l'instruction de ne rien faire qui pût contrarier les Anglais.

Il est évident que, si les témoins qui avaient assisté l'empereur jusqu'à son dernier souffle s'étaient écriés : « Mais quelle imposture ! Ce n'est pas Napoléon ! », le gouverneur de Sainte-Hélène aurait fait refermer le cercueil, celui-ci n'eût pas été rapatrié et un incident diplomatique aurait assombri les

1. L'Archipel, 2000.

relations entre la France et l'Angleterre. Aussi certains témoins, comme Rohan-Chabot et Gourgaud, jouèrent le jeu et évitèrent toute anicroche.

Quel était le mystérieux inconnu qui jouissait de l'honneur inouï de reposer dans un sarcophage de porphyre aux Invalides ? Les analyses l'ont révélé avec une certitude qu'on peut, ce qui est rare dans des affaires aussi ténébreuses, évaluer à 95 % : c'était Jean-Baptiste Cipriani, un Corse maître d'hôtel à Longwood, qui ressemblait fort à Napoléon quand celui-ci était encore Bonaparte. Il se suicida en 1817 en avalant de l'arsenic, quand Napoléon lui eut prouvé qu'il était un espion à la solde de Hudson Lowe.

Entre maints autres éléments, un point le confirme : dans les années 1960, des médecins anglais analysèrent une mèche de cheveux prélevée lors de l'exhumation de 1840 et constatèrent qu'elle contenait des traces importantes d'arsenic. Certains émirent alors l'hypothèse que Napoléon aurait pu être empoisonné par Hudson ou qu'il prenait des médicaments à base d'arsenic pour son estomac. Hypothèse fondée, mais en l'occurrence inutile : Napoléon, on l'a vu, avait été rasé avant d'être inhumé ; la mèche, elle, avait été prélevée sur le cadavre de Cipriani, lequel s'était effectivement suicidé à l'arsenic.

*

Cette stupéfiante imposture demeura intacte jusqu'en 1969 : Georges Rétif de la Bretonne publia un ouvrage intitulé *Anglais, rendez-nous Napoléon*[1], dans lequel il relevait quelques-unes des contradictions flagrantes entre les données de l'inhumation de l'Empereur et celles de l'exhumation de 1840. Des experts, jaloux de leur chasse gardée, s'empressèrent d'y relever quelques inexactitudes mineures. En effet, les historiens non académiques sont par principe exclus des débats. En 2000, Roy-Henri excipa de son grade de capitaine de réserve pour demander au ministère de la Défense une analyse ADN, non du

1. Jérôme Martineau, éditeur, 1969.

cadavre des Invalides, mais d'un fragment de peau prélevé par le médecin légiste de l'expédition de 1840. Ce fragment, en effet, a été remis par les descendants de l'Empereur au musée de l'Armée. C'était bien moins coûteux que d'ouvrir le sarcophage des Invalides et d'en retirer le corps. Mais le ministère trancha en 2002, arguant que « les théories qui remettent en question l'identité du corps inhumé dans le porphyre des Invalides ne revêtent pas, pour l'instant, un caractère suffisant ».

Des arguties sans fin sur les contradictions entre les procès-verbaux des témoins permirent de sonder une fois de plus les profondeurs de l'incompétence sinon de la mauvaise foi dont certains esprits sont capables en présence des évidences. Ainsi, pour « expliquer » que le cadavre exhumé était remarquablement conservé, alors que celui de Napoléon était déjà en cours de décomposition, certains experts arguèrent, au défi de toute la science médico-légale, que le confinement hermétique dans un cercueil clos avait pu arrêter la décomposition. Confondaient-ils confinement et congélation ? Sans doute avaient-ils découvert à cette occasion les capacités de « rajeunissement » d'un cadavre par le confinement.

Quand se serait opérée la substitution des cadavres ? La date qui semblerait la plus vraisemblable serait 1828, année d'un retour de Hudson Lowe et peut-être d'O'Meara à Sainte-Hélène.

Et où reposerait le véritable cadavre ? S'il fut conservé, dans son cercueil originel, il serait sans doute au frais dans une crypte de Westminster, comme le craignait Napoléon lui-même : « La seule chose à craindre est que les Anglais veuillent garder mon cadavre et le mettre à Westminster » (confidence du 27 mars 1821 au général Bertrand).

*

Cette mystification, d'autant plus obstinée qu'elle s'est incrustée depuis plus d'un siècle et demi, se double d'une autre, encore plus rocambolesque : c'est celle des masques mortuaires de Napoléon. Elle comprend tant d'épisodes, de rebondissements, d'intrigues et de subterfuges, qu'il faudrait un volume entier pour les retracer. Ainsi l'ont fait Eugène de Veauce[1] et Roy-Henri, déjà cité. Nombre de ces avatars sont dictés par la malhonnêteté intellectuelle, la duplicité et parfois le désir de flatter la mémoire de l'Empereur.

Résumons l'affaire : il existe deux types de masques de Napoléon ; ils n'ont aucun rapport l'un avec l'autre. Un type est représenté par un exemplaire unique et il se trouve au Royal United Service Museum à Londres ; de face, il est rond, avec un visage empâté, flétri par la souffrance et amer ; il correspond en tous points aux descriptions des familiers de l'Empereur, celles d'un homme d'âge mûr, usé par la maladie et l'humiliation de l'exil. L'autre type, dont on vendait encore des répliques sur les quais de Paris, dans les années 1950, est celui d'un homme d'une trentaine d'années, au visage maigre, à la bouche entrouverte, qui évoquerait plutôt le célèbre tableau de Bonaparte au pont d'Arcole. Il est bien plus séduisant. Il en existe onze variantes en cire et en plâtre dans plusieurs collections, dont certaines ont été réalisées par le Dr Antommarchi, praticien aussi douteux que le Dr O'Meara, son confrère à Sainte-Hélène dans les dernières années de l'exilé impérial.

Ce second type est celui de Cipriani, dont un moulage mortuaire avait été également fait. Une copie en fut subtilisée par l'épouse du général Bertrand et envoyée à la mère de Napoléon après la mort de ce dernier. En effet, les fidèles de l'Empereur déchu n'avaient pas jugé « convenable » d'adresser à la famille impériale un dernier souvenir aussi méconnaissable que le masque original.

*

Qu'adviendrait-il, se demandera-t-on, si la monumentale supercherie était enfin dénoncée ? Il est probable qu'en France un mouvement d'opinion attiserait pendant quelque temps les archaïques préjugés anglophobes qui surnagent çà et là dans les tranches les plus âgées de la population. Il est surtout certain

1. *Les Masques mortuaires de Napoléon*, introduction de Paul Fleuriot de Langle, La Pensée universelle, Paris, 1971.

que les faux prétextes et les hypocrisies de générations de responsables de la dépouille impériale seraient dévoilés, et que la réputation de ces derniers en souffrirait pour bien plus longtemps.

Il faudrait alors retrouver la véritable sépulture de l'Empereur et, une fois de plus, procéder au transfert de la dépouille. Périlleuse entreprise, qui ne rehausserait pas le prestige des gouvernants ni de l'un ni de l'autre côté de la Manche.

1853-1855

La funeste billevesée du racisme « scientifique »

Les années 1853-1855 sont à marquer d'une pierre noire dans l'histoire des aberrations intellectuelles : ce sont celles qui virent la publication de l'ouvrage qui fut le point de départ du racisme « scientifique », en réalité d'un vieux préjugé qui se parait des oripeaux de la science, du moins telle qu'on l'entendait au XIXe siècle et dans la première moitié du XXe siècle – mais il perdura bien au-delà.

Le titre de cet ouvrage était un programme : *Essai sur l'inégalité des races humaines*. Les titres de l'auteur, Joseph Arthur, comte de Gobineau (1816-1882), diplomate et grand voyageur, lui conféraient l'autorité qui seyait à un aussi vaste sujet. Pour lui, le « génie d'une race » dépendait peu de l'époque, des circonstances et du climat. Il était donc absurde de soutenir que tous les humains pouvaient prétendre au même degré de « perfection ». Phraséologie totalement dénuée de sens, étant donné que, scientifiquement, il n'existe pas de races humaines, tous les humains étant interféconds. Quant au « génie » d'une race, il appartient au magasin rhétorique du temps.

Ce fut un best-seller avant la lettre ; il figura pendant plus d'un siècle dans toutes les bibliothèques d'esprits distingués ou qui croyaient l'être. Son succès et son influence s'expliquaient par le fait qu'il confortait, avec toutes les prétentions de la science et de l'histoire, la xénophobie innée et les idées reçues en matière de races. Ce qui illustre incidemment les périls des best-sellers. Ethnologue amateur, se piquant de déchiffrer l'écriture cunéiforme et d'interpréter les résultats de fouilles, Gobineau présenta donc son ouvrage comme la clé qui avait échappé à tous les historiens et qui expliquait enfin le triomphe de la race blanche : celle-ci était la seule capable de développer une culture, mais elle était épuisée parce qu'elle n'avait pas su préserver sa pureté, compromise par de trop nombreux métissages.

Fort de son seul dogmatisme, il prétendit « expliquer », par exemple, l'ancien et haut développement de la culture chinoise par l'arrivée de tribus venues de l'Inde, les Kschattryas, caste de brahmanes qui auraient conquis la Chine et apporté avec eux un savoir suprême. Invention digne du *Voyage dans la Lune* de Cyrano de Bergerac et inspirée par le seul fait que les Kschattryas auraient été des Aryens, première race supérieure pour Gobineau comme elle le serait pour d'innombrables théoriciens ultérieurs du racisme. Incidemment, Gobineau radotait, car lesdits Kschattriyas n'étaient pas des brahmanes, mais des guerriers et ils furent exterminés par les brahmanes. Et, est-il besoin de le préciser, il n'y eut jamais de conquête de la Chine par les Kschattryas, caste hindouiste qui, si elle avait jamais régné sur l'empire du Milieu, y aurait imposé l'hindouisme.

*

Ce salmigondis de notions à demi cuites et mal digérées, assaisonné de fadaises, impressionna les ignorants. Eût-il vécu au temps du IIIe Reich ou à notre époque, Gobineau aurait sans doute été contrarié par le fait que les tziganes, exterminés par les nazis et qui ont récemment fait l'objet de mesures discriminatoires, viennent de l'Inde et sont donc des Aryens. Mais l'*Essai* fut accueilli comme une révélation : les races existaient donc et la blanche était la première et la seule capable de diriger le monde, mais à la condition de mettre fin à ses coupables croisements avec des races inférieures.

L'idée perdura et ceux de nos lecteurs qui auront fait leurs classes élémentaires avant la Seconde Guerre mondiale, ce qui est notre cas, se rappellent sans doute ces cartes du monde où les quatre races occupaient des espaces dûment coloriés : rouge, noir, jaune et blanc. Bien que déjà inventée, la « race juive », elle, ne pouvait encore figurer dans les atlas.

La biologie a démontré depuis qu'il n'existe que des ethnies dont les caractères spécifiques sont dus à l'évolution et à l'adaptation au milieu et ne peuvent être considérés comme

« supérieurs » ou « inférieurs ». L'archéologie, elle, a démontré que le haut degré de développement culturel et scientifique au Moyen Âge de la civilisation chinoise ne doit rien à d'hypothétiques envahisseurs indiens, et Gobineau n'eût même pas pu répandre ses prétentieuses coquecigrues si, à Byzance, au XVe siècle, un marchand n'avait acheté (ou volé) à un commerçant coréen, puis ramené en Europe une invention révolutionnaire, l'imprimerie à caractères mobiles, ensuite attribuée à Gutenberg.

La biologie a également démontré que, contrairement à ce que professaient et professent encore les racistes, les croisements à l'intérieur d'un même groupe entraînent au cours des générations un appauvrissement du stock génétique et un accroissement de fréquence des maladies héréditaires.

Mais l'ornière que Gobineau avait approfondie dans les esprits s'étendit bien au-delà. La conviction de la supériorité de la « race » blanche était si profondément ancrée dans la culture occidentale qu'elle constitua l'argument principal dans la défense du colonialisme. En 1859, lors d'un débat sur le colonialisme, Jules Ferry déclara ainsi : « Les races supérieures ont des droits, parce qu'elles ont des devoirs, le droit de civiliser les races inférieures. »

Au début du XXe siècle, quelques scientifiques égarés s'avisèrent de quantifier et numériser les « données raciales », tandis que d'autres, tel Alexis Carrel, prônaient l'eugénisme comme méthode de maintien de l'intégrité raciale. Dans les années 1930, les anthropologues du IIIe Reich, accommodant à leur sauce frelatée les travaux de Broca et de Lombroso, s'armèrent de leurs fameux compas, afin de mesurer les proportions crâniennes des vrais Aryens, cependant que les administrations traquaient les traces d'impureté raciale chez les citoyens.

Le racisme à prétentions scientifiques allait valoir à l'Occident quelques-unes de ses années d'imbécillité les plus fumantes, en attendant l'infamie. Le concours de scientifiques pendant plus d'un siècle prêta à cette imposture l'apparente dureté de la vérité implacable et, de la ségrégation des Noirs américains à l'apartheid de l'Afrique du Sud, il influença la politique étrangère et intérieure des États.

Comme il advient trop souvent en histoire, le mythe avait engendré l'imposture.

1854

La charge de la brigade légère, ou les lauriers de la stupidité

Les Anglais sont certainement plus familiers que leurs voisins européens de l'un des épisodes les plus célèbres de la guerre de Crimée, la charge de la brigade légère, dite aussi charge de la Balaklava, bien qu'ils n'en soient guère dupes. Grâce à une fulminante mystification, ce désastre fut transformé en glorieux épisode militaire. Le poète lauréat Alfred Tennyson lui consacra un poème épique et le compositeur Franz von Suppé, une ouverture non moins tonitruante.

Lors de cette guerre, l'une des celles qui se succédèrent de façon quasi ininterrompue dans l'histoire de l'Occident depuis la fin de l'Empire romain, les Anglais, les Français et les Turcs s'étaient alliés contre les Russes et faisaient le siège de Sébastopol. Les Russes, sous le commandement du général Liprandi, avancèrent le 25 octobre et prirent le contrôle de la chaîne des monts Vorontsov, jusqu'alors occupés par les Turcs, et des vallées qui se trouvaient de part et d'autre. La division de cavalerie anglaise commandée par lord Lucan, se trouvait alors dans la plaine au sud de ces monts, dite plaine de la Balaklava, du nom du port voisin, à l'est de Sébastopol. Mais Lucan avait reçu l'ordre de ne pas engager le combat. L'une de ses brigades, la brigade lourde (4e et 5e dragons de garde, 1er, 2e et 6e dragons), faisait face à l'ennemi dans la plaine ; l'autre, la brigade légère (4e et 13e dragons légers, 8e et 11e hussards et 17e lanciers), se trouvait au nord de la chaîne des monts Vorontsov.

Les Turcs ouvrirent le feu. La brigade lourde fonça : la cavalerie russe se dispersa sous le choc et se replia sur les monts. La charge de la brigade lourde avait duré exactement cinq minutes. Un escadron russe s'élança vers le 93e highlanders, en tuniques rouges – la fameuse *Thin Red Line*, « la mince ligne rouge » des récits épiques –, et fut également mis en déroute. Les Russes se reformèrent dans les montagnes et reçurent des renforts ; de plus, ils disposaient des vingt-deux canons anglais enlevés aux Turcs. Ils faisaient alors face à la brigade légère, flanquée à brève distance, à sa gauche, d'un régiment de cavalerie français, le 4e chasseurs d'Afrique, sous le commandement du général Canrobert.

Le commandement anglais, en la personne de lord Raglan, s'inquiéta de la possibilité que les Russes déplacent les canons anglais ; il chargea le capitaine Edward Nolan, du 15e hussards, de transmettre à la brigade légère l'ordre d'attaquer, afin de reprendre les redoutes abandonnées par les Turcs et les canons qui s'y trouvaient.

Lucan ne comprit pas ce qu'il devait attaquer. Il lut et relut l'ordre de Raglan, griffonné sur une feuille. Nolan exécrait Lucan, qu'il tenait pour un incapable.

« Les canons ! Lord Raglan vous donne l'ordre d'attaquer tout de suite ! », tonna Nolan en tendant le bras.

Lucan interpréta le geste comme un ordre de charger, alors que Nolan avait voulu lui indiquer les redoutes dans les monts Vorontsov. Le malentendu était total. Lucan s'élança à bride abattue vers lord Cardigan, commandant de la brigade légère, pour lui transmettre cet ordre à son tour.

La brigade légère se trouvait alors devant un tunnel long d'un mille, au bout duquel l'attendaient douze canons et l'infanterie russe. Mais Lucan et Raglan foncèrent. Cinq minutes plus tard, les canons tonnèrent. Canrobert lança le 4e chasseurs d'Afrique, sabra les artilleurs russes, réduisit au silence leurs canons, mais subit des pertes énormes. Vingt-cinq minutes plus tard, il ne resta que dix hommes sur six cent soixante-treize du 13e chasseurs légers, vingt-cinq du 11e hussards, trente-cinq du 17e lanciers. Le massacre avait été inouï. Le capitaine Nolan, dont l'imbécillité fut longuement évoquée par les commentateurs militaires, n'était plus là pour se défendre : il était mort au combat.

*

« Il semble que, dans un moment d'aberration malheureuse, nous ayons sacrifié plusieurs centaines de nos cavaliers », écrivit le correspondant du *Times* dans le numéro du 14 novembre 1854.

Le commandant en chef, lord Raglan, avait émis un ordre confus, le capitaine Nolan n'y avait rien compris, Lucan et Cardigan non plus. Cet épisode désastreux fut hâtivement travesti sous les oripeaux de l'héroïsme. « C'est magnifique, mais ce n'est pas la guerre », commenta le général Bosquet.

Néanmoins, des centaines de milliers d'écoliers anglais ont appris pendant des décennies à célébrer l'amer courage d'accomplir son devoir et d'exécuter des ordres ineptes. Beaucoup moins apprirent cependant que la passion de l'héroïsme peut aussi rendre stupide : ce fut ainsi que le roi George IV prétendit à qui voulait l'entendre qu'il avait dirigé une division à Waterloo. Il était difficile de le contredire, bien qu'il n'eût jamais mis les pieds sur la fameuse plaine ; il ne mystifia que lui-même, alors que les autorités qui ont travesti la charge de la Balaklava en page glorieuse ont mystifié toute une nation.

1860

La véridique et déconcertante histoire d'Orélie Antoine Ier, roi d'Araucanie-Patagonie

Plus d'un professeur de géographie serait aujourd'hui en peine de dire où se trouve l'Araucanie. S'il consultait un atlas ou un dictionnaire, il ne l'y trouverait pas : aucun de ces types d'ouvrages ne mentionnent ce pays. Pourtant, il exista bien ; il se situait entre les fleuves Bio-bio (le nom est véridique) et Tolten au sud et les fleuves Limay et Neuquen au nord. Peut-être un ethnologue familier de l'Amérique du Sud soupçonnerait-il qu'il s'agit du territoire des Araucans, Indiens du Chili central comprenant les tribus des Mapuches et des Puelches.

Mais on peut douter que beaucoup de professeurs d'histoire connaissent celle de l'Araucanie. Dans ce cas, ils sauront qu'un natif de Soumeil, en Périgord, Antoine Tounens, fut au XIXe siècle roi de ce pays et qu'il fonda une dynastie toujours vivante. Le dernier représentant à notre connaissance fut, en 1961, Philippe d'Araucanie. Notre excellent confrère Jean Raspail[1] était, en 1981, consul d'Araucanie à Paris.

L'histoire de ce pays laisse rêveur à juste titre. Par certains aspects, elle évoquerait la gigantesque mystification d'un mégalomane, tandis que par d'autres, elle suscite l'admiration. Elle suggère aussi que la frontière entre le virtuel et la réalité est parfois ténue.

*

1. Auteur, entre autres, de *Moi, Antoine de Tounens, roi de Patagonie*, Albin Michel, 1981.

Antoine Tounens naît en 1825 dans une famille de propriétaires terriens aisés, liés par des mariages à d'autres familles de la région. Ils sont d'ancienne souche et se réclament de Tonentius Ferreolus, sénateur gallo-romain et préfet du Prétoire, leur ancêtre, au Vᵉ siècle ; chef d'une famille romanisée d'Auvergne, il aurait fondé la ville de Tonontium, l'actuelle Tonneins. Premier clerc d'un avoué de Périgueux, Tounens en racheta la charge et ajouta une particule à son nom. Ces détails sont souvent révélateurs : l'ambition anime notre héros.

La France de l'époque est tourmentée : après la chute de la monarchie de Juillet et le coup d'État du 2 décembre, le sentiment règne chez les républicains, les bonapartistes et les légitimistes confondus que seules l'action et l'audace protègent de la décadence. On ne sait quelles lectures marquèrent Antoine de Tounens ; membre de la loge maçonnique de Périgueux, Les Amis persévérants, il eut plus d'une occasion d'écouter des conférences de voyageurs. Il avait lui-même déjà voyagé et connaissait ainsi l'espagnol.

Ce qu'on sait en revanche est que son voyage fut longuement organisé : il avait préparé les « sceaux du royaume » avant son départ. Il vendit donc son étude et s'embarqua.

L'Araucanie, jadis nommée Rapel, avait une longue histoire : seuls de tous les peuples indigènes d'Amérique du Sud, ses quelques 460 000 habitants avaient vaillamment résisté aux tentatives des Incas de les assujettir et ceux-ci avaient fini par reconnaître leur indépendance. Quand les Espagnols avaient débarqué, au milieu du XVIᵉ siècle, c'étaient les Incas qui avaient été défaits. Jusqu'alors victorieuses tout au long de leur avancée dans ces terres inconnues, les troupes de Pizzarro étaient parties à la conquête de l'Araucanie. Mais, surprise, elles rencontrèrent une farouche résistance. Ainsi, les troupes de Pedro de Valdivia, maître du nouveau Chili et fondateur de Santiago, sa future capitale, avaient subi une défaite cuisante aux mains des armées araucaniennes commandées par le *Gran Toqui* Caupolican. Valdivia y avait perdu six mille hommes et il avait lui-même été tué. Les colonies fondées par les Espagnols avaient été désertées et détruites, à l'exception de La Serena et de Concepcion.

Quelques trêves n'avaient jamais mis vraiment fin à la guerre entre les conquistadores et les Araucans, célébrée par un célèbre poème épique castillan, *La Araucana*, d'Alonso de Ercilla y Zuniega. Ce ne fut qu'en 1785 que le roi d'Espagne Charles III, suivant l'exemple de la France, appliqua une politique d'apaisement et reconnut l'indépendance de l'Araucanie. Des échanges d'ambassadeurs eurent même lieu.

Mais, en 1818, le démantèlement de l'Empire espagnol d'Amérique mit de nouveau l'Araucanie en danger. Le Chili indépendant ne s'estimait pas lié par les accords conclus entre l'Espagne et les tribus locales et il encouragea ses colons à s'établir en Araucanie. De nouveaux conflits éclatèrent.

Ce fut alors qu'Antoine de Tounens débarqua. Il était venu sur un navire de guerre français, ce qui indique que Napoléon III n'avait pas été hostile à son entreprise. L'empereur portait, en effet, ses regards sur le Nouveau Monde que venait d'abandonner l'Espagne.

*

Avec un aplomb extraordinaire, Tounens rendit visite au *Toqui* Magnil, le chef national lors des derniers combats avec le Chili, et lui soumit son projet : l'Araucanie serait constituée en royaume, avec un gouvernement unique, capable de discuter d'égal à égal avec les États voisins.

Et l'extraordinaire advint : le projet fut accepté avec enthousiasme par le conseil des tribus et Antoine de Tounens fut élu roi par les Araucaniens.

Avec le même aplomb, le 17 novembre 1860, Orélie Antoine Ier publia un décret fondant une dynastie héréditaire. Puis il rédigea une constitution, approuvée par le Parlement, et en donna officiellement communication au Chili, à l'Argentine, au Pérou, à la Bolivie, au Brésil et aux représentants des puissances européennes sur le continent sud-américain. Le quotidien de Santiago *El Mercurio* publia intégralement les décrets et la constitution d'Araucanie. Le nouveau drapeau bleu-blanc-vert flotta sur la résidence royale.

Peu après le gouvernement et l'Assemblée nationale chiliens étudièrent le budget nécessaire pour un plan de conquête de l'Araucanie. Peut-être avaient-ils sous-estimé l'importance de l'événement : le 20 novembre, trois jours après la proclamation du nouveau royaume, des émissaires de Patagonie vinrent demander à joindre leur pays à l'Araucanie, afin que les deux n'en fissent plus qu'un. La Patagonie luttait, en effet, contre les installations de colons illégaux argentins. La requête fut approuvée et, le soir même, le royaume d'Araucanie-Patagonie était proclamé. Il était aussi grand que la Bolivie ou le Paraguay.

L'ébahissement et le désarroi régnèrent dans les chancelleries. Comment, il avait suffi de la volonté d'un visionnaire pour créer un pays ? On chercha quelque vice de forme qui annulerait la légitimité du royaume d'Araucanie-Patagonie. Mais Tounens était avocat et l'on ne put déceler la moindre faille juridique dans la constitution qu'il avait proclamée.

Il n'y aurait que la guerre pour abattre le royaume.

*

Elle fut longue : ce ne fut qu'en 1882 que le *Toqui* Quilapan, fils de Magnil et ministre, abaissa symboliquement le drapeau bleu-blanc-vert devant l'envahisseur chilien. Il était ministre non du roi Orélie Antoine Ier, mais de son successeur, Achille Ier. Car Orélie Antoine était mort en 1878, dans son lit, à Tourtoirac en Périgord, non loin du lieu où il était né.

Entre-temps, sa vie avait été mouvementée : fait prisonnier par les Chiliens, au cours d'une bataille, il avait comparu à Santiago dans un procès sans fond. Aucun chef d'accusation ne pouvait être invoqué contre lui, et surtout pas celui d'avoir violé les frontières chiliennes, celles-ci n'étant pas encore arrêtées ni reconnues internationalement ; c'étaient plutôt les Chiliens qui avaient violé le royaume souverain d'Araucanie-Patagonie. Le juge le déclara fou et le fit expulser vers la France. Orélie Antoine Ier revint peu après et fut acclamé par ses sujets, qui l'avaient cru mort. Le royaume avait été dirigé en son absence par le lieutenant-général désigné par le roi, Achille Laviarde. L'homme était un riche Rémois (l'un des fondateurs et principaux actionnaires des champagnes Moët & Chandon), bonapartiste ardent et grand voyageur, pionnier de l'aviation et de l'auto – il fut l'un des premiers à en posséder une –, bref, l'un de ces créateurs d'empires qui abondaient au XIXe siècle et dont Cecil Rhodes, fondateur de la Rhodésie, fut un autre exemple. Sentant sa santé décliner, Orélie Antoine l'avait désigné comme successeur légitime.

Telle fut la raison pour laquelle *Le Figaro*, quand il annonça sa mort, désigna Orélie Antoine Ier comme l'ex-roi d'Araucanie-Patagonie.

Achille Ier ne démérita pas : il dépêcha des consuls dans toute l'Europe, à Paris bien sûr, à Londres, à Rome et dans d'autres capitales. Ils reçurent tous l'*exequatur*. Il organisa un ambitieux plan d'aide économique à son royaume, avec le concours de financiers internationaux, et il s'apprêtait également à organiser une armée moderne quand il mourut en 1902, à Paris.

La dynastie de Tounens n'avait pas mérité son nom : le troisième roi d'Araucanie-Patagonie fut Antoine Cros... Le frère du poète Charles Cros. Antoine II, désigné par Achille Ier, comme successeur, n'était pas moins haut en couleur que ses prédécesseurs : avide d'horizons nouveaux, il était devenu ministre d'État et garde des Sceaux de l'Araucanie-Patagonie (il avait nommé le poète François Coppée duc en Araucanie) ; mais Antoine II ne régna que deux ans à peine, de 1902 à 1903.

Antoine de Tounens n'avait pas régné effectivement plus d'un an sur les vingt-deux années qu'avait duré son pays virtuel.

*

Le défi, sinon le pied de nez infligé aux États voisins et aux grandes puissances par la création de l'Araucanie-Patagonie, suscita une réaction. Les puissances coloniales, et surtout la Grande-Bretagne, s'alarmèrent de ce mauvais exemple. Certains des territoires sous leur juridiction ou leur protectorat pouvaient s'en inspirer pour rejeter leur joug. De surcroît, la malheureuse aventure de l'empereur du Mexique, Maximilien de Habsbourg, fusillé en 1867, avait démontré la vanité des tentatives d'imposer un monarque européen à des populations indigènes lointaines.

Le Chili et l'Argentine portèrent l'affaire sur le plan international et demandèrent l'arbitrage du roi d'Angleterre, George V. Celui-ci conclut à la souveraineté du Chili sur l'Araucanie. La Patagonie ne tarda pas à rentrer dans le giron de l'Argentine.

Le royaume d'Antoine de Tounens avait vécu.

Il y eut certes des héritiers : Laure-Thérèse Ire, fille d'Antoine II ; Jacques Antoine III (célèbre éditeur parisien) ; Philippe d'Araucanie-Patagonie...

Et quand on célébra, en 1961, à Tourtoirac, le centenaire de la création du royaume, le conseil général de Dordogne vota des crédits pour l'érection d'un monument. Une cérémonie eut lieu en présence des députés et sénateurs de la région et le ministre de la Culture André Malraux envoya un télégramme pour s'associer à la manifestation. André Maurois, de l'Académie française, prononça une allocution.

Il n'en demeure pas moins que l'épisode de l'Araucanie-Patagonie continue de défier la crédibilité. Il évoque plus un conte fantastique qu'un chapitre d'histoire « vraie ». Le royaume de Tounens n'avait vraiment existé que grâce à l'irrédentisme séculaire des Indiens ; en tant qu'État, il tenait plus de la fiction conçue par un esprit exalté que de la réalité d'un pouvoir.

Mais alors surgit la question : combien d'autres royaumes et d'autres États ne sont-ils pas nés de la mégalomanie de rêveurs, voire de mythomanes ? Ils ne se distinguent des autres que par la chance, c'est-à-dire les circonstances qui ont servi leurs fondateurs.

1871

Quand la Commune voulait négocier la paix avec Bismarck

On chercherait en vain dans la plupart des grands et estimables ouvrages sur la Commune de Paris une mention des rapports singuliers des insurgés avec les Allemands qui assiégeaient Paris. Ils ne peuvent avoir été ignorés, car on en trouve des échos chez les écrivains du temps, de Paul Déroulède à Edmond de Goncourt, et même chez les Allemands. Il faut donc qu'ils aient été censurés. Ils modifient toutefois l'interprétation traditionnelle de ces soixante-douze jours qui contribuèrent à fonder le socialisme français.

Presque tous les ouvrages et manuels d'histoire présentent la Commune comme un chapitre glorieux de l'histoire sociale française et comme un sursaut du prolétariat naissant contre ceux qui n'avaient pas su défendre la patrie. L'origine de l'insurrection avait, en effet, été patriotique. Déjà humilié par la défaite de Sedan, Paris, cerné par les Allemands, avait répondu avec un élan héroïque à l'appel du gouvernement qui ne céderait « ni un pouce de notre territoire, ni une pierre de notre forteresse ». Le bombardement de la ville en janvier 1871, puis en octobre la capitulation de Metz et la perte du fort du Bourget et surtout l'entrée des Prussiens dans la capitale, le 1er mars 1871, auraient, selon les manuels, exaspéré les Parisiens. Tel n'est pas le constat de l'historien Georges-Roux[1] :

> *Le 27 janvier, annonce des pourparlers de Jules Favre* [ministre des Affaires étrangères] *avec Bismarck. Paris ne bouge pas. Le 28, signature de l'armistice. Paris ne bouge pas. Le 26 février,*

1. *La Guerre de 1870*, Fayard, 1966.

préliminaires de paix. Paris ne bouge pas. 1er mars, ratification. Paris ne bouge pas. 2 mars, entrée des Allemands. Paris ne bouge pas. Paris ne bouge que le 18 mars, après la suspension du moratoire des dettes et des loyers, après la suspension de la solde des gardes nationaux.

Et après la décision de Thiers, chef du gouvernement provisoire, ce même 18 mars, de désarmer les gardes nationaux. L'armée fraternisa avec les gardes et la population. Les généraux Lecomte et Thomas, qui avaient tenté d'enrayer le mouvement, avaient été tués. Le conflit commença, mais ses causes n'étaient pas la défense de la patrie. On sait la suite.

Le calme observé par Georges-Roux était trompeur. Le 3 mars, le Comité central avait été créé, et le 15 mars, la Fédération républicaine avait été fondée. L'ennemi avait alors changé de visage : ce n'était pas la Prusse. La Commune fut une tentative de réédition de la Révolution française, qui couvait depuis des années. En atteste la déclaration du délégué aux Affaires étrangères de la Commune, le 22 mars :

> *La révolution accomplie dans Paris ayant un caractère essentiellement municipal n'est en aucune façon agressive à l'égard des troupes allemandes.*

C'était une réponse à la proclamation du général von Schlotheim, commandant du corps d'armée allemand de Compiègne, faite la veille et assurant le commandement militaire de la Commune que ses troupes avaient reçu l'ordre de garder une attitude passive et amicale.

Le jeu politique allemand n'avait pas cessé : en favorisant la Commune, il faisait pression sur Thiers, qui se montrait fort exigeant dans ses tractations avec les Allemands.

*

Les bonnes dispositions ou l'indifférence des insurgés à l'égard des Allemands n'étaient pas une surprise ou, en tout cas, ne l'étaient pas pour tout le monde. Le ministre Favre avait déjà noté :

Beaucoup de gardes nationaux des faubourgs déclaraient : « Nous avons des fusils, mais nous ne nous en servirons pas contre les Prussiens. » Il y avait une disposition générale à profiter des événements pour satisfaire des passions politiques ou sociales.

N'y avait-il donc pas de patriotes ? De gens qui se disaient que ce n'était pas le moment, quand la patrie était en danger, de se livrer à une guerre intestine ? Si, mais ils étaient impuissants. Témoin Louis Rossel, qui entra dans Paris, révolté par l'égarement des esprits ; il tenta de prévenir Gambetta, exilé à Tours, mais, en vain ; il fut fusillé par les Versaillais le 28 novembre au camp de Satory.

Il y eut Paul Déroulède, affecté au 16e bataillon de mobiles de Belleville :

Les jeunes Bellevillois [...] *étaient imprégnés jusqu'aux moelles de toutes les doctrines dissolvantes, répandues à profusion dans Paris, et de préférence dans les quartiers populaires. Comme ils me savaient républicain, ils en avaient conclu que je devais être internationaliste. Enhardis par cette idée, ils s'étaient laissés aller à déblatérer devant moi sur le préjugé de patrie. L'un d'eux alla jusqu'à me demander, sans avoir autrement honte de sa question, quel intérêt il y avait pour nous à être ou à n'être pas victorieux.*

Edmond de Goncourt n'écrivit pas autre chose dans son *Journal*, le 1er avril 1871 :

Quelque chose me révolte dans ce gouvernement de la violence et de toutes les extrémités : c'est sa débonnaire résignation au traité de paix, sa lâche résignation aux conditions déshonorantes, c'est, le dirai-je, son amicalité, presque, pour les Prussiens.

*

La situation prit un tour imprévu quand le « général » Gustave Cluseret, délégué de la Guerre à la Commune (au comité de laquelle il n'avait été nommé que tardivement), prit sur lui d'ouvrir les négociations avec les Allemands.

Curieux personnage, sur lequel les dictionnaires et encyclopédies sont aussi muets qu'une grande partie des ouvrages et manuels d'histoire : après avoir été chassé de l'armée et après avoir combattu dans les troupes de Garibaldi, en Italie, il était parti pour les États-Unis et s'était battu dans la guerre de Sécession, du côté nordiste ; c'était là qu'il serait devenu général, grade dont il assurait qu'il lui avait été conféré par Abraham Lincoln lui-même. À beau mentir…

Donc Cluseret écrit au commandement allemand cette sidérante missive :

> *Il est parvenu à la connaissance de la Commune de Paris que la somme de 500 millions de francs qui, aux termes de la convention militaire, devait être payée par le gouvernement français au gouvernement allemand, ne le sera pas à la date prévue. Dans ce cas, la Commune s'offre à régler elle-même cette somme et demande une entrevue à cet effet.*
>
> *Par ordre de la Commune, le délégué à la Guerre.*

On croit rêver : eût-il été délégué aux Finances que Cluseret aurait peut-être été autorisé à prendre un pareil engagement. Comment il l'aurait tenu est une autre affaire. Mais il n'est que délégué à la Guerre et cet engagement n'est pas de sa compétence. De surcroît, quelle est sa situation vis-à-vis du gouvernement français qu'il cite ? Le reconnaît-il donc comme légitime ?

Cluseret aspire à rencontrer Bismarck ; ce serait son plus grand titre de gloire. Mais il ne traitera qu'avec l'émissaire allemand en France, le général Fabrice. On trouve dans les papiers de Moritz Busch, secrétaire de Bismarck, les informations suivantes, datées du 30 avril 1871 :

> *J'ai eu, ces jours derniers, entre les mains, un grand nombre de pièces intéressantes. Elles ont trait aux négociations que M. Cluseret, l'actuel général de la Commune, a entamées avec nous. Dans une dépêche télégraphique du 10 courant, notre agent pour Paris, le général Fabrice, a reçu l'ordre de dire au général Cluseret qu'il était prêt à accueillir les ouvertures que la Commune avait exprimé le désir de nous faire et qu'il porterait ces ouvertures à la connaissance du Chancelier. Le 27, Fabrice rapporte que lui et Holstein ont eu une entrevue avec Cluseret*

et que la Commune de Paris consent à payer à l'Allemagne une somme de 500 millions de francs, dont 300 millions en obligations de la Ville de Paris et le reste sous forme de taxes d'octroi. Le général Cluseret demande en échange que les Allemands prennent l'obligation de n'arrêter aucun convoi de vivres et de ne pas rendre aux Versaillais les forts qu'ils occupent autour de Paris.

Il faut se pincer pour y croire : la Commune proposait donc de gager Paris et les revenus des barrières d'octroi pour payer les dettes du gouvernement provisoire, et elle demandait aux Allemands de la protéger contre les armées de ce dernier. Disons-le d'emblée, ce ne fut pas pour crime de haute trahison que le « général » Cluseret fut démis, mais pour incompétence dans sa gestion des forces de la Commune (incompétence est d'ailleurs un mot fort courtois : Cluseret était un parfait incapable).

De surcroît, rapporte Busch, Cluseret avait pris l'engagement de libérer tous les prisonniers allemands détenus à Paris ; la promesse fut à demi tenue : le 3 mai, rapporte ailleurs Busch, Cluseret fit le tour des prisons de Paris pour faire libérer sur-le-champ tous les prisonniers allemands qui s'y trouveraient.

On comprend que ces détails ne figurent pas dans les ouvrages réputés sur la Commune : ils entacheraient l'image de cette insurrection patriotique et socialiste.

*

Bismarck prit-il au sérieux les propositions de la Commune ? Rien n'est moins sûr, mais il s'en servit néanmoins pour continuer à faire pression sur Thiers et Favre, qui se montraient bien moins commodes que Cluseret dans les pourparlers préliminaires du traité de Francfort ; il les menaçait de traiter avec la Commune. Le 28 avril, il ordonna par télégramme au général Fabrice de garder le contact avec Cluseret. Celui-ci enfin démis, il fut remplacé par un homme à la fois patriote et qualifié, Louis Rossel.

Hommage a été rendu par plusieurs historiens à la probité morale de Rossel ; mais il est à double tranchant, car les termes dans lesquels celui-ci s'adressa aux chefs de la Commune, pour leur signifier sa démission, témoignent de son mépris :

> *Chargé par vous à titre provisoire de la Délégation à la guerre, je me sens incapable de porter plus longtemps la responsabilité d'un commandement où tout le monde délibère et où personne n'obéit.* [...] *Sachant que la force d'un révolutionnaire ne réside que dans la netteté de la situation, j'ai deux lignes à choisir : briser l'obstacle qui entrave mon action ou me retirer. Je ne briserai pas l'obstacle, car l'obstacle, c'est vous et votre faiblesse : je ne veux pas attenter à la souveraineté publique. Je me retire et j'ai l'honneur de vous demander une cellule à Mazas.*

La leçon de rigueur de Rossel ne fut pas entendue. L'ivresse du pouvoir, si illusoire fût-il, l'oubli du devoir patriotique du prolétariat, un machiavélisme de pacotille survivaient dans les rangs de la Commune. Même Louis Delescluze, ancien député du gouvernement provisoire, qui avait condamné l'armistice, s'y laissa prendre. Succédant à Rossel, il tenta de reprendre les négociations avec les Allemands ouvertes par Cluseret. C'était trop tard : le 10 mai, le traité de Francfort avait été signé. Delescluze mourut sur la barricade du Château-d'Eau en combattant les Versaillais.

L'effroyable gaspillage d'illusions et de vies s'acheva dans un bain de sang. Ne surnagèrent que des figures telles que celles de Louise Michel ou de Rossel. Le reste fut « oublié ».

Cela n'est pas qu'une erreur : c'est une tromperie. Le devoir de l'historien est de dénoncer les erreurs du passé pour éviter leur répétition.

1877

Billy the Kid était-il une « balance » ?

Au soir du 14 juillet 1881, le shérif Patrick Floyd Garrett abattit un parfait petit voyou évadé de prison et auteur de vingt-sept meurtres. Une légende venait de naître, celle de Billy the Kid, que des guitaristes énamourés d'anarchie allaient célébrer pendant des décennies, avant que le cinéma hollywoodien s'empare de son histoire et en fasse un cœur tendre et une gâchette trop rapide. Mais il est vrai que, de la Russie au Far West, les héros de ballades sont généralement des assassins ennemis de l'Église, des banques et de la police.

Il s'agissait là d'une des mythifications les plus exemplaires, mais aussi des plus abusives. Une péripétie judiciaire révéla en 2010 qu'en plus d'être un assassin récidiviste, Billy the Kid était une balance, pour user d'un terme de l'argot criminel. L'honneur des voyous en fut rudement mis à mal.

L'identité de Billy the Kid, « Billy le Gamin », n'a pas été établie ; on ignore s'il se nommait William H. Bonney Jr ou bien Henry McCarty, et s'il naquit en 1859 ou en 1860. Le diminutif laisse supposer que le premier nom serait le vrai. Mais, selon certains chercheurs, le vrai Billy the Kid serait Ollie I. « Brushy Bill » Roberts, autre énergumène qui échappa à la justice, lui aussi, participa à des foires et des rodéos du Far West et mourut en 1950 à Hico, Texas. Dans ce cas, ce serait Ollie qui aurait mystifié tout le monde, y compris la justice du Nouveau-Mexique.

Toujours est-il que, natif de New York, le candidat au titre émigra avec ses parents au Kansas ; le père mourut dans cet État et la mère emmena ses deux garçons d'abord dans le Colorado, où elle se remaria, puis au Nouveau-Mexique. Là, l'adolescent vécut de rapines et se joignit à des gangs de hors-la-loi, voleurs de bétail et autres. En 1877, à Mesilla, Nouveau-Mexique, un homme lui cracha au visage ; Billy the Kid avait alors dix-sept ans et un revolver ; il tua son insulteur. Le shérif Garrett l'arrêta en 1881 et le fit jeter en prison. Quelques jours plus tard, le 30 avril, le voyou s'évada et tua deux adjoints du shérif. La seconde arrestation de Billy the Kid lui fut fatale. Il avait vingt et un ou vingt-deux ans.

Entre-temps, il avait beaucoup tué, jusqu'à vingt-sept personnes selon l'*Encyclopaedia Britannica*, dont un autre shérif, Willam Brady. Mais il avait aussi assisté à pas mal de meurtres, dont celui de Huston Chapman, un avocat auquel deux bandits ivres avaient, un soir dans un saloon, donné l'ordre de danser. Chapman ayant refusé, il fut abattu sur-le-champ. Le meurtre révulsa l'opinion. Le gouverneur du Nouveau-Mexique, Lew Wallace, apprit que le Kid avait été présent : il lui offrit une amnistie totale contre son témoignage. Le Kid témoigna donc, et les bandits furent arrêtés. Ce fut alors, en avril 1881, que Garrett arrêta Billy lui-même.

Transformé en balance et de surcroît dupé, Billy the Kid écrivit trois lettres furieuses au gouverneur, puis s'évada. Son histoire semblait achevée.

*

Quelque cent trente ans plus tard, la famille d'Henry McCarty fit rouvrir l'affaire, arguant que la justice de l'État n'avait pas tenu ses engagements envers l'un de ses informateurs. Il ne semble pas que celle de William H. Bonney Jr se soit manifestée.

Comme tant d'autres, le mythe de Billy the Kid était donc bâti sur un mensonge : la moralité de l'assassin était celle d'une frappe ordinaire. C'était une mystification.

1889

Les mensonges de Mayerling

Un séisme de force maximale frappa l'empire d'Autriche-Hongrie le 30 janvier 1889. Loschek, valet personnel de l'archiduc héritier Rodolphe, venait de découvrir les cadavres de ce dernier et de sa maîtresse Marie Vetsera dans le pavillon de chasse de Mayerling, une localité au sud de Vienne.

Alors commence une série de mensonges qui sonnera plus sûrement le glas de la dynastie impériale que l'assassinat d'un autre héritier, François-Ferdinand, vingt-cinq ans plus tard.

Pour commencer, les dires de Loschek laissent croire à l'empereur François-Joseph et à l'impératrice Elizabeth, Sissi, que Marie Vetsera a empoisonné son amant, leur fils unique. Or, il est plus que douteux que les blessures à la tête de l'un et de l'autre et les traces de sang soient passées inaperçues d'un valet familier du gibier qu'on rapportait à Mayerling. Loschek est d'ailleurs un menteur, on le verra plus loin.

N'importe, ce premier mensonge est vite suivi d'un deuxième : Rodolphe ne peut être mort en situation d'adultère. Il est en effet marié depuis 1880 à la princesse Stéphanie de Belgique. Le cadavre de Marie Vetsera est promptement emporté à l'abbaye de Heiligenkreutz ; il sera plus tard inhumé nuitamment.

Officiellement, Rodolphe est donc mort seul. Mais de quoi ? Troisième mensonge dans la même journée : une édition spéciale de la *Wiener Zeitung* annonce que l'archiduc Rodolphe est mort d'une crise d'apoplexie.

Le lendemain, le professeur Widerhofer, médecin de la Cour, informe l'empereur des conclusions des autopsies qu'il a pratiquées dans la nuit : Rodolphe s'est suicidé d'une balle dans la tête après avoir tué Marie Vetsera. Cela non plus ne peut être admis publiquement : le suicide est interdit par la religion catholique et le défunt ne pourrait bénéficier des obsèques religieuses, d'autant plus qu'il serait également coupable de meurtre. Le déshonneur serait immense pour la famille impériale.

Un quatrième mensonge est donc tricoté à la hâte, avec le secours de la faculté : des médecins de l'université de Vienne certifieront que Rodolphe est mort en état d'« aliénation mentale ». Comment diantre diagnostique-t-on l'aliénation mentale dans le cerveau d'un cadavre ? Plus fort que Freud. Apoplexie et aliénation mentale, pauvre garçon ! L'Église veut bien se laisser abuser au nom de la dignité impériale et les restes de Rodolphe sont inhumés le 5 février dans la crypte de l'église des Capucins, aux côtés de ses ancêtres.

Les mensonges ont sans doute une date de péremption, au terme de laquelle ils dégagent des rumeurs. Celles-ci véhiculent l'existence d'un deuxième cadavre, celui de Marie Vetsera. Or, ce n'est pas seulement la Cour qui en bruisse, mais Vienne tout entière, puis l'Autriche, puis encore l'étranger. Pendant des années, la censure impériale tentera de tenir les « racontars » en échec. Mais ces efforts mêmes fouettent la production d'articles et de brochures à sensation. Quand une familière de la Cour, Marie von Wallersee, comtesse Larisch, une nièce de l'impératrice, publie à Londres, en 1913, des *Mémoires* trop révélateurs, l'empereur fait racheter la totalité de l'édition.

L'assassinat de François-Ferdinand à Sarajevo, en 1914, puis la Grande Guerre tireront momentanément un voile sur la tragédie de Mayerling. Ce ne sera qu'après le départ de l'empereur Charles en exil et la fin de la monarchie que les langues commenceront à se délier. Elles propageront un temps des rumeurs politiques, cette fois : ce serait Bismarck qui aurait fait assassiner Rodolphe, parce que l'archiduc héritier était hostile à la politique autrichienne d'alliance avec l'Allemagne. Théorie d'autant plus absurde que cet assassinat même, si l'on en avait découvert l'inspirateur, aurait justement mis fin à cette politique. Alors, avancent d'autres rumeurs, ç'aurait été Clemenceau, furieux de n'avoir pu convaincre Rodolphe de mettre fin à l'alliance austro-allemande. Autre absurdité, puisque Rodolphe était favorable à une alliance avec la France, mais qu'il n'avait pas les moyens de l'imposer.

La nature même de ces rumeurs indique qu'une vaste partie de l'opinion se refusa longtemps à admettre l'évidence : l'héritier du trône ne croyait plus à l'avenir de sa dynastie.

*

La vérité ne se fera jour que progressivement, surtout après la découverte des lettres de Rodolphe à des amis et des proches, à l'impératrice, sa mère, à sa sœur Marie-Valérie, à son épouse Stéphanie, à une ancienne maîtresse, Mitzi Caspar, à son valet Loschek, au comte Szechenyi. Car toutes ces lettres ont été rédigées dans les jours ou les heures qui ont précédé le meurtre et le suicide.

Isolé à la Cour et sans l'influence qui lui permettrait d'orienter la politique de l'empire, malheureux en ménage, son épouse n'ayant pu lui donner d'enfant, Rodolphe a mené pendant les dernières années de sa vie une existence bohème au cours de laquelle il a contracté une affection vénérienne alors incurable, la blennorragie. La dépression s'empare de lui. Et un romantisme morbide lui a inspiré le suicide. Cependant, il ne veut pas mourir seul et cherche une compagne dans la mort. Mitzi Caspar s'y refuse. Mais, follement éprise de lui et vulnérable au même romantisme vénéneux qui flotte dans l'air de la fin du siècle en Europe, Marie Vetsera, ravissante jeune fille de dix-sept ans que lui a présentée la comtesse Larisch, se laisse séduire par ce projet sinistre.

Loschek n'a été qu'un mystificateur parmi bien d'autres dans la puissante machinerie de la cour impériale. Car c'est celle-ci qui a, de longues années durant, imposé le silence à tous ceux qui connaissaient la vérité. Mais, à la longue, les mensonges n'ont servi à rien.

SECONDE PARTIE

LES MYSTIFICATIONS DU MONDE MODERNE

1905

Les Protocoles des sages de Sion, ou l'imposture indélébile

L'un des plus étonnants paradoxes de toutes les cultures est celui des *Protocoles des sages de Sion* : il est impossible de recenser, tant elles sont nombreuses, les démonstrations de leur fausseté ; cependant ce sommet de la littérature antisémite a fait le tour du monde, il a été traduit dans presque toutes les langues et, bien qu'officiellement interdit en Europe depuis 1945, il n'est guère difficile à trouver avec un peu de persévérance. L'Arabie Saoudite en exporterait, dit-on, des quantités prodigieuses en toutes les langues. Ces comptes-rendus imaginaires de vingt-sept séances de « sages » juifs pour établir une stratégie de conquête mondiale continuent, plus d'un siècle plus tard, à agiter certains esprits.

Fait remarquable : c'est un faux qui se vend en tant que faux, parce que les lecteurs cèdent à l'impression plus ou moins distincte qu'il doit bien contenir quelque chose d'avéré, tant il est vrai qu'il n'y a pas de fumée sans feu.

Résumons-en l'origine, selon les opinions les plus communément admises. Après la première guerre russo-japonaise (1904-1905) et la première révolution russe de 1905, le conseiller d'État Pierre Ratchkovsky, chef de la police secrète russe à Paris, et son agent Mathieu Golovinsky auraient rédigé ce texte, destiné à inciter les milieux conservateurs russes et le tsar Nicolas II à sévir contres les juifs. Ces derniers n'y étaient déjà que trop disposés, tenant les juifs pour des fauteurs de troubles universels.

Précisons que ces informations fournies en 1921 par la princesse Catherine Radziwill, en exil à New York, ont été furieusement démenties par des défenseurs de l'authenticité des

Protocoles. Selon eux, Ratchkovsky n'était plus en poste à Paris depuis 1902 et n'avait jamais eu d'agent nommé Mathieu Golovinsky.

N'importe : il est raisonnablement certain que l'ouvrage fut diffusé à Saint-Pétersbourg, la première édition connue ayant été imprimée dans cette ville en 1905. L'éditeur en fut un certain Serge Nilus. En 1909, un aristocrate français vivant à Saint-Pétersbourg, Armand Alexandre du Blanquet du Chayla, le rencontra et lui exprima ses soupçons sur l'authenticité du texte. « Admettons que les *Protocoles* soient faux, lui répondit Nilus. Mais est-ce que Dieu ne peut pas s'en servir pour découvrir l'iniquité qui se prépare ? Est-ce que l'ânesse de Balaam n'a pas prophétisé ? Est-ce que Dieu, en considération de notre foi, ne peut pas transformer des os de chien en reliques miraculeuses ? Il peut donc mettre dans une bouche de mensonge une annonciation de la vérité ! »

Comme on peut en juger, l'histoire parallèle des *Protocoles* est révélatrice de la psychologie des mystificateurs : ils estiment dire vrai même quand ils mentent.

*

Les *Protocoles* circulèrent donc. En mai 1920, un éditorial du *Times* de Londres s'interrogeait sur ce mystérieux ouvrage et concluait : « Si les *Protocoles* ont été écrits par les sages de Sion, alors tout ce qui a été entrepris et réalisé contre les juifs est justifié, nécessaire et urgent. » Les méfaits de ce faux commençaient à se manifester.

Toutefois, les 16, 17 et 18 août 1921, le même *Times* publia une série d'articles de son correspondant Peter Graves. Celui-ci rapportait que, pendant un séjour à Constantinople, il avait acheté à un Russe en exil le livre du révolutionnaire Maurice Joly, paru en 1864, *Dialogue aux Enfers entre Machiavel et Montesquieu*, et qu'il avait fait la constatation suivante : l'auteur des *Protocoles* y avait largement puisé. Le sulfureux pamphlet était donc un plagiat. Certains crurent pouvoir respirer.

Mais comme le plagiat avait été commis par un juif, cela n'enlevait rien à son authenticité, clamèrent ceux qui, de plus en plus nombreux, croyaient au texte.

Les traductions commençant à se multiplier, ils furent de plus en plus nombreux ceux qui croyaient, dur comme fer, que le Serpent du peuple juif se faufilait dans les profondeurs des États. Hitler, évidemment, en parla dans *Mein Kampf* : « *Les Protocoles des sages de Sion* – que les juifs renient officiellement avec une telle violence – ont montré de façon incomparable combien toute l'existence de ce peuple repose sur un mensonge permanent. »

L'antisémitisme avait trouvé son auge et s'y vautrait. Antisémite véhément, l'industriel Henry Ford décida de l'ouvrir aux Américains : en dépit des doutes qui pesaient sur ce livre, il le fit traduire et éditer à ses frais.

Le IIIe Reich diffusant les *Protocoles* à tout-va, sans compter les centres d'actions antisémites, le 26 juin 1933, année de l'accession de Hitler au pouvoir, la Fédération des communautés israélites de Suisse porta plainte devant le tribunal cantonal de Berne pour demander l'interdiction de l'ouvrage en tant que littérature subversive, selon la loi de 1915. Le procès visait les éditions Hammer, qui avaient publié l'ouvrage. De première instance en appel, et d'appel en cassation, le procès dura jusqu'en 1937. Il ne conclut qu'à la falsification et estima les expertises inutiles, puisqu'il s'agissait d'un faux.

Entre-temps ce texte nauséabond a connu sa vie propre : puisqu'il n'avait pas d'auteur, chaque éditeur se crut libre de l'adapter à son public et, dès 1920, on ne comptait plus les variantes d'une édition et d'une traduction l'autre. Il en existe ainsi onze versions arabes différentes. C'est l'exemple le plus abouti et le plus malheureux de l'imposture indélébile. Le fait qu'on le sache faux ne change rien à son succès.

Dans l'un des essais de *La Guerre du faux*[1], Umberto Eco forge le concept opportun et plaisant du *cogito interruptus* pour décrire une avarie de l'esprit, où les processus logiques

1. Grasset, 1985.

s'interrompent pour céder la place à un système d'interprétation, non des symboles, mais des symptômes. L'on croit déceler des vérités même dans les mensonges et les faux présages. L'illustration la plus connue en est le dicton passablement frelaté : « Il n'y a pas de fumée sans feu. » Or, l'on peut méprendre de la brume pour de la fumée. C'est par l'une de ces avaries de la logique et du sens commun que les *Protocoles* ont pris les proportions d'une plaie mondiale. Le phénomène – on tendrait à dire la pathologie – est celle de l'automystification, dont on a vu plus haut quelques exemples et dont quelques autres suivront.

1906

La jeunesse retrouvée grâce à des greffes animales ?

La combinaison délétère, mais hélas commune de la naïveté, de l'ignorance et du mercantilisme engendra, au début du XXe siècle, l'une des mystifications les plus lucratives de l'histoire de la médecine. Elle fit croire à des millions de gens dans le monde qu'il serait possible de remédier aux effets de l'âge et à des pathologies dégénératives grâce à des greffes animales.

La naïveté y retrouvait le mythe des élixirs de jouvence, l'ignorance bravait les lois de la compatibilité génétique et tissulaire, qui n'avaient pas été découvertes, et le mercantilisme exploitait l'une et l'autre.

L'épisode est honteux, aussi les noms de la plupart de ses protagonistes ont-ils disparu des dictionnaires et des encyclopédies. À l'époque, un courant idéologique confus autant qu'obstiné, mâtiné de notions scientifiques douteuses, vantait les capacités de régénération vitale de l'être humain. Ce « vitalisme » se fondait sur l'utilisation à outrance des vitamines – dont il a été depuis démontré que l'abus est toxique –, sur la gymnastique suédoise – et celle-là seulement –, sur les vertus souveraines du lait caillé et de l'huile de foie de morue, ainsi que les fameuses greffes, le tout sur fond d'eugénisme destiné à éviter la « dégénérescence de la race ». On ne fera pas ici l'inventaire des « fortifiants » à base d'arsenic, de strychnine, de sang de tortue et autres ingrédients qu'on fit ingurgiter à deux ou trois générations d'adolescents.

En 1887, le célèbre anatomiste Charles-Édouard Brown-Séquard, successeur de Claude Bernard au Collège de France, et savant respecté à tous autres égards, suscita un tollé de réprobation quand il annonça qu'il s'était injecté, à soixante-dix ans, un « fluide » préparé à l'aide de testicules de mouton et qu'il avait, de la sorte, retrouvé son tonus musculaire et son alacrité d'esprit de jeune homme, ainsi que le « plaisir de vivre ». Il y survécut tout de même sept ans.

En 1900, Alexis Carrel, plus prudent, effectua ses greffes sur des rats, à l'instar du Viennois Jürgen W. Harms. En 1906, un certain Jaboulay sauta le pas en tentant de greffer des reins de porc et de chèvre sur deux humains. Le résultat fut si déplorable que seul son patronyme y survécut. Ce fut aussi le cas de Hunger, de Neuhof et de Schonstadt, qui utilisèrent respectivement des reins de singe de Java, d'agneau et de macaque.

En dépit de ces échecs, l'obsession s'enracinait. En 1915, le médecin d'origine russe Serge Voronoff greffa des thyroïdes de chimpanzés à des patients souffrant d'insuffisance thyroïdienne, et il greffa même un os de chimpanzé à un blessé de guerre. Or, Voronoff n'exerçait pas dans une officine douteuse : chirurgien en chef de l'Hôpital russe en France pendant la Première Guerre mondiale, il devint en 1921 professeur de chirurgie expérimentale au Collège de France.

Or, en 1920, il greffa des testicules de singe sur un homme. En 1930, il avait pratiqué cinq cents interventions de ce genre. La mythologie du rajeunissement, elle, se portait bien.

*

Au stade de cette effroyable histoire, il convient de rappeler ceci : les greffes de tissus vascularisés entre deux espèces différentes, dites aussi xénogreffes, ne peuvent absolument pas prendre de façon durable. L'absence de compatibilité des groupes sanguins et des groupes HLA l'interdit ; telle est la raison pour laquelle même des greffes entre humains peuvent échouer. Des xénogreffes ont cependant été tentées jusqu'en 1999 pour maintenir des fonctions vitales et non pour « rajeunir » les sujets : elles ont toutes échoué au bout de quelques heures ou de quelques jours. La seule perspective d'avenir pour le recours aux xénogreffes est l'utilisation d'animaux transgéniques, c'est-à-dire génétiquement modifiés pour ne pas être rejetés par le receveur. À l'époque, on n'y songeait même pas, puisqu'on ignorait quasiment tout de la génétique.

De plus, les cellules sexuelles n'ont pas d'effet sur le processus naturel du vieillissement, qui est commandé par l'ADN du génotype.

On objectera qu'un Voronoff ignorait ces deux points fondamentaux et qu'on ne peut donc pas le taxer d'imposture ou de mystification. Mais, s'il avait suivi ses patients de façon objective, il aurait forcément constaté que ses greffes ne tenaient pas et il y aurait renoncé. Presque uniformément positifs, ses rapports, cependant, entretenaient l'illusion d'une percée de la médecine : des hommes de soixante-trois à quatre-vingt-trois ans retrouvaient, selon lui, le tonus musculaire, l'élasticité de la peau, l'acuité visuelle et la vigueur de la libido, leurs cheveux repoussaient, leur tension artérielle baissait. Assertions frauduleuses, sans doute inspirées par la double autosuggestion du praticien et de ses patients.

Et l'on frémit à l'idée que ces hommes aient transmis à leurs compagnes des spermatozoïdes de singe.

Il en découle que, dans l'hypothèse la plus indulgente, Voronoff expérimentait une thérapeutique illusoire sur des êtres humains, ce qui est contraire à l'éthique médicale, et que, dans la plus sévère, il se mystifiait lui-même et, du coup, ses patients. Les deux hypothèses ne s'excluent d'ailleurs pas.

Quand il mourut, exilé en Suisse et désenchanté, ses greffes rajeunissantes étaient totalement déconsidérées.

*

Une histoire parallèle s'était entre-temps déroulée aux États-Unis.

En 1918, un aventurier sans aucun diplôme véritable, sinon celui, frauduleux, délivré par une officine de Kansas City, l'Eclectic Medical University, ouvrait à Milford un hôpital de cinquante lits, dont le personnel comprenait six chirurgiens. Il s'appelait John Romulus Brinkley.

« Tenancier » d'une pharmacie, sur la base de permis également frauduleux, Brinkley avait traité un fermier impuissant depuis seize ans en lui greffant des testicules de bouc. L'opéré se déclara ravi par les résultats. La réputation de Brinkley était faite dans l'État. Elle fut la caution de son entreprise. Il facturait sa greffe 750 dollars, somme alors prodigieuse.

En 1923, il créait la première station de radio du Kansas, la KFKB (Kansas' First Kansas' Best), sur les ondes de laquelle il diffusait sa science de marchand d'orviétan, traitant des problèmes de « fatigue du mâle » et de déficience glandulaire. Il vendait aussi des médicaments de fantaisie fabriqués par la Milford Drug Co., sa propre compagnie.

L'hôpital de Milford n'eut bientôt plus assez de lits pour les clients qui affluaient (cinquante par jour en moyenne), et il n'y eut plus assez de boucs au Kansas pour en prélever les testicules. En 1930, des révélations de presse interrompirent l'ascension apparemment irrésistible de Brinkley : durant la Prohibition, il avait été un *bootlegger*, fabricant clandestin d'alcool, et ses diplômes étaient frauduleux : il n'avait pas le droit d'exercer la médecine. Le Board of Medical Examiners, équivalent de l'ordre des médecins de Kansas City, le traita de charlatan et l'État fédéral menaça de révoquer la licence de sa station de radio. En pleine tempête judiciaire et médiatique, Brinkley annonça sa candidature au poste de gouverneur du Kansas. Il fonda une autre radio, XER, de l'autre côté de la frontière mexicaine, et s'installa à Del Rio, au Texas : il y avait ouvert une autre clinique, et celle-ci connut le même afflux. Ce ne fut qu'en 1934 que les autorités locales et fédérales eurent enfin raison des escroqueries de Brinkley. Des patients le poursuivirent en justice et obtinrent des dommages et intérêts pour les séquelles des greffes qu'ils avaient subies. Il avait fait dix fois mieux ou pire que Voronoff : cinq mille greffes de testicules de bouc.

*

Nous n'avons évoqué ici que les deux cas les plus notoires de la folie des greffes de testicules d'animaux. Mais Voronoff et Brinkley eurent des imitateurs, fussent-ils moins ambitieux, et l'objet de ces pages n'est pas un historique de cet épisode d'aberrations. La mystification était devenue planétaire et elle fut d'autant plus obstinée qu'elle plongeait ses racines dans une mythification très ancienne. Quinze siècles avant notre ère, les doyens des tribus de Chine et de l'Inde consommaient les testicules d'animaux sauvages pour stimuler leurs énergies et, dans bien d'autres cultures, les prêtres se réservaient ces parties des animaux sacrifiés. Des traces, plus bénignes, de la vertu mythique de ces organes demeurent d'ailleurs dans notre gastronomie.

Bien plus graves sont les conséquences de pratiques « vitalistes » qui furent pratiquées en Afrique jusque fort avant dans le XXᵉ siècle : les scarifications destinées à faire pénétrer du sang de singe dans le corps humain pour le vivifier. Des incisions étaient pratiquées sur la cuisse et l'on y versait du sang de l'animal sacrifié : ce fut l'origine du sida. Car ces ébauches de perfusion contaminaient de la sorte des humains avec un virus animal, le SIV (*Simian Immunodeficiency Virus*). La maladie resta longtemps dormante et localisée, causant une détérioration lente de l'organisme, et fut classée dans les maladies tropicales sous le nom de *Wasting Disease*. Dans les années 1970, une mutation du virus la rendit à la fois aiguë et mondiale.

Les mystifications exploitent souvent des mythifications, qui peuvent être dangereuses, voire mortelles.

1906 à 1981

Ces hommes d'État qui dissimulèrent leur maladie au monde

Depuis les débuts de l'aviation civile, dans les années 1930, les compagnies d'aviation ont durci de plus en plus strictement les contrôles de santé physique et mentale des pilotes. Nul n'eût songé, déjà dans les années 1950, à confier les commandes d'un DC 8, d'un Boeing ou d'un Vickers Viscount à un homme susceptible de souffrir d'un coma diabétique ou d'une attaque cardiaque en phase de décollage ou d'atterrissage, ni à un cyclothymique ou à un maniaco-dépressif. On y songerait encore moins au XXIe siècle. Confier les vies de centaines de passagers à des hommes sujets à des défaillances physiques ou psychiques relèverait en soi de la maladie mentale.

Curieusement, le même contrôle n'est pas imposé à des hommes responsables du destin de nations, parfois de l'Histoire. Les dossiers médicaux des chefs d'État furent, et demeurent depuis des décennies, un sujet de préoccupation qui n'agitait que des esprits chagrins, vétilleux, soupçonneux de tout et de tout le monde et probablement justiciables eux-mêmes d'un examen de détection de la paranoïa, c'est-à-dire de la manie de la persécution. L'argument des défenseurs du pouvoir est que le chef sait dominer ses misères physiques et que là réside sa grandeur – et le respect qu'elle impose.

Ainsi étaient posés les fondements d'une mystification phénoménale : la croyance dans la vertu suprême de l'esprit sur sa guenille corporelle. Elle remontait loin, elle s'enracinait même dans la nature divine du pouvoir.

*

Passe pour l'opinion publique générale que quelques rois du passé aient pu souffrir de quelques maladies invalidantes. Qu'y pouvait-on ? La médecine moderne n'était pas née et d'ailleurs ces rois avaient fait leurs preuves. Ils avaient mérité leur gloire.

Les témoins du passé, car il y en eut, et souvent fidèles, ont relevé des faits alarmants. Ainsi, en ce qui intéresse la France, mais elle n'est certes pas la seule, touchée par la mystification de Louis XI. Quoi, irait-on dresser un dossier médical *post mortem* de ce glorieux Valois ?

On le peut, grâce au chroniqueur Philippe de Commynes (1447-1511), qui avait oublié d'être sot ou distrait et qui, dans le chapitre intitulé « Comment le roi Loys, par une malladie, perdit subitement le sens et la parolle, guerissant et rencheant par diverses fois, et comment il se maintenoit en son chasteau du Plessis les Tours », décrit proprement l'attaque cérébrale dudit roi. C'était en mars 1480.

Louis XI n'y succomba que le 30 août 1483. Entre-temps, il avait perdu la mémoire, outre la parole, pendant plusieurs jours ; il démit tous ses ministres, s'imagina que son fils avait tenté de l'empoisonner et autres folies. Pendant trois ans, le royaume fut aux mains d'un débile physique et mental.

Chapitre pénible, mais exceptionnel de l'histoire du royaume ? Non point. Prenons le cas de François Ier. Monté sur le trône à vingt et un ans, il commença à décliner physiquement vingt ans plus tard : à partir de 1535, son état ne cesse d'empirer et il s'affaiblit. Son mal le plus obstiné est une fistule entre l'anus et les testicules, qui se complique du fait de la syphilis qu'il a contractée dans sa jeunesse, auprès de la Belle Ferronnière, dit-on. « Le roi de France a une veine rompue et pourrie dessous les parties basses, par où les médecins désespèrent de sa longue vie », note un témoin de la Cour. L'abcès n'en finit pas de s'étendre et compte cinq pertuis ou trous. Le roi s'obstine à aller à la chasse, mais ne peut le faire qu'en litière. Il régnera cependant douze ans, jusqu'en 1547. C'est cet invalide, en proie à des accès de fièvre récurrents, qui proclame l'édit de Fontainebleau contre les protestants, appelle à son secours le sultan Soliman pour résister à Charles Quint et signe le traité de Crépy, par lequel il cède à Henri VIII l'Artois et la Flandre.

Les constats de l'autopsie sont désolants : l'œsophage était atteint d'ulcères purulents, un poumon était putréfié, l'uretère était délabré et, dans le col de la vessie, on repéra « un large ulcère plein de pus[1] ». On se demande comment François Ier résista à toutes les souffrances qu'impliquent pareilles lésions. Le diagnostic ? Probablement un abcès d'origine blennorragique, compliqué par une sonde mal introduite pour remédier au rétrécissement de l'urètre. On peut s'étonner que le malade n'ait pas été emporté plus tôt par une septicémie.

Ministres et courtisans gardaient le secret. Il eût fait beau voir qu'ils défiassent le pouvoir au nom de l'intérêt national.

François Ier ne sera pas le dernier monarque qui eût dû, si raison régnait, confier le trône à un homme plus vaillant. Le cas le plus saisissant d'une misère physique qui entraîne l'incapacité d'agir est offert par Napoléon ; il est à la mesure de sa gloire.

*

Au tableau des misères dont l'Empereur souffrait depuis sa jeunesse, les difficultés de miction figurent au premier rang ; elles se classent sous la rubrique de l'appareil génito-urinaire. « J'ai toujours éprouvé de la difficulté à uriner, et d'autant plus que le besoin s'en faisait sentir plus fréquemment, admit-il. Aujourd'hui, les souffrances sont intolérables. »

Pour l'historien contemporain Pierre Hillemand[2], ces difficultés de miction eurent des conséquences historiques pendant la campagne de Russie : elles auraient empêché Napoléon de profiter pleinement de sa victoire et auraient permis à l'armée russe de se reconstituer. « Nous ignorions que Napoléon fût souffrant et que cet état de malaise le mettait dans l'incapacité d'agir dans les grandes affaires qui se déroulaient sous ses yeux », écrivit le général Louis-François Lejeune, qui participa à plusieurs campagnes napoléoniennes.

---

1. Pierre Rentchnick, *Ces malades qui font l'histoire*, Plon, 1983.
2. *Pathologie de Napoléon : ses maladies, leurs conséquences*, La Palatine, 1970.

Mais la déclaration isolée d'un témoin ne saurait changer grand-chose aux récits officiels des grandes entreprises militaires de Napoléon, et plus d'un historien, si critique fût-il, répugnerait à admettre que les difficultés urinaires de l'un des plus célèbres héros de l'Occident aient pu être responsables de sa plus cuisante défaite et changé l'histoire.

L'hypothèse la plus plausible est que ces difficultés étaient dues à un rétrécissement de l'urètre, séquelle d'une blennorragie ; le gonocoque était, en effet, un compagnon fidèle des militaires du temps. Elles ne furent certes pas atténuées par le mode de vie erratique du sujet : les longues heures, sinon les journées entières passées sans boire favorisaient évidemment les calculs rénaux ou urinaires. L'atrophie des organes génitaux, révélée par l'autopsie, n'arrangea rien.

C'est cependant sous la rubrique de la neurologie que figurent les symptômes les plus alarmants de l'état de santé de Napoléon. Depuis l'École militaire de Brienne, Bonaparte souffrait de pertes soudaines de connaissance. À cette école, il tomba soudain par terre. Simple évanouissement, pourrait-on supposer. Mais il s'évanouit de nouveau, publiquement, en novembre 1799, après avoir été malmené par les Cinq-Cents, à Saint-Cloud ; son inconscience est alors presque totale. La bousculade fut certes forte et dangereuse, mais alors, on eût dû compter bien plus de pertes de connaissance dans cette mémorable empoignade. Puis, entre janvier 1803 et septembre 1805, on compte trois attaques, dont une qui épouvanta la comédienne Duchâtel : alors qu'elle faisait l'amour avec son impérial amant, en 1807, au château de Saint-Cloud, il perdit connaissance et fut saisi d'une crise de convulsions. Les familiers, dont Joséphine, accoururent et virent l'illustre malade nu et secoué de spasmes.

Certains auteurs, dont le Dr Frederick Cartwright[1], ont évoqué l'épilepsie. Dans ce cas, il s'agirait d'une épilepsie localisée, qu'on appelait autrefois « petit mal », et dont l'évolution

1. *Ces maladies qui ont changé l'histoire*, Elsevier, Bruxelles, 1974.

est variable au cours de la vie. Le diagnostic semble d'autant plus plausible que Napoléon subissait aussi des absences ou des crises de somnolence soudaines qui allèrent s'accusant. Témoins et mémorialistes se sont émerveillés de la capacité de récupération immédiate du grand homme, qui pouvait s'endormir en voiture ; élogieuse interprétation d'un symptôme morbide qu'on appela un temps « syndrome de Pickwick », en référence au personnage de Charles Dickens : « Le 7 mai 1810, à Gand, lors d'une fête et d'un bal donnés à l'Hôtel de Ville, Napoléon s'endormit sur son trône. »

Cette affection doit être rapprochée des migraines tenaces, qui se manifestèrent dès la fin de la campagne d'Italie, en 1796. Peut-être étaient-elles dues à l'effort physique et intellectuel intense auquel Napoléon s'astreignit si fréquemment au cours de sa vie, et qui aurait causé de l'hypertension. Mais ce sont des conséquences et non des causes du déséquilibre.

Cependant, il semble difficile de séparer ces deux troubles de l'altération visible du caractère, qui alla s'accusant jusqu'à la fin de sa vie. Ses accès de colère, souvent irrationnelle et frisant la psychose, comme dans l'épisode de la modiste qu'il trouva dans l'antichambre de Joséphine, prit brusquement en aversion, fit arrêter et jeter en prison, allèrent se multipliant et son langage devint de plus grossier. Et là, on ne peut plus exclure que son état de santé ait modifié son comportement politique autant que son comportement affectif et intime. Le ministre de la Marine, Denis Decrès, l'avait déjà clamé : « L'Empereur est fou, il nous perdra tous ! »

*

La déduction en est consternante : Napoléon a souffert dans les dernières années de son règne d'accès psychotiques, dont il est impossible d'évaluer aujourd'hui la fréquence, la gravité et les conséquences. La France a été gouvernée pendant dix-huit années par un génie militaire cliniquement dément par intermittence. L'Europe en a subi les conséquences. La France y a perdu plus d'un million d'hommes et le rang de la nation la plus peuplée d'Europe, avec les conséquences démographiques qu'on sait.

Mais on peinerait à trouver, sauf dans quelques ouvrages spécialisés, une mention de la formidable hypothèque que l'état mental et physique de Napoléon a fait peser sur l'Occident : s'y risquer frise le crime de lèse-majesté.

S'en abstenir est pourtant commettre la faute grave de la mystification collective.

« C'est du passé, plaideront certains. À quoi bon y revenir ? À quoi bon abattre les idoles et tout démonter ? » À éviter la répétition des erreurs du passé. En effet, le consensus dominant aux XXe et XXIe siècles est que l'ouverture des démocraties modernes à l'information libre et la surveillance de plus en plus aiguë des médias rendraient impossible une longue dissimulation de la maladie d'un chef d'État. À preuve, l'émotion qui s'est emparée du public en 2008, lors du bref malaise que subit le président Nicolas Sarkozy, pendant un jogging matinal. Il ne demeure plus que quelques dictatures isolées où un tyran peut encore masquer son délabrement physique et mental. Voire.

Par l'effet d'une comédie publique rendue possible par l'ignorance de la nation et les mensonges de ses alliés, un grand malade physique et un infirme mental commanda le destin d'une grande puissance du début du XXe siècle, les États-Unis d'Amérique : c'était Thomas Woodrow Wilson. Et ce fut encore lui qui représenta son pays au désastreux traité de Versailles, après la Grande Guerre.

Physiquement, il souffrait depuis 1896, à l'âge de quarante ans, d'altérations cérébrales se manifestant par une faiblesse musculaire du côté droit, avec insensibilité des doigts et difficulté à écrire. Il apprit donc à écrire de la main gauche. Cette condition est évolutive : en 1906, un caillot sanguin, soit dans l'artère cérébrale de l'œil, soit dans la carotide, lui fit perdre l'œil droit. Le médecin appelé en consultation diagnostiqua une artériosclérose généralisée.

« Les observations cliniques de plusieurs de ses médecins ont été volontairement détruites », relèvent Pierre Accoce et le

Dr Pierre Rentchnick[1], mais celles du Dr Edward S. Gifford Jr, de Philadelphie, datant de 1908, ont échappé à cette censure : spasmes artériels et hémorragies rétiniennes, ce qui indique une très forte hypertension artérielle avec risque d'hémorragie cérébrale.

Ce borgne artérioscléreux se lance pourtant à la conquête du pouvoir suprême et, ô miracle, l'obtient : il devient président des États-Unis en 1912. Il porte en permanence une sonde gastrique pour remédier à ses acidités et il est sujet à des crises dépressives.

Le comportement est encore plus alarmant : il sanglote souvent sans raison, interrompt ses discours à cause de pertes de mémoire, souffre de confusion mentale et d'accès d'irritabilité. Il cache un revolver dans le tiroir de son bureau… Son comportement est si bizarre que Sigmund Freud lui consacrera une étude, expliquant l'origine œdipienne de sa névrose.

Mais le Dr Grayson, de la Maison Blanche, assure à la nation en 1913 que le président est en parfaite condition physique. Et Wilson est réélu en 1916. Son horreur de la guerre le retient d'intervenir dans le conflit qui déchire le Vieux Continent ; il ne s'y résoudra qu'en 1917, lorsqu'il comprendra que l'Amérique elle-même est menacée[2].

Sa condition générale s'aggrave : à Paris, le 3 avril 1919, des coliques violentes, la présence de sang dans les urines, des spasmes de la jambe gauche et de la moitié gauche de son visage, accompagnés de délires, contraignent sa délégation à le rapatrier à Washington. Il était temps : il avait interdit aux membres de celle-ci de circuler en auto et soupçonnait les Français de chercher à l'empoisonner.

Quand il arrive à Washington, le bras gauche est définitivement paralysé. Alerté par le secrétaire d'État Robert Lansing, le Sénat s'inquiète. Avec la complicité du Dr Grayson, Mme Wilson parvient à duper les sénateurs, qui sont reçus un par un dans le bureau présidentiel ; ils n'y voient que du feu ; elle les assure qu'une démission du président aurait un mauvais

1. *Ces malades qui nous gouvernent*, Stock, 1976.
2. Voir p. 271.

effet sur le pays et même compromettrait sa santé. Et, pendant quelque temps, c'est elle qui dirige les États-Unis.

« Plus jamais ça », dira-t-on. Mais si.

*

Quand John Fitzgerald Kennedy est investi président des États-Unis, le 20 janvier 1961, sa seule apparence plaide pour son irréprochable santé physique et morale ; à quarante-trois ans, il rayonne d'énergie. Les frères Kennedy sont tous des sportifs, la presse publie des photos où ils jouent au squash. La presse s'évertue à satisfaire la curiosité d'un public avide d'informations sur la vie privée de ses dirigeants, et des reporters font une chasse constante aux petites indiscrétions sur le nouvel occupant de la Maison Blanche et ses proches. On sait que Kennedy a subi une blessure dans le dos pendant la guerre, mais cela ajoute à son palmarès : en 1943, le PT-109, une vedette rapide sur laquelle il naviguait dans le Pacifique, au large des îles Salomon, a été coulée par une torpille japonaise, et c'est alors qu'il a été blessé. Ce n'est pas tout à fait exact : la blessure de 1943 a réveillé et aggravé une blessure ancienne, subie lors d'un match de football en 1937 et qui a provoqué la rupture d'un disque intervertébral. Les souffrances sont parfois aiguës. L'Amérique compatit.

En 1954, la chirurgie a fait des progrès : on peut insérer à la place du disque rompu un disque artificiel qui met fin au douloureux écrasement du nerf, qui rend parfois la victime invalide. Kennedy décide de recourir à cette solution. En octobre de cette année-là, il se fait opérer dans un hôpital new-yorkais et là, surprise, le choc opératoire entraîne une décompensation brutale, c'est-à-dire une faillite des mécanismes régulateurs de l'organisme. Son état paraît désespéré, on lui administre l'extrême-onction. Mais il se remet lentement. Quatre mois plus tard, une infection staphylococcique impose une deuxième intervention. Nouvelle décompensation, nouvelle extrême-onction. Et une fois de plus Kennedy se remet, mais lentement.

Ces deux réactions anormales au choc opératoire, la décompensation et l'infection staphylococcique, sont causées par une défaillance des capsules surrénales, des glandes qui diffusent dans l'organisme des hormones essentielles au métabolisme, à l'équilibre des composants du sang, à la résistance aux infections ou au stress. Non traitée, cette défaillance finit par entraîner la mort par affaiblissement. Quelques médecins le savent : John Fitzgerald Kennedy souffre de la maladie d'Addison, dite aussi « maladie bronzée », parce qu'elle entraîne une hyperpigmentation de la peau. Il le sait lui aussi depuis qu'il a été hospitalisé dans un hôpital militaire, en 1948.

Mais le public américain l'ignore. Et il tient son teint naturellement hâlé pour un signe de santé et de vie en plein air.

*

S'il est encore en vie en 1961, Kennedy le doit à la cortisone, commercialisée dans les années 1950. Or, en traitement au long cours, celle-ci agit comme une drogue hallucinatoire. Et elle stimule la sexualité. D'où les besoins apparemment pressants que des témoins indiscrets ont rapportés après la mort de Kennedy et qui portent le nom médical de priapisme.

Ces effets s'ajoutent aux troubles neurologiques et psychiques qu'entraîne la maladie d'Addison – troubles de la mémoire et du sommeil et tendances schizophréniques.

De surcroît, lorsqu'il souffrait de baisses de tonus, Kennedy se faisait injecter des amphétamines par un médecin trop complaisant, le Dr Jacobson, qui y perdit bien plus tard sa licence d'exercer.

Le pouvoir suprême de la plus grande puissance militaire de la planète fut donc exercé pendant près de trois ans par un homme dont la santé physique était gravement délabrée et la santé psychique tout aussi dangereusement menacée.

Ces faits ne furent révélés – partiellement – qu'après sa mort, par Theodore Sorensen, son porte-parole, et Pierre Salinger, l'un de ses proches. Les opinions américaine et mondiale furent dupées sciemment par une coterie de parents et d'intimes. Le secret médical achevait de sceller la tromperie.

*

Le même scénario se reproduisit en France, de 1969 à 1974, lors de la présidence de Georges Pompidou. Depuis la fin 1968, le tableau clinique de la santé de l'homme politique allait s'assombrissant. De la légère anémie, des infections à répétition et des anomalies sanguines, il évolua vers un désordre du sang plus grave, la macroglobulinémie, c'est-à-dire l'apparition dans le sang de globulines anormalement grosses ; celles-ci signalent un cancer et menacent le fonctionnement d'organes tels que le foie, la rate, les ganglions lymphatiques.

Le président accumulait les accès de fatigue et souffrait de pannes dans l'exercice de ses tâches. Conscients de la situation, les médecins exploraient le patient pour poser un diagnostic. En 1972, ils l'annoncèrent au malade, mais on ignore s'ils spécifièrent le nom des maux qu'ils soupçonnaient, maladie de Kahler ou maladie de Waldenström, toutes deux également graves. Ils ne révèlent la situation totale qu'à son épouse et à son fils, médecin. À partir de là, une succession de « grippes » douteuses commence à embarrasser ses collaborateurs et à alarmer l'opinion. L'homme d'État tente de tenir le coup et poursuit ses activités du mieux qu'il peut, mais son génie propre semble de plus en plus voilé par l'évolution de la maladie : il est lourdement vulnérable à la fatigue. Même s'il n'a pas de compétences médicales, il est assez intelligent pour comprendre qu'il est miné. Mais il refuse de dételer. Il accélère ainsi sa fin. Aucune autorité constitutionnelle ne peut le contraindre à se démettre et, là aussi, le secret médical verrouille sa décision.

Il faudra un jour décider de la conclusion qui s'impose : héroïsme ou irresponsabilité ?

Le même secret médical sera mis en cause une fois de plus après la mort de François Mitterrand. Le président était informé de son cancer depuis 1981, mais rien ne l'obligeait non plus à le déclarer : il eût alors dû renoncer à son mandat. Cette fois, le secret médical fut évoqué et invoqué avec une certaine virulence. Mais la même législation ne pouvait pas l'exiger des médecins et leur imposer de l'enfreindre en ce qui touchait aux chefs d'État.

Toutes les conditions étaient donc réunies pour que les mystifications se reproduisent.

Nous n'avons cité qu'un petit nombre d'exemples de détériorations physiques de chefs d'État, et il en est bien d'autres qui se pressent aux portes de la mémoire, de Hitler, bien évidemment – qui fut pendant les dernières années de sa vie justiciable de l'internement psychiatrique –, à Roosevelt qui, à Yalta où se décida le sort du monde d'après-guerre, se trouva dans un état quasi catatonique, il y faudrait un ouvrage de plus sur les rapports entre les mensonges médicaux et l'histoire.

Et encore n'a-t-on parlé que des pays qui se targuent d'être « développés ». Nous offrons ces pages aux hommes politiques en quête de grands thèmes…

1910

Boronali, maître de l'excessivisme

Les scandales, arnaques et mystifications du XXe siècle naissant sont rarement, sinon jamais plaisants. Lassé des querelles sur des sujets abstrus – que les partisans du fauvisme, du futurisme, du cubisme, du constructivisme, du suprématisme et autres *ismes* de l'art entretiennent de salon en galerie et qu'il soupçonne d'être inspirés par la peur de manquer le train d'une mode –, un jeune journaliste conçoit une mystification qui a l'immense mérite d'être divertissante.

Il s'appelle Roland Dorgelès. Il fait le chaland devant une toile accrochée au salon des Indépendants, qui vient de s'ouvrir : *Et le soleil s'endormit sur l'Adriatique* (ou *Coucher de soleil sur l'Adriatique*). Bien futé qui en distingue le sujet. Le peintre est un Italien que Dorgelès estime injustement inconnu, Joachim-Raphaël Boronali. Ce génie en herbe est le chef de file de l'excessivisme. L'article que Dorgelès en fait de vive voix et par écrit finit par porter ses fruits. La cote du tableau monte et, au fur et à mesure des articles, curiosités et commentaires, elle atteint des sommets.

Qui est Boronali ? Où se trouve-t-il ? A-t-il peint d'autres chefs-d'œuvre ? Le moment est propice pour cracher le morceau : Dorgelès révèle que l'auteur de la toile est Lolo, l'âne du Lapin agile, cabaret de Montmartre que hantaient artistes et rapins du temps, dont Maurice Utrillo. Dorgelès, le futur auteur des *Croix de bois* et du *Cabaret de la belle femme*, futur président de l'académie Goncourt aussi, avait fait enregistrer la confection du chef-d'œuvre excessiviste par un huissier. Il avait trempé la queue de Lolo dans des bols de peinture et l'avait promenée sur la toile. Peut-être Lolo y avait-il mis du sien. Et ce nom de Boronali ? Ce n'était que le verlan d'Aliboron, nom donné à un âne par La Fontaine.

Les amateurs gobèrent la potion amère, mais cela ne changea pas grand-chose aux destins des différentes écoles de la peinture moderne. La mystification de Dorgelès fut promptement oubliée et même occultée comme une facétie facile, voire digne d'un Béotien. Près d'un siècle plus tard, on exposait au château de Versailles des baudruches diverses, dont l'une était même en forme de homard, et seuls des esprits qu'on qualifia de rétrogrades et vétilleux s'en offensèrent.

Quant au *Coucher de soleil* de Boronali, il sommeille à l'espace culturel Paul-Bedu de Milly-la-Forêt.

1912

La rocambolesque mystification du manuscrit Voynich

C'est en 1912 que l'un des faux les plus extravagants de l'Histoire acheva ses quatre siècles de pérégrinations à travers l'Europe et devint un casse-tête hermétique pour les experts de toutes dénominations ; il le resta d'ailleurs près d'un siècle encore avant qu'on finît par en admettre la nature : un attrape-mystiques.

Cette année-là, Wilfrid Voynich, ancien sujet russe évadé de Sibérie, où il avait été exilé pour activités politiques, mit la main sur le manuscrit qui porte son nom. Installé à Londres, Voynich était devenu marchand de livres rares, d'incunables (livres imprimés avant 1500) et de manuscrits. L'objet était constitué de deux cent quarante-six pages in-quarto, couvertes de textes et de dessins, dont plusieurs en couleurs. D'après le graphisme, Voynich estima la date de rédaction aux environs de 1400.

L'ouvrage comportait six sections : botanique, astronomie, biologie, pharmacie et peut-être astrologie. L'objet de la quatrième section était impossible à définir : les dessins représentaient des médaillons emplis d'étoiles et de formes inconnues.

En apparence, c'était un de ces manuels d'histoire naturelle, comme les appréciaient lettrés et amateurs de la Renaissance.

Et les problèmes commencèrent...

*

Tout d'abord, l'écriture en était indéchiffrable : ce n'était ni du latin, ni du grec, ni aucune langue ancienne connue ; l'alphabet même en était mystérieux ; il comportait des signes jamais recensés dans aucune écriture.

Puis, si l'on examinait la seule section de botanique, il était strictement impossible d'identifier n'importe laquelle des plantes soigneusement dessinées. L'on n'avait guère plus de chances de trouver une notion connue dans les cinq autres sections.

Le manuscrit était un objet totalement hors du commun.

Émigré à New York au début de la Grande Guerre, Voynich soumit l'objet à des experts, comme il en abondait aux États-Unis. Sans plus de succès. Pour sa part, le libraire attribuait ce singulier manuscrit à Roger Bacon, le célèbre philosophe et érudit anglais du XIIIe siècle, sur la base d'une anagramme qu'il avait pu déchiffrer dans le texte, l'une des très rares percées dans ce palimpseste. Épluchant les archives de bibliothèques d'Europe centrale, d'autres chercheurs trouvèrent ensuite que le mystérieux manuscrit avait déjà intrigué plusieurs lettrés au cours des siècles passés, dont un alchimiste, Barschius, et le célèbre érudit du XVIIe siècle, Athanase Kircher, qui s'intéressait à la fois à la vie des insectes, aux bêtes fabuleuses et à l'astrologie. Mais aucun d'eux n'avait pu percer le secret du manuscrit. Au cours des recherches, on découvrit que le manuscrit avait jadis figuré dans la Bibliothèque du Vatican et l'on fut contraint d'en déduire que Voynich se l'était approprié de façon détournée.

Un cryptographe amateur américain, James Martin Feely, parut avoir déchiffré le code secret et en donna des fragments de traduction en bas latin qui semblèrent un moment plausibles, mais ses hypothèses furent abandonnées, parce que les versions proposées n'avaient guère de sens. Pourquoi prendre tant de soin à chiffrer des textes ineptes ? Jusqu'en 2004, date du dernier état des recherches[1], aucune grille de déchiffrage n'avait été établie et le soupçon pointa qu'il n'y en avait peut-être pas.

On supposa alors que l'ouvrage était un essai de lancement d'un langage inconnu. Puis, le catalogue des hypothèses, jusqu'aux plus échevelées, ayant été épuisé, les experts baissèrent les bras. Demeurait un fait : le manuscrit Voynich était un assemblage de notations sans queue ni tête, sans aucune

1. Gerry Kennedy et Rob Churchill, *The Voynich Manuscript*, Orion, Londres, 2004.

référence à des notions connues de l'époque. Les auteurs de ce genre de textes associant communément les sciences naturelles à des théories ésotériques fumeuses se réfèrent souvent à des notions courantes, telles que la correspondance entre certains métaux et éléments et les signes astrologiques. Là, rien de tel, et les légions de chercheurs qui s'étaient intéressées depuis des siècles au manuscrit Voynich n'en avaient pas extrait le moindre fragment valide. Il était plus que périlleux d'en attribuer la paternité à Roger Bacon, d'abord parce que le style du graphisme lui était postérieur, ensuite parce qu'on ne retrouve nulle part dans l'œuvre de ce philosophe de spécimen du code secret en question, enfin, parce que Bacon, si enclin fût-il aux spéculations fuligineuses, était un bon observateur et n'aurait pas dessiné des plantes imaginaires. Un trait retenait l'attention : le manuscrit était présenté à la manière des textes érudits de l'époque, mais son inconsistance donnait à soupçonner qu'il avait été réalisé dans ce but. C'était un astucieux canular.

Un épisode dans les pérégrinations du manuscrit le donne fortement à penser. En 1583, le manuscrit avait appartenu à un certain John Dee, magicien personnel de la reine Elizabeth Ire et probablement espion à son service. À l'époque, en effet, nombre de monarques entretenaient des sorciers dans leurs services, pour de hautes et basses œuvres. Dee s'était associé à un personnage sulfureux, Edward Kelley, alchimiste, prophète, invocateur d'esprits célestes et surtout faussaire, en somme un charlatan accompli.

En 1584, on retrouve, après maintes péripéties, les deux compères à la cour de Rodolphe II, empereur du Saint Empire romain germanique, friand de sciences occultes et collectionneur d'ouvrages précieux. Et, soudain, voilà Dee riche, fort riche, puisqu'il a reçu la somme de 630 ducats d'or, à l'époque considérable. Le lien entre la vente du manuscrit et cette brusque fortune est évident ; il a d'ailleurs été fait par Voynich lui-même en premier lieu[1].

---

1. Robert S. Brumbaugh, *The World's Most Mysterious Manuscript, the Voynich "Roger Bacon" Cipher Manuscript*, Weidenfeld & Nicolson, Londres, 1977.

Qui en fut l'auteur, on l'ignore et l'on est fondé à soupçonner Kelley, qui se trouva, lui aussi, soudain enrichi à la cour de Rodolphe II avant d'être jeté en prison par son protecteur en 1593, pour quelque activité illicite. Le respect parfois excessif pour le passé fait parfois oublier que l'on y compta aussi des farceurs et des faussaires. Soit des mystificateurs.

1912

Le vrai-faux buste de Néfertiti

C'est le 6 décembre 1912 que fut découverte la seconde femme la plus célèbre au monde, la Néfertiti actuellement au musée de Berlin. La première était la Joconde de Léonard de Vinci, au Louvre, connue depuis son achèvement et imposée à l'imaginaire mondial en raison de son mystère. Mais la seconde a été sacrée plus belle femme du monde et elle n'a atteint la notoriété que depuis 1924. Depuis 2010, toutefois, des doutes de plus en plus sérieux pèsent sur son authenticité. Toute son histoire est bizarre, jusqu'à paraître suspecte.

Ce 6 décembre-là, leurs altesses royales les princesses de Saxe, qui passent l'hiver en Égypte, visitent le chantier de fouilles de l'illustre égyptologue allemand Ludwig Borchardt à Tell el-Amarna, ancienne capitale du pharaon Aménophis IV, dit aussi Akhenaton, auquel on attribue hâtivement « l'invention » du monothéisme et qui était l'époux de Néfertiti. Peu de temps auparavant, Borchardt avait découvert l'atelier du sculpteur Thoutmosê, avec les instruments, les matériaux, dont le stuc, et les pigments d'époque. Les princesses se promenant à leur guise reviennent vers l'égyptologue, tenant en main un objet qu'elles viennent de trouver dans l'atelier ou le terrain de fouilles, on ne sait ni on ne saura. C'est le buste polychrome qui deviendra mondialement célèbre. Haut d'une cinquantaine de centimètres, en calcaire recouvert de stuc et peint, il est miraculeusement intact, à part les oreilles ébréchées. C'est Néfertiti.

Pendant près de quarante ans, l'égyptologue suisse Henri Stierlin et quelques autres enquêteront sur cette beauté et relèveront les étrangetés suivantes.

Borchardt est un égyptologue dont le renom est aussi grand que l'expérience ; il ne peut méconnaître l'intérêt historique du buste de Néfertiti, outre ses qualités esthétiques. Mais, apparemment, il ne s'en soucie pas outre mesure. Les autorités françaises chargées d'arbitrer le partage des découvertes entre l'Égypte et les mécènes qui financent les fouilles ne prennent pas non plus le buste en considération. Pis, Borchardt s'oppose à ce que le buste figure dans une exposition sur ses découvertes, qui doit avoir lieu à Berlin. Mais le musée prévaut et finalement le buste est exposé en 1924 ; alors sa notoriété s'envole. Chacun admire la finesse hiératique de ce portrait de femme, une Marlene Dietrich d'il y a trois mille cinq cents ans, dont la séduction transcende l'impassibilité de l'expression. Chacun admire sa modernité.

Pourquoi Borchardt a-t-il témoigné si peu d'intérêt pour cette œuvre ? D'emblée, il écrit que le buste est en calcaire recouvert de stuc. Comment le sait-il ? Le buste pourrait, en effet, être en plâtre, comme d'autres modèles de sculpteur.

Les circonstances de la découverte sont obscures, sinon confuses. A-t-il été trouvé par Borchardt, ses équipes, ou bien par un simple ouvrier, dont on connaît le nom, Mohamed Ahmed el-Senoussi ? Les rapports de l'égyptologue sont contradictoires : dans l'un, celui de 1923, il rapporte que l'objet a été trouvé, face contre terre, dans un tas de débris fragiles ; dans un autre, il suggère que le buste serait tombé d'une étagère située un mètre plus haut.

Mais comment le buste aurait-il subi si peu de dommages en tombant ? Le nez et le menton auraient dû en souffrir. Or, ils sont intacts.

Point majeur : l'œil gauche manque. Et tout le monde en convient : il n'a jamais été posé et il n'existe pas la moindre trace d'énucléation, qui aurait laissé des traces sur le stuc. Laisser une telle tare sur le visage d'une reine aurait, à l'époque, exposé le sculpteur aux pires sévices de l'administration : c'était un outrage à l'image de la royauté, elle-même assimilée à la divinité.

Mais quand il est enfin contraint de rédiger des notices sur ses découvertes, Borchardt recourt à une ruse déconcertante ; il ne présente sur son communiqué qu'une petite photo du profil droit, celui qui est doté d'un œil, et il en omet le socle. Ce qui est contraire à toutes les règles de l'archéologie, où l'on reproduit la totalité de l'œuvre sous toutes ses faces. C'est une erreur inconcevable chez un égyptologue aussi expérimenté et scrupuleux que Borchardt.

Le buste en question serait le seul de tout l'art égyptien à présenter des épaules coupées verticalement. Il existe d'autres bustes dans l'histoire de cet art, mais les épaules y sont coupées horizontalement. Il en ressort que ce buste ne peut être ni un modèle d'atelier, ni un buste achevé.

Une analyse scientifique ne démontrerait rien, si la sculpture a été confectionnée avec le stuc et les pigments retrouvés dans l'atelier de Thoutmosê.

Quelle est alors la conclusion ? Pour Stierlin[1], elle se résume en deux points. Le premier est l'évidente répugnance de Borchardt à laisser l'œuvre figurer dans les collections du musée. Celle-ci est indéniable, et le refus des autorités du musée de publier les carnets privés de Borchardt n'atténue pas l'étrangeté de cette répugnance.

Le second point est que Borchardt a voulu faire une expérience scientifique consistant à réaliser un portrait complet de Néfertiti, en s'inspirant des diverses images plus ou moins achevées de la reine. L'expérience était en plus destinée à prouver le rôle de la couleur dans la statuaire égyptienne, qui était alors méconnu. Pour cela, il lui fallait un artiste sculpteur et peintre ; il y en avait un dans l'expédition de fouilles, Stierlin en livre le nom : Gerhard Mark, vingt-deux ans.

Et, pour bien témoigner qu'il s'agissait d'un modèle expérimental et non de la fabrication d'un faux, Borchardt et Mark auraient laissé exprès l'œil gauche absent. Involontairement, il imprégna son œuvre de la sensibilité artistique de son temps, d'où ce caractère bizarrement Art Nouveau.

Sur ce, arrivèrent les princesses de Saxe, qui s'emparèrent du buste comme s'il s'agissait d'un original. Une expérience archéologique allait tourner à l'imposture.

---

1. *Le Buste de Néfertiti. Une imposture de l'égyptologie ?* InFolio, CH 1126, Gollion, 2009.

1914

Le ténébreux assassinat de l'archiduc François-Ferdinand

Enseignées à un étudiant sensé, les causes de la Grande Guerre, celle de 1914-1918, évoquent irrésistiblement les mots de Shakespeare, « une histoire pleine de bruit et de fureur » (et finalement incompréhensible). Récapitulons : un jeune nationaliste serbe tue l'archiduc d'Autriche François-Ferdinand en visite à Sarajevo, en Serbie. L'Autriche croit y voir une déclaration de guerre et, un mois plus tard, déclare la guerre à la Serbie. Elle s'assure l'alliance de l'Allemagne. Celle-ci craint que la Russie n'intervienne dans le conflit et lui déclare la guerre. La France, alliée à la Russie, déclare la guerre à l'Allemagne. La Turquie, alliée à l'Allemagne, se voit déclarer la guerre par la Russie, l'Angleterre et la France...

Et bientôt toute la planète est en feu. Résumée à ces seuls faits, l'histoire ressemblerait plutôt à l'intrigue d'un théâtre de marionnettes. Et, sauf à postuler que les chefs des États de l'Occident étaient des fous justiciables de l'internement, elle serait, en effet, incompréhensible. En fait, l'enchaînement des hostilités découlait de situations latentes depuis plusieurs années et de calculs ténébreux autant que périlleux.

Au début du XXe siècle, l'Empire austro-hongrois est en proie à des tensions graves, causées par les minorités qui aspirent à l'autonomie, dont les Serbes et les Tchèques, et aggravées par les visées de la Russie sur les Balkans. Cependant, l'empire s'accroche à l'idée de son État supranational. En 1912, la Serbie et la Bulgarie, encouragées par la Russie, forment une ligue balkanique, à laquelle se joignent la Grèce et le Montenegro, et attaquent la Turquie d'Europe, qui subit de sérieux revers. Toujours encouragée par la Russie, la Serbie revendique un accès à l'Adriatique, auquel s'oppose l'Italie. En 1913, inquiète de voir se former une Grande Serbie, la Bulgarie déclare la guerre à cet État. Elle aurait des chances de l'emporter si la Roumanie, la Grèce, le Montenegro et même la Turquie n'étaient accourus au secours de la Serbie. L'Autriche-Hongrie s'alarme à son tour de la victoire serbe, où la Bulgarie perd la Macédoine et la Dobroudja.

La Serbie caresse le rêve d'une Grande Serbie qui rassemblerait sous sa bannière les communautés serbes qui vivent dans les Empires austro-hongrois et turc. C'est un projet qui n'agrée pas aux pays voisins, d'autant que les Serbes sont enclins à des décisions fougueuses. L'Allemagne y est résolument hostile : « La Serbie doit être éliminée en tant que facteur politique dans les Balkans, a ainsi déclaré le Kaiser Guillaume II. Un accord amiable n'est plus possible. »

L'Europe entière est sous tension, en raison du jeu des alliances et des oscillations constantes des grandes puissances. Par exemple, après s'être déclarée, au XIXe siècle, hostile à la création d'une Grande Serbie, la Russie a secrètement fait volte-face pour plusieurs raisons qui, près d'un siècle plus tard, demeurent obscures. Et c'est alors que l'Autriche-Hongrie, de plus en plus irritée par les menées serbes et les alliances qui les soutiennent, décide de faire voir à la Serbie de quel bois elle se chauffe. Le temps qui passe augmente les avantages militaires des Serbes, il est temps d'en finir avec eux, comme l'affirme le chef de l'état-major autrichien, le général comte Conrad von Hötzendorff. Vienne décide d'envoyer l'héritier du trône en visite à Sarajevo, capitale de la Bosnie, pour réaffirmer sa domination sur ce territoire que les Serbes convoitent. En apparence, ce ne sera jamais que la répétition de la visite impériale de 1910, après l'annexion par la force de la Bosnie. En fait, c'est un défi.

Se dresse alors l'ombre d'un soupçon : l'Empire austro-hongrois sait-il bien ce qu'il fait ?

*

Les Serbes s'alarment du caractère provocateur d'une visite impériale et mettent en garde le ministre d'État chargé du gouvernement de Bosnie, Léon von Bilinski, conseiller de l'empereur. Ils font valoir que la précédente visite impériale avait tellement excité le nationalisme bosniaque qu'un étudiant, Zarejic, avait tenté d'assassiner le gouverneur de la Bosnie, Varesanine, et s'était ensuite suicidé. La mise en garde serbe ne procède pas d'une sollicitude spontanée pour l'archiduc François-Ferdinand, mais de considérations nationales. La Serbie sait, en effet, qu'un nouvel attentat entraînerait des remous considérables et qu'elle y serait entraînée. Or, affaiblie par ses guerres récentes, elle n'est pas en état d'en affronter une nouvelle.

L'avertissement reste vain. Les Autrichiens s'obstinent et, pis, ils choisissent comme jour de la visite le jour anniversaire de la victoire des Serbes contre les Turcs au Kosovo, en 1389. C'est la fête nationale serbe.

La coïncidence ne peut être accidentelle. La provocation est alors patente.

Et elle est efficace : un étudiant de dix-neuf ans, Gavrilo Prinzip, membre du mouvement clandestin Mlada Bosna, « Jeune Bosnie », tire sur l'archiduc François-Ferdinand et sa femme et les tue tous les deux.

L'Autriche crie alors à la provocation et se présente au monde comme une victime, alors que c'est elle qui a perpétré cette provocation.

De cette mystification éclatante surgit le prétexte d'une déclaration de guerre, celle que l'empire recherchait depuis des mois. L'Autriche adresse à la Serbie un ultimatum de quarante-huit heures, exigeant la suppression de toutes les menées anti-autrichiennes et la punition des coupables avec la participation des autorités autrichiennes.

Or, il n'existe pas la moindre preuve que la Serbie ait trempé dans le complot. Certes, les mêmes aspirations nationalistes ont rapproché les Serbes et les Bosniaques, mais ce sont deux entités distinctes. En tant qu'État souverain, la Serbie conteste les accusations et émet des réserves. Par prudence, elle ordonne cependant une mobilisation partielle. L'Autriche fait de même. Et, un mois exactement après l'attentat de Sarajevo, elle déclare la guerre à la Serbie. Là réside le point crucial de sa stratégie : aux yeux de l'opinion mondiale, elle se présente comme victime du terrorisme serbe ; elle est donc fondée à réagir à cet outrage inadmissible qu'est l'assassinat d'un membre de la famille impériale, l'héritier du trône lui-même.

Il ne viendrait jamais à l'esprit de quiconque que l'Autriche ait sacrifié le prince héritier à des calculs politiques. Et pourtant... Aux yeux d'une fraction de la famille impériale et de la Cour, François-Ferdinand a gravement compromis son accession au trône : il a conclu un mariage morganatique avec une étrangère. Car sa femme, la comtesse Sophie Chotek, est tchèque ; elle n'obtiendra jamais le titre d'impératrice. C'est une disgrâce. Officiellement, Mme de Habsbourg n'a le privilège de paraître assise près de son époux, lors de la tragique visite en voiture ouverte, que parce que celui-ci est présent en tant que maréchal de l'armée autrichienne ; s'il s'était rendu à Sarajevo en visite d'État, donc en qualité d'héritier du trône, elle aurait été reléguée dans une voiture de l'escorte, à bonne distance de son mari.

L'Autriche n'ignorait pas les risques auxquels elle exposait François-Ferdinand ; elle les exploitait même. Avantage supplémentaire du piège tendu par l'Autriche aux nationalistes bosniaques, la mort de l'archiduc débarrassait la cour de l'intruse.

Dans les fracas effroyables de la guerre qui s'ensuivit, les historiens ne s'intéressèrent plus au piège autrichien qui la déclencha ; les grands ouvrages sur le conflit ne l'évoquent même pas. On enseigne depuis près d'un siècle que la guerre éclata parce qu'un nationaliste fou avait provoqué l'Autriche. Et certains auteurs évoquent même la mystérieuse « malédiction des Habsbourg » : après le suicide de Rodolphe et l'assassinat de Sissi, le meurtre de François-Ferdinand !

La chute de la dynastie impériale fut peut-être la vengeance de l'histoire. Son poids est faible en regard des cinq millions de morts et des douze millions de blessés qui s'ensuivirent.

1914

L'Ange de Mons, héroïque fiction des tranchées

Lorsque le corps expéditionnaire britannique fut contraint d'évacuer la ville de Mons, en Belgique, en août 1914, sous les canonnades intenses des armées allemandes, le moral allié subit un coup sévère. Les états-majors déployèrent de grands efforts pour convaincre l'opinion et les armées que la guerre ne pouvait être perdue à son premier mois, et les correspondants de presse du front se joignirent à eux dans cette tentative.

Le 29 septembre suivant, Arthur Machen, le correspondant de guerre de l'*Evening News*, aujourd'hui disparu, écrivit que, lors de la retraite de Mons, les soldats anglais avaient été inspirés par l'apparition de grandes figures dans le ciel, et il laissa entendre que cela aurait pu être les émanations de saint Georges guidant les archers de Henri V à la bataille d'Azincourt, pour sauver la cause anglaise.

On aura compris que Machen ne connaissait pas vraiment l'histoire et qu'il était imprégné des notions modernes des nations d'Angleterre et de France. En effet, Henri V, un Plantagenêt donc un Angevin, avait remporté sa victoire, le 25 octobre 1415, contre les Armagnac. Mais enfin, c'étaient les idées dominantes. Elles correspondaient à la disposition mentale de Machen, membre d'une société secrète, l'Ordre hermétique de l'Aube d'or, qui survécut jusqu'à la guerre suivante. Il pensait que l'« antique magie britannique », une sorte de paganisme archaïque, supplanterait bientôt le christianisme.

Les soldats eurent vent de cette fable et la reprirent à leur compte, en évacuant les ornements païens : pour eux, ç'avaient été des légions d'anges qui étaient apparues dans le ciel. À force d'être répétée, cette fable prit de la consistance dans les esprits, pendant les années 1915 et 1916. Chacun y alla de sa version.

L'une des plus spectaculaires fut à coup sûr celle du sergent Daniel Ruffell, des Grenadiers de la Garde : durant la retraite de Mons, des chevaux qui tiraient un chariot de munitions s'arrêtèrent soudain, effrayés par un ange apparu au-dessus d'eux. Cette créature céleste semblait étendue sur une pierre, les bras croisés et les pieds pointés vers les Allemands.

Les hallucinations individuelles rivalisaient avec les collectives et, comme elles étaient contagieuses, des Français en eurent aussi : eux virent Jeanne d'Arc dans le ciel. Les Allemands, en 1914, n'en souffrirent cependant pas et même s'en servirent : selon un rapport militaire, ils dissuadèrent les Français de tirer sur une ferme qui constituait un point stratégique en projetant dessus une image de la Vierge Marie.

Les épreuves de la bataille de la Somme, en septembre et octobre 1916, qui avait été conçue pour démontrer la supériorité du matériel, mais dont le prix en vies humaines fut énorme, interrompirent les visions surnaturelles.

Le plus étonné de ce développement psychologique fut celui qui l'avait provoqué, Machen lui-même. En 1997, une compatriote qui l'avait connu, Margaret Birkinshew, mère de la romancière Fay Weldon, en témoigna à la télévision britannique. Il déclarait, dans les années 1930, qu'il avait simplement voulu relever le moral des troupes. Il avait alors remisé son intérêt pour l'occulte.

L'affaire de l'Ange de Mons démontra aux psychologues et aux spécialistes de la propagande que les fables engendrées par les mystifications collectives possèdent une vie propre. On ne peut prévoir leurs développements, car ceux-ci dépendent de ce que psychologues et psychanalystes appellent, les uns engrammes, les autres, archétypes. En somme, cela signifie que la mystification peut entraîner l'automystification.

1915

La très douteuse exploitation du naufrage du *Lusitania*

Le 7 mai 1915, le somptueux paquebot de ligne *Lusitania*, de la Cunard Lines, fut coulé par une torpille d'un sous-marin allemand au sud de l'Irlande. Le navire sombra en dix-huit minutes et 1 201 personnes périrent dans le naufrage, dont 413 membres d'équipage. Aucun coup de semonce n'avait précédé le lancement de la torpille.

La Grande Guerre faisait alors rage depuis l'année précédente. Anglais et Français saisirent l'occasion pour galvaniser l'opinion mondiale contre la barbarie allemande, démontrée par l'attaque d'un vaisseau transportant des civils. La campagne visait en particulier l'opinion américaine, les États-Unis restant alors résolus à maintenir leur neutralité[1]. Le retentissement psychologique du sinistre fut immense et dura bien au-delà de la guerre.

Cependant des rumeurs coururent, selon lesquelles le *Lusitania* n'était pas qu'un vaisseau civil, mais transportait également des armements. Dès avant la fin de la guerre, deux commissions d'enquête, l'une anglaise, l'autre américaine, furent chargées d'établir la vérité sur ce point ; elles conclurent toutes deux que les soupçons n'avaient aucun fondement.

Les conclusions étaient pour le moins inexactes, mais il est *a posteriori* compréhensible que les deux puissances encore en guerre les aient orientées en leur faveur. On ne l'apprit qu'en 1972 : l'examen des bordereaux de cargaison démontra que le paquebot avait été transformé en transport de munitions, avec

1. Voir p. 271.

douze canons de 6 pouces, quatre mille deux cents caisses de balles de fusil (chaque caisse contenant mille balles), mille deux cent cinquante caisses d'obus à fragmentation (shrapnels), dix-huit caisses de fusées à percussion, du fulmicoton... et encore, l'inventaire total n'a pas été divulgué.

Lors de leur embarquement, les passagers avaient été prévenus par un avis du consulat allemand à New York que, s'ils prenaient la mer, ils entreraient à leurs risques et périls dans une zone de guerre. Il est vraisemblable que des dockers d'origine allemande (la ville comptait une importante colonie allemande) avaient prévenu les agents du Deutsche Bund, ou Front allemand, alors très actif aux États-Unis.

De surcroît, les passagers n'étaient pas informés que l'Amirauté britannique avait autorisé les navires marchands et les transports de passagers à s'armer contre les U-Boot. Dès lors, les sous-marins allemands avaient subi des pertes de plus en plus importantes et ils avaient reçu l'ordre de torpiller à vue les navires qui leur paraissaient suspects. L'émoi causé par le naufrage du *Lusitania* fut cependant si grand que les Allemands craignirent qu'il n'incitât l'Amérique à entrer en guerre ; ils annulèrent donc l'ordre de tirer à vue. Trop tard, quelques semaines après, les Anglais avaient percé le code qui leur permettait de suivre tous les mouvements des navires allemands[1].

L'intox a duré cinquante-sept ans. La vérité est lente à se dévêtir.

1. Voir p. 273.

1915

L'amant de l'impératrice de Chine et le roi George V

De l'affaire de Panama à celle des commissions et rétrocommissions de la vente de sous-marins français au Pakistan, la politique étrangère des États est truffée de coups fourrés, combines et arnaques de toutes les nuances. Le dénominateur commun en est la cupidité de quelques individus au cœur de tractations qui ne verront jamais vraiment la lumière du jour et qui profitent donc de la chance de se servir au passage de quelques millions de francs, piastres, dollars ou livres sterling. Ils sont, en effet, assurés qu'une dénonciation couvrirait de boue trop de gens puissants.

Peu de ces affaires cependant ont été perpétrées par des mystificateurs aussi étonnants que sir Edmund Backhouse (1873-1944), qui dupa des décennies durant des personnages bien trop éminents pour qu'on osât les qualifier de jobards et qui mena le Foreign Office en bateau. L'année 1915 est celle de son plus fulminant exploit.

En Europe, après le premier hiver de la Grande Guerre, l'offensive allemande a été stoppée grâce au « miracle de la Marne ». Mais les belligérants sont à court d'armes et de munitions pour reprendre le combat. Les usines d'armement tournent à plein régime, mais elles ne suffisent pas à répondre à la demande. Or, la Chine, théâtre des conflits armés depuis de nombreuses années qui ont entraîné la chute de la dynastie mandchoue, en possède encore de grandes réserves. Le gouvernement chinois est certes neutre, mais bien disposé à l'égard des Alliés. Le gouvernement anglais charge donc son ministre à Pékin, sir John Jordan, d'étudier les modalités d'un accord.

Non sans mal, et afin de ménager le désir de stricte neutralité des Chinois, un plan d'action est trouvé : une firme indépendante achètera les armes et munitions et les cédera ensuite à l'Angleterre. Un éminent fonctionnaire chinois, Liang Shihi, familier du Premier ministre Yuan Shih-k'ai, propose même de prêter aux Anglais trois cent mille hommes qui seront qualifiés de « coolies », c'est-à-dire des hommes de labeur, qui pourront servir dans les Dardanelles. L'homme choisi pour mettre au point ce protocole secret est sir Edmund Backhouse.

Celui-ci est bien connu des résidents anglais et étrangers à Pékin : il parle chinois et passe pour un éminent sinologue. Il devient l'agent secret de la légation britannique à Pékin. Il semble faire merveille : il annonce ainsi qu'il a obtenu un accord pour la vente de cent mille fusils, trois cent cinquante mitrailleuses Krupp et trente millions de cartouches de calibre .313, puis de cent canons de campagne Krug de 1911, de cent mitrailleuses de plus… À Londres, le War Office exulte et, à Pékin, le ministre Jordan attend avec impatience la livraison de ces joujoux qui doivent arriver par Hong Kong. Les sommes en jeu sont énormes et Backhouse perçoit dessus sa commission. Mais les bateaux sur lesquels les armes sont embarquées sont en retard, ils ont été retenus par un gouverneur de province. Il y a toujours un petit hic qui intervient.

En novembre 1915, la légation britannique n'a pas vu un seul fusil. Backhouse excipe toujours d'explications tarabiscotées. Il se targue toujours d'amitiés avec tel ou tel haut personnage du gouvernement chinois. À la fin, exaspéré, le ministre Jordan le confronte à Pékin avec eux : ils ne l'ont jamais vu et les amitiés dont il se vantait étaient imaginaires.

Démasqué, il se déclare malade et annonce qu'il rentre en Angleterre pour achever la mise au point d'un dictionnaire chinois. Personne ne souffle mot du fiasco, qui couvrirait de ridicule le personnel diplomatique britannique.

Backhouse revient en Chine en 1916 et se lance dans une autre entreprise, avec des Américains cette fois : il s'agit d'obtenir le marché de l'impression de *banknotes* chinoises pour une valeur de 100 millions de livres sterling. Backhouse traite pour le compte de la société américaine Bank Note

Company. Et, là encore, le déroulement des opérations est curieusement tortueux, il faut verser un pot-de-vin à Untel, puis à Unautre, il faut renégocier le contrat et ainsi de suite.

À la fin, Backhouse remet au patron de la Bank Note Company, George Hall, un contrat signé par le Premier ministre chinois en personne. Et, quelques semaines plus tard, la vérité éclate : le contrat est un faux, la signature du Premier ministre aussi. Et Backhouse a reçu sa commission en avance. Prié de la rembourser, il invente un autre stratagème : grâce à ses intelligences dans l'ancien palais impérial, il obtiendra, assure-t-il, la veste de perles de l'impératrice, d'une valeur inestimable, et divers autres objets de prix. Lui et l'Américain auquel il vient de jouer un tour, Hall, s'en partageront la valeur. La veste étant difficile à obtenir, il se propose d'aller cambrioler la réserve où elle est conservée. De prétexte en prétexte, le projet tombe à l'eau et il apparaît en fin de compte que la veste n'a jamais existé. Quant aux objets de prix, ce sont des chinoiseries de bazar.

*

Un livre entier suffirait à peine à raconter les arnaques de Backhouse ; c'est celui qu'a écrit l'historien anglais Hugh Trevor-Roper[1]. L'un des clous en est le journal intime de Backhouse, dans lequel il raconte qu'il a été l'amant de l'impératrice Tseu-Hi et autres balivernes baignant dans une sauce pornographique qui scandalisa l'historien. Mais il raconte aussi qu'il avait été l'ami intime de Verlaine, de Huysmans ou de Mallarmé. Or, il n'avait connu ni l'impératrice ni Verlaine ni Huysmans ni Mallarmé. Bien qu'impressionné par l'assurance avec laquelle Backhouse débitait ses pseudo-souvenirs, le consul général de France à Shanghai, Roland de Margerie (1899-1990), finit par soupçonner des fabrications, car les dates ne correspondaient pas aux racontars. Backhouse avait tiré ses dernières cartouches. L'« éminent sinologue » versé en chinois, en mongol, en mandchou et en tibétain avait fini de duper les solennelles autorités en

1. *Hermit of Peking*, Macmillan, 1976.

la matière. Ses *Annales et Mémoires de la Cour de Pékin* sont un tissu d'inventions, autant que son ouvrage *La Chine sous l'Impératrice douairière*. Le doute pèse désormais sur les dix-huit manuscrits chinois qu'il légua à la respectable Bodleian Library d'Oxford.

Il mourut à l'hôpital Saint-Michel de Shanghai, le 8 janvier 1944.

1917

La « der des ders » pouvait-elle finir un an plus tôt ?

Près d'un siècle plus tard, une des occultations les plus insidieuses de l'histoire du XXe siècle a disparu des mémoires et n'y reviendra sans doute jamais. La vérité est en effet subversive, et cette omission ne sera jamais enseignée dans les écoles ni les universités. Elle est aujourd'hui connue des historiens spécialistes de la Grande Guerre, mais le plus souvent tenue pour une péripétie sans importance ; elle reste donc ignorée du public.

En novembre 1916, les princes Sixte et Xavier de Bourbon-Parme, frères de l'impératrice Zita, l'épouse de Charles Ier, le nouvel empereur d'Autriche, dont le frère, François-Joseph, est mort en novembre 1916, entreprennent des démarches politiques de la plus haute importance. Officiers dans l'armée belge, mais délégués officieux de l'empereur, ils proposent un armistice entre l'Autriche, alliée de l'Allemagne, et la France, la Belgique, la Grande-Bretagne, la Russie et l'Italie. Cet effort est conforme à la volonté de paix proclamée par Charles de Habsbourg dès son accession au trône. Si cet armistice était conclu, l'Allemagne de Guillaume II se retrouverait seule contre tous, sans compter les États-Unis qui se joindront aux Alliés de façon imminente ; elle baisserait les armes bien plus tôt, des centaines de milliers de vies seraient épargnées.

Le prince Sixte invite à déjeuner Jules Cambon, secrétaire général des Affaires étrangères, qui, en janvier 1917, donne aux deux frères des passeports diplomatiques pour qu'ils puissent circuler librement. Le 3 mars, le roi d'Espagne Alphonse XIII souscrit au projet et le fait savoir au ministre français de la Guerre, le général Lyautey (1854-1934). Le 5 mars 1917, le prince Sixte présente au président de la République française une lettre officieuse de l'empereur Charles Ier, assortie de notes de discussion ; cette lettre doit demeurer secrète. Poincaré objecte que l'Italie n'acceptera pas une cessation des hostilités sans compensations ; elle attendait, en effet, des territoires que, pour obtenir son alliance, les Alliés lui avaient fait miroiter sans garanties. Promesses d'ailleurs illusoires, puisque ces territoires comprenaient la Savoie, Nice, la Corse, Trieste, la Tunisie, Djibouti... L'objection de Poincaré était pour le moins prématurée : peut-être eût-il fallu consulter l'Italie avant de répondre pour elle.

Et là commence ce qui ne peut se définir que par un mot : cafouillage. La perspective d'une paix rapide va chavirer.

*

Quand Sixte de Bourbon revient à l'Élysée, le 8 mars, Poincaré lui déclare que les documents qui lui ont été soumis ne sont pas satisfaisants et que l'Autriche devrait cesser les combats sur tous les fronts, y compris celui d'Italie, car si celle-ci se trouvait en difficulté, la France, qui lui est liée par un traité signé en 1915, devrait aller à son secours. Cela était implicite dans les propositions autrichiennes, mais il semble que Poincaré tente de gagner du temps. La France étant le premier pays pressenti, Poincaré se fait le porte-parole de tous les Alliés.

Le président du Conseil, Aristide Briand, se montre, lui, intéressé par les propositions autrichiennes. Mais quand il se trouve en difficulté à la Chambre, Poincaré ne le soutient pas : il nomme à sa place Alexandre Ribot. Titulaire des Affaires étrangères en même temps que de la présidence du Conseil, Ribot rencontre le ministre italien des Affaires étrangères, Giorgio Sonnino, le 19 mars, il lui fait part de la proposition de Charles Ier. Ignore-t-il que Victor-Emmanuel III, et son général en chef, Luigi Cadorna, ont déjà ouvert des négociations secrètes avec l'Autriche, et qu'ils se sont contentés, comme compensation à l'armistice, du seul Tyrol italien ?

Il faut en déduire que Poincaré se montre plus royaliste que le roi d'Italie sur les conditions de l'armistice pour l'Italie.

Quand les princes de Bourbon-Parme reviennent, le 31 mars, ils apportent de nouvelles assurances de l'empereur Charles Ier :

celui-ci reconnaît que l'Alsace-Lorraine est française et il assure qu'il soutiendra l'indépendance de la Belgique ; il déclare aussi qu'il ouvrira des négociations avec la Russie, mais avec une réserve, étant donné la situation dans ce pays.

Le Premier ministre britannique, Lloyd George, pressenti entre-temps, se déclare favorable à une paix séparée. Poincaré torpille le projet en annonçant que l'Italie n'y agréera que si l'Autriche lui concède Trieste, le Haut-Adige, le Trentin, la côte dalmate et toutes les îles de l'Adriatique ; outre que cela revient à faire de celle-ci une mer italienne, la somme de ces exigences est évidemment exorbitante. Les émissaires de l'empereur font machine arrière.

Une autre raison du repli des émissaires est spécifique à l'Autriche : contrairement à l'empereur, le prince Czernin, ministre autrichien des Affaires étrangères, est hostile à une rupture de l'alliance avec l'Allemagne.

*

Un revirement s'est opéré dans l'attitude française : le gouvernement est désormais opposé à l'armistice avec l'Autriche. Le jour même où les princes de Bourbon-Parme sont revenus à l'Élysée, le 31 mars, Ribot a eu un entretien avec Clemenceau, adversaire juré de Poincaré, et l'a informé des pourparlers. Le Tigre, jusqu'au-boutiste et partisan du démantèlement de l'Empire austro-hongrois, lui conseille de rompre les pourparlers. Il est alors porté par une vague grandissante de popularité et d'ailleurs il succédera à Ribot quelques mois plus tard. Il serait imprudent pour le gouvernement d'aller à contre-courant de ses idées, il se ferait taxer de « flanchard », au moment où le pays est en proie à une vague de défaitisme (paradoxalement, le « Père la Victoire » imposera à Poincaré l'armistice avant que les troupes allemandes aient été chassées du territoire, « pour sauver des vies »).

Le 20 juin, le prince Sixte de Bourbon-Parme s'entend répondre par Ribot que la France ne peut faillir à ses engagements territoriaux envers l'Italie et que les pourparlers sont inutiles. Dès lors, Ribot ne répond même plus à l'émissaire.

Pourquoi les Italiens ne concluent-ils pas l'armistice tout seuls ? Parce que c'est impossible sans l'accord de la France. D'ailleurs, Sonnino, peut-être influencé par l'intransigeance française, a également changé d'attitude et se montre plus exigeant.

Bien que souhaité par les Anglais, le roi d'Espagne, le roi de Belgique et le roi d'Italie lui-même, l'armistice projeté n'eut pas lieu. La volonté de paix était absente chez les deux principaux belligérants, la France et l'Allemagne. L'une et l'autre voulaient la guerre totale, car elles aspiraient toutes deux à la victoire totale. Guillaume II, indifférent aux bruits de paix séparée de l'Autriche avec les Alliés, escomptait une victoire totale qui lui permettrait de se tailler la part du lion dans un accord de paix. Et Poincaré aspirait à la même chose pour la France : il voulait retrouver les frontières de 1814, avec l'occupation de la rive gauche du Rhin.

Le 12 octobre, revenant sur son engagement de discrétion, Ribot révèle à la Chambre les propositions d'armistice autrichiennes, compromettant ainsi l'Empereur. C'est la première fois que la nation est informée de tractations qui durent depuis des mois et qui l'intéressent au premier chef, mais elle n'en saura guère plus. La rupture avec Sixte de Bourbon-Parme est consommée.

Mais l'héroïsme se devait de triompher, du moins dans l'esprit de ceux qui menaient cette guerre.

*

On connaît la suite : en octobre 1917, l'Italie subit la cinglante défaite de Caporetto, infligée par les Austro-Allemands et considérée comme une catastrophe nationale (outre les morts, le pays y perdit trois cent mille prisonniers). La France pour sa part affrontait une grave épreuve morale : au plus fort de la désastreuse offensive lancée par le général Nivelle, à Craonne, des centaines de soldats se mutinaient contre le commandement. Nivelle demanda qu'ils fussent fusillés « pour l'exemple ». Il était alors patent que, sans le concours des États-Unis, la guerre risquait d'être perdue.

Quand le bilan fut dressé, les chiffres parlèrent pour ceux qui l'avaient menée : plus de cinq millions de morts, plus de douze millions de blessés. Trois empires y avaient sombré, le russe, l'allemand et l'autrichien. Et cette guerre était inachevée : les conséquences du séisme social déclenché en Europe devaient en entraîner une autre, vingt ans plus tard.

L'une des déductions les plus importantes de l'épisode des propositions de l'Autriche fut que la nation n'en avait jamais été informée. La démocratie républicaine avait fonctionné comme une dictature.

Or, ce n'était pas la première fois : en trois autres occasions, les chances de réduire le conflit, sinon de l'éviter, avaient été rejetées par les Alliés. Et là aussi, les opinions nationales n'avaient pas été informées. La conspiration du silence avait prévalu.

En 1914, battu par les Russes en Galicie et par les Serbes au sud du Danube, l'empereur d'Autriche François-Joseph avait proposé à Guillaume II d'Allemagne d'arrêter une guerre qu'il jugeait impossible à gagner et où les empires risquaient de sombrer ; l'empereur d'Allemagne avait brutalement rejeté la proposition. L'année suivante, le comte Hans Törring zu Jettelbach, Bavarois et beau-frère du roi des Belges Albert Ier, avait proposé à ce dernier un armistice entre la Bavière et la Belgique ; celui-ci aurait pu ouvrir la voie à de plus larges négociations, mais le Premier ministre anglais lord Curzon, informé des pourparlers, les avait promptement torpillés.

Le 12 décembre 1917, après la chute de Bucarest, prise par les Russes, Guillaume II, en dépit de sa morgue et de sa folie guerrière, songe qu'il serait peut-être temps d'arrêter les dégâts et propose, par l'intermédiaire de l'ambassadeur officieux des États-Unis, le colonel House, factotum de Woodrow Wilson, d'ouvrir des pourparlers de paix. Les Alliés jugent la proposition non sincère et avancent des exigences insoutenables. Pour la troisième fois, les chances de la paix sombrent et les tueries continuent.

Personne en dehors des sphères du pouvoir n'en avait rien su. Les discours héroïques escamotèrent la vérité.

Le pouvoir est toujours masqué.

1917

Histoire du télégramme qui jeta les États-Unis dans la guerre

Les massacres de la Grande Guerre s'étendaient sur le continent européen depuis trois ans, mais ils laissaient impassible le président des États-Unis, Woodrow Wilson. Terre d'immigrés, l'Amérique s'indignait de la trop longue inertie de son gouvernement et se désolait du sort des parents, des amis, des concitoyens, laissés outre-Atlantique – Anglais, Russes, Italiens, Allemands, natifs des Balkans. Les sollicitations de la Grande-Bretagne et de la France ne manquaient pas non plus. Mais Wilson était persuadé que les Allemands étaient des gens honorables auxquels il n'y avait aucune raison de témoigner moins de respect qu'aux Anglais.

Wilson alléguait qu'il tentait de régler les problèmes par la négociation, confiée à son homme de confiance, presque son alter ego depuis 1911, le colonel Edward Mandell House. Mais le conflit, supposait-il, ne concernait pas son pays. Wilson, il faut le rappeler, était un mystique psychorigide, pacifiste enragé et si visiblement aberrant que Freud en fit et publia le diagnostic psychanalytique[1]. Après la guerre, quand il vint à Paris pour le traité de paix, il ne remporta certes pas les suffrages de ses alliés : « Il se prend pour un second Jésus-Christ », maugréait Clemenceau. Tout à coup, le 6 avril 1917, comme piqué par une mouche, il déclara la guerre à l'Allemagne.

Le sens politique l'avait-il enfin gagné ? Point. C'était le déchiffrement d'un télégramme adressé par le ministre allemand des Affaires étrangères, Zimmermann, à l'ambassadeur

1. Voir p. 239 et 240.

d'Allemagne à Washington, le comte von Bernstorff. Daté du 16 janvier 1917, il comportait les lignes suivantes :

> *Nous avons l'intention de déclencher la guerre sous-marine extrême le 1er février. Nous tâcherons cependant de maintenir les États-Unis dans la neutralité. En cas d'échec, nous faisons au Mexique une proposition d'alliance sur les bases que voici : faire la guerre ensemble, faire la paix ensemble. Généreux soutien financier de notre part et l'assurance que, dès la fin de la guerre, le Mexique recouvrera ses territoires perdus du Texas, du Nouveau-Mexique et de l'Arizona. Le règlement des détails de cet accord est laissé à votre initiative.*
>
> *Vous informerez le président du Mexique de ce qui précède, très secrètement, dès que l'état de guerre entre nous et les États-Unis sera déclaré, et vous lui suggérerez en outre d'inviter de sa propre initiative le Japon à se joindre à notre alliance...*

Le télégramme avait pu être déchiffré grâce au code secret allemand 13040 que détenaient les Anglais et qu'ils avaient percé.

*

Le plus étrange de l'affaire est le circuit que suivit ce message propre à faire bondir le président des États-Unis, à faire entrer ce pays en guerre et à changer le cours de l'histoire. Il ne lui fut cependant pas communiqué dans les délais qu'on imaginerait normaux.

Déchiffré par deux cryptographes du Department of Naval Intelligence, service de contre-espionnage britannique installé à Whitehall, près de l'Amirauté, il fut transmis au chef de ce service, l'amiral William Reginald Hall. Fils du fondateur même du DNI, petit homme boulot, d'aspect bonasse mais doté d'un cerveau d'acier, celui-ci l'enferma dans son coffre-fort et décida d'attendre. Ses raisons étaient, si l'on peut dire, « classiques » : si le télégramme Zimmermann était communiqué aux Américains, ceux-ci le divulgueraient sur-le-champ et les Allemands, comprenant que leur code avait été percé, en changeraient.

Or, cela faisait deux ans que, jour après jour, les Anglais étaient informés de tous les échanges des ministères allemands avec leurs ambassades, leurs agents à l'étranger et leurs navires. Ils suivaient exactement tous les déplacements des sous-marins allemands dans l'Atlantique.

Conclusion : l'amiral Hall se trouvait seul maître de la politique mondiale. L'invraisemblable situation n'a jamais été révélée. Elle frise la mystification géante. La vérité est complexe.

Hall n'entendait pas compromettre le code 13040 qu'il avait arraché aux Allemands par miracle. Ce code avait été obtenu en avril 1915 grâce à la complicité d'un technicien belge, Alexandre Szek, à la station de radio allemande de Bruxelles. C'était un gros livre à la reliure de plomb. Pourquoi ce métal ? Pour que les exemplaires embarqués sur les navires allemands puissent être jetés à la mer en cas d'arraisonnement ou de naufrage. Un exemplaire en avait ainsi récupéré de justesse, dans des circonstances dramatiques, sur le croiseur allemand *Magdeburg*, arraisonné par la flotte anglaise dans la Baltique. Tenant cet exemplaire dans les bras, le timonier s'apprêtait à le jeter à l'eau lorsqu'il avait été fauché par une rafale de mitrailleuse. C'était lui-même qui était tombé à l'eau, et le code était resté sur la dunette.

L'histoire de l'agent Szek en elle-même est un roman : cet homme a disparu à la fin de la guerre, sans laisser de traces, et ses supérieurs ont beaucoup menti sur les circonstances de sa disparition. Sa vie était évidemment moins précieuse que le code 13040[1].

Il permettait déjà à l'Amirauté britannique de suivre en permanence tous les mouvements des sous-marins allemands, et donc de protéger les convois de l'Atlantique.

*

Hall avait son idée. La Wilhelmstrasse expédiait ses messages secrets par trois voies distinctes : directement par l'émetteur

1. Un troisième exemplaire avait été saisi dans les papiers d'un agitateur anti-anglais en Perse, le vice-consul d'Allemagne Wasmuss, toujours en 1915.

radio de Nauen, près de Berlin ; par la Western Union, la grande compagnie américaine de télécommunications ; et enfin, un comble, par le courrier diplomatique américain, sous la garantie du fameux colonel House. C'est l'une des plus folles absurdités de l'histoire des services secrets, et certainement l'une des moins connues : pendant les trois premières années de la guerre, les Allemands expédiaient leurs messages secrets sous la protection américaine.

Hall voulait que seul l'un des canaux de transmission des messages secrets allemands soit compromis, pas le principal, le canal radio, afin que les Allemands, et donc ses propres services, continuent à se servir du code 13040. Or, c'était par la Western Union que l'ambassadeur d'Allemagne à Washington, Bernstorff, communiquait avec son collègue à Mexico, Eckhardt. Hall chargea un agent anglais à Mexico de traiter par tous les moyens avec la Western Union de cette ville pour qu'elle le laisse intervenir sur la livraison des messages de Bernstorff à Eckhardt. La négociation fut ardue et sans doute coûteuse, mais Hall parvint à ses fins : de subtiles modifications dans le télégramme Zimmermann livré à Eckhardt induisirent les Allemands à supposer que c'était le canal Western Union qui était pourri, pas la totalité du code.

Ils conservèrent donc le code 13040.

Alors, le 5 février, Hall révéla l'affaire au ministre anglais des Affaires étrangères, lord Arthur James Balfour. Celui-ci ne prévint l'ambassadeur américain, Page, que le 23 février. À vrai dire, Page avait déjà été informé officieusement par Hall. Il expédia la copie du télégramme Zimmermann au président et au secrétaire d'État. Ses explications sur le délai écoulé entre le 16 janvier et le 23 février étaient plutôt confuses ; il alléguait, en effet, que le déchiffrement du message allemand avait été long et difficile, ce qui était pour le moins éloigné de la vérité.

En dépit de ses relations amicales avec Page, Hall l'avait mystifié : il ne lui avait pas révélé que ses services avaient brisé le code 13040 depuis deux ans.

Wilson subit le choc de plein fouet et piqua une rage. Il avait donc été dupé ! Il voulut porter immédiatement le télégramme

Zimmermann à la connaissance du public. Mais le secrétaire d'État lui fit observer qu'il fallait d'abord informer le Congrès.

Puis il y eut un petit hic : la Western Union s'opposa à la divulgation du télégramme, sous prétexte qu'elle violerait le secret professionnel garanti par les lois américaines. On parvint à lui faire entendre raison. Le 28 février, quarante-cinq jours après son interception, le télégramme Zimmermann fut publié par l'Associated Press.

En dépit de la lame de fond de l'opinion américaine, indignée, en faveur de l'entrée en guerre, Wilson ne se décidait toujours pas à rompre les relations diplomatiques avec l'Allemagne. Le 18 mars, la Kriegsmarine lui donna un coup de pouce : elle coula trois navires marchands américains.

Le 6 juin, enfin, Wilson, la mort dans l'âme, déclara la guerre. Il était temps : les Alliés – Angleterre, France, Italie, sans parler de la Russie, désormais hors jeu – étaient à bout de souffle.

Ces péripéties ne figurent pas dans les récits officiels ou privés de la guerre 1914-1918. Elles sont inconnues de l'opinion publique. Il n'a été possible de les reconstituer que grâce aux recherches de quelques auteurs[1], et de nombreux aspects en demeurent et demeureront sans doute obscurs à jamais.

*

L'affaire du télégramme Zimmermann a permis, tardivement, de disculper Winston Churchill d'un soupçon monstrueux : il aurait volontairement laissé couler le paquebot *Lusitania*, le 7 mai 1915, pour forcer les États-Unis à entrer en guerre. Frappé dans l'Atlantique par des torpilles allemandes, alors qu'il ralliait l'Angleterre, le navire entraîna par le fond 1 128 Anglais et Canadiens, et 128 Américains. Présenté à l'opinion, afin de lui offrir une preuve de la barbarie allemande, comme un navire civil, le *Lusitania* avait en fait été transformé en croiseur auxiliaire. La thèse des accusateurs est que, informé par la DNI des

1. Nous citerons, entre autres, *Les Dessous des archives secrètes*, Robert Boucard, Éditions de France, 1929 ; et *Le Secret de la Grande Guerre*, Barbara Tuchmann (trad.), Arthème Fayard, 1965.

intentions de la Kriegsmarine, Churchill n'aurait rien fait pour protéger le navire. Or, le code 13040 n'avait été achevé de copier par l'infortuné Szek qu'en avril 1915, quelques jours avant le naufrage du *Lusitania*, et les réseaux d'interception anglais n'avaient pas encore été installés[1]. Churchill n'aurait donc pas pu avoir connaissance des mouvements et des intentions de sous-marins allemands.

Parfois, les dissimulations sont nécessaires. Reste à savoir qui en décide.

---

1. Voir p. 260.

1919

La fable d'André Marty, « mutin de la mer Noire »

Selon la légende dorée du Parti communiste, le camarade André Marty aurait déclenché la révolte des marins du torpilleur *Protet*, en rade de Constantinople, en 1919, dans le but d'empêcher la guerre contre la révolution bolchevique ; il fut ainsi désigné sous le surnom de « Mutin de la mer Noire ». Il aurait également joué un rôle héroïque en Espagne (il est l'André Massart de *Pour qui sonne le glas*, de Hemingway). Pourtant, il fut exclu du Parti en 1953.

La légende a pris force de vérité, puisqu'elle a été reprise par le *Petit Robert* dans son *Dictionnaire universel des noms propres*. On y lit ceci :

> *Marty (André). Homme politique français (Perpignan 1886-Toulouse 1956). Officier-mécanicien sur un bâtiment de la flotte envoyé en mer Noire contre les bolcheviks, il fut le chef de la mutinerie de 1919. Amnistié en 1923, élu député, il joua un rôle important dans la direction du Parti communiste français. Durant la guerre civile espagnole, il fut inspecteur des brigades internationales. Réfugié en URSS pendant la Seconde Guerre mondiale, il retrouva son siège de député, mais fut exclu du Parti communiste en 1953.*

En fait, ce résumé reflète deux fabrications intégrales des propagandistes du PC, qui donnèrent lieu à deux manœuvres en sens contraire.

D'abord, un rappel de faits généralement oubliés de l'immédiate après-guerre mondiale : pendant la guerre civile qui sévit en Russie entre les bolcheviques et les antibolcheviques « blancs », d'avril 1918 à septembre 1919, les Alliés, Anglais et

Français, envoyèrent des expéditions qui débarquèrent à Vladivostock, à Arkhangelsk et dans les ports de la mer Noire.

Marty servait sur l'un des vaisseaux de l'expédition vers Odessa, le torpilleur *Protet*. Le 15 avril 1919, lors d'une escale à Galatz, port de la côte roumaine, il exposa à des marins le projet de s'emparer du vaisseau et de le ramener à Marseille – ou de le remettre aux bolcheviques à Odessa, on ne sait exactement. Le lendemain, à 23 h 30, il avait à peine mis le pied à bord qu'il fut saisi et expédié en cale, aux arrêts de rigueur, par le commandant et deux officiers revolver au poing. Deux jours plus tard, conduit à terre, il fut enfermé dans un bâtiment militaire. Le 23, il était transféré sur le *Waldeck-Rousseau* ; le 26, il fut ramené sur le *Protet* qui gagna Constantinople ; là, il fut conduit dans une vieille prison turque dans l'enceinte de l'ambassade de France. Entre-temps, des mutineries éclataient sur divers bâtiments français.

Ces détails sont tirés du récit même de Marty, *La Révolte des marins de la mer Noire*[1]. Ils démontrent formellement que, si Marty conçut bien un projet de mutinerie, il ne put le réaliser et ne fut le chef d'aucune révolte de ce genre.

Le point est confirmé par un autre communiste, ami de Marty, Charles Tillon : « L'officier-mécanicien André Marty, fils d'un communard, cherchait à organiser la révolte sur son torpilleur, le *Protet*, à Galatz. Un malheureux concours de circonstances l'empêcha d'agir et, le 16 avril, il fut arrêté. Sa longue épreuve commença[2]. »

Cette longue épreuve fut sa condamnation par un conseil de guerre réuni sur le *Protet*, en rade de Constantinople, pour « intelligence avec l'ennemi » et « complot en vue de s'emparer par la force du torpilleur *Protet* et de passer à l'ennemi en lui livrant le bâtiment ». Ramené à Toulon le 16 juillet, il fut emprisonné jusqu'au 17 juillet 1923. Condamné à l'origine à vingt ans de travaux forcés et à la dégradation militaire, Marty ne resta

---

1. En 2 vol., 1927 ; rééd. François Maspero, 1970.
2. *On chantait rouge*, Robert Laffont, 1977.

que quatre ans en prison ; il avait, en effet, été gracié. Mais sa peine avait été plus lourde que celles infligées aux mutins, parce qu'il était officier.

Les mutineries qui éclatèrent, non sur le *Protet*, mais sur d'autres bâtiments, dont le *France*, n'étaient motivées par aucun projet politique. Marty les cite lui-même : « 1° Retour immédiat en France. 2° Amélioration de la nourriture. 3° Affichage dans les batteries de toutes les nouvelles captées par TSF. 4° Démobilisation des réservistes. 5° Débarquement immédiat du capitaine d'armes. 6° Permissions dans un ordre régulier. »

Il n'y a là rien de révolutionnaire. Quc Marty, fils de communard condamné à mort, ait projeté de s'emparer du *Protet* est possible, mais cela est totalement distinct du ras-le-bol de la guerre qui s'était répandu dans les forces armées et qui a été largement décrit : la mutinerie de l'armée française en 1917 n'en avait été que l'épisode le plus connu. Les populations de l'Europe étaient écœurées de la grande tuerie qui s'était perpétuée quatre années. L'indécision qui régna jusque dans les états-majors français quant au soutien aux Armées blanches[1] reflète lui aussi l'aversion générale à de nouveaux conflits.

De surcroît, les troupes de terre et de mer de l'époque étaient partout traitées avec une brutalité que le patriotisme ne suffisait plus à justifier. La célèbre révolte des marins du cuirassé *Potemkine* n'était qu'un sursaut de révolte de l'éternelle chair à canon à laquelle on servait des brouets infâmes et à laquelle on demandait de verser son sang à l'infini.

*

André Marty n'avait été le chef d'aucune mutinerie. Ou bien alors les conversations de mess et de cafés du commerce depuis des décennies regorgeraient de héros inconnus.

Cependant, le mythe du « Mutin de la mer Noire » commença à se former, propagé par les communistes, et au

1. Voir p. 288.

début de la Seconde Guerre mondiale, il prit des proportions inattendues :

> *Prenez garde, messieurs les capitalistes, les jeunes prolétaires de France, sous les armes ou dans les usines, gardent leur confiance en l'URSS, en Staline. Ils se souviennent d'André Marty et des Mutins de la mer Noire ! Ils ne se battront pas contre la patrie socialiste.*

C'était ce que clamait *Avant-Garde*, organe des Jeunesses communistes, le 1er février 1940.

À l'époque, en effet, l'URSS était liée au IIIe Reich nazi par le pacte de Moscou, dit également pacte Molotov-Ribbentrop, qui devait tant embarrasser le PCF par la suite. Se battre contre les nazis, cela revenait à se battre contre un allié de l'URSS. D'où l'appel à la mutinerie, repris par le PCF lui-même, sous la bannière imaginaire des Mutins de la mer Noire :

> *Et si demain les gouvernants de Paris et de Londres veulent faire battre les travailleurs français contre l'URSS, alors l'exemple donné par André Marty et les marins de la mer Noire il y a vingt ans aura de profonds échos parmi les soldats, les marins et les aviateurs.* (*Au peuple de France*, appel du PCF de février 1940)

Le PCF offrait donc en exemple pour tous les communistes une révolte qui n'avait jamais eu lieu. L'Internationale communiste à Moscou endossa le mythe, qui grandissait l'influence communiste en France en 1919. Le mythe finit par s'imposer même à des gens qui n'étaient pas communistes : on ne pouvait pas systématiquement soupçonner d'insincérité ceux qui l'étaient. Comme dit Voltaire, « nul n'a le privilège de se tromper toujours ».

*

Un nouveau mythe se surimposa au premier, toujours incarné par André Marty : il aurait été l'un des héros républicains de la guerre d'Espagne. Le personnage fut ainsi campé par Ernest

Hemingway dans le rôle du bourreau d'une cause plus grande que les combattants, l'André Massart de *Pour qui sonne le glas.* Il est l'homme que hait – à juste titre – le général Golz, qui songe :

> *Je te descendrai, Massart, avant de te laisser poser ton immonde doigt gris sur une de mes cartes. Sois maudit pour tous les hommes que tu as fait tuer en te mêlant de choses que tu ne connais pas. Maudit soit le jour où l'on a donné ton nom des usines de tracteurs, à des villages, à des coopératives, faisant de toi un symbole auquel je ne puis toucher...*

Il avait été présent en Espagne, en effet, mais il ne s'y était pas battu : il n'avait jamais été au front ; il n'y était qu'un bureaucrate. Sa présence s'expliquait par son rôle d'inspecteur des brigades internationales ; représentant de Moscou, il veillait à éliminer de celles-ci les courants étrangers, afin d'assurer la mainmise exclusive du PCUS sur cette guerre qui fut le banc d'essai de la Seconde Guerre mondiale. En tant que membre du Komintern, écouté du chef du gouvernement républicain de Juan Negrin, il participa ainsi à la liquidation du Poum, mouvement ouvrier trotzkiste très puissant en Catalogne, et de la Confédération nationale du travail, d'inspiration anarchiste. Selon un combattant de cette guerre, interviewé par Hervé Le Goff[1], Marty « aurait fait exécuter de nombreux membres français des Brigades, notamment à Albacete ». Un ancien combattant de la guerre d'Espagne, André Labarthe, qui fut plus tard membre du premier gouvernement de De Gaulle à Londres, m'avait précédemment cité Marty dans sa description du rôle des communistes dans la même guerre. L'historien Julian Gorkin[2], lui, a accusé Marty d'avoir été « personnellement responsable » de cinq cents exécutions.

Les procès de la guerre civile espagnole, où Marty tint le rôle de procureur, étaient une variante des procès de Moscou, peut-être en pire. Quand lecture du récit de l'un d'eux – celui qui

---

1. *Les Grands Truquages de l'histoire*, Jacques Grancher éd., 1983.
2. *Les Communistes contre la révolution espagnole*, Belfond, 1978.

entraîna l'exécution du commandant Delesalle – fut donnée le 10 mars 1939, à la Chambre des députés, la séance fut houleuse.

Marty en Espagne ne fut pas un héros, mais un bourreau. Le faux mutin de la mer Noire avait été, en Espagne, un exécuteur communiste. Sa légende fut une mystification.

*

Un retournement extraordinaire, opéré par le PCF lui-même, devait arracher à André Marty le statut privilégié qu'il n'avait jamais mérité. En 1953, toutes mentions du héros disparurent de la littérature communiste et Marty fut exclu du Parti, de même que son ami Charles Tillon, ancien chef des FP et ancien ministre. Il fut même exclu de l'Association des anciens volontaires en Espagne. Il avait été accusé de renseigner la police et d'avoir organisé un mouvement d'opposition au Parti, mais les pièces qui l'auraient prouvé ne furent jamais produites par la direction du PCF. C'était l'heure des exclusions, Guingouin et Lecœur suivirent. En réalité, Marty s'était montré trop indépendant ; il avait critiqué le culte de la personnalité dont Maurice Thorez faisait l'objet, ainsi que la légèreté de Jacques Duclos, qui portait sur lui, lors de son arrestation en 1952, un cahier de notes compromettantes pour le PCF. Quelques semaines plus tard, Léon Mauvais, secrétaire au PCF, accusait Marty et Tillon d'« activités fractionnelles et policières ». Le PCF s'inquiétait d'un courant de critiques qui semblait amorcer une scission.

Certains membres du Parti protestèrent, tel Virgile Vuillemin qui avait fomenté la mutinerie sur le *France*, en 1919, déplora que les procédés pour discréditer Marty fussent « monstrueux ». Certes, « une propagande effrénée en avait fait le chef des Mutins de la mer Noire ; cela n'est pas exact (les camarades Boue et Lemat qui ont vécu ces moments historiques pourront utilement éclairer les camarades) », mais il ne méritait pas cette indignité selon Vuillemin.

Les affabulateurs détruisaient leur mythe, cela n'est déjà pas commun, en invoquant de nouveaux mensonges, ce qui l'est encore moins.

S’il fut victime des manipulations occultes des autorités supérieures du Parti, Marty n’inspire cependant pas la compassion. Son programme électoral de 1924 était ainsi résumé : « Le massacre de la bourgeoisie, l’exécution de tous les fonctionnaires, l’établissement de la dictature du prolétariat, la prise en charge immédiate de la justice, de l’armée et de la police par le Parti communiste. »

Un vrai programme de bolchevique.

1920

La trahison de l'amiral Koltchak par les Alliés

Un amateur d'histoire qui voudrait, au XXIe siècle, s'informer sur la fin de la Grande Guerre serait bien en peine de trouver un ouvrage qui en traite de manière complète et détaillée. Peut-être aurait-il appris, au hasard d'une lecture, que le premier des deux cataclysmes mondiaux du XXe siècle s'acheva non par la signature de l'armistice le 11 novembre 1918, mais à Irkoutsk, en Sibérie, le 7 février 1920, date du retrait définitif des armées alliées et de l'armée japonaise, des derniers combats de ce conflit.

Quand il n'est pas totalement occulté, ce chapitre est réduit à quelques lignes tellement succinctes que les événements évoqués apparaissent insignifiants. Voire : ils ont commandé le destin du monde pendant un siècle.

Quand la révolution d'Octobre éclate à Petrograd, en 1917, le Conseil des commissaires du peuple qui succède au gouvernement provisoire et inefficace d'Alexandre Kerensky affronte deux conflits : la guerre qui se poursuit contre les Allemands et la guerre civile. Ce nouveau gouvernement, bolchevique et dirigé par Lénine et Trotsky, a été créé le 26 octobre, au lendemain même de la révolution. Il a hâte de suspendre les hostilités, afin de pouvoir retourner l'armée contre les Blancs, qui lui sont farouchement hostiles. Le 21 novembre, les bolcheviques demandent aux Alliés de les aider à préparer les conditions d'un armistice avec les Allemands.

Alors commence un étonnant jeu de dupes : les Alliés prennent une position contraire : ils adressent un message personnel au général Doukhonine, commandant en chef des armées russes, pour lui demander de « maintenir son armée face à l'ennemi commun ». Il est, en effet, impératif pour eux de maintenir la pression sur l'Allemagne et la Russie sur le front oriental. Doukhonine tente de publier une proclamation dans ce sens, mais le Conseil des commissaires du peuple le relève de ses fonctions. Cinq jours plus tard, il adresse une demande d'armistice à l'Allemagne et à l'Autriche-Hongrie. Elle est immédiatement acceptée et les représentants des trois pays, ainsi que ceux de la Bulgarie et de l'Empire ottoman, se retrouvent le 15 décembre à Brest-Litovsk, une ville de Biélorussie, à la frontière polonaise.

Les combats cessent et les troupes des deux camps demeurent sur leurs positions.

Allemands, Austro-Hongrois et Ottomans sont conscients de l'extrême vulnérabilité des bolcheviques, qui ne peuvent rester au pouvoir que si les hostilités sont suspendues ; ils ne sont pas en mesure de soutenir l'énorme effort que la guerre impose au pays. Les armées russes, déjà partiellement démobilisées, sont démoralisées. Les Allemands et leurs alliés entendent bien tirer le meilleur parti de la situation.

Fin décembre, toutefois, la conférence est ajournée, en raison des exigences de Trotsky. Celui-ci demande, en effet, l'évacuation des territoires occupés par les Allemands et les Austro-Hongrois, afin que ceux-ci ne procèdent à aucune annexion de fait. Mais les Allemands ne l'entendent pas de cette oreille. La conférence est ajournée une autre fois, le 7 janvier 1918. Les Allemands ouvrent alors des pourparlers avec l'Ukraine, à laquelle les bolcheviques ont concédé l'indépendance le 2 novembre 1917. Furieux, les bolcheviques quittent la conférence. Le 11, estimant l'armistice rompu, les Allemands reprennent les hostilités et ils avancent sans rencontrer de résistance notable : leurs troupes se déplacent d'ailleurs en train. Le 9 février, ils concluent la paix avec le jeune État d'Ukraine. Fin février, les Allemands, qui traversent les provinces baltes sans problème, sont à moins de cent cinquante kilomètres de Petrograd.

Le couteau sur la gorge, les bolcheviques sont contraints d'accepter les conditions des puissances centrales. Ils sont aux commandes d'un navire en perdition. Le 3 mars 1918, ils acceptent les conditions des Allemands et des Austro-Hongrois, renoncent à la Pologne, aux provinces baltes et à la Courlande, et ils reconnaissent l'indépendance de la Finlande. Le traité de Brest-Litovsk est enfin signé.

Pendant ce temps, les Alliés assistent à cette débâcle en proie à une rage froide. La défection de la Russie bolchevique renforce considérablement l'Allemagne : de fait, Ludendorff va dégager du front oriental cent quatre-vingt-douze divisions, soit vingt de plus que les Alliés.

Telle est la situation en 1918.

*

Débarrassés de la guerre, les bolcheviques n'en mènent pas large pour autant. Ils sont arrivés au pouvoir par un quasi-miracle, grâce à la dislocation de l'appareil politique russe, aggravée par la fuite de Kerensky, à la suite du retentissant échec de son cabinet sur tous les fronts. « J'ai pour moi le désordre, c'est mieux qu'une grève générale », déclare Trotsky, qui a pu s'emparer de Petrograd avec un millier d'hommes ; et c'est sur cette base qu'il va prétendre gouverner un pays qui s'étend de l'Oural à l'extrême pointe de l'Asie ; Lénine sait mieux que lui la vulnérabilité de l'entreprise. Les Armées blanches, en effet, menacent d'anéantir le fragile appareil bolchevique qui se met en place. Fin septembre 1919, ces armées contre-révolutionnaires contrôlent un territoire gigantesque, dix millions de kilomètres carrés. Celles du sud, commandées par le général Denikine, sont à quelques jours de marche de Moscou, et celle de l'ouest, commandée par le général Ioudenitch, approche de Petrograd après avoir repoussé la 7e armée soviétique et poursuivent leur avancée.

Le 5 octobre 1919, Ioudenitch atteint Poulkowa, dans les faubourgs de Petrograd, et il est près d'emporter la ville, fort des promesses de l'amiral anglais Cowan de lui assurer l'appui du feu de son escadre. Mais Cowan ne tient pas sa promesse. C'est le premier acte du lâchage des Armées blanches par les Alliés. Trotsky parvient à tenir assez longtemps pour que la 15e Armée rouge le délivre du siège de Ioudenitch.

Jusqu'alors, les Alliés se sont rangés aux côtés des Blancs, considérant que le coup des bolcheviques et leur retrait de la guerre équivalait à une défection. En août 1918, un contingent de sept mille cinq cents Américains sous les ordres du général Graves, un bataillon anglais et huit cents Canadiens, un bataillon d'infanterie et une batterie d'artillerie français, venus d'Indochine, avaient débarqué en Sibérie. Ils y avaient trouvé le général Pierre-Maurice Janin, ancien chef de la mission militaire en Russie, puis chef de la mission militaire franco-tchécoslovaque en décembre 1917, désormais chef nominal – mais totalement virtuel – de l'armée tchécoslovaque.

Ce dernier point appelle une explication : il existait dans l'armée russe une légion tchèque constituée par Kerensky avec des prisonniers ayant servi dans l'armée austro-hongroise ; elle comptait quarante-cinq mille hommes partagés en trois divisions et dans une situation tellement ambiguë qu'elle frisait l'absurde : ses chefs étaient des officiers russes blancs, mais assujettis à l'autorité toute symbolique du Conseil national tchèque, présidé par Tomas Masaryk, en exil à Londres.

Après la signature du traité de Brest-Litovsk, les bolcheviques étaient convenus que les Tchèques devaient être évacués, mais au lieu de les acheminer vers leur pays d'origine par l'ouest, comme c'eût été logique, ils avaient décidé de les rapatrier par Vladivostok, à l'extrémité de l'Asie. Étrange raisonnement, mais ce n'est pas la seule anomalie de cet épisode. Bref, ce fut à Vladivostok que les Tchèques devaient être pris en charge par les Alliés.

L'évacuation se faisait par le Transsibérien. À la gare de Tchelyabinsk, cette armée tchèque du bout du monde croisa des prisonniers austro-hongrois, eux aussi en cours d'évacuation ; ceux-ci insultèrent les Tchèques, qu'ils traitèrent de traîtres, et les horions dégénérèrent en empoignades. Des coups de feu éclatèrent. Les Gardes rouges qui surveillaient le Transsibérien intervinrent et sommèrent les Tchèques de se désarmer ; mal leur en prit. Les Tchèques les mirent en déroute et dévastèrent les garnisons rouges non seulement à Tchelyabinsk, mais tout le long du Transsibérien – à Novonikolaïevsk le 26 mai, à Penza le 27, à Tomsk le 31 et à Omsk le 6 juin. En 1927, des voyageurs témoignèrent que les traces de leurs saccages étaient encore visibles. Au bout de leur trajet, les Tchèques passèrent sous le commandement effectif de l'un des leurs, le général Jan Sirovy, et se joignirent aux troupes de l'amiral Alexandre Koltchak, commandant suprême des Armées blanches.

Quarante-cinq mille hommes de plus auraient été un gain appréciable pour Koltchak, n'eût été que les Tchèques jouèrent ensuite un rôle totalement hostile aux Armées blanches : soudain, ils bloquèrent le ravitaillement de celles-ci qui se faisait par chemin de fer. La raison de ce revirement était que, de Londres, leur chef virtuel, Tomas Mazaryk, pressait les Alliés de reconnaître le gouvernement bolchevique. Cruel retour des choses, son fils Jan, également président de la République de Tchécoslovaquie, se suiciderait trente ans plus tard, en 1948, après le coup d'État communiste à Prague.

La Grande Guerre n'était pas finie pour tout le monde, et on peut juger de ses développements incroyables, dont cette prise d'armes de Tchèques au milieu de l'Asie.

Mais le général Janin désapprouva, virtuellement, cette décision. Les vieilles méfiances ayant resurgi après l'armistice, Janin considérait, en effet, que Koltchak était « l'homme des Anglais ».

L'indécision, l'incohérence et l'impéritie des Alliés durant ces semaines cruciales pour le destin du monde ont été pudiquement gommées des livres d'histoire.

Tandis que le général Janin condamnait la jonction des Tchèques de l'ancienne armée impériale avec les forces blanches de Koltchak, son collègue le général Franchet d'Esperey, commandant en chef de l'armée d'Orient, envoyait des missions auprès des Armées blanches du Sud, sous le commandement des généraux Denikine et Alexeiev, pour leur promettre son soutien inconditionnel. Et le général Berthelot, commandant en chef des armées de Roumanie et de Transylvanie, promettait formellement l'envoi de douze divisions françaises et grecques qui occuperaient Odessa, Sebastopol, Kiev et Kharkov (où les bolcheviques avaient pris le pouvoir). Or, cette opération avorta lamentablement faute d'organisation : Franchet d'Esperey expliquera à Denikine qu'il avait dû évacuer Odessa et Sebastopol à cause de l'impossibilité de ravitailler ces ports. Tel n'était cependant pas le sentiment des Anglais.

À Paris, cependant, Clemenceau défend le principe d'une intervention alliée auprès des Armées blanches. Il est soutenu par le Japon, mais mollement par l'Angleterre et encore plus mollement par le président américain, Woodrow Wilson, malade psychopathe[1], qui répugne à apporter son soutien à des « forces réactionnaires » et charge secrètement la Croix-Rouge américaine à Moscou de négocier avec les bolcheviques !

L'indiscipline dans l'état-major français est telle que des officiers supérieurs de la mission militaire française collaborent secrètement avec les bolcheviques et que le capitaine Sadoul, socialiste exalté, va leur offrir ses services (il sera jugé et condamné en France, par contumace).

L'Angleterre n'est guère plus résolue et, bien que des Américains se battent aux côtés des Japonais (bien plus nombreux) dans la Force expéditionnaire sibérienne, l'Amérique hésite à intervenir. Les Armées blanches occupent alors l'immense majorité du territoire russe et les bolcheviques ne représentent qu'une infime minorité cantonnée dans quelques villes. Il suffirait d'un appui militaire cohérent pour que la révolution d'Octobre ne demeure qu'un épisode dans l'histoire de la Russie et de l'Europe. Mais tout ce que les Alliés trouvent à proposer aux Armées blanches est de confier le commandement suprême à Kerensky, l'homme qui a démontré son impuissance face à la nation et qui est alors réfugié à Londres (il gagnera plus tard les États-Unis).

Pour les Armées blanches, cette proposition équivaut à un pied de nez. Le général Alexeiev envoie un émissaire au Premier ministre anglais Lloyd George pour lui signifier que, si Kerensky est nommé, il estimera de son devoir de renoncer à toute activité militaire ou politique.

Aucune décision n'est prise à Paris, Londres ou Washington. Les Alliés temporisent ; ils veulent conserver l'atout Koltchak,

1. Voir p. 239.

qu'ils ont pourtant laissé isoler par les Tchèques. Le cafouillage est total. Et la tragédie s'accomplit en quelques jours.

*

Le 1er janvier 1920, les hauts-commissaires alliés en Sibérie adressent un message à Janin pour lui ordonner de veiller à la sécurité de l'amiral. Le 5, Janin adresse à son tour un message à Koltchak, lui enjoignant de se rendre à Irkoutsk dans un wagon du Transsibérien aux couleurs des Alliés. Janin ignore-t-il la situation ? Ne sait-il pas que les Tchèques contrôlent le Transsibérien ? Si, il agit en connaissance de cause. La preuve en est donnée par la lettre de Gaston Maugras, haut-commissaire français en Sibérie par intérim, à Millerand, ministre des Affaires étrangères, datée de Kharbine, le 24 janvier 1920 à 19 h 35 :

> *Je viens de recevoir du général Janin le télégramme suivant :*
> *« En ce qui concerne l'amiral, nous avons pu l'amener jusqu'à Irkoutsk sans qu'il fût massacré. En arrivant là, les Tchèques se trouvant en présence d'une importante concentration militaire, j'ai estimé que la mesure du possible était atteinte, et que je n'avais pas le droit de faire verser en son honneur le sang de quelques soldats tchèques, ce à quoi leur gouvernement ne m'avait pas autorisé. L'amiral a été remis aux commissaires du gouvernement provisoire comme il avait été fait pour le tsar que l'ambassadeur de France m'a personnellement interdit de défendre*[1]*. »*

Résumons : Janin est chargé par ses supérieurs de la protection de Koltchak ; celui-ci est protégé par une importante concentration militaire, mais Janin, de sa propre initiative et d'elle seule, lui retire sa protection et celle des Alliés parce qu'il répugne à verser le sang de quelques soldats tchèques, n'y ayant pas été autorisé par leur gouvernement. On croit rêver : attendait-il du gouvernement tchèque l'autorisation de tirer sur ses

---

1. *Trésors et secrets du Quai d'Orsay*, Pierre-Jean Rémy , JC Lattès, 2001. Ce document y est reproduit sans le moindre commentaire qui permette aux profanes d'en saisir l'importance.

soldats parce qu'ils s'opposaient aux décisions alliées ? Janin se moque du monde et, pour commencer, du ministre des Affaires étrangères. Il remet donc Koltchak aux bolcheviques.

Le scandale est dénoncé par Maugras lui-même :

> *Je dois faire remarquer que la livraison de l'amiral aux socialistes-révolutionnaires, sans qu'il y ait eu résistance ni combat, ne paraît pas s'accorder avec la note remise le 1er janvier par les hauts-commissaires alliés au général Janin, acceptée par conséquent par lui et tendant à accorder à l'amiral la protection des troupes alliées. Mes collègues m'en ont déjà fait la remarque.* [...] *Je ne doute pas que le général Janin n'ait eu des raisons impérieuses pour autoriser la remise de l'amiral Koltchak aux socialistes-révolutionnires, mais je dois constater que nous subissons de ce fait une sérieuse perte de prestige non seulement vis-à-vis des Russes, mais vis-à-vis de nos alliés.* [...] *Quant aux Tchèques, ils rejettent la décision relative à l'amiral sur le général Janin et assurent qu'ils n'ont agi que suivant ses ordres.*

Voilà qui est plus grave : Janin a menti. C'est lui qui a donné aux Tchèques l'ordre de remettre Koltchak aux bolcheviques. Il a agi contrairement aux ordres donnés : il est l'unique responsable de la déroute de l'Armée blanche.

Quatre-vingt-dix ans après les événements, il faut le clamer : le général Pierre-Maurice Janin fut un traître.

De toute façon, ni lui ni les hauts-commissaires ne furent présents pour accueillir l'amiral. Peut-être Janin ne voulait-il pas faire face à l'homme qu'il envoyait à la mort. Lorsque le wagon de Koltchak arriva à Irkoutsk le 15, les gardes tchèques cédèrent leurs postes à des Gardes rouges. Les Tchèques, en effet, s'étaient ralliés aux bolcheviques, ces mêmes bolcheviques dont ils avaient rossé les Gardes rouges.

De son wagon, Koltchak assiste à la relève de la garde et dit : « Les Alliés m'ont donc trahi. » Il est fusillé deux jours plus tard[1].

1. Selon certains rapports, le jugement de Koltchak fut rendu *après* son exécution, qui aurait été immédiate.

*

L'adversaire principal des bolcheviques avait été abattu, grâce à la trahison d'un général français.

Il ne restera de l'épopée tragique des Armées blanches en Asie qu'un dernier résistant, paranoïaque, Roman Fyodorovitch Ungern von Sternberg, « empereur de Mongolie » jusqu'en 1921, date à laquelle il sera lui aussi arrêté par l'Armée rouge et fusillé.

Trois quarts de siècle de terreur soviétique et quatre-vingts millions de morts seraient la sanction de l'impéritie des Alliés et de la trahison d'un de leurs officiers supérieurs.

Ce récit ne se trouve guère dans les livres d'histoire.

1920

Comment l'œil de Gambetta finit à l'Opéra-Comique

À minuit moins cinq exactement, le 31 décembre 1882, le grand républicain que fut Léon Gambetta rendit son dernier soupir dans sa maison de Ville-d'Avray.

La machine à rumeurs s'emballa et fut sans doute à l'origine d'un imbroglio, qui défie la crédulité, ainsi que d'une apparente amnésie collective. Cette machine s'était déjà emballée un mois plus tôt. Le 27 novembre, en effet, Gambetta, selon sa propre version, s'était blessé en maniant un revolver. La balle avait traversé la paume et était ressortie en avant du poignet. C'était tout à fait plausible : les hommes du temps tiraillaient beaucoup au revolver, pour le cas d'un duel. Et Gambetta le faisait aussi, souvent à tort et à travers. Il tirait ainsi de la fenêtre de sa voiture. Le Dr Gilles, de l'hôpital Brezin, accourut pour soigner la plaie. Et l'après-midi, une sommité de la faculté, le Dr Lannelongue, vint exprès de Paris faire le pansement et ordonna à son patient de garder le lit et d'observer la diète.

Les ragots s'emballèrent. Gambetta vivait avec une femme qu'il n'avait pas épousée, Léonie Léon. Mais il était question de mariage. Léonie Léon avait-elle tenté de se suicider et s'était-il blessé en la retenant ? Ou bien avait-elle tenté de le tuer et il avait reçu la balle en parant l'arme de sa main ? C'est cette dernière version que répandit Henri de Rochefort, célèbre caqueteur du temps, dans *L'Intransigeant* : « Nous croyons pouvoir ajouter que la scène est née d'un projet de mariage que M. Gambetta serait résolu à contracter. » Trois jours plus tard, le journal fondé par le grand homme, *La République française*, publia un bulletin pour assurer ses lecteurs que, la plaie cicatrisée, tout allait très bien.

Mais l'opinion ne se le tint pas pour dit. Le fait que six médecins – Lannelongue, Siredey, Fieuzal et d'autres – se réunissent le lendemain au chevet du blessé exacerba les imaginations. On raconta que ce n'était pas une, mais deux balles que Gambetta avait reçues : la première, au poignet, n'avait causé qu'une blessure sans gravité ; mais l'autre avait atteint le ventre et causé des dégâts graves, d'où le régime sévère imposé au patient. Garde-t-on le lit pour une blessure à la main ? Allons !

La santé de Gambetta faisait alors l'objet d'une vigilance sans relâche. Les grands hommes fascinent depuis toujours et, s'il en était un en France, c'était bien l'illustre défenseur de la République. Or, cette fascination allait atteindre le monde médical et causer des troubles collectifs du comportement.

Quand Gambetta meurt, cinq minutes avant le début de l'année 1883, le public ne l'apprend que le 1er de l'an. Et les langues se déchaînent. Cette coïncidence, mais c'est évident ! Cette fois-ci, elle l'a eu ! Elle avait juré qu'il ne verrait pas la nouvelle année !

On parle d'une mystérieuse Allemande nommée, qui l'eût cru, Dalila…

*

Il n'y a jamais eu d'autres femme que Léonie Léon dans la villa de Ville-d'Avray. Il est vrai que les bans du mariage devaient être publiés trois jours après l'accident et qu'il n'en fut plus question tout au long du mois de décembre. C'est singulier. Mais peut-être pour d'autres raisons que celles que l'on suppose.

Gambetta demande à Lannelongue la permission de sortir de chez lui pour se promener. Oui, mais à la condition que ce soit en landau, exige le praticien. Le cocher Roblin va en louer un à Paris, aux Champs-Élysées. Et Gambetta, emmitouflé dans une pelisse, sort donc, par une belle journée d'hiver, avec Léonie Léon à ses côtés. Une roue de la voiture passe sur un caillou, le cahot arrache un cri de douleur à Gambetta. Cette fois-ci, c'est à l'aine droite qu'il a mal. Il se plaint aussi d'avoir froid. Les jours passent, le malade, car c'en est un, ne se rétablit pas.

Le jour du réveillon est sinistre. Les médecins reviennent, encore plus célèbres – le professeur Trelat, chirurgien, le professeur Brouardel, le professeur Lannelongue, une fois de plus, le professeur Mathias, anatomiste, le célèbre Charcot, anatomiste aussi... Ils ont fini par diagnostiquer le mal, et ils sont soucieux : c'est ce qu'on appelle à l'époque une « pérityphlite » et, aujourd'hui, une appendicite compliquée de péritonite. Or, cela ne s'opère pas alors comme de nos jours. En 1882, l'intervention, qui n'aurait été que suggérée par Lannelongue, n'avait jamais été tentée ; il n'est pas certain qu'elle aurait sauvé Gambetta. Leur responsabilité est grande et ils jouent leur prestige.

Gambetta les délivre de leur dilemme en rendant l'âme.

*

Le 2 janvier 1883, ce ne sont pas moins de treize médecins qui arrivent à Ville-d'Avray pour procéder à l'autopsie et à l'embaumement de Gambetta. En plus des noms déjà cités, il y a Paul Bert, Cornil, Liouville, Siredey... Tous des sommités, plus l'embaumeur Baudiau, avec leurs assistants. Et, d'après les témoignages de ces derniers, recueillis par Pierre-Barthélémy Gheusi[1], petit-cousin de Gambetta, c'est « une véritable boucherie » qui commence. Ils tiennent la gloire de la République sous leurs bistouris et leurs scies. Et ils scient, ils incisent, ils coupent, dans des conditions détestables, car l'embaumeur a injecté son liquide durcisseur avant même qu'ils aient commencé. Ils scient le crâne pour prélever le cerveau, puis la cage thoracique pour enlever le cœur, et les confient à l'embaumeur pour qu'il les fasse peser chez un pharmacien à Sèvres. Le cerveau, 1,160 kilo, plus petit que prévu, le cœur, 400 grammes... Ils finissent même par détacher la tête.

Ce comportement aberrant, qui ne ressemble en rien à une autopsie, évoque plutôt une sorte de transe collective dans laquelle des gens d'un niveau intellectuel supérieur se

1. *La Vie et la Mort singulières de Gambetta*, Albin Michel, 1932.

comportent comme des hommes d'une époque ancienne, procédant à un rite barbare. Ils s'approprient la dépouille du grand chef.

La mise en bière a lieu à 15 h 30, mais le corps est fortement incomplet. La tête manque, et un œil y manque aussi évidemment, mais il a été enlevé bien des années auparavant, à la suite d'une infection, quand Gambetta avait vingt-neuf ans[1]. Le professeur Gibier emporte un morceau d'intestin duquel pend l'appendice ; Lannelongue emporte un avant-bras avec la main blessée ; Duval garde le cerveau, Paul Bert le cœur… Six morceaux ont été ainsi prélevés. Après avoir assisté au rapport du commissaire de police de Sèvres, qui ne fait aucune mention des mutilations, ces messieurs reprennent le train pour Paris avec leurs singuliers colis, dûment emballés, et se retrouvent au domicile de Charcot pour préparer le communiqué officiel sur la mort de Léon Gambetta.

Le 2 avril 1909, quand le corps de Gambetta fut transféré au cimetière du Château, à Nice, pour être déposé dans un monument érigé par la municipalité, le cercueil fut ouvert. Les membres de la famille, le préfet des Alpes-Maritimes, le sénateur-maire de Nice, le commissaire de police, les journalistes, le public découvrirent avec horreur le cadavre décapité et dépecé. Le cercueil fut refermé et les discours prononcés comme si de rien n'était. Toutefois, des enquêtes discrètes commencèrent.

Mais les témoins survivants ne savaient rien, ne se souvenaient de rien. Une crise d'amnésie collective avait sévi. À ce jour n'ont été retrouvés que le cerveau, le cœur… et un œil. Le journaliste Daniel Hourquebie, de *La Dépêche du Midi*, retrouva le cerveau à la section anthropologique du musée de l'Homme à Paris, entre deux bocaux, dont celui d'un idiot et celui d'un assassin[2].

Le cœur fut miraculeusement retrouvé, et il fut solennellement transféré au Panthéon, en 1920.

---

1. Raymond Cartier, *Gambetta*, Gutenberg, Lyon, 1945.
2. « Le Découpage de Gambetta », *Historia*, novembre 1987.

L'œil, enlevé par le Dr Wecker, séjournait dans un bocal, dans le bureau du directeur de l'Opéra-Comique. Wecker l'avait livré à son préparateur, Walsh, qui l'avait à son tour remis en 1919 à Pierre-Barthélémy Gheusi, déjà cité et alors directeur de l'Opéra-Comique. En 1933, il fut confié au musée de Cahors avant d'être finalement installé à la bibliothèque municipale de cette ville, où était né Gambetta.

Il est licite de se demander quel est, pour quiconque, le bénéfice de cette fausse piété.

Ces péripéties macabres et passablement honteuses comportent une leçon : elles éclairent la transe qui, dans des circonstances exceptionnelles, s'empare d'esprits élevés, tels que l'étaient sans nul doute Lannelongue, Paul Bert, Brouardel, Charcot, pour ne citer qu'eux, et qui les pousse à des comportements qui semblent irrationnels. Gambetta était à leur époque un héros de la République ; il avait atteint un statut mythique. Le mythe paralysa en eux les convenances, voire la décence ; ils s'approprièrent des fragments de son corps, comme s'il avait été un saint faiseur de miracles, comme on l'avait déjà fait pour Charlemagne (n'avait-on pas offert un morceau du bras de cet empereur à Joséphine, lors de son passage à Aix-la-Chapelle ?). Elle le récusa gracieusement, alléguant qu'elle disposait déjà d'un bras fort sur lequel elle pouvait s'appuyer.

L'épisode illustre la puissance du mythe sur l'esprit humain, et, pour être aussi irrésistible sur des praticiens pourtant accoutumés à la misère du corps humain, il permet de mesurer son emprise sur des esprits moins instruits et des foules. Telle est la raison de sa présence dans ces pages.

On eût pu supposer – ou espérer – que la fascination déplacée pour ce qui n'est après tout que des fragments de cadavre irait s'affaiblissant. Point : un épisode similaire agita l'opinion publique en 2010, quand un amateur assura avoir retrouvé le crâne du bon roi Henri, Henri IV pour mémoire, qui avait disparu depuis 1793, lors de la profanation des tombes royales de l'abbaye de Saint-Denis. Le macabre débris semblait perdu pour toujours quand il fut vendu, dit-on, à l'hôtel Drouot en 1919. Un aréopage d'experts, dont un descendant du monarque, tint conférence de presse au Grand Palais, assurant que le crâne retrouvé était bien celui du Vert-Galant, avec « une probabilité supérieure à 99,9 % ».

Las, un autre expert, Philippe Delorme, opposa les faits historiques[1] : d'après les témoignages du temps, la tête d'Henri IV avait été sciée pour être vidée de son cerveau, lequel fut remplacé par de l'étoupe. Or, le crâne que voilà n'avait été ni scié ni trépané.

Mais l'imagination est prompte à se croire elle-même. Il faut souvent plus que des preuves historiques pour trépaner un mythe. Les délices de l'automystification sont irrésistibles, même quand l'objet en est répugnant et n'appelle que la paix du tombeau.

1. « Henri IV : sa tête à couper ? », *L'Express*, 15 janvier 2011. Cet auteur est celui de *Henri IV, les réalités d'un mythe*, L'Archipel, 2010.

1921

Le scandale des experts de musée, ou les prodiges de l'autosuggestion

L'histoire des faux artistiques est sans doute aussi vieille que l'art et une encyclopédie suffirait à peine à en recenser les affaires les plus retentissantes. À première vue, elles n'auraient rien à faire dans ces pages, car la nuance semble forte entre le faussaire, qui est un escroc agissant par appât du lucre, et le mystificateur, qui est censé être motivé par des raisons intellectuelles, idéologiques, politiques ou autres. Mais cette distinction omet un troisième facteur, qui est la tendance à l'automystification. Celle-ci dérive d'un phénomène courant, où la volonté de croire domine le désir de savoir. C'est le même phénomène qui explique la crédulité publique à l'égard des mythes dénoncés plus haut. Il explique aussi les formidables bévues des experts par la faute desquels tant de scandales ont émaillé l'histoire des grands musées.

On n'en trouvera certes pas mention dans les brochures vendues aux visiteurs, mais il est peu de musées au monde qui n'aient été victimes de bourdes mémorables.

En 1902, le Louvre acquit ainsi une tiare en or massif, censée avoir été offerte par les Olbiates, une tribu de Grecs des bords du Dniepr, au roi scythe Saïtapharnès, au IIe siècle av. J.-C. Deux riches collectionneurs, le comte Wilczek et le baron Nathaniel de Rothschild, avaient été intéressés par l'objet, mais furent dissuadés par l'avis défavorable du musée des Arts et Métiers de Vienne, qui trouvait bizarre qu'un objet en or vieux de deux mille ans eût été si bien conservé. Le Louvre, lui, paya 200 000 francs-or, somme alors considérable, au mystérieux courtier roumain qui lui avait proposé la coiffe mirifique.

Les doutes qu'émirent ensuite certains connaisseurs furent promptement étouffés. Le scandale éclata quand un joaillier parisien déclara haut et fort tenir de bonne source que la fameuse tiare avait été fabriquée par un collègue d'Odessa, Israël Rouchomovsky. Celui-ci vint à Paris confirmer qu'il était bien l'artisan de l'objet. Rien n'y fit : la volonté de croire fut la plus forte et une autorité en la matière, André Falize, publia un article de quatre pages dans la revue *Les Arts*, traitant Rouchomovsky de faiseur et confirmant l'authenticité de la tiare, splendide exemple de l'orfèvrerie préchrétienne...

Même lorsque les dires du joaillier d'Odessa eurent été vérifiés et que la tiare eut été soustraite à l'admiration du public, les experts continuèrent de protester qu'elle était authentique. On peut l'examiner de nos jours au musée des Arts décoratifs à Paris.

En février 1921, le Metropolitan Museum de New York offrit à l'admiration de ses visiteurs une nouvelle et remarquable acquisition : une statue étrusque en terre cuite, haute de 2,60 mètres et représentant Mars combattant. Ce musée ne divulgue généralement pas les prix de ses acquisitions, mais la rumeur parfois s'en charge : la somme avoisinait 150 000 dollars, soit quelque 20 millions actuels.

Les experts du musée confirmèrent son authenticité. Mais quand une photo en parut en 1933 dans le bulletin du musée, Piero Tozzi, marchand d'art italien installé à New York, poussa les hauts cris : ce Mars était une fabrication moderne d'artisans qu'il connaissait bien, les frères Fioravanti et Riccardi.

On n'en tint pas compte. Les experts n'avaient-ils pas certifié l'œuvre ?

Après la Seconde Guerre mondiale, d'autres experts, italiens ceux-là, purent se rendre à New York ; ils allèrent voir le fameux Mars et d'autres sculptures « étrusques » du Metropolitan ; ils ricanèrent ; on n'en tint pas compte non plus.

En décembre 1960, un agent des musées américains, Harold Parsons, écrivit au *New York Times* qu'il connaissait la preuve de la fausseté des sculptures étrusques du Met : il avait rencontré le faussaire, Alfredo Fioravanti, qui lui avait montré le pouce manquant de la statue de Mars, toujours en sa possession. La direction du Met, alarmée, dépêcha un directeur à Rome, muni d'un moulage de la main, et Fioravanti fut convoqué chez le consul américain à Rome ; devant le fonctionnaire, il ajusta sans effort le pouce au moulage.

La direction du Met soutint alors que le pouce manquant en possession de Fioravanti était un fragment authentique de l'authentique statue. Mais Fioravanti raconta alors la manière dont lui et son frère avaient fabriqué la statue.

Cela en faisait trop. Le jour de la Saint-Valentin 1961, les sculptures dans lesquelles le public avait admiré pendant quarante ans l'expression de la fierté belliqueuse des Étrusques disparurent des salles qu'elles avaient honorées.

Personne ne les a jamais revues.

Incidemment, les artisans qui avaient fabriqué ces faux ne l'avaient pas fait malhonnêtement : ils étaient des copistes qui avaient exécuté des commandes de courtiers véreux. La preuve en est que, dans les deux cas, ils avaient personnellement témoigné qu'ils étaient bien les auteurs des œuvres jugées ensuite litigieuses. Autre preuve : ils ne furent jamais poursuivis.

*

Ces deux exemples illustrent la force de l'autosuggestion chez ceux qui eussent dû être les premiers à déceler la mystification. Les experts avaient cédé à la volonté de croire que la tiare de Saïtapharnès et la sculpture étrusque étaient bonnes. Les raisons en étaient obscures, mais la plus plausible est qu'ils exaltaient leur amour-propre en authentifiant ce qui était à leurs yeux des chefs-d'œuvre.

Un troisième exemple démontrera que la mystification peut procéder d'un désir de vengeance, c'est-à-dire, là aussi, d'une satisfaction d'amour-propre.

Le nom de Han van Meegeren est connu de quelques amateurs d'art contemporains : il évoque un incident grotesque à force d'absurdité. En 1945, les membres de la commission hollandaise chargés de récupérer les œuvres d'art volées dans leur pays par les nazis tombèrent sur un tableau qui avait appartenu à Goering, *La Femme adultère*. Ils furent saisis : c'était un Vermeer et de la plus belle qualité, mais inconnu des catalogues de l'œuvre de ce peintre, fort prisé depuis plusieurs décennies. Mais d'où venait donc ce chef-d'œuvre ? Trésors nationaux, les peintures de Vermeer étaient, en effet, interdites d'exportation.

Une vaste et ultrasecrète enquête de police fut lancée. Elle mena au 321 Keisergracht, exquise vieille maison d'Amsterdam donnant sur le canal. Elle appartenait à Van Meegeren.

La suite de l'enquête révéla que trois intermédiaires, Walter Hofer, Alois Miedl et Reinstra van Strijvesande, avaient organisé la vente du Vermeer à Goering, et tout indiquait que le vendeur originel avait été van Meegeren. L'homme était riche, propriétaire de plusieurs maisons à Amsterdam et Laren, et apprécié de ses voisins, en dépit d'un mode de vie pour le moins excentrique. Comment était-il entré en possession de ce Vermeer ? C'est alors que van Meegeren lança sa deuxième mystification : il raconta à deux policiers venus l'interroger qu'il avait acheté le tableau en Italie, à un amateur ruiné.

Le 22 mai 1945, il fut arrêté pour collaboration avec l'ennemi, ce qui était à l'époque une accusation lourde de conséquences, et il fut incarcéré. Lors d'une première déposition, il déclara qu'il avait peint quatorze faux tableaux de maîtres et qu'il en avait vendu neuf, gagnant dans la transaction la coquette somme de 5 460 000 guldens.

La consternation s'empara des marchands d'art hollandais : comment n'avaient-ils pas détecté ces faux ?

Ils ignoraient, autant que la police, que l'affaire aurait bien d'autres répercussions et qu'elle plongeait des racines dans un passé déjà lointain.

*

En 1937, un jeune homme un peu maigre assistait incognito à la présentation au public du « chef-d'œuvre absolu » de Vermeer, *Les Disciples à Emmaüs*, sur les cimaises du musée Boymans de Rotterdam. Le tableau avait été examiné et authentifié par toutes les autorités artistiques hollandaises – les professeurs Bredius, van Gelder et Hannema, Martin et Schneider du Maurithuis, Schmidt-Degener et Roëll du Rijksmuseum.

Or, c'était ce jeune homme qui avait peint ce chef-d'œuvre.

Les tests techniques, rayons X, étude microscopique des pigments, résistance de la peinture à l'alcool et autres solvants, présence de blanc de plomb dans les zones claires, avaient démontré l'authenticité du chef-d'œuvre. Reproduit à l'envi dans la presse spécialisée et générale, *Les Disciples à Emmaüs* était désormais l'un des tableaux les plus célèbres du monde.

Avant de l'offrir à la Fondation Boymans, la Rembrandt Association l'avait acquis pour la somme de 550 000 guldens, dont les courtiers avaient remis 340 000 à van Meegeren, se partageant entre eux 210 000 guldens.

Mais l'argent n'avait pas été le seul motif de la prodigieuse mystification de van Meegeren : ç'avait été l'amour-propre. Quelques années plus tôt, en effet, il s'était essayé à l'imitation frauduleuse de maîtres anciens et avait produit un *Cavalier riant*, attribué à Frans Hals. Le tableau avait été jugé authentique par un expert respecté, Hofstede de Groot, qui l'avait acheté, puis mis aux enchères. Mais examinant l'œuvre à la salle des ventes, l'un des pontes de la critique hollandaise, Abraham Bredius, s'était répandu en sarcasmes, relevant les erreurs stylistiques du prétendu Hals. De Groot en avait été évidemment déconfit, et van Meegeren encore plus.

Il avait une revanche à prendre sur l'expert. Maintenant, il la tenait, car Bredius était l'un de ceux qui avaient authentifié et loué le faux Vermeer de Rotterdam.

*

Van Meegeren était un personnage singulier, sur lequel on ne sait pas grand-chose. Comme on le conçoit, nombre de Hollandais, dont le pays s'enorgueillit de quelques-uns des plus fameux musées au monde, souhaiteraient que son nom et ses agissements sombrent dans l'oubli le plus rapidement possible.

On sait cependant que van Meegeren était un peintre doué d'une technique prodigieuse, mais que sa carrière alla déclinant au fur et à mesure que l'art moderne montait au firmament de la culture mondiale. Les amateurs le jugeaient trop vieux jeu et s'intéressaient beaucoup plus aux audaces de son compatriote Piet Mondrian, par exemple. Il partageait les opinions des nazis en matière artistique et jugeait que l'art moderne était, en effet, « dégénéré » ; cela lui valut la bienveillance des nazis quand son pays fut occupé, une vingtaine d'années plus tard. En attendant, ses revenus baissaient. Et ce fut alors qu'il voulut prouver que son talent était égal à celui des plus grands. Il commença à fabriquer des faux. L'échec du Frans Hals avait enrichi son expérience, comme le démontre le succès des *Disciples à Emmaüs*.

Il ne pouvait produire des Vermeer inconnus en série : il s'attela à des « inédits » de maîtres moins connus, tels que Pieter de Hooch, Gerard Terborch, Dirck van Baburen, et il s'attaqua de nouveau, cette fois avec succès, à Frans Hals.

Il ne faudrait certes pas brosser du faussaire le portrait d'un maître infaillible. Lorsqu'il mit sur le marché un autre « Vermeer », *Le Christ dans la maison de Marthe et Marie*, plusieurs marchands d'art pressentis par ses courtiers, tel Georges Wildenstein, patron d'une firme célèbre, flairèrent un faux et firent la grimace. La discrétion les retint de pousser jusqu'à la dénonciation publique : il y a maintes lunes que les marchés pullulent d'œuvres douteuses, à chacun de faire le ménage devant sa porte. Ne parvenant pas à écouler son Vermeer hors du pays, van Meegeren suggéra aux courtiers d'alerter Bredius : celui-ci s'extasia devant le « chef-d'œuvre », loua le bleu du manteau du Christ et maints autres aspects de la toile, puis décida de la rapatrier en Hollande : elle fut achetée pour la somme la plus élevée qu'on eût jusqu'alors payée pour un peintre hollandais du XVIIe siècle : 520 000 florins.

Plusieurs critiques la rejetèrent. Peu importait. Ces découvertes successives de toiles de Vermeer confortaient une thèse, d'ailleurs plausible, selon laquelle on avait répertorié trop peu d'œuvres de ce peintre et qu'il avait dû en réaliser d'autres qu'on retrouverait bientôt (jusqu'au XIXe siècle, en effet, Vermeer avait été quelque peu oublié). On en retrouva bien, mais toutes dues au pinceau de van Meegeren, dont une *Tête du Christ*, un *Isaac bénissant Jacob* et un *Lavement des pieds*, qui furent accrochées aux cimaises du fameux Rijksmuseum d'Amsterdam.

*

La guerre éclata, et ce fut alors que Hermann Goering, qui posait au seigneur de la Renaissance, acheta *La Femme adultère*, l'œuvre qui mit les policiers hollandais sur la piste de van Meegeren. En 1945, celui-ci fut traduit en justice sous la double inculpation de collaboration avec l'ennemi et de contrefaçon. La première fut abandonnée, sous la pression de l'opinion publique : si van Meegeren avait dupé Goering, il n'était certes pas un collabo ; la seconde demeura et valut à l'artiste un an de prison. Il y peignit un Vermeer de plus pour prouver ses dires ; une visite de son atelier les avait déjà vérifiés. Quand il fut libéré, il était une sorte de héros des temps modernes.

Mystificateur impénitent, van Meegeren fit accroire un temps que les bénéfices réalisés grâce à ses faux avaient servi à secourir des juifs de Hollande et d'Allemagne en difficulté. Cette nouvelle invention ne résista pas longtemps à l'examen des faits.

Ses œuvres ne sont pas disponibles à l'analyse. Ceux qui ont pu les voir rapportent qu'en dépit des techniques perfectionnées utilisées par le faussaire, elles ont bien mal vieilli. Un regard un peu averti confirme les soupçons éveillés par les reproductions : elles n'eussent jamais dû passer un premier examen ; dans *La Dernière Cène* et dans *Les Disciples à Emmaüs*, par exemple, tous les visages se ressemblent étrangement ; on croirait qu'ils sont membres de la même famille. Et l'étincelle de vie qui anime les vrais Vermeer en est absente ; le tableau est étrangement morne, les personnages semblent consternés, alors que les retrouvailles du Christ et de ses disciples eussent dû être empreintes de joie.

Cette affaire[1] appelle deux observations : d'abord, le personnage tortueux de van Meegeren ne fut créé que par quelques

1. La bibliographie sur l'affaire van Meegeren est très abondante et nous ne saurions citer tous les articles de presse qui en ont traité. Nous renverrons le lecteur à deux ouvrages qui détaillent ce scandale avec le plus d'autorité : *3 000 Years of Deception in Arts and Antiques*, Jonathan Cape, Londres, 1961 ; et Thomas Hoving, *False Impressions, The Hunt for Big-Time Art Fakes*, Simon & Schuster, New York, 1996.

experts qui abusèrent de leur autorité et s'abusèrent eux-mêmes ; ils furent victimes de l'autosuggestion dénoncée plus haut, qui fut une automystification. Ensuite, les techniques d'analyse actuelle n'eussent jamais permis l'ascension de la carrière d'un van Meegeren.

Mais il faut aussi rappeler que la propension de certains artistes à faire des faux pour affirmer leur talent ne date pas d'hier : ainsi, pour s'attirer les faveurs d'un mécène, le jeune Michel-Ange produisit, à seize ans, un faux antique artificiellement vieilli, un cupidon endormi, qui retint, en effet, l'attention du cardinal De Giorgio ; ce dernier l'acheta. Mais quand l'artiste lui révéla sa supercherie, le cardinal lui en tint rigueur et sa rancune dura longtemps.

1923

Trebitsch Lincoln, juif, diacre, espion nazi et conseiller des révolutionnaires chinois

L'existence d'Ignatz Trebitsch défierait la crédibilité si elle n'avait fait l'objet de fiches innombrables de maints services secrets, des États-Unis à la Chine, en passant par le Royaume-Uni et l'Allemagne, puis de plusieurs biographies. Sous la forme romancée, elle serait rejetée comme un tissu d'invraisemblances délirantes.

Il est, en effet, difficile de croire qu'un juif hongrois ait pu être ordonné diacre de l'Église d'Angleterre par l'archevêque de Montréal, élu député anglais alors qu'il n'était pas anglais, devenir espion nazi et finir dans la peau d'un moine bouddhiste à Shanghai. Trebitsch Lincoln (ce deuxième nom fut ajouté à l'orée de sa carrière, sans aucune justification familiale) a poussé la mystification jusqu'aux franges de la métaphysique.

La date de 1923 choisie pour son insertion dans ces pages correspond à celle de son apparition dans la politique internationale, mais un parcours de ses activités jusqu'alors sera utile. Car il semble que, dès qu'il eut achevé son adolescence, vers 1895, ce personnage entreprit de tromper le monde environnant.

Ignatz Trebitsch naquit le 4 avril 1879 à Paks, bourgade au sud de Budapest, sur le Danube. Son père, Nathan Trebitsch, était un riche marchand juif, propriétaire d'une flotte de chalands, et sa mère, Irène Freund, était née dans une famille également riche et tous deux étaient pieux et pratiquants. Il était le puîné de six garçons. Il était, rapporte-t-on, impulsif, coléreux et vaniteux.

Sa vie d'adulte commença sous de mauvais auspices : en 1897, son père subit de graves revers de fortune et, la même année, la police de Budapest signala qu'Ignatz avait été accusé du vol d'une montre en or valant 200 couronnes. La police de Trieste le rechercha pour d'autres vols, mais il avait disparu. On le retrouve en Angleterre cette même année 1897, pour le jubilé de diamant de la reine Victoria, où il tombe sous la coupe d'une mission de conversion des juifs au christianisme, dirigée par le révérend Lypshytz, juif converti qui le convertit aussi ; et, en 1901, Trebitsch est au Canada ; en 1902, il est nommé diacre de l'église de Christchurch, à Montréal.

Se servant des relations qu'il a nouées entre-temps, Trebitsch accède au niveau politique de sa carrière : il s'est acquis la confiance d'un magnat anglais du cacao, Joseph Rowntree, quaker éminent ; et, extraordinairement, en janvier 1910, Ignatius Trebitsch Lincoln, natif de Paks, en Hongrie, et diacre d'une église de Montréal, est élu député libéral de Darlington. Il siège à la Chambre des communes d'Angleterre. Le nom de Lincoln a été ajouté quelques mois plus tôt, mais le fait le plus frappant est que la candidature de Trebitsch a été validée un mois avant qu'il soit naturalisé[1].

Le mandat de député lui sert de sauf-conduit dans la sphère internationale : Trebitsch Lincoln se rend à Budapest et à Belgrade, et annonce la création d'une banque anglo-hongroise, puis d'une banque anglo-serbe. Sa proposition, totalement inventée, est discutée en conseils des ministres. De retour en Angleterre, il se lance dans une campagne pour une réforme économique en faveur du libre-échange et reçoit un message de félicitations d'un certain Winston Churchill.

*

De discours à la Chambre des communes en interpellation de ministre, Trebitsch s'est fait un nom, mais il a brûlé ses réserves de crédit moral et financier. Il n'appartient pas au système. En 1911, il est ruiné et Rowntree lui a retiré sa protection. Il ne peut se représenter aux élections. N'importe, il obtient une concession de champs pétrolifères en Roumanie et dupant financiers et

1. Bernard Wasserstein, *The Secret Lives of Trebitsch Lincoln*, Penguin Books, Londres, 1988.

marchés, fonde une compagnie d'exploitation, Lincoln & Co., au capital virtuel de 400 000 livres. Les forages se révèlent extrêmement décevants et l'entrée en guerre de la Roumanie contre la Bulgarie en 1913 assène un coup fatal au montage de Trebitsch Lincoln.

À Londres, il est poursuivi par ses financiers pour malversations ; en Roumanie, il a été condamné pour fraude ; mais en 1914, la guerre éclate. En décembre de cette année-là, Trebitsch Lincoln tente de se faire engager par les services d'espionnage anglais, auxquels il propose un plan extravagant : il se fera recruter par l'espionnage allemand et lui fournira de fausses informations sur les mouvements de la flotte anglaise. Ainsi, celle-ci pourra infliger une défaite cuisante à l'ennemi pris au piège. Mais le MO5, ancêtre du MI5, ne s'en laisse pas conter. Une arrestation imminente pour dettes menace Trebitsch Lincoln, qui semble à bout d'expédients. Il part soudain pour les États-Unis. Rattrapé par la justice britannique, incarcéré, puis ramené en Angleterre où il est également détenu, il est finalement expulsé du royaume et débarqué à Rotterdam.

*

Les Anglais croyaient s'en être débarrassés : mais avec sa flamboyante mythomanie et son talent de conviction, Trebitsch Lincoln réapparaît en 1920, à Berlin, où, comble d'invraisemblance, il se présente comme héraut du rétablissement de la monarchie. Il a en effet infiltré les milieux politiques d'opposition à la République de Weimar, et prétend même avoir eu une longue entrevue avec le prince héritier. Il prend une part active au putsch de Wolfgang Kapp, en mars 1920 ; et, pendant cinq jours, du 5 au 9 mars, Kapp s'étant proclamé chancelier, les insurgés ont été maîtres de Berlin, siège du gouvernement. L'ancien clergyman et député britannique Trebitsch Lincoln a enfin obtenu la reconnaissance mondiale à laquelle il estimait avoir droit.

On croirait rêver, mais ce sont les faits : cet ancien juif hongrois avait œuvré au rétablissement de la monarchie allemande. Il a soumis ses lettres de créance aux nazis. En effet, il est cité par le théoricien du racisme Alfred Rosenberg dans son livre *Les Protocoles des sages de Sion et la politique mondiale juive*[1] comme partisan de l'authenticité de ce faux antisémite patent[2] : « Cette authenticité, écrit Rosenberg, a même été reconnue par des juifs, en particulier par l'écrivain autrichien Arthur Trebitsch, juif 100 %, mais de tendance très antisémite. Dans son ouvrage principal, *L'Esprit allemand ou le judaïsme* (Vienne, 1921), il écrit au sujet des *Protocoles* :

> *On ne peut avoir le moindre doute sur l'authenticité du livre* Les sages de Sion. [...] *Dans ce livre, le plus précieux de tous, le peuple allemand a enfin tous les arguments nécessaires pour dissiper les doutes et les scrupules une fois pour toutes.*

L'invraisemblable est avéré : Trebitsch Lincoln, juif, pousse à la persécution des juifs.

Son triomphe est de courte durée : la mise en échec du pseudo-gouvernement Kapp le fait fuir à Budapest, Vienne et Prague. Mais il a emporté avec lui des documents secrets des conspirateurs allemands, notamment l'ébauche d'une contre-Internationale communiste, l'Internationale blanche, qu'il saupoudre de commentaires personnels ; il les cède au gouvernement tchécoslovaque pour 500 000 couronnes – somme alors assez coquette – et se fait remettre par ce gouvernement de nouvelles pièces d'identité au nom de Thomas Lamprecht.

Se présentant comme l'un des maîtres de l'Internationale blanche, il s'offre le luxe inouï d'exiger une amnistie du gouvernement britannique, faute de quoi il déclenchera « un bain de sang en France ». Ce mythomane et mégalomane intégral fait la une de maints journaux européens et commence à donner des maux de tête aux chancelleries. Ses démêlés avec la justice autrichienne lui valent de passer quatre semaines en prison. Quand il en sort, il part pour Trieste où, en possession de trois passeports – l'un hongrois, l'autre autrichien et le dernier allemand –, il se prépare à aller aux États-Unis. Les autorités consulaires

1. Éd. Hoheneichen, Vienne, 1928.
2. Voir p. 225.

américaines, prévenues par le FBI, lui refuseront un visa. N'importe, il y parvient quand même sous le nom de Patrick Keelan. Identifié à New York, il est expulsé par les États-Unis vers la destination de son choix. Ce sera Tokyo.

*

La véritable destination de Trebitsch Lincoln est cependant la Chine. Il s'installe à Choung King, loin des concessions britanniques, où Scotland Yard aurait la main assez longue pour le faire arrêter. Il se lie avec les généraux nationalistes, dont Chi Hsieh Yuan, et écrit à une ancienne connaissance en Allemagne, le colonel Hans Bauer – celui-là même auquel il a subtilisé les documents vendus à Prague –, pour l'informer que, sur sa recommandation, ce général souhaite l'engager comme conseiller militaire ; il serait utile comme agent double. Entre-temps, Trebitsch Lincoln est parti pour l'Europe avec une délégation chinoise chargée de trouver des subsides (ils y obtiennent un contrat de 25 millions de dollars en échange de l'exploitation de mines diverses sous la juridiction du général Chi).

C'est une nouvelle période de succès, sinon de gloire, pour Trebitsch Lincoln : il compte parmi ces nombreux Européens qui servent de conseillers aux diverses factions de la Chine nouvelle en gestation.

Ses errances internationales se poursuivirent, de Chine aux États-Unis, cependant qu'il tentait de récupérer sa nationalité britannique auprès de diverses instances consulaires. En vain. En 1931, à cinquante-deux ans, sans doute lassé de sa propre agitation, après trois ans d'apprentissage, Trebitsch Lincoln est devenu le vénérable Chao Kung, moine bouddhiste errant de concession en concession à Shanghai. La céleste sérénité ne l'incite toutefois pas au repos : il retourne en Europe pour donner des conférences sur le bouddhisme, à Nice et à Berlin, puis ramène avec lui des disciples qui seront consacrés à Pékin, lors d'une grande cérémonie, en présence du corps diplomatique occidental, dont l'ambassadeur d'URSS, et de hauts fonctionnaires chinois.

La mégalomanie et l'imposture s'emparent à nouveau de Trebitsch Lincoln, à supposer qu'elles l'aient jamais déserté : il menace les journalistes occidentaux de représailles contre les missions chrétiennes en Chine, au cas où ses émissaires ne jouiraient pas d'une totale liberté de circulation en Europe. Se prétendant investi du soutien du Panchen Lama, il est cependant salué par la presse internationale comme le fer de lance de la conquête de l'Occident par le bouddhisme.

Il écrit à Hitler en 1934, pour obtenir un visa. En vain. Les services secrets allemands se méfient de cet énergumène et estiment que Hitler n'a rien à gagner à son contact : le Führer n'a pas oublié que, quatorze ans plus tôt, au moment du putsch Kapp, son mentor Dietrich Eckart l'a mis en garde contre Trebitsch. Ce dernier, dépité, part pour le Canada avec dix disciples, débarque à Vancouver et annonce son intention de fonder un monastère bouddhiste en Colombie britannique ; il est même reçu par le Premier ministre du Canada.

Quand le Panchen Lama mourut en 1938, Trebitsch Lincoln fit une fois de plus les manchettes en se présentant comme la métempsycose du Dalai et du Tashi Lama à la fois.

L'hostilité obstinée – et compréhensible – des Anglais au retour du mystificateur dans les sphères anglo-saxonnes porta des fruits empoisonnés : pendant la guerre, il aurait animé des émissions à partir du Tibet invitant les Indiens à se rebeller contre les Anglais. Le point n'est pas élucidé à l'heure actuelle car, selon certaines informations, la fameuse Radio-Himalaya aurait émis à partir de Rome.

De toute façon, il était enfin entré dans des services d'espionnage, ceux des Allemands en Chine, évidemment, car la Gestapo avait là-bas des antennes. Il parvint même à y semer la dissension, car certains nazis, dont Heydrich, flairèrent rapidement le semeur de troubles.

*

Le dernier rêve de Trebitsch Lincoln, et le plus délirant de tous, avait été d'obtenir un entretien avec Hitler. Il assurait que, dès qu'il se trouverait seul avec le Führer, les Trois Sages du

Tibet sortiraient des murs et que cela prouverait la puissance surnaturelle des Initiés Suprêmes. Ce rêve ne se réalisa pas, ce qui démontre incidemment que les Initiés en question ne sont pas tout-puissants, ou bien qu'ils ne se souciaient pas de Trebitsch Lincoln[1].

L'idée qu'un juif ait pu aspirer à un entretien, évidemment admiratif, avec l'homme qui fut responsable de l'Holocauste, ne peut que laisser infiniment rêveur. Leur rencontre eût été l'un des pinacles de l'histoire de la démence et de l'infamie.

Trebitsch Lincoln mourut enfin à l'hôpital général de Shanghai le 6 octobre 1943. On n'a pu établir s'il s'était suicidé, s'il avait été empoisonné ou s'il était mort de causes naturelles. Les mystificateurs se font nombre d'ennemis. Il y eut cependant foule à son enterrement.

1. La presse, les documents et la littérature sur Trebitsch Lincoln sont considérables, ils vont de la notice qui lui a été consacrée par Abba Ahimer dans l'*Encyclopaedia Hebraica* (vol. 18, Tel Aviv) à l'*Autobiography of an Adventurer* (publiée par lui-même à New York en 1932) en passant par les mentions, souvent assez longues, qui sont faites de ses activités dans de nombreux ouvrages historiques. La monographie la plus complète est *The Secret Lives of Trebitsch Lincoln*, Bernard Wasserstein, Yale University Press, Yale et Londres, 1988 ; Penguin Books, Londres, 1989.

1924

L'assassin vénéré

En janvier 1924, la santé de Lénine, défaillante depuis une attaque cérébrale plusieurs mois auparavant, s'améliorait. Le 20, il avait assisté à une partie de chasse près de sa datcha, à Nijni Novgorod (future Gorki). Le 21, son état empira de façon aussi brutale que spectaculaire. Il appela son cuisinier, Gavril Volkov, et griffonna les mots suivants sur un billet : « Gavriloushka, j'ai été empoisonné. Va chercher Nadia [Kroupskaïa] tout de suite. Alerte Trotzky. Alerte tous ceux que tu pourras. »

À 18 h 50 le même jour, il rendait l'âme.

Trotsky ne put être alerté, il était depuis le 18 janvier dans le Caucase, en convalescence d'une maladie mystérieuse que les médecins n'avaient pu diagnostiquer, mais qui avait néanmoins fait l'objet d'un communiqué dans la *Pravda* – cela était inhabituel, l'état de santé des maîtres de l'URSS restant, en effet, confidentiel.

Il était néanmoins au courant d'un projet de Lénine : celui-ci préparait une « bombe » contre Staline, qu'il lancerait au XXe Congrès du PCUS. Il ferait des révélations sur les agissements de Staline, ses « désordres bureaucratiques et ses agissements », qui contraindraient ce dernier à la démission du Politburo.

Staline était informé de l'hostilité de Lénine à son égard : dès la mi-décembre, il avait interdit les visites des membres du Politburo au « vieil homme ». Il avait invité certains de ceux-ci – Zinoviev, Kamenev, Dzerjinski – dans sa datcha de Zoubalovo et leur avait déclaré : « Choisir sa victime, décider soigneusement du coup à lui porter, exécuter une vengeance implacable et puis aller se coucher... Qu'y a-t-il de plus doux au monde ? »

Le 20 décembre 1923, il avait annoncé à Zinoviev, Kamenev et Boukharine qu'il était temps de préparer les funérailles de Lénine ; il en avait même prévu les détails.

L'entourage de Lénine fut surpris par les conditions des funérailles : il n'y avait pas eu d'autopsie et les viscères avaient été incinérés. L'embaumement avait été décidé par Staline, sur la base de fausses lettres de dirigeants provinciaux adressées au Politburo et exigeant cette opération. Un groupe d'étudiants de Rostov-sur-le-Don aurait demandé que le corps de Lénine fût embaumé et placé dans un musée. L'embaumement rendait impossible toute vérification des soupçons de Lénine sur son empoisonnement.

N'avaient-ce été que des soupçons ? Il se trouvait que Staline avait bien fait fabriquer du poison par une de ses créatures, Genrikh Yagoda, ancien pharmacien ; il avait prétendu que c'était Lénine qui lui avait demandé ce « moyen de délivrance ».

Lui-même avait reçu, disait-il, un billet de remerciement du grand homme, qui se disait « terriblement angoissé par la peur d'une nouvelle attaque ».

La coïncidence est troublante : Staline fait fabriquer un poison à l'intention de Lénine et, justement, celui-ci, qui est devenu son adversaire, meurt brutalement dans des circonstances douteuses...

En 1927, Lénine dûment momifié repose dans son mausolée sur la place Rouge. Bazhanov, le secrétaire de Staline, avait fui à l'étranger et racontait que son ancien maître avait surpassé les Borgia dans l'art des poisons.

Quelques années plus tard, lors d'un dîner dans la maison de Maxime Gorki, à Moscou, auquel assiste Boukharine – l'homme que Staline enverrait à la mort –, les convives boivent plus que de raison. Staline aussi, comme il lui advenait souvent. Il raconte que Lénine disposait d'une fiole de poison à portée de main et qu'il avait demandé à Staline de la lui apporter. Staline aurait donné sa parole d'honneur de le faire, mais aurait ensuite demandé aux membres du Politburo de le décharger de sa parole. Boukharine écoutait, silencieux. Les deux hommes se fixèrent du regard. Staline saisit Boukharine par la barbe et cria aux convives : « Qui croyez-vous ? Lui ou moi ? – Toi ! Toi ! », crièrent les autres.

Une autre fois, lors d'un dîner dans sa datcha, donné pour des écrivains, Staline, ivre une fois de plus, déclara que lui seul savait de quoi était mort Lénine et, au fur et à mesure de la soirée, commença à tenir des propos révélateurs. Un seul homme était resté sobre, Ivan Gronski, rédacteur en chef des *Izvestia*. Il conduisit Staline dans sa chambre pour mettre fin à ses dangereuses vantardises. Le lendemain, le dictateur inquiet demanda ce qu'il avait raconté sur la mort de Lénine. Gronski prétendit que tout le monde était trop saoul pour y avoir compris quelque chose. Staline ne le crut pas ; il le fit arrêter comme « ennemi du peuple » et déporter au goulag de Kolyma. Gronski y resta seize ans, jusqu'à la mort de Staline, puis fut libéré et réhabilité. Il savait la vérité sur la mort de Lénine.

*

La modestie sied aux historiens ; ils savent qu'ils écrivent l'histoire, mais ne la font pas. Dans les meilleurs cas, ils lui résistent. Les révélations et les dénonciations des crimes de Staline ont fait l'objet de maints ouvrages, elles n'ont pas changé la vénération passionnée des foules pour le tyran qui commit pourtant le crime suprême : assassiner le « Père de la révolution ». En 1953, Nikolaï Kossiakov publiait à Londres, sous le pseudonyme d'Yves Delbars, *The Real Stalin*, où il dévoilait la vérité sur la mort de Lénine. L'émotion fut restreinte à quelques dizaines de milliers de lecteurs occidentaux. Trois ans plus tard, le rapport de Khrouchtchev au XXe Congrès du PCUS laissa les communistes français incrédules. En 2003, l'ouvrage le plus rigoureusement détaillé sur le tyran et ses crimes, *Staline, agent du tsar*, de Roman Brackman[1], ne pouvait évidemment annuler la monstrueuse mystification : une vaste fraction de la planète avait révéré un assassin.

---

1. L'Archipel, 2003.

Des millions de visiteurs ont défilé devant le cadavre momifié de la place Rouge, sans se douter qu'ils regardaient la victime d'un meurtre, mais l'Église orthodoxe se proposait même de canoniser son assassin.

1924

Le pot-au-feu de Glozel et autres crânes de Piltdown

Il existe en archéologie, comme dans d'autres disciplines, un type de mystificateurs qui se situent entre le faussaire et le farceur. On serait tenté de créer pour eux un néologisme, « forssaire » ou « fausseur ». Ils semblent surtout tirer du plaisir de leurs facéties.

Le plus célèbre fut sans doute Charles Dawson qui, en 1912, présenta au public anglais un vestige extraordinaire, un crâne d'hominidé qui aurait vécu « à l'aube de l'humanité » et qu'il appelle Eoanthropus. La créature serait le fameux « chaînon manquant » entre le singe et l'homme. On l'appellera crâne de Piltdown, du nom du site où il a été découvert, à une soixantaine de kilomètres au sud de Londres.

Deux illustres personnages ont participé aux fouilles sur ce site, le scientifique Pierre Teilhard de Chardin et Arthur Conan Doyle, le « père » de Sherlock Holmes.

Le vestige est bizarre, même aux regards de la paléontologie naissante : la boîte crânienne est humaine et la mâchoire simienne, mais l'usure des dents rappelle celle des hominidés anciens. Les discussions s'enclenchent et tournent aux querelles. Pour l'éminent savant Arthur Smith Woodward (1864-1944), du British Museum, l'objet est authentique, mais pour le paléontologue français Marcellin Boule (1861-1942), c'est une fabrication.

L'année suivante, Teilhard de Chardin découvre sur le même site une mâchoire similaire. Boule aurait donc tort. Mais les sceptiques s'obstinent.

Ce n'est qu'en 1959 qu'on obtient le fin mot de l'histoire grâce à la datation au carbone 14 : le crâne et la mâchoire ont à peu près cinq cents ans, pas plus, les dents ont été limées et le tout a été coloré artificiellement. L'assemblage des deux est une farce. Mais qui l'aurait commise ? Teilhard de Chardin ? On ne lui connaissait pas pareille espièglerie. Ne reste que Conan Doyle, qui aura fabriqué cet objet incongru et l'aura enfoui sur un site où il savait que Dawson faisait des fouilles. Dans quel but ? Pour se payer la tête de savants qui lui paraissaient un peu trop dogmatiques. Mais on cite aussi les noms d'un anatomiste australien, Grafton Elliott Smith, et d'un conservateur du Museum de Londres, Martin Hinton.

*

En 1924, Claude Fradin et son petit-fils Émile labourent leur champ à Glozel, quand l'un des bœufs trébuche et son sabot s'enfonce dans un trou. C'est une fosse ovale tapissée de briques et de dalles d'argile. Les Fradin l'explorent et trouvent des poteries, des briques portant des empreintes de mains, des tablettes gravées de signes mystérieux, des haches de pierre, des ossements. Un médecin de Vichy, Antonin Morlet, féru d'archéologie gallo-romaine, loue le site et l'explore méthodiquement.

De nombreux spécialistes de la préhistoire accourent et effectuent des fouilles alentour. Trois mille vestiges sont exhumés. L'affaire prend de l'importance. Mais chacun a ses théories : pour les uns, le site date du paléolithique, pour les autres, du néolithique, pour d'autres encore, du Moyen Âge. Bizarrerie : un galet est gravé d'un renne assorti à des signes alphabétiques qui ressemblent au phénicien ; or, le renne a disparu de la région à la fin du paléolithique et le phénicien n'a alors que mille ans… Le célèbre historien Camille Jullian, spécialiste de l'époque gallo-romaine, avance que Glozel serait un site de sorcellerie datant du IIe ou IIIe siècle. Un expert juge que les ossements ont pu servir au pot-au-feu de la veille. Et personne ne parvient à fournir la moindre hypothèse sur la présence de Phéniciens près de Vichy.

Ce salmigondis de vestiges incohérents suscite un scepticisme croissant : on accuse même les Fradin d'avoir fabriqué leurs tablettes. L'affaire est évoquée au Sénat en 1928, les procès suivent, les chansonniers s'en donnent à cœur joie.

À la fin du XXe siècle, le sentiment des quelques esprits qui ont conservé leur calme est qu'un farceur a introduit des objets frauduleux, dont les tablettes pseudo-phéniciennes, recopiées n'importe comment, sur un site probablement médiéval ou un peu plus ancien, mais sans grand intérêt. Dans quel but ? Semer la confusion, comme dans l'affaire du crâne de Piltdown.

1939

Pourquoi n'a-t-on jamais dit la vérité sur la bombe A allemande ?

Le IIIe Reich a-t-il failli disposer d'une bombe atomique ? La question peut sembler aujourd'hui académique et, à ce titre, la réponse devrait être disponible dans tous les instituts intéressés. En fait, la réponse a été dissimulée par ceux qui en possédaient les éléments. Au fur et à mesure des années, ceux qui savaient les faits disparaissent les uns après les autres, et ce chapitre crucial du XXe siècle se voile de poussière.

À quoi bon s'obstiner ? arguent ceux qui jugent la question sans intérêt, Hitler n'a pas eu la bombe parce qu'il n'en avait pas les moyens. De toute façon, les Américains avaient disposé de centaines de savants de pointe pour fabriquer la première bombe A, alors que les nazis ne disposaient que de quelques dizaines de techniciens. Argumentation fausse, comme on le verra.

Une conviction obscure préside à cette feinte indifférence et à ces explications bancales : le IIIe Reich n'a pas eu cette bombe parce que la Providence l'a ainsi voulu. Et chacun de repousser avec horreur la vision d'un monde dominé par les nazis. Alors que l'espoir d'un monde meilleur éclairait la reconstruction de l'Europe, il eût été déplacé de concéder aux nazis le savoir-faire scientifique et technique des démocraties.

Or, voici les faits, rassemblés au terme de quelque cinquante ans de recherches ; ils permettent, à notre avis, de reconstituer l'historique général. Et nous espérons qu'ils seront un jour complétés par les documents qui dorment dans quelques archives anonymes.

En dépit de l'anathème jeté par Hitler sur la « science juive », c'est-à-dire sur la physique nucléaire et l'électronique, les physiciens allemands poursuivaient bel et bien leurs recherches sur l'atome. En fait, c'est même en Allemagne que commence l'histoire de l'exploitation de l'énergie atomique : en octobre 1938, au Kaiser Wilhelm Institut de Berlin, Otto Hahn et Fritz Strassmann réussissaient pour la première fois à fissionner, c'est-à-dire casser des atomes d'uranium, dégageant ainsi une énergie considérable. Ils en furent surpris et conclurent leur communiqué par une phrase prudente : « Il se peut que nous nous soyons trompés. » À la place de l'uranium 235, qu'ils avaient bombardé avec un faisceau de neutrons, ils trouvèrent du baryum et du krypton, dont les masses atomiques additionnées représentaient celle de l'uranium.

À cette époque, il faut le souligner, personne ne croyait à la possibilité de libérer l'énergie atomique, pas même Albert Einstein : « Il n'y a aucune preuve qu'on puisse utiliser l'énergie [nucléaire], avait-il déclaré en 1932. Cela signifierait qu'on puisse casser l'atome à volonté. »

Ce fut la collègue de Hahn et Strassmann, Lise Meitner (1878-1968), exilée en Suède en raison des lois raciales nazies, qui comprit la portée de la découverte. Hahn lui avait adressé le compte-rendu de l'expérience, pour tenter de comprendre ce qui s'était passé ; elle s'empressa d'alerter un autre grand physicien, Niels Bohr, à Copenhague. Bohr alerta le gouvernement britannique, mais celui-ci ne croyait pas non plus à l'énergie nucléaire et l'envoya aux Américains. Les physiciens européens exilés aux États-Unis, Leo Szilard, Eugen Wigner, Enrico Fermi et évidemment Einstein comprirent la portée de l'expérience de Hahn et Strassmann, et ce fut alors que, péniblement, le projet Manhattan fut mis sur pied. Incidemment, la modicité du budget alloué par le gouvernement pour ce projet – 6 000 dollars – témoigne qu'il n'y croyait pas trop.

La communauté des physiciens allemands comprit aussi ce que signifiait la fission de l'atome.

Au printemps 1941, le physicien allemand Carl von Weizsäcker rendit visite à son collègue Bohr à Copenhague, et lui posa plusieurs questions sur l'avancement de la physique nucléaire au Danemark. S'y intéressait-on à la fission atomique ? Bohr répondit par la négative ; il savait qu'aux

États-Unis Fermi effectuait des recherches en ce sens, mais c'était tout. Il informa le contre-espionnage danois de sa conversation. En octobre 1941, les agents danois informèrent le MI6, le service de contre-espionnage britannique, qu'un autre physicien allemand, Werner Heisenberg, prix Nobel de physique 1932, avait également rendu visite à Bohr en septembre et lui avait posé une question révélatrice : était-il moralement licite de réaliser une arme atomique absolue en temps de guerre ? À quoi Bohr avait demandé : cela signifiait-il que les Allemands croyaient à une telle arme ? Heisenberg le lui confirma. Alarmé par cette réponse, Bohr prévint le contre-espionnage danois[1].

Les autorités anglaises interrogèrent les physiciens anglais, qui les informèrent que l'utilisation de l'énergie atomique contrôlée exigeait un ralentisseur, en l'occurrence l'eau lourde, dont le grand producteur était alors la Norvège. Alors fut entreprise la destruction des usines d'eau lourde à Rjukan, racontée après-guerre dans le film de Jean Dréville *La Bataille de l'eau lourde* (1947).

En fait, il y avait un équivalent allemand du projet Manhattan, c'était le plan Uranium. Il avait même été créé avant le projet américain, en 1941. Et il était assez avancé pour qu'en mars 1942 les Allemands aient fait accroître la production d'eau lourd à Rjukan.

*

Après la guerre, Weizsäcker et Heisenberg déclarèrent aux Américains et aux Anglais qu'ils avaient exprès ralenti les travaux allemands pour empêcher le IIIe Reich d'avoir la bombe A. Cela est inexact. Weizsäcker était allé tirer les vers du nez de Bohr, comme il apparaît dans son rapport au commandement militaire allemand, découvert dans les archives du KGB[2].

1. Anthony Cave Brown, *A Bodyguard of Lies*, The Lyons Press, Connecticut, 1975.
2. Rainer Karlsch, *Hitlers Bombe*, Deutsche Verlaganstalt, 2005.

Heisenberg, auteur du célèbre principe d'indétermination[1], fut le chef du plan Uranium jusqu'en 1943, date à laquelle il fut remplacé par Walther Gerlach. Il ne semble pas certain qu'il ait pu ralentir les recherches visant à produire une arme atomique. Il n'y fut peut-être pas entièrement hostile, car, en juin 1942, il donna, en présence d'Albert Speer, ministre de la Production des armements et munitions, une conférence devant des officiers supérieurs sur la possibilité de réaliser une arme atomique et sur ses conséquences. S'il témoigna peu d'empressement à doter le IIIe Reich d'une arme atomique, il n'avait peut-être pas le pouvoir de freiner les travaux de ses collègues, et notamment ceux de Weizsäcker. Ce dernier, en effet, avait compris la possibilité d'utiliser le plutonium comme explosif nucléaire, comme en témoignent ses deux brevets de 1941.

Or, les Allemands avaient commencé, dès 1942, à construire des réacteurs nucléaires expérimentaux ; les deux premiers se trouvaient l'un à Gottow, près de Berlin, dirigés par un physicien militaire, Kurt Diebner, l'autre à Leipzig, sous la direction de Heisenberg. Et ces réacteurs pouvaient produire du plutonium. Il y en eut peut-être un troisième, sur l'île de Rügen.

Un silence plombé régna pendant des années sur le sort de ces centrales après la guerre. Il semble établi que les forces américaines aient déployé de grands efforts pour empêcher que des militaires français s'en emparent ; la recherche nucléaire française semblait alors sous le contrôle des communistes et les Américains ne doutaient pas que les premiers bénéficiaires de la capture de ces centrales seraient les Soviétiques.

Contrairement à ce qui fut affirmé pendant des années, les Allemands avaient considérablement avancé dans la recherche ; ainsi Weizsäcker avait estimé à peu près correctement les masses critiques d'uranium ou de plutonium nécessaires pour obtenir une réaction en chaîne : entre 10 et 100 kilos.

Le véritable frein dans la course à l'arme atomique semble avoir été, pour les Allemands, les difficultés à produire de

---

1. Selon ce principe, le seul fait d'observer la trajectoire d'une particule atomique fait dévier sa course ; il s'ensuit que, si elle semble aller de *a* à *b*, elle a peut-être été de *a'* à *b'*.

l'uranium enrichi, U 235, le seul fissile, faute de centrifugeuses ; d'où leur intérêt pour le plutonium, produit par les centrales.

Un document retrouvé par Karlsch dans les archives du KGB est troublant : c'est un schéma montrant le fonctionnement d'une bombe atomique hybride fission/fusion, qui aurait été mise à l'essai en Thuringe, en mars 1945, soit deux mois seulement avant la capitulation du IIIe Reich. Aucune autre information n'est actuellement disponible sur d'éventuels essais atomiques. Il est possible que les essais aient eu lieu en fait sur l'île de Rügen, ce qui expliquerait les rapports sur les morts de centaines de prisonniers de guerre et de détenus de camps de la mort.

Il en découlerait que les physiciens allemands avaient été battus de justesse dans la course à l'arme atomique.

L'extrême sinon excessive discrétion avec laquelle ces informations furent accueillies et traitées confirme l'interprétation générale du cours de l'histoire par les historiens : le progrès ne peut se faire que dans le camp des vainqueurs. Les vaincus ont tort, forcément tort, parce qu'ils étaient dans l'erreur.

1940-1945

La Résistance française, galaxie encore mystérieuse

Une littérature considérable a été consacrée à la Résistance française, notamment par certains de ses acteurs les plus éminents. Mais un grand nombre d'ouvrages ne suffit pas à tracer une histoire générale, et ce chapitre crucial de l'histoire de la France contemporaine demeure obscur à bien des égards.

En effet, écrivant de leurs points de vue et se basant sur leurs documents et leurs mémoires, les auteurs ne pouvaient pas toujours embrasser la totalité de la galaxie que fut ce mouvement national. Les orientations idéologiques et politiques ont par ailleurs occulté des faits pourtant importants. L'image synthétique du mouvement voudrait qu'il ait surgi à l'appel du général de Gaulle le 18 juin 1940, et qu'il ait été renforcé par le ralliement des communistes ; comme dans tout récit héroïque, les combats de la Libération couronnèrent les vaillants défenseurs de la nation et des vertus républicaines. Quelques versions plus nettement gauchies par des intérêts personnels ou de parti, mais désormais frappées de désuétude, y ont vu, elles, un mouvement populaire dirigé à la fois contre le totalitarisme et ses « alliés naturels » – les grands industriels et la bourgeoisie.

Image bien maigre et surtout fausse, et plus encore biaisée par les partis pris de certains idéologues, désormais qualifiés de « communicateurs », et de passionnés manichéistes. On ne mesurera sans doute jamais les ravages ajoutés par un film tel que *Le Chagrin et la Pitié*, de Marcel Ophüls, dont on sortait avec le sentiment que tout l'héroïsme des résistants ne suffirait jamais à racheter la lâcheté et l'ignominie du reste de la population. Un Jean Laborie a dénoncé en 2010 avec justesse et éloquence l'effet pernicieux d'une telle interprétation[1]. Il y rapporte entre autres l'opinion de Simone Veil : « Au fond, en montrant que tous les Français avaient été des salauds, ceux qui l'ont été vraiment avaient très bonne conscience, puisqu'ils l'avaient été comme les autres. »

Au-delà de l'aspect moral, moralisateur ou souvent démoralisant de nombreux récits, se dressait et se dresse encore un autre problème : le silence imposé aux chercheurs, par la menace et la violence. J'ai raconté en d'autres pages[2] les menaces qui, en 1971, nous contraignirent, mon éditeur et moi, à renoncer à un livre sur l'histoire financière de la Résistance. Le sujet était tabou. Et si les langues parfois voulaient bien se délier, encore fallait-il s'assurer qu'elles ne mentaient pas ; et que de solennels ouvrages sur la Résistance ne comportent-ils pas de mensonges assenés avec l'assurance de l'auteur, investi de l'autorité de celui « qui y était » !

Quant aux archives, reposoirs suprêmes des preuves, elles demeuraient et demeurent encore obstinément closes.

Quelques icônes héroïques dominent un paysage brumeux dans l'imaginaire collectif, Guy Môquet, Jean Moulin, Gabriel Péri, Pierre Brossolette, le colonel Fabien. Et des noms de réseaux, Libération, Franc-Tireur, Combat.

Silences, mensonges, interprétations fausses, l'histoire de la Résistance souffre encore de ce qui, à certains égards, ressemble fort à une falsification.

La réalité est donc bien plus complexe que le reflet qui en est perçu par l'information publique et l'enseignement, surtout par les générations nées après la guerre. « C'est du passé, pourquoi y revenir ? » Telle est l'objection souvent faite à ceux qui s'y intéressent encore. L'habitude est prise, en effet, de trouver plus d'attrait au passé ancien qu'au récent, et de juger le cardinal de Richelieu plus intéressant qu'Adolphe Thiers. Pourtant l'intérêt de cette réalité dépasse de loin celui des précisions que les recherches apportent constamment à l'histoire. En effet, elle éclaire de façon parfois surprenante le panorama des courants

1. *Le Chagrin et le Venin*, Bayard.
2. *Jurassic France*, L'Archipel, 2009.

politiques en Europe au XXe siècle et de leurs conséquences sur les événements. Les racines d'aujourd'hui plongent toujours dans l'hier.

On n'en esquissera ici que les contours : un épais volume, sinon plusieurs, y suffiraient à peine.

*

Le trait dominant de ces contours est que la lutte armée contre l'occupant ne fut le fait ni de ce que l'on appelle confusément, mais obstinément, la droite, ni de la gauche – que le Parti communiste prétendit incarner à lui seul pendant des décennies. S'il y eut, pendant les années 1940-1945, un domaine d'où la lutte des classes fut absente, ce fut bien celui de la Résistance. Bien avant la rupture *de facto* du pacte de Moscou, dit aussi pacte Molotov-Ribbentrop, qui faisait de l'URSS l'alliée du régime nazi, des communistes français entrèrent en résistance, en contradiction formelle avec les proclamations du PCF, aligné sur le « Grand Parti frère » du PCUS[1]. Et, point crucial, pendant les premiers mois de l'Occupation tout au moins, le pétainisme n'excluait nullement la lutte contre l'occupant.

La raison principale de cette fusion nationale était la germanophobie latente depuis la Grande Guerre et qu'entretenaient avec véhémence les courants nationalistes. En témoigne le cas de Jacques-Yves Mulliez, pétainiste et résistant de 1940 à la fin de la guerre, et dont les mémoires n'ont paru qu'en 2010[2] ; aussi eussent-ils été malvenus dans les années qui suivirent immédiatement la guerre.

Une autre raison de double allégeance à Pétain et à la Résistance, du moins au début de la guerre, était la conviction que « toute division entre les Français faisait le jeu de l'ennemi »,

---

1. Telle fut la raison pour laquelle, bien des années après la guerre, le PCF entreprit de récrire l'histoire et se réclama d'un « Appel du 10 juillet 1940 » (voir p. 341).
2. *Ma guerre secrète. Résistance, pétainisme et presse clandestine*, Les Lumières de Lille, 2010.

pour reprendre les termes de Mulliez. La France n'avait qu'un ennemi, et c'était le IIIe Reich.

Saint-cyrien, officier des Chasseurs alpins, fait prisonnier dans la Somme, il rejoint « d'instinct » l'armée d'armistice à Vichy et s'y retrouve chargé d'espionner la Wehrmacht dans le Nord, pour le compte de Vichy, mais également des Anglais. Pour lui, ces derniers redevenaient des alliés contre les « Boches », comme en 1914. Des résistants y publiaient déjà un journal clandestin, *L'Oiseau de France*. Avec les secours de jésuites et de scouts, dont le mouvement avait alors été interdit, il en créa un, *Les Petites Ailes*, diffusé dans la région de Roubaix et de Tourcoing. Paradoxalement, cette feuille demeurait fidèle à Pétain. Dans une confusion encore très répandue, entre antisémitisme et collaboration avec l'ennemi, certains commentateurs omettent souvent de préciser que Pétain avait refusé toute collaboration militaire avec le IIIe Reich (il renouvela ce refus en 1941 par le rejet du Protocole de Paris, qui prévoyait le rapatriement de quatre-vingt-trois mille prisonniers contre la collaboration militaire en Afrique du Nord). Pour une écrasante majorité de la nation, il demeurait le gardien de l'État français, et la loyauté que lui conservaient de nombreux militaires est illustrée, entre autres, par le général Weygand qui, en mai 1941, refusa de remettre aux Allemands les bases militaires sous son commandement.

Alarmé, raconte-t-il, par l'arrestation de membres de sa famille dans le Maine-et-Loire, Mulliez suspendit la publication des *Petites Ailes* en août 1941 et en transmit la responsabilité à Henri Frenay, qui avait déjà rompu avec Vichy en janvier de cette année-là. La feuille clandestine devint *Combat*, d'illustre mémoire.

Le discours de Pétain à Vichy en août 1941 contre « le vent mauvais » qui soufflait en France – c'était la Résistance – mit un point d'arrêt aux aspirations de nombreux pétainistes à la Résistance et entraîna dans l'opinion un clivage qui se changea rapidement en antagonisme. Dans l'étroitesse de vues d'un esprit déjà sénile et toujours jaloux de ses prérogatives, Pétain ne saisissait sans doute – dans la mesure où il en était informé – ni l'ampleur, ni l'importance croissante que la Résistance revêtait pour l'Allemagne, et il ne tolérait pas qu'une initiative nationale lui échappât. Toujours fut-il que, pour la grande majorité des résistants aussi bien que pour l'opinion publique, surtout après la guerre, on ne pouvait être à la fois pétainiste et résistant. De nombreuses exceptions demeurèrent toutefois, notamment Mulliez qui, deux ans plus tard, participa à des réseaux en Dordogne et en Savoie.

La Résistance ne fut pas plus un mouvement homogène qu'elle ne fut un courant stable. Elle évoque bien plus une galaxie animée de mouvements violents qu'une paisible constellation.

*

Un autre exemple, encore plus significatif que celui de Mulliez, fut celui d'André Girard, créateur d'un réseau de résistance qui demeura méconnu de l'opinion, à l'exception des spécialistes de ce domaine. Germanophobe, mais aussi anglophobe, antigaulliste obstiné, pour ne pas dire forcené, Girard se servit de ses connaissances mondaines pour fonder un réseau nommé Carte qui, au milieu de l'année 1942, était considéré par le SOE (Special Operations Executive) britannique comme le plus important en zone libre. Après la suppression de la ligne de démarcation, le 11 novembre de cette année-là, les Allemands signalèrent à leur tour le réseau Carte comme l'un des plus dangereux avec les trois réseaux plus connus, Combat, Franc-Tireur et Libération (selon le rapport Kaltenbrunner à Hitler du 4 juin 1943). Fort mal informé, Kaltenbrunner décrit le réseau Carte comme… gaulliste.

Girard acquit une influence qui lui permit de traiter avec des chefs confirmés tels que Frenay et Emmanuel d'Astier. Sur ses instances extrêmes, une station de radio clandestine, Radio-Patrie, fut même créée à Londres par les Anglais et œuvra avec acharnement à évincer le général de Gaulle de l'attention de ses auditeurs d'outre-Manche.

Carte avait rallié des résistants d'extrême-droite d'origines diverses, d'anciens cagoulards comme Pierre Le Maresquier et Jules Davet, des royalistes comme Pierre Guillain, ex-cagoulard, dit Guillain de Bénouville, qui tout en se revendiquant résistant écrivait dans le journal *L'Alerte* des articles à la gloire du maréchal ; il ne restait pourtant à ce dernier que des bribes de pouvoir (l'armée d'armistice de cent mille hommes, en fait quatre-vingt-cinq mille, avait alors été réduite par les Allemands à trois mille) et dont l'honneur était de plus en plus compromis.

Autre preuve d'une collusion entre certains résistants et les vichystes, Girard obtint de Pierre Pucheu, ministre de la Guerre du gouvernement de Vichy, l'élargissement de certaines de ses recrues internées par l'État français (les internements sans jugement étaient alors autorisés).

À partir de la fin 1943, cependant, le réseau Carte se désagrégea. Les exigences et les exagérations de Girard lui valurent un brutal retrait de la confiance anglaise. Son agressivité à l'égard du général de Gaulle avait déjà suscité à Londres des difficultés croissantes avec la France Libre. Déjà ulcéré par les constantes manœuvres américaines pour l'évincer au profit d'un Darlan, d'un Weygand ou d'un Giraud, de Gaulle était outragé par la teneur des émissions de Radio-Patrie, qui ne le mentionnaient même pas. Un émissaire du SOE fut chargé d'évaluer ce que représentait vraiment le réseau Carte. Girard prétendit de surcroît qu'il avait cent mille hommes à sa disposition, ce qui était une exagération monumentale : il n'en comptait que quelque trois mille. Le SOE interrompit ses envois d'argent et d'armes. Pour un historien tel que Michael Foot[1], Girard était un imposteur. Pour le colonel Passy[2], le bilan du réseau Carte ne pourrait être établi que lorsque tous les documents dormant dans les archives britanniques auraient été publiés. Pour André Gillois, ç'aurait été « une mystification de mauvais goût ». Elle ne fut certes pas la seule de la Résistance, mais il demeure bien difficile de distinguer entre les mystifications et les mensonges de cette période trouble entre toutes, dont émergea pourtant la

1. *SOE, The Special Operations Executive, 1940-1946*, British Broadcasting Corporation, Londres, 1984.
2. *Mémoires du chef des services secrets de la France Libre*, Odile Jacob, 2000.

France Libre. Ce ne fut que plus de soixante ans après la Libération qu'un ouvrage fut enfin consacré à André Girard et au réseau Carte[1] ; il ne suffit cependant pas à éclairer de nombreux autres aspects de l'histoire de la Résistance.

*

Un long ouvrage suffirait à peine à décrire les dilemmes de milliers d'hommes et de femmes qui, après l'armistice, se trouvèrent déchirés entre la loyauté à l'autorité légitime de l'État, représentée par Pétain, et l'appel à poursuivre la guerre contre un ennemi qu'ils estimaient héréditaire et qui détruisait l'identité française. Pour eux, Pétain n'était pas et ne pouvait pas être un traître, mais trop de ses collaborateurs entretenaient des rapports douteux avec le IIIe Reich ; rejoindre les maquis équivalait à plonger dans un monde dont ils ne savaient pas grand-chose et qu'ils soupçonnaient d'être commandé par un autre ennemi, le communisme, ou par un militaire en rupture de ban et dont ils ne savaient presque rien, Charles de Gaulle. Pourtant partisans de la poursuite du combat, nombre de militaires en particulier n'admettaient pas qu'un des leurs fît de la politique, d'où leur méfiance.

Ils entrèrent quand même en résistance – on disait alors « dissidence », tout en restant fidèles à Vichy.

Un tel ouvrage a été réalisé ; publié en 2008, il démontre la réalité de ce paradoxe insoupçonné de l'opinion, même de celle qui estime être généralement bien informée ; c'est celui de Bénédicte Vergez-Chaignon[2]. Aucun ouvrage d'histoire ne saurait être et ne fut jamais terminal. Celui-ci est cependant le premier et le plus complet qui extrait la Résistance de son image monolithique et parfois un peu trop homogène. Peut-être faudra-t-il aussi un jour introduire en histoire une notion aussi nécessaire que l'injonction de ne pas raconter le passé avec les yeux du présent : c'est admettre que les opinions de ses acteurs peuvent varier au fil des années. On ne naît pas « personnage

1. Thomas Rabino, *Le Réseau Carte*, Perrin, 2008.
2. *Les Vichysto-résistants de 1940 à nos jours*, Perrin, 2008.

historique », on le devient, souvent après sa mort, et le fait de changer de convictions n'est pas une indignité. C'est même la preuve d'un esprit vivant.

*

L'importance militaire qu'avait revêtue la galaxie de la Résistance ne pouvait laisser indifférentes les deux grandes puissances qui estimaient devoir revendiquer un rôle dans le destin de la France après la défaite du IIIe Reich, la Grande-Bretagne et les États-Unis. Leurs manœuvres se répercutèrent sur les chefs des réseaux, déclenchant ainsi des conflits d'autant plus violents que les réseaux dépendaient des soutiens en armes, en matériel et en argent dispensés par le SOE et l'OSS américain.

Irrités par l'intransigeance de De Gaulle, Churchill et Roosevelt n'avaient cessé de chercher des alternatives au chef de la France Libre. Weygand, aussi anglophobe que germanophobe, et toujours fidèle à Pétain, avait sèchement repoussé les approches de leurs émissaires. Darlan se révéla moins intraitable mais ambigu, et après son assassinat la veille de Noël 1942, les Américains reportèrent leur choix sur Giraud. Or, ces luttes au sommet entraînèrent des convulsions dans les directions des réseaux ; ce fut ainsi qu'Henri Frenay s'opposa au projet de rassemblement des réseaux sous la bannière gaulliste, que Jean Moulin s'efforçait de réaliser.

Du fait de la volonté de plus en plus affirmée de Roosevelt d'écarter de Gaulle du théâtre politique, et de la détermination de Churchill à protéger celui qui s'affirmait comme le symbole de la France Libre, deux grands circuits d'influence s'installaient en France – l'un américain, l'autre anglais, tous deux pourvoyeurs d'armes, de matériel et d'argent.

Installé à Genève, Allen Dulles (1893-1969), premier chef de l'OSS, ancêtre de la CIA, remettait à certains émissaires des maquis, dont Bénouville, les fonds qui assuraient à certains l'indépendance à l'égard de De Gaulle.

Les Anglais, eux, confiaient les fonds, le matériel et les armes aux courriers qui étaient fréquemment parachutés en France.

Les comptabilités de ces financements sont toujours inconnues. Fût-ce à plus de six décennies de distance, elles informeraient pourtant l'historien sur bien des épisodes d'un chapitre brûlant de notre histoire, dont peut-être l'arrestation de Jean Moulin.

1940

Les chiffres extravagants de la RAF et les embrouilles de la Bataille d'Angleterre

Il ne viendrait à l'esprit de personne, et certes pas des survivants de la Luftwaffe, de nier que les pilotes de la Royal Air Force se comportèrent comme des as dans la Bataille d'Angleterre, qui commença le 15 août 1940 et s'acheva un mois plus tard. Le 15 septembre, la Luftwaffe aurait perdu cent quatre-vingt-cinq appareils et la RAF, une dizaine. En octobre, un bilan anglais annonça que la Luftwaffe avait perdu un total de trois cent soixante-dix-neuf appareils, et la RAF, cent quatre-vingt-six.

Le plan de Hitler avait été de réduire l'Angleterre en ruines avant de l'envahir. Le dictateur fou avait rêvé de réussir là où Napoléon avait échoué. Et il avait confié au chef des forces aériennes du IIIe Reich, la Luftwaffe, le doublement déplorable Goering, la mission de pilonner sans merci le Royaume-Uni. La bravoure des pilotes anglais annihila son plan et lui infligea sa première défaite. Elle fut célébrée par Winston Churchill dans sa phrase célèbre, en partie inspirée par *Henri V* de Shakespeare : « Jamais autant de gens n'ont été redevables d'autant à si peu d'hommes. »

La Bataille d'Angleterre devint rapidement un mythe, soigneusement entretenu par la propagande alliée et, comme personne n'en savait rien, sauf les pilotes, un certain scepticisme commença rapidement à poindre. En 1942, l'écrivain français Georges Bernanos écrivait dans sa *Lettre aux Anglais*, que c'était « un conte de fées » auquel les adultes ne pouvaient croire. C'était une version moderne de l'histoire du petit tailleur, qui « en avait abattu sept d'un coup » (en fait, des mouches). Les divers gouvernements anglais qui se succédèrent après la fin de la guerre ne fournirent guère d'explications complètes.

Ce scepticisme s'accrut avec les années, et si le mythe demeura, il se fana. On fit les comptes : après les pertes désastreuses subies en France, la RAF ne disposait que de sept cents appareils Hurricane et Spitfire, la Luftwaffe avait deux mille six cents Messerschmitt 110 et Heinkel. Les chiffres ne correspondaient pas. En ce qui concernait le bilan de la bataille du 15 septembre, fallait-il croire que les pilotes de la RAF auraient été invincibles ? Et qu'en fin de compte la RAF aurait abattu dix-huit fois plus d'avions qu'elle n'en avait perdus ?

Les chiffres avaient été fortement exagérés par les Anglais. Mais l'intox avait considérablement relevé le moral de la nation.

La vérité fut lente à reconstituer. Elle tient en quatre grands points.

*

D'abord, les services secrets britanniques avaient, grâce à la machine Enigma, réussi à percer le code secret des Allemands[1]. Les ordres de Goering étaient à peine lancés que les Anglais en étaient informés. Les chasseurs de la RAF décollaient aussitôt à l'attaque.

Ensuite, les radars anglais étaient plus performants que ceux des Allemands, qui ne s'en doutaient pas. En 1935, la Grande-Bretagne et l'Allemagne étaient pratiquement à égalité dans ce domaine. Le radar allemand Freya de 125 Mhz donnait des résultats prometteurs, confirmés par le modèle de 560 Mhz construit par Telefunken et la Luftwaffe à Würzbourg, sous la direction – passablement incohérente – de Goering. En 1940, Hitler avait fait suspendre toute recherche en électronique, « science juive », et en physique nucléaire. Entre-temps, les Anglais et les Américains avaient mis au point un radar à ondes courtes à haute résolution, à longue portée, qui leur permettait

1. Voir p. 338-339.

de détecter tout mouvement dans leur espace aérien, bien au-delà de la distance que les Allemands avaient supposée.

Les Allemands ne s'en aperçurent qu'en 1943, quand ils abattirent un avion anglais qui transportait l'un de ces radars. Ils rappelèrent les quelque six mille techniciens censés servir sous les drapeaux pour relancer la recherche en électronique ; il en manquait environ deux mille et, de toute façon, il était trop tard.

Troisième point, en dépit de leur réputation dans le domaine de l'organisation, les maîtres du IIIe Reich ne pouvaient le disputer aux Anglais : des hommes tels que sir Hugh Dowding et sir Keith Park avaient organisé la défense des côtes anglaises du Sud avec une efficacité imparable ; seuls les V-1 et V-2 purent franchir le barrage de surveillance contre lequel la Luftwaffe s'était révélée impuissante.

Les chiffres avancés par les Anglais étaient, en effet, exagérés, mais ils ne l'avaient pas été par mauvaise foi. Chaque fois qu'un pilote de la RAF touchait un appareil allemand et qu'il voyait un sillage de fumée s'en échapper, il en déduisait que l'appareil était perdu. Or, plus d'un Messerschmitt ou d'un Heinkel endommagé parvenait quand même à regagner sa base, s'y faisait réparer et repartait plus tard pour une nouvelle mission. Par ailleurs, il advenait que deux ou trois pilotes de la RAF touchaient le même appareil et personne ne savait qui lui avait porté le coup fatal. Mais chacun signalait qu'il avait frappé l'ennemi et, pour trois pilotes qui avaient touché le même avion, on comptabilisait trois avions tombés, alors qu'il n'y en avait qu'un. La même inexactitude régnait d'ailleurs du côté allemand.

Quand le bilan du 15 septembre fut établi après la guerre, il apparut que la Luftwaffe avait perdu entre cinquante-six et soixante appareils et non cent quatre-vingt-six, et que la RAF en avait perdu vingt-six et non une dizaine. Ce n'était déjà pas mal.

Soutenues par la mystification de la propagande britannique, ces erreurs bienheureuses fortifièrent le mythe de la victoire britannique sur la puissante Luftwaffe. Il est des fois où la mystification est utile.

1940

Churchill a-t-il sacrifié Coventry à ses services secrets ?

Dans la masse d'ouvrages qui parurent après la Seconde Guerre mondiale, mémoires et récits expliquant ou révélant certains aspects méconnus du conflit, on releva une allégation grave : prévenu quelques heures auparavant du plan allemand de bombardement de Coventry, Winston Churchill aurait renoncé à faire évacuer la ville à temps, pour ne pas laisser les Allemands soupçonner que leur code secret de transmission des messages militaires avait été percé.

L'allégation la plus précise dérive des mémoires du chef des services du chiffre, le colonel F. W. Winterbotham[1], parus en 1974 :

> *Vers 15 heures, le 14 novembre, quelqu'un du côté allemand dut avoir une absence et, au lieu d'un nom de code, celui de Coventry fut déchiffré. C'était une chose que nous n'avions pas encore vue. Churchill était en conférence et j'informai donc son secrétaire particulier. Il restait peut-être quatre ou cinq heures avant l'attaque. Je demandai au secrétaire de bien vouloir me rappeler quand une décision aurait été prise, car si Churchill décidait d'évacuer Coventry, la presse et en fait tout le monde sauraient que nous avions eu préalablement connaissance du raid, et des contre-mesures seraient nécessaires pour protéger nos sources.*
>
> *C'était le genre de décisions terribles qu'on doit parfois prendre au plus haut niveau en temps de guerre. Celle de*

1. *The Ultra Secret*, Weidenfeld & Nicolson, Londres, 1974 ; trad. fr. *Ultra*, Robert Laffont, 1975.

Churchill fut incontestablement la bonne, mais je suis heureux de ne pas avoir été celui qui l'avait prise.

Il en découlerait que Churchill sacrifia sciemment la ville de Coventry pour protéger l'arme de ses services secrets. Et le sacrifice aurait été justifié.

Le bombardement fit cinq cent cinquante-quatre victimes et quelque cinq mille blessés, outre des destructions très étendues, et Coventry fut appelée « la ville martyre ». Les Allemands ne surent pas que leur code secret avait été percé – il l'était en fait depuis février de cette année-là, et son déchiffrement grâce à la machine Enigma joua un grand rôle dans les victoires alliées.

Or, tous les experts ne sont pas d'accord avec Winterbotham et la version des faits qui a prévalu dans une grande partie de l'opinion. Selon Wladislaw Kozaczuk, un membre de l'équipe de Polonais qui avait travaillé sur la machine Enigma, et un autre membre des services du chiffre anglais, à Bletchley Park, Ronald Lewin[1], il faut garder en mémoire les faits suivants :

– trois villes avaient été désignées sous des noms de code dans les précédents messages de la Luftwaffe, et aucun de ces noms n'avait été déchiffré. Il apparut par la suite que c'étaient Coventry, Birmingham et Wolverhampton. Dans le message que mentionne Winterbotham, le nom de Coventry n'avait pas été établi avec certitude ;

– le délai pour l'évacuation de cette ville était trop court : quatre ou cinq heures. Mais l'alerte avait néanmoins été donnée aux pompiers, à la police et aux services d'ambulances. À l'heure à laquelle le message intercepté lui parvint, Churchill ne pouvait pas faire grand-chose : l'attaque de la Luftwaffe pouvait advenir d'une minute à l'autre et alerter la population de Coventry n'eût servi qu'à déclencher la panique. Quant à démontrer la férocité des nazis, nul besoin n'en était.

---

1. Kozaczuk, *Enigma*, University Publications of America, Inc., trad. du polonais, 1984 ; et Lewin, *Ultra goes to War*, Hutchinson, Londres, 1978.

Un autre responsable des services de renseignements scientifiques anglais, R. V. Jones[1], confirme le fait que le message allemand annonçant le raid, désigné sous le nom « Sonate au clair de lune », ne donnait que l'initiale du nom de la ville.

La bonne foi de Winterbotham n'est sans doute pas à mettre en cause, mais la vaste diffusion de la légende selon laquelle « Churchill a sacrifié Coventry », propagée par des gens qui n'avaient lu ni cet auteur ni les autres, montre la rapidité avec laquelle une rumeur peut s'enfler et nourrir des théories de complot. Une phrase d'expert invérifiée inspire ainsi des accusations qui se perpétuent au cours des années.

---

1. *Most Secret War*, Hamish Hamilton, Londres, 1978 ; trad. fr. *La Guerre très secrète*, Plon, 1980.

L'introuvable « Appel du 10 juillet 1940 »

Même si tous leurs parents ne l'entendirent pas, parce qu'ils n'écoutaient pas tous la BBC et qu'ils n'avaient d'ailleurs pas tous de TSF, tous les Français connaissent l'Appel du 18 juin 1940, lancé depuis Londres par le général de Gaulle, incitant les Français à la résistance. Aussi quelques-uns, notamment dans la ville de Montreuil, furent-ils surpris, le 10 juillet 1990, par l'annonce de l'érection d'une stèle à l'effigie de Jacques Duclos, sur la place Jacques-Duclos, en commémoration de l'appel au peuple de France lancé le 10 juillet 1940 par le même Duclos et le camarade Maurice Thorez.

Pour ceux qui n'en auraient été pas été informés, *L'Humanité* de ce jour-là en publia le texte :

> *La France, encore toute sanglante, veut vivre libre et indépendante. Jamais un grand peuple comme le nôtre ne sera un peuple d'esclaves. La France ne deviendra pas une sorte de pays colonisé. La France, au passé si glorieux, ne s'agenouillera pas devant une équipe de valets prêts à toutes les besognes. Ce ne sont pas les généraux battus, ni les affairistes, ni les politiciens tarés qui peuvent relever la France. C'est dans le peuple que résident les grands espoirs de libération nationale et sociale. Et c'est autour de la classe ouvrière ardente et généreuse, pleine de confiance et de courage, que peut se constituer le front de la liberté, de l'indépendance et de la renaissance de la France.*

L'organe du PCF précisait que l'appel avait été décidé le 5 juillet 1940. Lors de l'inauguration de la stèle, Gaston Plissonnier (1913-1995), membre du bureau politique et secrétaire du Comité central du PCF, rectifia l'information de *L'Humanité* : l'appel avait été décidé le 1er juillet 1940.

Là se posent plusieurs questions. La première est de savoir comment Thorez a pu signer cet appel, puisqu'il s'était enfui à Moscou le 4 octobre 1939, après avoir reçu son ordre de mobilisation, et qu'il y était encore. Ce n'était certainement pas non plus par téléphone de Paris à Moscou qu'il aurait pris connaissance de l'appel et l'aurait approuvé.

Deuxième question : à quoi exhorte-t-on donc sans cet appel ? À la résistance ? Certes pas : le PCF était fidèle à la politique du Grand Parti frère, le PCUS, qui liait l'URSS au IIIe Reich par le pacte de Moscou Molotov-Ribbentrop, et ce pacte ne devait être rompu que par l'attaque inopinée du IIIe Reich contre l'URSS, le 21 juin 1941, près d'un an plus tard. D'ailleurs, les Allemands ne sont pas mentionnés dans l'appel.

Troisième question : qui sont donc les « politiciens tarés » qui seraient incapables de relever la France ? Ceux du gouvernement de Vichy ? Certes non : Pétain n'est devenu chef de l'État que le 10 juillet 1940 et n'a constitué son cabinet que trois jours plus tard. C'était la première date présumée de l'appel, mais la précision de Plissonnier, qui avance celui-ci au 1er juillet, exclut donc l'hypothèse d'une résistance au gouvernement de Vichy.

*

Pourtant la brochure éditée par la mairie de Montreuil à cette occasion ne laisse aucun doute sur le but de l'appel : cela aurait bien été la résistance aux Allemands. Bizarre. Dans le numéro de *L'Humanité* du 4 juillet 1940, en effet, on pouvait lire ceci :

> *Il est particulièrement réconfortant, en ces temps de malheur, de voir de nombreux travailleurs parisiens s'entretenir amicalement avec des soldats allemands, soit dans la rue soit au bistrot du coin. Bravo, camarades, continuez, même si cela ne plaît pas à certains bourgeois aussi stupides que malfaisants.*

Voilà qui correspondait bien plus à la « franche camaraderie » prônée par le pacte soviéto-germanique. Le numéro du 24 juillet suivant enfonçait le clou :

[...] *Devant la carence et le mauvais vouloir des capitalistes, les ouvriers ont le devoir d'agir, de procéder à l'ouverture des usines et de les faire fonctionner.*

Nous sommes loin d'un appel à la résistance.

Et le numéro du 10 juillet ? Il est absent des collections : l'édition du 7 juillet porte le n° 60 et celle du 13 juillet, le n° 61. À l'époque, *L'Humanité* était clandestine, pour la bonne raison que, depuis le 25 août 1939, ce titre et les cent cinquante-sept autres de la presse communiste avaient été interdits et, quelques jours plus tard, le PCF avait été dissous.

Or, ce jour-là, Jacques Duclos était chez Otto Abetz, ambassadeur du IIIe Reich, essayant d'obtenir la reparution de *L'Humanité*, interdite par Pétain. Le pacte germano-soviétique Molotov-Ribbentrop était toujours en vigueur et Duclos pouvait espérer une faveur pour l'organe du Parti frère de l'URSS ; ce ne fut pas le cas. Le fameux appel évoque donc une pure invention communiste. Le PCF n'en était pas à court : après la Libération, il revendiqua soixante-dix mille fusillés, chiffre extravagant.

Ce mythe a été fabriqué pour donner substance au revirement patriotique de nombreux communistes qui devinrent spontanément anti-allemands sous l'Occupation, alors que leur parti était encore lié par le pacte cité plus haut. Certains quittèrent même le PC et, pour masquer ce revirement, celui-ci tenta, un demi-siècle plus tard, de récupérer leur désaveu du PCUS.

Comme on l'aura vu[1], la période qui suivit l'armistice a fait l'objet de nombreux récits, qui ne se distinguent pas tous par le sens de la nuance ou de l'exactitude.

---

1. Voir p. 326 et suiv.

1941

Roosevelt était-il informé de l'attaque japonaise sur Pearl Harbour ?

La rumeur court depuis plusieurs décennies, et elle courra sans doute encore longtemps : Franklin D. Roosevelt, alors président des États-Unis, aurait laissé le Japon attaquer la flotte américaine à Pearl Harbour pour disposer enfin d'une raison décisive de l'entrée en guerre de son pays.

La raison fut en effet décisive : le 8 décembre 1941, à 7 h 40 (heure du Pacifique), la flotte d'assaut japonaise (six porte-avions, cinq cuirassés, trois croiseurs, seize destroyers et trois sous-marins), ainsi que trois cent soixante avions, qui avaient décollé des porte-avions, détruisirent huit cuirassés, trois croiseurs, trois destroyers, quatre navires et cent quatre-vingt-huit avions, dans le port militaire de l'île de Oahu, dans les Hawaï. Deux mille quatre cent trois personnes du côté américain (dont mille sur le croiseur *Arizona*) y trouvèrent la mort et cinq terrains d'aviation furent mis hors service.

Ce fut le début de l'offensive japonaise dans le Pacifique.

L'attaque n'avait été précédée d'aucune déclaration de guerre, mais elle avait été prévue au plus haut sommet du gouvernement américain. En effet, arguent les partisans de la théorie du complot, le code secret de communication des Japonais avait été percé (par le cryptographe Lawrence Friedman, du service dit « Magic ») et les responsables américains savaient que les Japonais allaient attaquer.

Depuis mai 1941, en effet, les relations entre les États-Unis et le Japon se détérioraient. Les intentions agressives de ce dernier devenaient de plus en plus évidentes : les Japonais entendaient devenir la première puissance asiatique et les maîtres du Pacifique. Quand ils occupèrent l'Indochine française, les

États-Unis ne se le tinrent pas pour dit : ils gelèrent les avoirs japonais et commencèrent à appliquer un embargo sur les matières premières nécessaires à l'effort de guerre nippon. Début novembre 1941, les services secrets américains communiquèrent au gouvernement les messages de Tokyo aux délégués japonais qui parlementaient à Washington : si, au bout de trois semaines, les efforts diplomatiques n'aboutissaient pas à une solution satisfaisante, ils seraient rompus. Cela signifiait donc que le Japon attaquerait fin novembre ou début décembre.

Mais cela n'indiquait pas le site de l'attaque.

Deuxième argument des partisans du complot : quand son conseiller Harry Hopkins demanda au président pourquoi il n'attaquait pas tout de suite, ce dernier lui répondit qu'il entendait, devant l'opinion nationale et mondiale, laisser la responsabilité de l'agression au Japon.

Mais, là encore, cela n'impliquait aucunement que Roosevelt ou quiconque fût informé que l'attaque se produirait à Pearl Harbour. Depuis qu'elle avait quitté les îles Kouriles, à quelque 5 500 kilomètres de la cible, la flotte d'assaut japonaise avait, en effet, observé un silence radio total. Astuce supplémentaire : elle avait évité les routes commerciales ordinaires. Il était impossible aux services de la marine américaine de savoir qu'elle s'était constituée et encore moins de la localiser. L'hypothèse des experts était que l'attaque se produirait en Asie du Sud-Est, sur les bases américaines des Philippines ou de Guam.

*

Le 6 décembre, Magic intercepta un très long message de Tokyo à la délégation japonaise à Washington. Son décodage fut également long : sa conclusion était que les négociations restaient stériles en raison de « l'attitude des Américains » et ordonnait de les rompre le 7 novembre à 13 heures, heure américaine (exactement le lever du jour du lendemain à Pearl Harbour). Le décodage ne fut achevé que le 7 décembre 9 h 15. Il fallut trente-cinq minutes de plus pour que la transcription fût transmise au secrétaire d'État. Celui-ci décida alors de la communiquer au chef général de l'état-major, mais ce dernier était introuvable – il faisait alors du cheval. Quand la transcription atteignit tous ses destinataires, il était midi à Washington. À cette heure-là, Pearl Harbour était déjà dévasté.

L'attaque avait certainement révélé des carences dans l'organisation militaire américaine. D'abord, la lenteur des systèmes de décryptage, ensuite l'insuffisance de la surveillance aérienne des zones stratégiques, enfin, le manque de prévoyance : il avait été absurde de concentrer tant de forces américaines, navales et aériennes, dans la seule île d'Oahu. Les critiques plurent sur l'administration Roosevelt. Quant au président, il n'en finit pas à ce jour d'être soupçonné d'un ténébreux machiavélisme, alors que lui et les responsables de la défense nationale ignoraient totalement que Pearl Harbour pût être la cible choisie par les Japonais.

La théorie des complots est une sorte d'industrie parallèle, parfois profitable…

*

Un seul auteur compétent a osé signaler un élément extraordinairement important dans l'affaire de Pearl Harbor : celui que Roosevelt et l'US Navy auraient pu être informés du lieu de l'attaque, s'il n'avait été ce qu'il faut bien appeler la stupidité du chef du FBI à l'époque, Edgar J. Hoover, grand collectionneur de bourdes. L'auteur est Anthony Cave Brown[1].

En août 1941, en effet, il reçut un cadeau inestimable en la personne de Dusko Popov, adressé par le contre-espionnage britannique, le MI6. Popov était un homme d'affaires yougoslave, royaliste et hostile au IIIe Reich pour toutes les raisons nationalistes que l'on peut deviner. En 1940, un agent de l'Abwehr à Belgrade l'avait pressenti et convaincu de travailler pour le Reich. Ou du moins l'avait-il cru. Popov s'empressa de courir chez les Anglais et de leur faire part de la proposition de l'Abwehr ; ils l'encouragèrent à accepter le rôle proposé. Ce fut

1. *A Bodyguard of Lies*, The Lyons Press, Guilford, 1974.

ainsi qu'il devint agent double, ou plus exactement faux agent double. Il prit ses fonctions d'emblée.

Arrivé en Angleterre le 20 décembre 1940, il fut formé par la cellule spéciale des services secrets anglais, à laquelle il fit la meilleure impression ; ils lui donnèrent le nom de code Tricycle. Mis en contact avec les antennes de l'Abwehr à Lisbonne, il commença à leur fournir des renseignements aussi faux les uns que les autres sur les intentions et les forces militaires britanniques. Son intox se révéla efficace. Le MI6 pensa alors faire bénéficier le FBI des services de l'excellent Tricycle : en effet, l'Abwehr avait été chargé par les Japonais de recueillir des informations sur Pearl Harbour et avaient à leur tour chargé Tricycle d'en obtenir.

Ce fut Hoover lui-même qui l'examina, le 24 août 1941.

Le *Top Chief* lui déclara qu'il n'avait pas l'intention de tolérer des agents étrangers sur son territoire : « Je n'ai pas besoin de vous pour attraper des espions. Vous êtes comme tous les agents doubles : vous mendiez des informations pour les vendre à vos amis allemands, vous faire de l'argent et jouer les play-boys. »

Bardé de soupçons à l'égard de Tricycle et du MI6, c'est-à-dire équipé de sa propre théorie du soupçon, Hoover n'avait rien compris à ce que Popov lui avait révélé de l'intérêt des Allemands pour Pearl Harbour. Il avait donc manqué une information cruciale. Et il n'en parla évidemment à personne. Or, s'il avait communiqué au secrétaire d'État et aux autres autorités concernées l'intérêt des Japonais pour cette base, cela leur aurait certainement mis la puce à l'oreille. Mais Hoover se prenait pour l'autorité suprême en matière d'information.

Les Anglais rapatrièrent Tricycle à Londres. Et Pearl Harbour fut bombardé quatre mois plus tard.

On n'apprit que bien plus tard la rencontre entre Popov et Hoover, grâce à Anthony Cave Brown, qui, paradoxalement, diffusa une autre théorie du complot : celle selon laquelle Churchill avait bien sacrifié Coventry[1].

---

1. Voir p. 338 et suiv.

La théorie du complot s'était trompée de cible : si quelqu'un avait manqué une occasion, c'était Hoover et pas Roosevelt. Mais c'est le trait commun de bien des mystifications : ceux qui les perpètrent s'induisent eux-mêmes en erreur.

1944

Un épisode oublié : la disparition des sacs de billets de la Banque de France

Toutes les guerres comportent des mystères, et ils sont si nombreux que, si tous ceux qui les connaissaient en faisaient le récit, une encyclopédie y suffirait à peine. Entre mystère et mystification, la frontière est cependant ténue, comme en témoignera l'épisode suivant, jamais élucidé.

Quand les forces anglo-américaines débarquèrent en Normandie, le 6 juin 1944, celles de la Résistance française se mobilisèrent pour seconder l'offensive de l'intérieur et accélérer la défaite allemande, désormais inéluctable. Elles avancèrent pour occuper des positions stratégiques. Leur présence était perceptible à la population et présageait des conflits qui éclateraient dans les jours prochains entre les maquisards et les éléments fidèles à Pétain, voire franchement collaborateurs.

Conscient des risques, le directeur de la succursale de la Banque de France à Périgueux, M. Lajule, résolut de soustraire les fonds qu'il détenait aux tentatives de mainmise par la force des uns ou des autres. Le 26 juillet, il décida de les faire transférer à Bordeaux. Ces fonds étaient importants : un peu plus de deux milliards et quart (2 280 000 000), ce qui équivaudrait à quelque 350 millions d'euros.

Lajule n'a prévenu du transfert que le préfet du département, Callard, lequel avait, d'ailleurs, conseillé le transfert et qui a délégué deux inspecteurs principaux des renseignements généraux et deux inspecteurs de police pour suivre les fonds jusqu'à leur destination. Ces quatre hommes se joindront au contrôleur principal de la Banque de France et aux deux agents de recette commis par Lajule.

Sept hommes, ce n'est pas de trop pour veiller à la sécurité de cent cinquante sacs de billets de banque, totalisant 4,5 tonnes. Ce chargement est embarqué dans le premier wagon d'un train en partance pour Bordeaux à 18 h 25[1]. Le train fait halte à 19 h 11 à Neuvic-sur-l'Isle. Là, cent cinquante maquisards l'attendent, commandés par trois officiers, s'emparent des cent cinquante sacs, chargés sur deux camions de 3,5 tonnes. L'un des officiers maquisards remet au contrôleur principal un « bon de décharge » signé « Krikri ».

*

On serait porté à se demander à quoi servait l'escorte qui protégeait l'argent ; la réponse serait simple : elle ne pouvait résister à cent cinquante maquisards. Et Krikri ? Une enquête fut entreprise après la Libération ; elle révéla que c'était Raoul Christophe, agissant sous les ordres du lieutenant-colonel André Gaucher, nommé par le MLN (Mouvement de libération nationale), chef départemental FFI et jusqu'alors chef des maquis AS (Armée secrète, non communiste) et de l'Ora (Organisation de résistance de l'armée).

On relève incidemment que l'argent de la Banque de France sera qualifié par la suite de « butin ennemi » et de « prise de guerre ».

L'itinéraire de l'argent a été partiellement reconstitué : les sacs auraient été remis à Prosper Rizza, trésorier-payeur du maquis, lequel les aurait remis à son tour au préfet de région du maquis, Maxime Roux. Celui-ci reçut la consigne de diviser le butin et de l'entreposer chez des particuliers. Le grade de Roux étant devenu légitime et légal à la Libération, près d'un mois et demi plus tard, c'est au titre de préfet de la République que celui-ci chargea les milices patriotiques – rien à voir avec les milices de Vichy – de récupérer l'argent et de le remettre à la Banque de France. Mais des individus visiblement bien informés et armés

1. Ces précisions sont tirées de l'ouvrage de Jean-Jacques Gillot et Jacques Lagrange, *Le Partage des milliards de la Résistance*, Éditions Pilote, 2004.

de mitraillettes les devancèrent et s'emparèrent d'une partie des lots, certains dépositaires, alarmés par le mode de récupération, ayant réussi à déjouer leurs requêtes.

435 millions de francs disparurent ainsi et, des 2,25 milliards censés être mis en sécurité, seul 1,3 à 1,6 milliard aurait été « récupéré » – du moins selon la note du lieutenant Louis Frayssigues. Par qui ?

Une autre note, du trésorier-payeur Rizza celle-là, et datée du 29 décembre 1944, laisse perplexe, car elle fait état de la quasi-totalité de la somme initiale de deux milliards et quart (son total est exactement de 2 216 347 000 francs). On y trouve, par exemple, deux versements, l'un de 500 000 francs au SRCF du colonel Berger et un autre de 4 000 000 pour la libération d'André Malraux, alors prisonnier à la prison Saint-Michel de Toulouse. Mais le colonel Berger et Malraux sont le même homme – de surcroît sorti tranquillement de sa geôle le 22 août 1944, le personnel de cette prison ayant pris la fuite…

Ce ne fut pas la seule note qui ne correspondait pas aux autres.

Et lors des procès qui s'ensuivirent, André Gaucher affirma que les deux milliards et quart furent remis au Comité national de la Résistance (CNR) responsable de Limoges et de la Dordogne.

Bref, il n'y avait pas deux personnes qui présentaient les mêmes comptes sur le sort du « butin ennemi ».

*

Après la Libération, plusieurs enquêtes furent lancées et braquèrent brièvement les projecteurs sur des hommes intègres et d'autres qui l'étaient moins et que le combat avait rapprochés. Les procès et les contre-procès en diffamation se succédèrent, mais nul, à part les bénéficiaires, ne sut ni ne sait encore ce qu'étaient devenus les butins. Un titre de *Samedi-Soir* du 1er mai 1948 déplaçait légèrement le sujet : « Qui a pillé le trésor de la Résistance ? » Le trésor avait appartenu à l'État français, non à la Résistance. Des vignettes bouffonnes émaillèrent les rapports ; ainsi de cette figure respectée du maquis qui serait partie dans la nuit avec un sac de 50 millions sur la selle de sa bicyclette ; ce n'était que la moitié d'une part avec laquelle il fonda un groupe de presse.

Car les évaporations de sommes colossales avaient alors pris des proportions étonnantes. Dans ses *Mémoires*, le général de Gaulle évoque le problème et l'attribue à « des chefs locaux, pressés par la nécessité », qui procédèrent à « des réquisitions de fonds » ; il évalue le total à près de 15 milliards et estime à un quart la part dont l'usage n'a pas été justifié.

Or, il n'évoque pas les sommes qui étaient parachutées par le SOE (Special Operations Executive) britannique. Ni celui qui était dispensé par l'OSS, ancêtre de la CIA.

Cela ne faisait qu'un mystère de plus, ajouté à plusieurs mystifications.

1945

L'exécution de Mussolini et les inspirations picturales de Churchill

Winston Churchill, héros de la Seconde Guerre mondiale, se piquait de dons artistiques, sacrifiés de longues années à son devoir politique. Le 1er septembre 1945, deux mois après que les élections, qui portèrent les travaillistes au pouvoir, l'eurent rendu à la vie privée, il emporta sa palette et ses pinceaux, et partit se livrer à sa passion secrète. Il arriva à Moltrasio, sur la rive ouest du lac de Côme, en Italie, accompagné de sa fille Sarah, de son valet de chambre et d'un agent de Scotland Yard. Il séjourna chez les Donegani, à la villa Apraxine.

Le grand homme voyageait sous le faux nom de « colonel Warden », mais l'alibi ne tenait pas plus de quelques heures, car la presse mondiale avait rendu son visage familier à la terre entière et, en dépit des efforts pour tenir les curieux à distance, ses séances de peinture se déroulaient le plus souvent sous les regards attentifs de petits attroupements. Chacun pouvait admirer le talent avec lequel le héros reconstituait du bout de son pinceau le paysage enchanteur des Alpes bergamasques.

Cela expliquait pour l'opinion la présence du héros dans les parages.

Churchill ne faisait pas que peindre, il se promenait dans la région et rencontrait aussi des gens du cru, notamment quelques personnes qui avaient vu ou approché le Duce (durant son bref séjour dans la région, avant que celui-ci fût exécuté par les partisans, quatre mois auparavant, dans la cour d'un garage à Dongo, à quelques kilomètres de là). Les coïncidences étaient vraiment un peu excessives : quatre mois tout juste après la mort de Benito Mussolini, le 28 avril 1945, l'un de ses pires ennemis revenait juste à côté du lieu de son supplice pour brosser des paysages ?

Les images atroces de la mort de Mussolini et de sa maîtresse Claretta Petacci avaient causé un choc dans l'opinion mondiale et, pour bien des gens, elles devaient recéler quelque tragique secret. La visite prolongée de son vainqueur si près du théâtre de la fin du Duce ne pouvait être due au hasard.

La rumeur courut bientôt que Churchill s'était entretenu à Gardone avec le menuisier qui avait fabriqué des caisses destinées à être jetées dans le lac de Garde sur les ordres de Mussolini. Elle s'enfla et s'enrichit : en réalité, Churchill serait venu à Moltrasio dans l'espoir de récupérer des lettres qu'il aurait adressées à Mussolini et qui se trouvaient dans la sacoche que ce dernier portait au flanc, avant de finir, criblé de balles comme sa maîtresse, pendu à un croc de boucher. Cette sacoche, le *carteggio segreto*, devint un mythe. Près de soixante-dix ans plus tard, on en discute encore dans des ouvrages argumentés et documentés.

*

Selon l'historien italien Renzo de Felice (auteur d'une monumentale biographie de Mussolini, *Rosso e Nero*, restée inachevée), l'exécution de Mussolini aurait été hâtée par les services secrets britanniques, le SOE, contrairement aux volontés de l'OSS américain, qui aurait voulu disposer du Duce vivant afin de le juger après la guerre. Les Anglais auraient réussi à infiltrer les partisans et à les convaincre de mettre Mussolini à mort immédiatement après son arrestation. Dans quel but ? Empêcher qu'il révélât ses tractations avec Churchill. Dans deux lettres – imaginées par de Felice –, datées de 1939, Churchill aurait proposé à Mussolini d'entrer en guerre aux côtés de Hitler, dans l'intention de l'utiliser comme élément modérateur lors de la signature du traité de paix. Et, dans une autre, il aurait proposé au Duce de s'allier à l'Angleterre après la guerre pour faire front contre l'URSS.

L'analyse de ces théories ne plaide pas en leur faveur…

La résistance italienne était aux mains des communistes et ceux-ci n'étaient pas plus disposés à écouter les arguments d'agents anglais que l'avaient été les maquisards yougoslaves à la même époque, quand les Anglais étaient allés dans les montagnes pour tenter de les rallier au rétablissement de la monarchie. Les partisans de Tito les envoyèrent promener. Une conversation à Rome en 1965 avec Enrico Nassi, l'un des familiers de Walter Audisio, « colonel Valerio », le chef du commando qui s'empara de Mussolini, nous l'a confirmé.

Dès le ralliement de l'Italie à l'Axe, Mussolini était devenu un ennemi pour les Alliés, et ses troupes combattaient contre les leurs en Afrique du Nord et en Méditerranée. On peine à imaginer que Churchill, dont toute l'énergie était consacrée à remporter la victoire, ait pu, à n'importe quel moment de la guerre, adresser au Duce un message qu'il n'eût pu revendiquer publiquement après la guerre. Après son rejet par le Grand Conseil en 1943, Mussolini ne représentait plus rien en Italie et il n'aurait été utile ni à la Grande-Bretagne ni aux Alliés. Ce ne fut certes pas non plus à cette époque-là que Churchill lui aurait écrit une lettre confidentielle.

Quant à postuler qu'il y eut toute une correspondance... Étant donné les intérêts britanniques en Méditerranée, il eût fallu que Churchill fût fou à lier pour pousser l'Italie à entrer en guerre aux côtés du IIIe Reich et menacer le canal de Suez. C'est un canard à trois pattes. Plus absurde encore est l'hypothèse d'une autre lettre écrite après la première, invitant l'Italie à s'associer après la guerre à un front contre l'URSS : à l'époque, ce pays était lié au Reich par le pacte de Moscou, et il aurait fallu que Churchill fût doté de divination pour prévoir l'agression allemande de 1941.

Sa présence dans la région quatre mois après l'exécution de Mussolini est certes insolite et cache peut-être un secret. Mais il est sans doute très différent du scénario tortueux décrit plus haut : cela aurait pu être pour se faire raconter les circonstances de l'arrestation de son vieil ennemi, ou bien pour racheter les documents dont on disait qu'ils étaient restés dans la région[1].

---

1. Voir p. 393 et suiv.

1948

La grande farce du mitchourinisme soviétique

La contamination des sciences exactes par les idéologies est une maladie infectieuse dont le seul remède connu est le ridicule. Mais les conséquences peuvent en être odieuses, comme dans le cas du racisme dit « scientifique[1] », ou coûteuses en argent, en temps et en prestige, comme ce fut le cas du mitchourinisme, aberration de la biologie soviétique qui dura de 1948 à 1953.

Cette lubie prétendait s'inspirer des discours d'un jardinier sans formation scientifique, Ivan Vladimirovitch Mitchourine, qui, jusqu'en 1935, expliquait à sa façon les caractères de plantes hybrides qu'il avait produites et qui, selon lui, présentaient les qualités des deux variétés croisées (alors qu'elles n'en possédaient que certaines). Cette fantaisie trouva un défenseur ardent en la personne de Trofim Denisovich Lyssenko, diplômé de l'école d'horticulture d'Ouman. Né en 1898, Lyssenko était un partisan convaincu de l'idée qu'il est possible de modifier la nature, bien qu'il n'eût que des notions primaires de génétique (cette science ne faisait alors que balbutier). Il se distingua aux yeux des autorités soviétiques en assurant qu'il connaissait les techniques pour accélérer la maturation et le rendement des cultures céréalières et autres. La grande crise agricole des années 1930 sévissait alors et on l'écouta avec attention. À l'appui de ses dires, il présenta des expériences qui ne valaient que par ses explications, mais il fut nommé directeur de l'Institut de sélection et de génétique d'Odessa, puis de l'Institut de

1. Voir p. 198 et suiv.

génétique de l'Académie des sciences de l'URSS, puis président de la toute-puissante Académie Lénine des sciences agricoles.

À partir de là, il devint l'autocrate absolu de toute la biologie soviétique, tous domaines confondus. Il rejeta la « génétique bourgeoise occidentale mendélienne-morganiste » et la remplaça par le mitchourinisme. Il prétendit, entre autres fadaises, que, placés dans des circonstances déterminées, des plants de blé produisaient du seigle ; ce qui équivaudrait à dire que des chiens lâchés dans le désert produiraient des renards (pour reprendre une image de l'*Encyclopaedia Britannica*). Il raconta aussi qu'on pourrait faire fleurir des orangers dans le cercle polaire arctique. Des centaines d'articles et de livres publiés par lui et ses disciples, avec des démonstrations pseudo-scientifiques, firent accroire aux dirigeants soviétiques et à l'opinion publique qu'il serait possible d'organiser la transmission de caractères acquis. Ses idées finirent par gagner certains biologistes occidentaux, persuadés que la science soviétique ne pouvait pas se tromper aussi longtemps.

On peut affirmer que Lyssenko présida à la plus grande mystification scientifique du XXe siècle. Y crut-il lui-même ? Il est difficile d'imaginer qu'un homme frotté de science, à défaut d'en être imprégné, ait pu prêter foi aux résultats d'expériences sur lesquelles il fonda ses promesses extravagantes ; il semble plus probable qu'il ait cru devoir y croire, parce qu'il le fallait. Tel un *staretz* saisi par une illumination, il s'était pénétré d'un impératif catégorique qu'il devait imposer même aux maîtres de son pays, parce qu'il allait dans le sens – imaginaire – de l'Histoire. La science n'était pour lui qu'un aspect du langage. Le besoin de croire fait qu'on finit par croire à ce qui ressemble le plus à ce qu'il convient.

En termes plus simples, il s'était automystifié et il mystifia les autres. Mais – selon l'adage de George Bernard Shaw – « si l'on peut duper quelques personnes tout le temps ou tout le monde pendant un certain temps, on ne peut pas duper tout le monde tout le temps ». En foi de quoi Lyssenko fut démasqué.

Le personnage en privé était odieux : en 1940, il fit arrêter le plus grand botaniste de son pays et l'un des plus brillants du monde, Nikolaï Vavilov (1887-1943), et le fit déporter au goulag de Saratov. Vavilov, lui, spécialiste de l'origine des espèces végétales, ne croyait pas au « mitchourinisme », fiction né d'une idée à demi cuite germée dans un cerveau dérangé par le fanatisme.

L'échec de ses expériences entraîna sa déchéance. Il fut progressivement destitué de ses postes et le lyssenkisme fut officiellement discrédité en 1964. Il avait coûté cher en temps et en argent à l'Union soviétique. Dans une de ses déclarations péremptoires, Lyssenko avait déclaré : « La génétique est fasciste. » Elle s'était vengée.

1956

Ernesto Che Guevara, du mythe à la mystification

De tous les mythes du XXe siècle, celui d'Ernesto Che Guevara est indéniablement l'un des plus tenaces, mais aussi des plus creux. De l'exaltation d'un insurgé contre la dictature particulièrement méprisable d'Alfredo Batista, qui avait transformé Cuba en dépotoir d'une féodalité médiévale et en chasse gardée de la mafia, l'imaginaire occidental devait aboutir à la fabrication d'une icône et d'une mystification de vastes proportions. L'image du *barbudo* aux ongles sales allait trôner dans tous les antres de la pensée révolutionnaire, des librairies branchées de Greenwich Village aux *cervezerie* de Barcelone après la chute du franquisme, des chambres d'étudiants parisiennes aux *bodegones* de Buenos Aires : celle du jeune homme romantique au cœur empli d'un rêve de fraternité universelle et de justice sociale.

La vérité personnelle de ce nouveau Netchaïev était pourtant évidente à quiconque avait suivi les débuts de la carrière de Guevara : quelques mois après sa rencontre au Mexique avec Fidel Castro, quand les *barbudos* eurent secrètement débarqué à Cuba, Guevara fut nommé commandant d'une « colonne ». Un gamin de quatorze ans qui en faisait partie avait volé un peu de nourriture parce qu'il avait faim : Guevara l'apprit et le fit fusiller sur-le-champ. Voilà pour le cœur généreux, défenseur des opprimés et de ceux qui ont faim.

Après le renversement de Batista à l'automne 1958 – dont on oublie souvent de préciser qu'il fut dû au refus des troupes cubaines d'ouvrir le feu sur des compatriotes, lors de la bataille de Santa Clara –, Guevara fut nommé « procureur » et chargé de l'application des sentences par les tribunaux révolutionnaires. Il tenait ses quartiers à la prison de La Cabana : pendant des mois, les murs résonnèrent du fracas des exécutions qu'il commandait, dont celles d'anciens camarades de combat qui refusaient ses méthodes staliniennes.

Et ce fut Guevara qui créa personnellement les camps de travail, versions mâtinées des camps nazis et des goulags, les sinistres « unités militaires d'aides à la production » ; le premier fut ouvert dans la péninsule de Guanahu en 1960 ; on y envoyait les « déviationnistes », catholiques, démocrates impénitents, homosexuels, admirateurs des Beatles et autres, que la police raflait par douzaines sur dénonciations anonymes. Aussi l'un de ses pseudonymes était-il « Staline II ».

Examiné sans lyrisme, le champion de l'« humanisme révolutionnaire » fut bien plus proche d'un Heydrich ou d'un Beria que d'une Louise Michel. La vie humaine avait pour lui peu de valeur : après la guerre, il n'y avait pour lui que la guerre : « Nous ne pouvons vivre sans la guerre. Quand nous l'avons faite, nous ne pouvons vivre sans elle », déclarait-il. Et, dans la crise des missiles de 1962, quand Kennedy contraignit Kroutchtchev à retirer de Cuba ses bases de missiles, Guevara déclara au journal communiste *The Daily Worker* que, si les missiles avaient été sous le contrôle des Cubains, ceux-ci les auraient lancés contre l'Amérique.

Ses admirateurs – on serait tenté de dire : ses sectateurs – entendirent-ils son adresse aux Nations unies, le 11 décembre 1964 : « Nous avons fusillé, nous fusillons et nous continuerons de fusiller tant qu'il le faudra. Notre lutte est une lutte à mort » ? On peut en douter : la « guévaromanie » commençait alors à sévir. Un demi-siècle suffit à peine à dessiller les yeux de ceux qui l'avaient porté aux nues, et il fallut attendre 1996 pour que Régis Debray rappelât l'éloge que Guevara avait fait de « la haine efficace qui fait de l'homme une efficace, violente sélective et froide machine à tuer[1] ».

Mais en 2007, un cinéaste crut utile de réinventer la folle randonnée à moto du pseudo-médecin à travers la pampa, lors des

---

1. *Loués soient nos Seigneurs*, Gallimard, 1996.

belles années de jeunesse du beau révolutionnaire, et les critiques essuyèrent une larme de nostalgie.

Tel fut l'énergumène qu'une frange d'intellectuels occidentaux, impatiente de tâter du feu de l'action, se donna pour porte-drapeau.

Ajoutons que, de notoriété publique, Guevara n'avait aucun sens de l'humour, qualité endémique de la société cubaine. Mais il n'était pas cubain.

*

Pour l'écrivain cubain Jacobo Machover, exilé en France, l'icône Guevara est une invention française[1]. Elle commença à la rencontre de celui qui apparaissait aux premiers rangs des chefs cubains avec Jean-Paul Sartre et Simone de Beauvoir, le 5 mars 1960. Nul ne sait ce qu'ils se dirent, car ils n'avaient pas besoin d'interprète, Guevara parlant français, ou du moins un français approximatif. Mais le célèbre couple existentialiste ne pouvait concevoir que des éloges pour cet ennemi proclamé du capitalisme et des États-Unis, économiste, médecin, *guerillero*...

Après la mort de Guevara, en 1967, Sartre déclara : « Je pense, en effet, que cet homme n'a pas été seulement un intellectuel, mais l'homme le plus complet de son époque. Il a été le combattant, le théoricien qui a su extraire de son combat, de la lutte elle-même, de sa propre expérience, la théorie pour mettre en application cette lutte. » Étrange tautologie dont on peut douter que l'intéressé l'eût comprise : comme le rappelle Machover, Guevara jugeait que Sartre était « éternellement supérieur et pédant ». Eût-il été cubain que l'auteur de *La Nausée* eût sans doute fini dans un camp de travail. Le *Commandante* avait d'ailleurs répété à l'envi son peu d'estime pour les intellectuels, ceux-là mêmes qui le portaient aux nues.

Quant aux vertus de l'« économiste », elles ne firent pas longtemps illusion : bombardé président de la Banque nationale de Cuba, sa gestion de la monnaie entraîna une dévaluation totale

1. *La Face cachée du Che*, Buchet-Chastel, 2007.

du peso, sa participation à la gestion catastrophique de l'économie nationale confondirent les économistes les plus enclins à l'indulgence. Ce « théoricien » autoproclamé qui se montrait torse nu à la télévision se révéla être un grand délirant, débitant des coquecigrues sur l'abolition de la monnaie, qui eussent fait pâlir le fouriériste le plus doctrinaire. Certains de ceux qui avaient admiré en lui un nouveau Manfred découvrirent avec stupeur Ubu. Les « pays frères » commencèrent à s'inquiéter de la trajectoire économique et politique de cet avant-poste de leur stratégie qu'était Cuba. Puis, quand Guevara dénonça « la complicité tacite des pays socialistes avec les pays exploiteurs de l'Ouest », à Alger en 1965, ils s'énervèrent. Castro s'alarma et le relégua au second plan, puis l'envoya répandre la révolution dans le monde. La fascination entretint cependant la mystification.

Guevara quitta l'île pour toujours cette année-là. Il avait écrit une lettre d'adieu à Fidel Castro ; elle fut divulguée bien avant sa mort, d'ailleurs programmée.

Mais la guevaromanie faisait alors fureur en Occident. Aussi la manie du *Petit Livre rouge* commençait-elle à s'essouffler. C'était l'époque où des aventuriers sillonnaient la planète, de Katmandou à Santiago du Chili et d'Alger à La Havane, « ivres d'un rêve héroïque et brutal », comme disait Heredia, beatniks fous d'ambition, intellectuels « las de ce monde ancien », pour citer Apollinaire, tous tentant de trouver un rôle dans la révolution universelle. Et tous gardant l'image en eux du *barbudo* au béret.

Le mythe Guevara s'était enflé, hors de toute proportion, avec la réalité du personnage. Il était devenu une mystification.

*

Une tentative d'intervention dans les conflits du Congo se révéla vaine. Affrontant les réalités du monde à l'extérieur des limites cubaines, à la tête d'une petite guerilla de compagnons blancs et de nouveaux compagnons noirs, celui qui s'était pris pour « un condottiere du XXe siècle » fut contraint de déchanter. Sa phraséologie tortueuse avait peu de prise sur un Désiré

Kabila, et l'assassinat de Patrice Lumumba avait totalement échappé à ses moyens d'action. Il conclut lui-même à l'échec.

Sa disparition de la scène cubaine gonflait le mythe. Certains en parlaient comme d'un nouveau Jésus qui aurait disparu quarante jours dans le désert.

Le mystère s'épaissit quand on apprit sa présence en Amérique du Sud. Mais était-ce vraiment lui ? Puisqu'on le disait mort. Il était en Bolivie. Pourquoi ce pays ? Mystère. Il tentait d'y appliquer la tactique maoïste d'encerclement des villes, afin de créer « un deuxième Vietnam ». Mais ses chances d'y parvenir étaient quasi nulles : les paysans se méfiaient de cet étranger et de ses quarante-trois partisans, et le mouvement ouvrier bolivien, en fait celui des mineurs de l'Altiplano, était dirigé par un communiste déjà prévenu contre les excentricités de ce chef de guerilla, Mario Monje. Guevara était seul avec ses compagnons dans une jungle hostile et il était traqué par un ennemi obstiné, la CIA. Il erra de montagne en montagne jusqu'au moment où il fut arrêté par l'armée bolivienne.

Une légende tenace, une de plus, voudrait qu'il soit mort au combat. Mais il fut arrêté vivant au ravin du Churo et il était attaché sur une chaise quand le sous-officier Mario Teran l'exécuta d'une rafale de mitraillette en dessous de la ceinture, dans un bâtiment militaire de La Higuera.

Son exemple fut hélas fertile : au Pérou voisin, un philosophe nommé Abimaël Guzman créa en 1970 un mouvement révolutionnaire, le Sentier lumineux, annonçant que « le triomphe de la révolution coûtera[it] un million de morts ». En 1983, Victor Polay Campos créait, lui, le mouvement révolutionnaire Tupac Amaru, qui signala son existence à l'opinion mondiale en prenant six cents personnes en otages à l'ambassade du Japon, en 1996.

Les mythes, mythifications et mystifications ont parfois des conséquences tragiques.

L'étrange fascination pour les voix de castrats

Dans les années qui suivirent la Seconde Guerre mondiale, le renouveau de l'activité culturelle suscita de nouveaux pôles d'intérêt dans tous les domaines. En musique, l'un de ceux-ci porta sur les hautes-contre, contre-ténors et falsettistes, voix masculines dites gynoïdes, qui, grâce à un entraînement spécialisé, peuvent chanter des rôles réservés aux femmes, notamment dans le répertoire baroque.

Une oreille d'amateur les discerne rapidement, pas seulement à l'évidence, parce que ce ne sont ni des ténors, ni des basses ni des barytons, mais parce que leur tessiture est différente de celle des voix de femmes, sopranos légers, lyriques ou coloratures.

Certains d'entre eux, tels Jean Belliard et James Bowman, avaient connu un certain succès avant la guerre. Mais il était loin d'égaler la fascination qu'exercèrent alors des vedettes telles qu'Alfred Deller, puis René Jacobs ou Gérard Lesne. La vogue des hautes-contre s'enfla, des livres leur furent consacrés, puis un film exalta l'un de leurs précurseurs, le castrat Farinelli. Car, en fait, les hautes-contre, contre-ténors et falsettistes reprenaient la spécialité de ces infortunés des siècles passés qu'étaient les mutilés sexuels.

La mode s'était emparée de l'exploitation d'une ancienne coutume d'une barbarie ignoble.

Dans les premiers siècles de l'Église de Rome, en effet, il était interdit aux femmes de chanter dans les églises (de même, d'ailleurs, que sur les scènes de la Ville éternelle). Les maîtres de chapelle recoururent alors aux castrats, dont la voix n'avait pas subi sa mue naturelle à la puberté et conservait donc des traits indifférenciés. Les chœurs de la chapelle Sixtine les utilisèrent de 1588 à 1903. Convenablement entraînés, les castrats tenaient les rôles de « fausses femmes », si l'on peut dire. Leur place fut assurée dans les églises, dans la musique et la société, par une ambiguïté doublée d'hypocrisie. En effet, puisque la voix féminine était interdite dans les églises, il eût été logique d'en exclure aussi les imitations. Car ce n'étaient pas des voix d'enfants, mais de fausses voix de femmes.

Mais un certain discours sur l'angélisme, évidemment asexué, prévalut, et nous nous garderons de faire ici de la psychanalyse de comptoir, encore moins *post mortem*. On verra plus loin que les idéaux célestes n'étaient toutefois pas les seuls moteurs de la vogue des castrats.

Officiellement, l'Église condamnait la castration aux fins de produire des chanteurs, dite « castration euphonique », et ne tolérait que les castrats accidentels. Il est vrai que, dans ces époques, la médecine n'avait pas toujours de grands scrupules et castrait à tort et à travers, par exemple pour une hernie. Rien qu'en Italie, on estime que trois à cinq mille enfants étaient opérés chaque année, vers l'âge de six ans, par des barbiers ou des chirurgiens. Pour dix ans seulement, on peut estimer l'importance des légions d'eunuques qui couraient les rues des villes d'Italie, la castration n'arrêtant pas le développement du reste du corps.

Ceux qui étaient destinés au chant subissaient un entraînement qu'on peut qualifier sans excès d'effroyable : neuf à dix heures par jour. Leur musculature laryngée se développait de façon prodigieuse et permettait à la voix de couvrir jusqu'à trois octaves et de soutenir des aigus admirables, les cordes vocales, elles, étant demeurées petites.

Le répertoire lyrique du bel canto se fonda de la sorte sur la plus cruelle des mutilations qu'on puisse imaginer, parce qu'à celle-là s'attache une valeur symbolique et qu'elle mutile l'identité autant que le corps.

*

Les motifs de la castration n'étaient pas toujours accidentels, on s'en doute : en effet, les castrats ne chantaient pas seulement dans les églises, mais également dans les cours des seigneurs, où ils touchaient des cachets étourdissants. Des eunuques chanteurs tels que Baltasare Ferri (1610-1680), Caffarelli (1710-1783) ou Blaise Berthod devenaient des vedettes recherchées par les princes. Alors qu'en France les cantatrices étaient excommuniées au Grand Siècle et qu'en Italie la police les cantonnait aux quartiers réservés, leurs substituts menaient grand train, roulant carrosse et dotés de palais. Un Farinelli (de son vrai nom Carlo Broschi, 1705-1782), surnommé le « Chanteur des rois », passa vingt-deux ans à la cour d'Espagne ; il est dit qu'il guérit la mélancolie de Philippe V en lui chantant les mêmes quatre airs tous les jours pendant dix ans. On est en droit de se demander si la mélancolie ne céda pas à l'exaspération.

Avoir un enfant castrat bien entraîné et bien introduit pouvait représenter la fortune pour une famille, et ce n'est pas soupçon infâme que douter de la nature accidentelle de maintes castrations. Autant dire que l'on mutila un nombre impossible à évaluer de garçons pendant des siècles, aux seules fins d'exploiter leur misérable particularité. Et l'on ne dit pas, car on l'ignore, combien d'enfants moururent des complications suivant l'intervention, les barbiers et les chirurgiens ignorant alors l'asepsie. La même lame qui avait rasé un manant souffrant d'acné coupait les bourses.

Mais enfin, la délicatesse, les progrès de la médecine et l'émancipation des femmes, pour ne pas citer le mépris inspiré par la castration, mirent heureusement fin à leur règne. Le dernier qui parut sur scène, Moreschi (1858-1922), semble aussi avoir été le seul enregistré en 1902 et 1903. Mais le 9 février 1983, un véritable castrat contralto, Paolo Abel do Nascimento, Brésilien, chanta à l'église Sainte-Marie de Limoges. L'affaire était alors entendue depuis longtemps : dès les débuts du XIXe siècle, les cantatrices avaient enfin quitté les quartiers louches pour accéder aux scènes d'opéra, en même temps que triomphaient des hommes indemnes, ténors, basses et barytons.

Ces faits ne sont généralement connus que de quelques spécialistes et leur caractère révoltant est trop souvent occulté par le goût d'un exotisme hors de propos. Ce n'est pas, à notre avis, faire offense au talent ni à l'honneur des hautes-contre, contreténors et falsettistes, ni au bon goût des amateurs de baroque

que de stigmatiser une tradition fondée sur l'exploitation de la mutilation, fût-elle artistement voilée par les guirlandes du plaisir esthétique.

En 2011, un médecin marseillais émettait l'hypothèse que le roi défunt de la pop music, Michael Jackson, avait subi une castration chimique lors de sa puberté. Et que c'était ainsi que la voix de l'enfant prodige des Jackson Five avait échappé aux ravages de la puberté.

Résoudra-t-on l'énigme de l'assassinat de John F. Kennedy ?

S'il y eut bien au XXe siècle une mystification monumentale, ce fut indéniablement l'enquête sur l'assassinat public de Kennedy.

Le 22 novembre 1963, à 12 h 30, le président des États-Unis, John Fitzgerald Kennedy, mourait dans sa voiture décapotée, alors qu'il venait de passer dans Elm Street, à Dallas, devant un dépôt de livres, le Texas Book Depository Building. D'une fenêtre du sixième étage de ce bâtiment, un certain Lee Harvey Oswald avait tiré sur lui trois balles d'un fusil Mannlicher-Carcano. Transporté au Parkland Hospital, Kennedy y fut déclaré mort à son arrivée, à 13 heures.

Une heure et demie plus tard, au terme d'une étrange course-poursuite à travers Dallas, la police arrêta Oswald à 13 h 51, sous le prétexte inattendu qu'il était entré dans un cinéma sans avoir payé sa place. Commencent alors les incongruités, les absurdités et les invraisemblances.

Empressons-nous de préciser que nous ne disposons d'aucune donnée nouvelle ni confidentielle, mais que nous avons simplement rassemblé les faits que voici, les jugeant suffisamment éloquents.

Ancien marine et marginal paranoïaque, qui avait suivi un entraînement d'espion en URSS et avait également été inculpé d'espionnage pour Cuba, Oswald avait la détente facile : après son meurtre présumé, il se serait rendu à une pension d'Oak Cliff, non loin du lieu de l'assassinat, pour y louer une chambre ; sa logeuse l'aurait vu ressortir à 13 h 05 et attendre à l'arrêt du bus avec « un revolver Smith & Wesson de calibre .38 et des munitions ». Cette logeuse avait décidément l'œil exercé, mais il est vrai qu'elle était native du Texas. Ou bien alors, Oswald tenait le revolver et les munitions en main, ce qui, même à Dallas que nous connaissons bien, est un comportement singulier.

Quelques minutes plus tard, toujours selon l'enquête, le policier J. D. Tippitt aurait arrêté sa voiture et Oswald l'aurait abattu. Et ce serait ensuite qu'Oswald serait entré au cinéma.

Aucune explication n'a été fournie pour les contradictions flagrantes que voici : comment Oswald, qui attendait à l'arrêt du bus, se serait-il retrouvé dans sa voiture ? Et pourquoi Tippitt l'arrêta-t-il ? Cet épisode est le plus souvent négligé par les auteurs qui se sont intéressés à l'affaire, alors qu'il nous paraît particulièrement révélateur. Il prouve, en effet, que le signalement du tueur était déjà donné, bien avant l'assassinat. Faut-il croire qu'en quarante-six minutes la police aurait identifié le tueur inconnu qui se trouvait au Texas Book Depository Building et aurait communiqué son signalement à tous les agents de Dallas, puis l'aurait reconnu dans l'obscurité d'une salle de cinéma ? Il n'existait pas de téléphones portables en 1963.

Le lendemain, 22 novembre, à 13 h 51, alors qu'il était conduit au tribunal sous escorte policière, Oswald fut assassiné à son tour par un tenancier de boîtes de nuit, Jacob Leon Rubinstein, dit Jack Ruby, qui tira sur lui à bout portant, devant des caméras de télévision. Inculpé de meurtre en 1964, Ruby vit le motif de son inculpation pour meurtre annulé et un autre chef d'inculpation fut invoqué pour un nouveau procès. Trois ans plus tard, ce procès n'avait pas été entamé et, en 1967, Ruby mourut en prison d'un cancer. Il ne révéla jamais les raisons de son acte.

*

L'accumulation d'étrangetés de l'affaire déclencha dans l'opinion une lame de fond de soupçons, renforcés par l'assassinat de Robert Kennedy, le 6 juin 1968, à Los Angeles, dans des circonstances également bizarres (là non plus, les policiers fédéraux présents dans la salle n'avaient pas remarqué le comportement alarmant d'un certain Sirhan Sirhan, l'assassin).

Une commission d'enquête fut constituée peu après l'assassinat du président, par son successeur Lyndon B. Johnson, « pour éviter toute enquête indépendante », cela est officiellement stipulé. Bizarre : en quoi une enquête indépendante gênerait-elle l'établissement de la vérité ? Toujours est-il qu'elle fut présidée par un Républicain, le juge Earl Warren. Après interrogation de cinq cent cinquante-deux témoins, elle remit un rapport au Congrès, en septembre 1964. Ce rapport fut d'abord accueilli avec enthousiasme, parce qu'il rassurait une opinion nationale angoissée par le meurtre. Il confirmait la version des faits qui était devenue à peu près officielle en dépit de quelques différences entre les déclarations des diverses autorités : le président avait été assassiné de trois balles par Lee Harvey Oswald et c'était tout, point barre. Elle n'avait relevé dans l'attentat aucune preuve de l'ingérence d'une puissance étrangère.

Un aspect des conclusions refroidit sensiblement l'enthousiasme de l'accueil : c'étaient les critiques adressées au FBI et aux services secrets chargés de la sécurité du président. Elles signifiaient que l'on n'avait pas tenu compte des menaces qui pesaient sur la visite de Kennedy à Dallas. Pourquoi ?

Et une lacune laissait les lecteurs insatisfaits : aucun rapport n'avait été trouvé entre les meurtres de Kennedy et d'Oswald. Voire !

Sans attendre le rapport, le FBI d'Edgar Hoover, qui se doutait probablement qu'il serait mis sur la sellette, avait publié en décembre 1963 vingt-six volumes de conclusions.

Incidemment, on n'y trouvait pas mention des disparitions successives de plusieurs témoins clés. Des coïncidences malheureuses, sans doute. On n'y précisait pas non plus que plusieurs témoignages et documents dormaient et dorment encore dans les archives nationales.

Depuis les assassinats d'Abraham Lincoln et de James Garfield, l'Amérique était certes préparée à ce que ses présidents fussent considérés comme des pigeons d'argile par certains agités (un autre président, Ronald Reagan, échapperait de peu à la mort quelques années plus tard). Mais au pays du film noir et des grands romans policiers, les autorités eussent pu mieux faire que de jeter au public une intrigue aussi mal ficelée. Cela équivalait à une expression de mépris pour les opinions nationale et internationale.

Ou bien alors cette intrigue était-elle trop explosive pour être révélée.

*

Une montagne d'articles, de livres, d'émissions de télévision et un film ont été consacrés à cet attentat ; l'écrasante majorité est inspirée par une théorie du complot et, de ce fait même, elle a été reléguée aux oubliettes : il y a toujours des esprits compliqués et soupçonneux qui croient discerner des causes occultes à des événements tragiques et bâtissent des théories extravagantes. Mais aucune preuve n'a jamais été fournie d'un quelconque complot américain destiné, comme le soutiennent quelques obstinés, à débarrasser le pays d'un président pour une raison ou une autre. Oswald était un fanatique intoxiqué par la haine des communistes pour l'Amérique et c'était tout. Quant à Ruby, il avait cédé à l'indignation naturelle d'un citoyen devant un meurtre ignoble.

C'était aussi simple qu'une image d'Épinal.

Et le temps a recouvert ce chapitre d'un voile gris, tandis que les indignations se sont émoussées. Puis les contemporains disparaissent. Ceux qui étaient curieux n'avaient pas de preuves justifiant la réouverture de l'enquête, et ceux qui auraient détenu des preuves s'en allaient les uns après les autres. La conclusion de la commission Warren demeurait.

Plusieurs questions subsistaient cependant, auxquelles ni cette commission ni le rapport d'enquête du FBI n'avaient répondu ou offert des éléments de réponse :

– Lee Harvey Oswald était-il le seul tireur ? Et quelle est la base des témoignages portant sur un quatrième coup, qui aurait été tiré de la butte sur le parcours du défilé présidentiel, correspondant à un rond-point nommé Daley Plaza ? En 1983, une chercheuse indépendante, Mary Ferrell, retrouva l'enregistrement sonore démontrant qu'il y avait eu quatre coups de feu. Comment se fait-il que, selon une autre chercheuse indépendante[1], la grande majorité des témoins aient situé l'origine des coups de feu sur la butte citée plus haut ? Et pourquoi la commission Warren avait-elle rejeté cet élément ?

– Les éléments techniques du rapport Warren comportent des lacunes... Les témoignages sur un quatrième coup de feu ont été écartés pour la raison suivante : les témoins auraient été abusés par l'écho de la détonation. En effet, quand une balle est tirée, on entend le coup de départ, celui du percuteur frappant la balle, et le claquement de celle-ci dans l'atmosphère, à vitesse supersonique. Fort bien. Mais, dans ce cas, et étant donné qu'Oswald avait tiré trois coups, on aurait dû entendre six détonations, ce qui n'est pas le cas.

– Oswald était-il bien le tireur ? Selon le rapport de la commission Warren, il aurait tiré sur la voiture présidentielle alors qu'elle s'éloignait. Or, de l'avis général des experts, la puissance d'arrêt de la cartouche de 6,5 mm de la Mannlicher-Carcano, carabine en usage dans l'armée italienne durant la Première Guerre mondiale, n'est pas considérée comme suffisante pour cet exploit. Pour tirer avec une telle arme sur une cible en mouvement, il aurait fallu un tireur d'élite, ce qu'Oswald n'était pas, de l'avis des écoles de tir où il s'était entraîné.

– Les trois coups de feu – à supposer qu'il n'y en eut que trois – ont retenti en l'espace approximatif de trois secondes. En supposant que l'arme était déjà chargée lors du premier, on considère que c'est le délai dans lequel les deux coups suivants ont été tirés. S'ils l'avaient été avec la Mannlicher-Carcano, il aurait fallu qu'Oswald recharge son arme manuellement avec une vitesse remarquable, débloque le verrou, ajuste la balle, referme la carabine, vise une cible mouvante et tire. Cela suppose une dextérité hors pair. Mais question également sans réponse : était-il concevable qu'un homme doté d'une expérience moyenne des armes à feu entreprenne un attentat avec

1. Caroline Lebeau, *Les Nouvelles Preuves sur l'assassinat de J. F. Kennedy*, avec le bandeau « Le clan Bush est-il coupable ? », éditions du Rocher, 2004.

une arme de ce genre, alors qu'une carabine à répétition lui aurait offert une plus grande commodité de maniement ?

– Aucun éclaircissement officiel n'a été fourni sur le fait que la police aurait retrouvé deux carabines sur le lieu d'où Oswald aurait tiré. L'une était la Mannlicher-Carcano, l'autre « marquée sur le canon 7,65 Mauser ». Le témoin n'était pas le premier venu, c'était Roger Craig, adjoint du shérif de Dallas. Mais l'autre carabine n'a pas été identifiée et ne pouvait de toute façon tirer des balles de 7,65, calibre de pistolet. Quant à la marque Mauser, c'est celle d'un verrou adapté à diverses carabines, Winchester ou Remington.

– Puisqu'il n'avait pas, selon le rapport Warren, été chargé par une puissance étrangère d'abattre le président, quelle était la motivation d'Oswald ?

– Quelle était la motivation de Jack Ruby, et pourquoi s'est-il, jusqu'à sa mort, refusé à l'exprimer ? Deux meurtriers sans motivation dans un crime d'État, cela fait décidément beaucoup. Et comment se fait-il que Ruby ait eu licence d'approcher Oswald de si près, alors que celui-ci était sous protection policière ? Que faut-il penser du témoignage selon lequel Ruby avait été vu, une heure avant l'attentat, sur la butte où se serait posté le second tireur, en compagnie d'un homme tirant un fusil du coffre d'un véhicule ? On découvrit après sa mort qu'il avait été tenancier d'une boîte de nuit à Cuba. Ce qui inspira la question logique : quels étaient ses rapports avec les anticastristes ? Qu'en était-il des allégations selon lesquelles Ruby avait été un espion travaillant pour le compte de Richard Nixon ?

– Une huitième question surgirait plus tard : pour quelle raison, en 1999, le majestueux cercueil de bronze dans lequel avait été placée la dépouille de Kennedy a-t-il été secrètement remplacé par un cercueil de bois ordinaire, tandis que le premier était jeté dans l'Atlantique du haut d'un avion de l'US Air Force ?

L'opinion publique retomba lentement sur le sentiment qui avait prévalu après le rapport Warren : on cachait la vérité parce qu'elle compromettait trop de gens.

*

En 1991, le facteur émotionnel, commodément décrié par les réalistes, s'imposa. Le film *JFK* d'Oliver Stone sorti cette année-là sur les écrans fouetta les théories du complot. Il y allait du prestige de la Constitution et du respect de la nation pour ses dirigeants. Déjà, en 1967, un gros pavé fut lancé dans cette mare décidément fangeuse : Jim Garrison, un ancien pilote de chasse employé ensuite par le FBI et élu procureur (District Attorney) à La Nouvelle-Orléans, avait causé une sensation en arrêtant un certain Clay Shaw comme membre de la CIA et complice de l'assassinat, et un autre, David Ferrie. De plus, il inculpait Ruby comme complice supplémentaire. En somme, Ruby aurait assassiné Oswald pour se débarrasser d'un témoin gênant.

La rivalité, sinon l'animosité, qui régnait et règne encore entre le FBI et la CIA est légendaire, mais là, c'était un peu fort de café, car on n'avait encore jamais vu un ancien du FBI arrêter un agent de la CIA. Puis l'on commençait à jaser : le chef de la CIA à l'époque de l'attentat était George W. H. Bush, futur président et père de George W. Bush. Or, Bush appartenait aux milieux pétroliers du Texas, notoirement hostiles à la politique de Kennedy. En tant que chef de l'organisme qui noyautait les exilés cubains, il n'aurait pas eu grand-peine à faire « intoxiquer » un agité marxiste tel qu'Oswald, pour le persuader que le président Kennedy était l'ennemi principal du marxisme. Il convient de rappeler ici que c'était sous Kennedy qu'avait eu lieu, en 1961, la désastreuse expédition de la baie des Cochons, qui avait visé à réoccuper Cuba. Les rumeurs commençaient à éclabousser trop de puissants.

Deux autres commissions furent alors créées par la Chambre des représentants en 1992 pour poursuivre les « travaux » de la commission Warren, le HSCA (House Select Committee of Assassination Inquiry), et l'ARCA (Assassination Records Collection Act, dit également JFK Act). Leurs conclusions ne firent pas grande différence avec les premières, à quelques points près : la première admit « la forte probabilité que deux tireurs aient fait feu ». Autant dire qu'il y avait bien eu conspiration, mais quels en étaient les auteurs ? Mystère et boules de gomme : les théories du complot repartirent de plus belle.

*

Prodige de la mythomanie collective : vingt-huit hommes ont « avoué » qu'ils étaient les deuxième, troisième et quatrième tireurs.

Et neuf théories de complot ont été avancées à ce jour depuis l'attentat, ce qui révèle l'ampleur et la ténacité des soupçons. Avec le recul, quatre d'entre elles paraissent peu vraisemblables et ont d'ailleurs été abandonnées : un complot castriste, un autre du KGB, un autre encore des anticastristes – furieux de l'échec de la tentative de débarquement dans la baie des Cochons – et une vengeance de francs-tireurs de la CIA, pour la même raison. Kennedy avait, en effet, refusé l'appui de l'aviation pour l'opération de la baie des Cochons, ce qui fut un facteur déterminant dans l'échec de celle-ci. De plus il renonça par la suite à toute tentative de débarquement à Cuba, à la vive contrariété du JCS (Joint Chiefs of Staff), état-major général de l'armée, dont le chef était le général Lyman I. Lemnitzer.

Dans les quatre autres théories, il faut en détacher deux, moins fragiles : d'abord, celle d'une vengeance de la mafia qui, sur les sollicitations du père du président, Joe Kennedy, avait contribué au succès de l'élection présidentielle de son fils, et qui s'en voyait mal récompensée par les efforts de Robert Kennedy, frère de Jack. Ensuite, celle d'une vengeance du propre chef du FBI, Edgar J. Hoover, qui aurait été menacé d'élimination par Robert Kennedy. Personnage singulier, véritable puissance occulte des États-Unis, mais dont il a été dit qu'il dissimulait mal son homosexualité et se travestissait en danseuse lors de soirées intimes, Hoover a suscité au moins autant de rumeurs que bien des criminels. Selon l'une d'elles, il aurait été informé de la vérité du complot, mais aurait cédé à un chantage le menaçant de révéler qu'il vivait en ménage avec son adjoint Charles Colson.

Les deux dernières théories peuvent être fondues en une seule : l'extrême-droite américaine – exaspérée par les inclinations décidément trop libérales de Kennedy et sa mollesse à l'égard de Cuba – et des pétroliers texans – furieux d'un projet de réforme de la fiscalité qui les désavantageait – auraient monté un projet d'attentat pour se débarrasser d'un homme hostile à leur idéologie et à leurs intérêts financiers.

Le contexte politique de la visite de Kennedy à Dallas n'est guère propice non plus à dissiper les soupçons d'un assassinat politique. À l'origine prévue pour remédier à une scission parmi les démocrates du Sud, dont une large fraction désapprouvait la politique libérale du gouvernement, cette visite s'annonçait houleuse. Des manifestants brandissaient des placards et calicots libellés en termes pour le moins menaçants : « Aidez Kennedy à écraser la démocratie », « Monsieur le président, en raison de vos tendances socialistes et de votre reddition au communisme, je vous tiens dans le plus profond mépris », ou bien encore : « Kennedy, vous êtes un traître. »

Une violente hostilité à Kennedy, surtout dans les États du Sud, agitait le pays. Et l'hypothèse d'un complot des conservateurs républicains, évoqué maintes fois, ne peut disparaître de l'horizon. Celle d'une manipulation d'Oswald et de Ruby par des émissaires de la police demeure. Bien des acteurs auraient pu participer à l'attentat. Certains ont pu laisser des témoignages à divulguer plus tard.

*

Comme si le dossier n'était pas assez touffu, en 2003, deux auteurs américains, Brad O'Leary et L. E. Seymour, introduisaient dans un livre « à sensation[1] » un nouveau personnage qu'ils accusaient d'être l'assassin de Kennedy : Jean-Michel Souetre. Le titre complet du livre est saisissant : « Triangle de mort : la choquante vérité sur le rôle du Sud-Vietnam et de la mafia française dans l'assassinat de JFK. » Selon eux, Souetre, en provenance de Fort Worth, aurait été présent à Dallas dans l'après-midi du 22 novembre et il aurait été expulsé dans les quarante-huit heures suivant l'assassinat. Guère à court d'imagination, ces deux auteurs en auraient déduit que Souetre, soldat

---

1. *Triangle of Death : The Shocking Truth about the Role of South Vietnam and the French Mafia in the Assassination of JFK*, WND Books, 2003.

de fortune recherché par le SDECE, était l'assassin de la butte de Dealey Plaza. Nous ferons grâce au lecteur de l'intrigue tarabiscotée par laquelle ils reliaient le Sud-Vietnam à l'attentat de Dallas pour en venir au point crucial.

Plus troublante – à première vue – que le texte était la photocopie d'une note estampillée « SECRET » du CIA Historical Review Program, portant la date manuscrite « 1er avril 64 ». C'était donc bien un document authentique de la CIA ; l'imagination romanesque ne s'autorise pas, en effet, sous peine de lourdes sanctions, à fabriquer des documents d'État. Or, voici la transcription exacte de cette note (les ajouts manuscrits sont soulignés) :

> *Jean SOUETRE alias Michel ROUX alias Michel MERTZ – Le 5 mars 1964, M. Papich a informé que les Français avaient contacté l'attaché juridique à Paris et aussi que le SDECE avait interrogé le Bureau à New York concernant le sujet et déclarant qu'il avait été expulsé des États-Unis à partir de Fort Worth ou de Dallas après l'assassinat du président Kennedy. Il se trouvait à Fort Worth le 22 novembre au matin et à Dallas dans l'après-midi. Les Français pensent qu'il a été expulsé vers le Mexique ou le Canada. En janvier, il a reçu un courrier d'un dentiste du nom d'Alderson, domicilié au 5803 Birmingham à Houston, Texas. On pense que le sujet est un capitaine déserteur de l'armée française et un membre actif de l'OAS. Les Français s'inquiètent en raison du projet de visite de De Gaulle au Mexique. Ils aimeraient savoir les raisons de son expulsion des E.-U. et sa destination. Ses dossiers ne contenant rien sur lui, le Bureau fait des vérifications avec le Texas et l'INS. Ils souhaiteraient que nous consultions nos dossiers et que nous désignions ce qui peut être communiqué aux Français. Une copie des documents CSCI-3/776. 742 et CSDB 3/655. 207, ainsi qu'une photo du capitaine SOUETRE ont été remises à M. Papich.*

Pour mémoire, le Bureau mentionné dans le document est le Federal Bureau of Investigation, le SDECE, français, est le service de documentation extérieure et de contre-espionnage, et l'INS est l'Immigration and Naturalisation Service. Ce document porte le n° 632-796. Il est confondant à plus d'un égard.

En premier lieu, il n'explique pas pourquoi Jean Souetre aurait été expulsé des États-Unis. C'est là une mesure grave, qui exclut dans la plupart des cas une possibilité de retour sur le sol américain. S'il avait commis un délit, il aurait été incarcéré sur place ; sinon, il n'aurait pu être expulsé que pour entrée clandestine ou pour avoir outrepassé la durée de séjour permise par son visa, généralement de trois mois. Dans les deux cas, le consulat de France le plus proche aurait été informé et l'intéressé n'aurait certes pas eu le loisir de circuler librement de Fort Worth à Dallas. Le SDECE ne pouvait ignorer ces faits. Une troisième possibilité est que Souetre aurait été officieusement prié de quitter le pays. Par qui ? Pas par les Français, de toute évidence.

Mais ni le FBI ni la CIA ni l'INS ne sont informés, selon ce document, d'une expulsion ou d'une reconduite à la frontière d'un nommé Souetre. Étrange.

Ensuite, et plus étrange encore, Jean Souetre, Michel Roux et Michel Mertz sont trois personnes distinctes, comme l'a établi la journaliste Marie Hubert[1].

Roux était bien aux États-Unis, le jour de l'attentat, mais il se trouvait chez un notable de Fort Worth et son alibi était indiscutable.

La veuve de Michel Mertz, décédé en 1994, interrogée par Marie Hubert[2], démentit formellement que son mari eût été aux États-Unis en novembre 1963.

Enfin, Jean Souetre, interrogé en 1999 par une autre journaliste, déclara n'avoir pas non plus été aux États-Unis à la date de l'attentat et supposa que Mertz aurait pu s'y trouver, après avoir emprunté son identité. Les deux hommes se sont, en effet connus dans la Résistance ; ils ont eu tous deux un passé pour le moins mouvementé et dont la teneur dépasse le cadre de ces pages. Mais ils ne s'étaient pas revus depuis 1961. L'hypothèse d'un emprunt d'identité par Mertz paraît hautement spéculative, pour dire le moins.

1. « Un Français a-t-il assassiné Kennedy ? », *Aventures et dossiers secrets de l'Histoire*, hors-série n° 23, février 2004.
2. *Ibid.*

Comment les trois noms ont-ils pu se retrouver sur le document 632-796 pour désigner, au-delà de toute vraisemblance, la même personne ? Le SDECE n'a pu commettre une erreur aussi grossière. Les alias mentionnés sur le document supposé de la CIA seraient donc le fruit d'une erreur américaine. Une erreur ? La photo de Souetre communiquée audit M. Papich eût suffi à démontrer qu'il n'avait aucun rapport avec Roux, qui séjournait à Fort Worth. En dépit du salutaire secret qui les voile, les bévues des services secrets sont notoires ; elles feraient l'objet d'un best-seller, pour peu que l'auteur fût suicidaire.

Une analyse du document 632-796 – qui, tout aussi bizarrement n'est jamais mentionné dans le rapport Warren – ne peut qu'inspirer la perplexité, sinon un scepticisme pointu. Il s'agit d'une note interne de la CIA qui fait état d'une requête adressée au FBI, lequel ferait appel à la CIA pour répondre à la demande d'informations du SDECE. Mais celui-ci ne peut avoir communiqué à l'attaché juridique de l'ambassade des États-Unis à Paris une requête aussi absurde que celle qui confondrait trois identités différentes. La déduction est simple : ce document est un faux. Il ne serait certainement pas le seul, et de loin, dans l'histoire des services secrets. Seule sa date est juste : c'est un poisson d'avril.

C'est le produit d'une tentative d'intox visant à faire retomber sur des étrangers, les Français, toujours taxés d'anti-américanisme primaire, la responsabilité de l'assassinat de Kennedy. À l'époque, Souetre est, en effet, soupçonné, à plus ou moins juste titre, d'être un partisan de l'Algérie française. Donc un soldat perdu capable de toutes les folies, y compris d'assassiner un président américain.

Les efforts pour masquer les véritables auteurs de l'entreprise d'assassinat de Kennedy ont ainsi inspiré des dizaines de mystifications telles que celle-ci.

Mais toutes les théories du complot ne sont pas motivées par l'instinct de mystification. Et celui-ci ne se trouve pas toujours du côté que l'on croit, c'est-à-dire des profanes en quête de roman. Là, il y a vraiment eu un complot.

1973

Le mythe ténébreux de Salvador Allende

Pendant une longue décennie, celle des années 1970, et au-delà, l'image de Salvador Gossens Allende, premier président marxiste du Chili, scintilla de feux ardents dans l'imaginaire de la gauche occidentale, des deux côtés de l'Atlantique. Son suicide au palais présidentiel de La Moneda, le 11 septembre (une date décidément fatidique) de l'année 1973 l'éleva au niveau du martyr héroïque. Le coup d'État militaire qui l'avait poussé à ce geste désespéré et le régime dictatorial qui suivit, et s'attira la réprobation des démocraties occidentales, exaltèrent son statut.

Cependant, le bilan économique des trois années de présidence d'Allende ne contribua guère à l'éclat de l'homme d'État. L'expropriation sans compensations des compagnies minières américaines et le rachat forcé de compagnies privées avaient découragé les investisseurs. La réforme agraire, le gel des prix et l'augmentation des salaires avaient creusé le déficit fiscal, puis provoqué l'inflation et la pénurie alimentaire. Le crédit international s'était gelé. Des grèves éclataient, alors que le régime avait justement tenté de favoriser la classe ouvrière. L'URSS ne s'était pas encore effondrée, mais, une fois de plus, la démonstration était faite du danger des principes marxistes. De surcroît, l'établissement de relations diplomatiques avec la Chine et Cuba acheva de dégrader les relations du Chili avec les démocraties occidentales.

L'intervention américaine en sous-main dans le renversement du régime marxiste chilien conforta la conviction des diverses gauches qu'Allende avait été une victime de « l'impérialisme capitaliste ».

Qu'Allende eût été socialiste, sa carrière le prouvait : il avait participé à la fondation du parti socialiste chilien en 1933, qu'il définit à l'écrivain français Régis Debray comme un parti marxiste reposant sur la dictature des travailleurs ; et s'il en avait été exclu en 1952, c'était pour avoir accepté le soutien des communistes, qui n'avaient pas d'existence légale. Quand il se représenta en 1958 avec le soutien des mêmes communistes, personne n'y trouva rien à redire, le PC chilien ayant alors acquis un statut légal.

*

En 2004, l'émoi et l'indignation de nombreux milieux de gauche accueillirent l'ouvrage de l'historien, philosophe et universitaire chilien Victor Farias, *Salvador Allende : contra los judíos, los homosexuales y otros « degenerados »*, dont le sens est évident. Farias, qui s'était distingué en 1984 par un ouvrage également retentissant, *Heidegger et le nazisme*[1], y démontait le mythe Allende, preuves à l'appui.

La thèse de doctorat en médecine d'Allende, soutenue en 1933, année de la fondation du parti socialiste chilien, y témoignait d'un racisme en harmonie avec les théories alors professées en Europe, notamment par un Alexis Carrel, mais plus du tout compatibles avec les principes des diverses gauches de l'après-guerre. Intitulée *Higiene mental y delincuencia* (« Hygiène mentale et délinquance »), elle rejetait les juifs, les Arabes et les Gitans dans le camp des dégénérés, exactement comme le faisaient les théoriciens nazis du temps. Les juifs en particulier se caractérisaient « par des formes déterminées de délinquance, l'escroquerie, la diffamation, la calomnie et surtout l'usure[2] ». Et, après avoir refusé aux juifs les crimes passionnels, sans doute parce qu'ils sont incapables de sentiment, il concluait : « Ces informations laissent soupçonner que la race influe sur la délinquance. »

1. Verdier, 1987.
2. La photocopie de la thèse dactylographiée en atteste : « *Los hebreos se caracterizan por determinadas formas de delito : estafa, falsedad, calumnia y sobre todo, la usura. Por el contrario, los asesinatos y los delitos pasionales son la excepción.* »

On est en droit de s'étonner que, même en 1933, époque où l'antisémitisme était endémique, un étudiant aux prétentions scientifiques pût considérer l'usure, pour ne parler que d'elle, comme une tare héréditaire.

Mais, obstiné dans un racisme de la plus détestable farine, Allende citant un autre médecin raciste, l'Uruguayen José María Estapé, dénonce l'atavisme biologique du vagabondage chez les Gitans et des tribus de Bohême, et, faisant bonne mesure, y ajoute les juifs. C'était là une tare que même les nazis n'avaient pas mentionnée.

Mieux : Allende considère que le comportement révolutionnaire est criminogène en soi et propose d'interner les révolutionnaires dans des asiles psychiatriques spécialisés. Ce fut exactement ce que faisaient les Soviétiques.

Voilà qui ne présageait guère favorablement de la carrière du Dr Allende. Car il devint en 1939 ministre de la Santé du gouvernement de Pedro Aguirre Cerda.

Une fois ministre, il mit en œuvre le décret présidentiel – car Cerda partageait les mêmes idées – sur l'« amélioration de la race », la race blanche, bien sûr. Il créa un « institut national pour la défense de la race et la mise en valeur du temps libre » – tel quel –, un ministère des Loisirs amélioré, en quelque sorte. Et il choisit comme directeur le général Francisco Javier Diaz Valderrama, fondateur du parti chilien national-socialiste, c'est-à-dire nazi, reconnu par le parti nazi allemand.

Dans une lettre au quotidien *La Nación*, reproduite par Farias, Allende expliquait que la politique de santé du gouvernement reposait sur trois mesures principales : le traitement obligatoire des toxicomanies, la lutte contre les maladies vénériennes et la criminalisation des contaminations, incluant la stérilisation d'office des aliénés.

Cette dernière pratique s'appelle l'eugénisme, et elle figure parmi les pratiques les plus répréhensibles reprochées aux IIIe Reich. Faut-il s'en étonner ? Le projet de loi fut rédigé entre 1939 et 1941, et son application fut confiée à deux partisans du IIIe Reich, Hans Betzhold et Eduardo Brücher. Il fut enterré, écrit le journaliste Balbino Katz[1], par la Société chilienne de neurologie, psychiatrie et médecine légale, qui en dénonça les failles scientifiques et morales.

On conçoit sans peine les hauts cris que poussèrent les partisans posthumes d'Allende. Les plus véhéments furent ceux de la gauche allemande. Ils n'étaient pas au bout de leurs peines.

L'un des arguments des défenseurs de la mémoire d'Allende était que les faits reprochés auraient été des erreurs de jeunesse, lavées par son action politique ultérieure.

Le Chili, comme de nombreux autres pays d'Amérique du Sud, abritait des réfugiés allemands qui jugeaient l'atmosphère de l'une ou l'autre Allemagne néfaste pour leur bien-être. Par exemple, Paul Schäfer Schneider, fondateur dans les années 1960 de l'infâme Colonia Dignidad, à 350 kilomètres de Santiago, centre d'eugénisme supposé jusqu'à la chute d'Allende et qui se révéla être un lieu de tortures sous le régime Pinochet. Ou encore Walter Rauff, condamné en Allemagne fédérale pour son rôle dans l'extermination des juifs, mais que le gouvernement de Jorge Alessandri, précédant celui d'Allende, refusa d'extrader. Schäfer Schneider, installé en Argentine, fut extradé par ce pays. Mais Allende refusa d'extrader Rauff. Pour Farias, il aurait contribué à financer la campagne présidentielle d'Allende.

La démythification semblait achevée. Peut-être ne le serat-elle pas tant que les convergences historiques entre le socialisme et le national-socialisme n'auront pas été établies. La question dépasse de loin le mythe de Salvador Allende et, à notre connaissance, nul ne s'y est encore risqué.

1. « Salvador Allende fut-il antisémite, raciste et eugéniste ? », *Aventures et dossiers secrets de l'Histoire*, n° 59, août 2005.

1980

La guerre parapsychologique cachée

Pendant des années, en pleine guerre froide, les États-Unis, l'URSS et accessoirement la Chine se préparèrent à une autre guerre dont toute mention a disparu de l'immense littérature spécialisée sur cette époque : une guerre parapsychologique. Si le terme paraissait trop diffus pour un lecteur qui n'est pas versé dans ce domaine, on dira qu'il s'agissait d'une guerre mettant en œuvre la transmission de la pensée à distance ou télépathie.

Des budgets aujourd'hui impossibles à évaluer furent consacrés par chacun de ces trois pays à des expériences de vols télépathiques de documents, de concentration de la pensée par des canons télépathiques et de commandes de machines par des télépathes doués.

Il ne s'agit pas là d'une extrapolation à partir de quelques faits isolés ou douteux, aux fins de créer une révélation sensationnelle ou pittoresque. Plusieurs ouvrages ont été consacrés à ce chapitre étrange de la politique mondiale au XXe siècle et publiés par des éditeurs respectés et respectables[1]. La bibliographie en fin de chacun des trois ouvrages cités plus bas occuperait plusieurs pages du présent ouvrage. Nous nous limiterons à résumer les principaux faits de ce chapitre méconnu de l'histoire militaire et scientifique du XXe siècle ; ils permettront de juger de la difficulté de tracer une frontière entre la mystification propre

1. Martin Ebon, *Psychic Warfare : Threat or Illusion*, MacGraw Hill, New York, 1983 ; Stanley Krippner et Richard Davidson, « A First-hand Look at Psychotronic Generators », in *Future Science*, Doubleday Anchor, Garden City, 1977 ; Ron McRae, *Mind Wars – The True Government Reasearch into the Military Potential of Psychic Weapons*, St. Martin's Press, New York, 1984.

et l'automystification qui se déroule parfois dans certaines communautés, même si elles ne sont pas religieuses et se veulent radicalement positivistes.

L'année 1980 citée plus haut est un repère : c'est celle où fut faite la première mention publique de la recherche militaire américaine dans le domaine des armes « psychotroniques » ; l'article intitulé « The New Mental Battlefield : Beam Me Up Spock » (« Le nouveau champ de bataille mental : neutralise-moi par rayonnement »), signé du lieutenant-colonel John B. Alexander, parut dans une publication guère portée sur la fantaisie, le mensuel des forces armées *Military Review* de décembre. En fait, la recherche avait été s'épaississant en volume depuis le milieu de la décennie 1960.

L'auteur y faisait des déclarations surprenantes, surtout à une époque où le gros de l'opinion mondiale pensait que les militaires s'occupaient des performances des missiles, des boucliers antimissiles et des bombardiers :

– « Il existe des systèmes d'armes actionnés par la puissance de l'esprit et dont les capacités létales ont déjà été démontrées. »

– « La capacité de guérir ou de rendre malade peut être exercée à distance, induisant ainsi la maladie ou la mort sans cause apparente. Bien que cela ait été démontré sur des organismes inférieurs, des mouches et des grenouilles, la capacité réelle de causer la mort d'un homme est encore discutée. »

– « L'utilisation de l'hypnose télépathique comporte un grand potentiel [évidemment militaire]. Cette capacité pourrait permettre de programmer des gens sans qu'ils en aient conscience. »

– « À l'évidence, des armes psychotroniques existent déjà ; seules leurs capacités sont discutées. »

Seuls les profanes en perdirent la parole. Cela faisait belle lurette que les initiés du Pentagone considéraient la possibilité de déclencher des maladies mortelles chez les maîtres du Kremlin rien qu'en pensant fortement à eux de manière négative. Peut-être après tout y étaient-ils parvenus…

*

Les Soviétiques n'étaient cependant pas en reste. Ils avaient créé depuis 1922 un comité pour l'étude de la suggestion mentale, et les techniques de guerre psychologique s'étaient développées chez eux dans toutes les directions utiles, de la « propagande émotive » d'inspiration scandinave aux techniques de « lavage de cerveau » – bien plus tard adaptées dans la prison américaine de Guantánamo – et aux méthodes éventuelles de modification du fonctionnement du cerveau par des moyens inédits, dont les ondes radio. En 1962, l'Académie des sciences d'Ukraine avait publié un ouvrage de l'ingénieur électricien Bernard Kazhinsky sur « la communication radio-biologique », sur la possibilité d'utiliser la télépathie comme mode de communication militaire.

L'idée ne correspondait pas vraiment à l'orthodoxie marxiste, mais les services secrets soviétiques avaient de bonnes raisons de s'y intéresser : certaines rumeurs sur le fait que le sous-marin atomique américain *Nautilus*, lancé en 1954, ne pouvait communiquer, en grandes profondeurs, avec sa base de Groton que grâce à des télépathes à bord, leur avaient mis une grosse puce à l'oreille.

Et ils ne plaisantaient pas sur le sujet : en 1977, le KGB avait été jusqu'à kidnapper le correspondant à Moscou du *Los Angeles Times*, Robert C. Toth, pour protéger le secret de leurs travaux. Cette nuit-là, Toth avait rendez-vous avec un biologiste soviétique venu de Leningrad, Valeri Petoukhov, qui pensait avoir trouvé la base biologique de la télépathie. Toth fut mis quatre jours en garde à vue. On frôla l'incident diplomatique. Toth ne put jamais revoir Petoukhov, qui avait d'ailleurs été mis en sécurité jusqu'au départ de l'Américain.

La guerre psychique n'était pas un vain mot.

À la charnière des décennies 1970-1980, le KGB avait « bombardé » l'ambassade des États-Unis à Moscou avec des faisceaux de micro-ondes, qui avaient effectivement déclenché des malaises divers chez le personnel. Une enquête de la CIA permit de mettre fin à ces pratiques.

Aussi l'URSS avait-elle constitué une armée de deux millions de sujets extralucides entraînés pour asservir le monde. Et quand, en 1961, le chercheur Pavel Naumov révéla certains travaux à l'Occident, il fut envoyé au goulag.

La Chine aussi eut vent de l'intérêt des États-Unis et de l'URSS pour les armes psychotroniques et s'y intéressa. On dispose de peu d'informations sur les recherches chinoises, mais, en 1981, une déclaration de Hsu Hung-Chang, du groupe de paraphysique – néologisme rare – de l'Institut de physique des hautes énergies de l'Academia Sinica, à Pékin, laissa rêveur : « Il est prouvé qu'existent dans notre pays de plus en plus d'individus dotés d'un intense fonctionnement psi, incluant toutes formes de PK [psychokinèse] et d'ESP [perception extrasensorielle]. »

Ainsi commença une saga délirante qui dura plus de vingt ans.

Peut-être l'épisode le plus hilarant fut-il celui où, en 1991, alors que des duels d'artillerie se poursuivaient entre Israël et le Liban, tandis que des navires de guerre américains et soviétiques croisaient au large, vingt soldats spécialisés furent déployés ; ils furent transportés de Santa Fe, Nouveau-Mexique, à la base militaire de Fort Leavenworth, Kansas. Avant l'embarquement, ils reçurent l'ordre de mettre leurs cerveaux en onde delta. Des soldats ? Le plus jeune avait quatorze ans, le plus âgé, soixante-quinze. C'étaient pour moitié des hommes et moitié des femmes, pour moitié des civils et moitié des militaires. Ils appartenaient au First Earth Battalion, « premier bataillon de terre ». Leur équipement : des fusils légers à laser, des mortiers hallucinogènes, des trousses d'acupuncture et des baguettes de sourciers pour repérer mines et tunnels souterrains. Ils reçurent l'ordre de « bombarder les Soviétiques avec de l'amour » pour les déstabiliser.

Plus pragmatique, le Marine Corps américain avait, durant la guerre du Vietnam, déployé près de Hué, une des zones les plus dangereuses, une brigade de sourciers afin de repérer les tunnels et les caches d'armes des Viets. Ils y restèrent cinq mois et si on les en retira, ce fut, allégua-t-on plus tard, parce qu'il était difficile d'enseigner leur art aux militaires. On était alors au XXe siècle. Et des sénateurs américains, la CIA, la Nasa, le département de la Défense, le Pentagone, le Kremlin, le KGB, le PC chinois et bien d'autres soutenaient ces recherches.

*

L'ironie serait facile. Il faut cependant reconstituer le contexte qui se prêta à ce délire mondial. Depuis le début des années 1960, la jeunesse occidentale et quelques chefs de file intellectuels, idéologues, poètes, chanteurs, s'étaient mis en quête d'un nouvel idéal qui éviterait au monde les horreurs endurées par deux guerres mondiales. Le glaive des armes atomiques pesait sur le monde et le mouvement pacifiste se développa, répandant son insigne alors célèbre, *Peace and Love*. Certains cherchèrent un idéal d'harmonie universelle dans les religions et les sagesses d'autres continents, tel le bouddhisme. Les jeunes du monde entier affluèrent à Katmandou et à Goa, mélangeant un mysticisme de synthèse et des nirvanas de stupéfiants, cependant que d'autres créaient d'illusoires communes en Californie, au Danemark (se souvient-on de Christiania ?) ou en Hollande. D'autres encore, interprétant la doctrine d'un Timothy Leary, par exemple, crurent trouver leur nouveau mode de vie dans l'ataraxie induite par les drogues, et ce fut alors que celles-ci envahirent le monde occidental ; on en inventa même de nouvelles, comme le LSD. Le mot-clé était alors « une nouvelle spiritualité ».

Ces courants fondèrent une mythologie diffuse, connue sous le nom de New Age. On entendit certains théoriciens pour le moins brumeux discourir sur l'énergie universelle, et réciter les élucubrations d'un Wilhelm Reich sur la possibilité d'emmagasiner cette énergie dans des accumulateurs d'orgone. Les sectes proliférèrent.

Signe éloquent : le maître de l'URSS, Nikita Krouchtchev, s'adjoignit les services d'une voyante, Nina Koulagina, « qui voyait avec les doigts » et qui fut soupçonnée d'avoir coulé le sous-marin atomique américain *Thresher* par ses attaques psychiques ; le président des États-Unis, Ronald Reagan, recourut, lui, aux services d'une astrologue, de même que le président de la République française. En Birmanie, sous dictature militaire, le général Ne Win faisait retirer de la circulation les billets de banque basés sur le système décimal, jugé « néfaste », et introduisit des coupures basées sur le chiffre 9 et ses multiples.

La tendance était mondiale.

Les scientifiques, qui se recrutent dans le civil, s'efforcèrent d'établir ce qu'il pouvait y avoir de valide dans les discours sur la perception extrasensorielle et la possibilité d'action à distance de la pensée. Il faut rappeler que le Prix Nobel britannique Brian Josephson, des physiciens aussi réputés qu'Eugen Wigner et David Bohm, un mathématicien de renommée mondiale tel que John G. Taylor et bien d'autres prirent la défense du fameux tordeur de cuillers Uri Geller, lui-même découvert en Israël par un spécialiste de l'électronique médicale, Andrija Puharich. L'astronaute Edgar Mitchell, qui était alors une vedette, se lança dans l'arène et fit sensation en prenant publiquement la défense de Geller : en présence de celui-ci, clamait-il, il avait retrouvé une épingle de cravate perdue trois ans plus tôt ; elle s'était matérialisée dans son *ice cream*...

On mesure l'ampleur de l'éclipse du sens critique.

*

Une pléiade de chercheurs conçut alors l'idée, plus ou moins confuse, que la science abordait une ère de découvertes dans le domaine de la communication mentale, comme elle avait, à la fin du XIXe siècle, abordé celle de la physique nucléaire et de la génétique. Après tout, le cerveau, comme le reste du corps, est le siège de phénomènes électriques, produits par les constants échanges chimiques de sa physiologie. Il existe effectivement un champ électromagnétique organique ; il est certes faible ; mais pourquoi ne pas imaginer qu'on puisse l'amplifier et agir à distance sur d'autres êtres et des machines ? Ce fut le principe de base des machines psychotroniques.

Des laboratoires d'études se créèrent un peu partout pour étudier des phénomènes divers, liés aux ondes cérébrales. L'un des plus célèbres fut celui de J. B. Rhine, directeur de la Fondation pour la recherche sur la nature de l'homme (rien de moins), qui s'intéressait surtout à la télépathie et à la psychokinèse, mais des firmes prestigieuses s'empressèrent de prendre le train. Le constructeur d'avions McDonnell fonda un laboratoire pour le recherche psychique doté d'un budget annuel de 500 000 dollars par an, somme alors considérable. La Westinghouse Electric Corporation créa des appareils spécialement conçus pour réaliser des expériences de transmission de la pensée, et le directeur de cette filiale, le Dr Peter A. Castruccio, jugea les résultats « très prometteurs ».

Les recherches débouchèrent sur des perspectives effrayantes. Selon un membre du Langley Porter Neuropsychiatric Institute, peu porté sur la science-fiction, il était possible de mettre au point une arme à radiations de fréquence extrêmement basse (RFB), qui pourrait arrêter le fonctionnement du cerveau et anéantir toute vie sur une surface de 200 kilomètres carrés à mille kilomètres de distance. Ce chercheur, qui s'exprimait en 1980, ne précisait cependant pas si c'était une arme matérielle ou psychotronique.

Les radiations et champs électromagnétiques ont certainement une influence, encore mal établie et surtout négligée médicalement, sur les tissus vivants. Mais à l'époque, sur la base de constatations de portée modeste, s'échafaudèrent des théories pour le moins fuligineuses. Une pluie de publications déconcertantes s'abattit sur le monde scientifique ; l'une des plus affolantes fut la communication de deux physiciens du célèbre Stanford Research Institute, Harold Puthoff et Russell Targ, intitulée « A Perceptual Channel for Informations Transfer over Kilometer Distances » (« Une voie perceptive pour le transfert d'informations sur des distances kilométriques »), qui parut en 1967 dans les prestigieux *Proceedings of the National Academy of Sciences* : on y apprenait qu'il était possible de transmettre des documents sans aucun support entre l'émetteur et le récepteur humains. Et même s'il n'y avait pas d'émetteur : Targ assurait qu'un sujet doué pourrait très bien voir des détails inconnus de la planète Mercure, cela grâce aux ondes psychiques.

Mais un « sujet doué » tel que Peter Hurkos ne réussissait-il déjà pas à impressionner des plaques photographiques rien qu'en les appliquant sur son front ? On voyait au développement des paysages urbains...

*

En mars 1980, le sénateur américain Bob Kastenmeier demanda publiquement au Pentagone s'il subventionnait des travaux de recherche psychique à l'Institut Stanford ou d'autres. La réponse, citée par Ron McRae[1], fut quelque peu ambiguë : les recherches à l'Institut Stanford avaient été infructueuses, mais il était possible que d'autres fussent entreprises dans des institutions telles que la National Science Foundation ou le département de la Défense ; cependant, elles étaient probablement « classifiées », c'est-à-dire secrètes.

Un chiffre fut évoqué pour le budget de ces recherches : 6 millions de dollars par an. C'était alors une somme considérable ; elle est cependant jugée en dessous de la réalité. Quant au budget total de ces recherches, il se serait situé au niveau de 20 millions de dollars par an.

Au terme de quelque trente ans de pareilles recherches, aucune arme psychotronique n'a été mise au point, du moins à la connaissance des spécialistes. Mais comment peut-on se spécialiser dans le flou ?

Le propre de la recherche scientifique est d'être désintéressée ; mais justement, cette recherche-là avait été entreprise à des fins techniques et pratiques ; faute de résultats, elle eût dû être abandonnée. Un certain désintérêt, aiguillonné par le scepticisme des uns et les sarcasmes des autres, atténua progressivement l'ardeur des militaires pour la guerre psychique, qui se tournèrent vers des objectifs plus réalistes, comme la guerre bactériologique et les boucliers antimissiles. La fin de la guerre froide dilua peu à peu les mirages d'armes psychotroniques.

Néanmoins, dans le cadre de l'opération Stargate de la CIA, en 1986, un groupe de médiums fut chargé de localiser le colonel Kadhafi avant le raid sur la Libye cette année-là.

En 1994, l'ex-président Jimmy Carter raconta qu'à l'époque où il était à la Maison Blanche, un médium de la CIA était entré en transes devant une carte du Zaïre et avait pu localiser le lieu exact d'un accident d'avion qui avait échappé aux satellites américains.

---

1. *Mind Wars*, *op. cit.*

Illuminés et mystificateurs avaient fait florès dans une fantasmagorie pseudo-scientifique qui avait duré plus de trente ans, aux côtés de chercheurs authentiques, éperonnés par un mythe planétaire et incontrôlable.

L'examen de ce chapitre extravagant offre un éclairage nouveau sur les mécanismes de l'histoire, trop longtemps réduits à des conflits nationaux, militaires ou économiques : c'est celui de la psychologie collective. Pendant un tiers de siècle, de grandes puissances dépensèrent des centaines de millions de leurs devises dans la recherche d'armes qui, déguisées de jargon technique, ne valaient guère plus que les malédictions de sorcières d'antan.

Ces puissances s'étaient mystifiées elles-mêmes.

1983

Les prétendus journaux intimes de Hitler et Mussolini

En avril 1983, le grand magazine hebdomadaire allemand *Stern* annonça que le journal intime d'Adolf Hitler avait été retrouvé. Constitué de soixante-deux cahiers, il aurait contenu les notes du futur Führer de 1924 à sa fin. C'était le scoop du siècle. L'émotion du public fut considérable, pour des raisons qui ne devaient souvent rien à l'intérêt historique de ces documents, mais à la fascination malsaine pour l'un des personnages les plus ignobles et les plus minables des temps modernes.

Les circonstances de la découverte exigeaient des explications : en 1980, un reporter photographe du journal, Gerd Heidemann, spécialisé dans la recherche et l'acquisition de vestiges du nazisme, fit la connaissance d'un autre maniaque de *hitleriana*, Fritz Stiefel, qui avait monté un véritable petit musée Hitler près de Stuttgart. Heidemann était possédé par la nostalgie nazie ; il avait ainsi acquis le yacht de Goering, le *Carin II*, rafiot vermoulu dont la restauration lui avait coûté une petite fortune, et, comble de fidélité à l'époque la plus délétère de son pays, il avait été l'amant de la fille de Goering. Stiefel lui montra un cahier à la couverture noire portant les initiales « A. H. » ; mais il précisa qu'il ne lui appartenait pas : il était la propriété d'un certain Konrad Fisher, qui vivait près de Stuttgart. Selon ce dernier, le document avait été retrouvé dans la maison d'un habitant de Boernersdorf, un village en Allemagne de l'Est. Et il y avait là-bas vingt-sept autres cahiers.

Boernersdorf. Le nom déclencha une étincelle dans la cervelle d'Heidemann. Vers la fin de la guerre, en effet, Hitler avait fait transporter par avion une dizaine de malles de documents, pour les mettre en lieu sûr ; mais le Junkers 352 qui servait de courrier s'était écrasé dans la forêt d'Heidenholz, près de la frontière tchécoslovaque, non loin de Boernersdorf. Équipage et cargaison avaient été perdus. Heidemann connaissait l'histoire : il s'était rendu dans ce village et avait relevé au cimetière deux tombes portant la mention *Unbekannt*, « Inconnu » ; il disposait maintenant de la preuve que la cargaison n'avait pas été entièrement détruite : le cahier.

Aveuglé par la certitude de sa « découverte », Heidemann négligea de se renseigner sur le nommé Fisher.

En 1981, les négociations commencèrent. Fisher demandait 2,5 millions de marks pour le total des cahiers, plus un exemplaire manuscrit de *Mein Kampf*. Fisher déclara qu'il pouvait faire expédier le tout en Allemagne fédérale grâce à son frère, général des douanes, mais que, jusqu'à versement intégral de la somme, le marché devait demeurer totalement secret et qu'aucun spécialiste ne devait en être informé, pour des raisons évidentes de sécurité. Incidemment, une certaine incertitude régna sur le nombre de cahiers dus à la plume de l'un des psychopathes les plus criminels du XXe siècle.

Heidemann exposa l'affaire à son journal. Celui-ci décida de partager le scoop et les frais avec l'hebdomadaire américain *Newsweek*, et Rupert Murdoch, propriétaire du *Times* et du *Sunday Times*, tenta de négocier un accord avec *Newsweek*.

En février 1983, Heidemann rapporta à son journal les trois premiers cahiers. Il en récupérerait ensuite douze autres. C'étaient des cahiers d'écolier, à la couverture rigide noire, parfois garnis du sceau à l'aigle nazie, parfois des initiales « A. H. » ; tous portant un cachet de cire rouge et une note dactylographiée, signée Martin Bormann, spécifiant que ces documents étaient la propriété du Führer.

Incidemment, Heidemann n'avait pas fait une mauvaise affaire : il recevait de son journal 80 000 marks pour chaque cahier, mais en donnait seulement 50 000 à Fisher. Aussi avait-il besoin d'argent : il s'était lourdement endetté pour restaurer le fameux yacht du maréchal aux ongles laqués.

*

Comme on s'y serait attendu, l'aspect et l'état des documents semblaient correspondre à leur ancienneté, cinq ou six décennies. Mais la lecture des textes, rédigés dans l'ancienne écriture gothique, fut souvent décevante : on y trouvait des transcriptions littérales des discours et proclamations de Hitler, déjà publiés *in extenso* par l'historien allemand Max Domarus.

Les passages plus personnels laissaient parfois perplexes. Ainsi, l'admiration de Hitler pour le « professionnalisme froid » de Chamberlain n'avait aucun sens : les échanges entre hommes d'État d'autrefois n'étaient guère caractérisés par des effusions, et c'étaient tous des professionnels, pour dire le moins. Hitler en avait assez vu en 1938, après cinq années de pouvoir, pour le savoir. Par ailleurs, l'assertion de l'auteur présumé des journaux, selon laquelle il avait été informé à l'avance de la fugue de Rudolf Hess en Angleterre en 1941, ne correspondait guère à la colère qu'il avait alors piquée.

L'éminent historien britannique Hugh Trevor-Roper conféra aux documents retrouvés le cachet de l'authenticité. En réalité, Trevor-Roper avait été influencé par la quantité de ces documents et s'était dit qu'on pouvait à la rigueur fabriquer une ou deux pages de faux, mais certes pas autant à la fois.

Or, c'étaient des faux.

Tous les acteurs de cette mystification monumentale – et coûteuse pour les victimes – avaient été d'une inconcevable naïveté doublée d'une ignorance abyssale.

Le faussaire pour commencer : le prétendu Konrad Fisher, qui s'appelait en réalité Kujau et qui s'était spécialisé dans la fabrication de fausses reliques du nazisme et des aquarelles « authentiques » de Hitler. Il avait ainsi couché des notes datées du soir de l'attentat contre Hitler du 20 juillet 1944 ; or, le dictateur avait eu, ce jour-là, le bras droit blessé par l'explosion de la bombe qui lui avait été destinée, et diverses photos le montrent avec le bras en écharpe dans les jours qui suivirent. Il n'aurait donc pas pu tenir une plume.

Kujau ne s'était décidément guère intéressé au personnage de Hitler, sans quoi il aurait su que ce dernier n'avait jamais maîtrisé l'orthographe et s'oubliait au point d'écrire *Liber Herr*, ce qui vaudrait un « Chair Monsieur », en français. Il ne surmonta jamais ce handicap. Or, il n'y a pas une faute dans les textes qu'il s'évertua à fabriquer.

Kujau ignorait également que le premier manuscrit de *Mein Kampf* avait été copieusement corrigé avant d'être envoyé à l'imprimeur, en raison de ses maladresses et de ses fautes d'allemand.

Kujau ne s'était pas non plus soucié de savoir s'il n'existerait pas des proches survivants de l'entourage de Hitler ; or, Christa Schroeder, l'ancienne secrétaire du dictateur, vivait encore, et elle témoigna que Hitler n'écrivait quasiment plus jamais rien de sa main.

Ce faussaire avait enfin sous-estimé la finesse des méthodes d'analyse scientifique : celles-ci révélèrent que le papier des pseudo-journaux contenait un agent chimique de blanchissement inexistant avant 1955, que les fils qui attachaient les cachets de cire contenaient du polyester, également inexistant à l'époque, que la colle de la reliure était de fabrication récente...

Traduit en justice, Kujau écopa d'une lourde peine de prison.

Heidemann aussi paya chèrement sa coupable passion pour les vestiges du IIIe Reich.

Pour les autres, la sanction fut une durable blessure de l'amour-propre. Ils avaient d'abord voulu croire à la réalité de ces journaux. Comme si le Diable tenait un journal.

En fait, ils s'étaient eux-mêmes mystifiés. La phénoménale stupidité qui avait laissé croire quelques mois à l'authenticité de ces journaux intimes procédait du désir d'y croire.

*

Le fiasco retentissant de cette aventure occulta une affaire similaire, qui ne fut conclue qu'en 1994 et qui défraya le petit monde des historiens et experts des documents du fascisme ; ce fut celle de pages de journaux intimes de Benito Mussolini, datant des années 1942 et 1945, qui, au printemps 1967, avaient été offertes à l'hebdomadaire anglais *Sunday Times* pour la somme considérable de 76 400 livres.

Or, précédemment, le Dr Oscar Ronza, de Novarre, chef du parti MSI (Movimento Sociale Italiano), avait payé en 1955 la somme rondelette de 9 850 000 lires à la dame Rosetta Panvini Rosati et à sa fille Amalia, habitant Vercelli, pour quelque huit mille pages de journaux et brouillons de Mussolini, allant de 1921 à 1939, qu'elles disaient détenir depuis 1945.

Pendant les douze années séparant ces deux tractations, bien des événements étaient advenus. Le Dr Ronza avait proposé les fameux documents au grand éditeur de Milan Arnaldo Mondadori, qui les avait soumis à des experts, à des familiers et à des membres de la famille, Donna Rachele, veuve du Duce, et le jeune Romano Mussolini. Il avait même fait venir d'Argentine à ses frais l'un des fils de Mussolini, Vittorio, pour examiner ces documents. Tous avaient conclu que c'étaient des faux. Vittorio Mussolini s'était déclaré très sceptique, mais n'avait pas rendu de jugement définitif.

Mondadori et Ronza exigèrent la restitution des sommes payées et un procès s'ensuivit. La cour déclara les journaux faux et condamna les dames Rosati pour trafic de faux et escroquerie. Les *carabinieri* saisirent la masse de faux journaux, qui devaient être brûlés par décision de justice. À l'évidence, ils ne le furent pas.

Car, quand deux des experts du second épisode, Giorgio Pini et Silvio Bertoldi, examinèrent les documents, ils reconnurent immédiatement ceux qu'ils avaient déjà eus en main et donnèrent l'alerte. Cette fois, ce n'étaient pas les dames Rosati qui avaient tenté de mettre ces faux sur le marché, mais un certain Ettore Fumagalli, qui se présentait comme ancien partisan « blanc » dans la résistance italienne. Il assurait qu'il était entré en possession de ces journaux « par hasard », en 1945.

Nul n'expliqua jamais comment les mêmes documents auraient d'une part été détenus par les dames Rosati et d'autre part par Fumagalli.

Toujours est-il que le *Sunday Times* et un autre éditeur italien, Rizzoli, renoncèrent à publier les présumés journaux du Duce. Cette fois, cependant, il n'y eut pas de procès, personne ne fut condamné et l'ordre de détruire les faux ne fut donc pas donné.

Précisons qu'à l'époque l'affaire des journaux de Hitler n'avait pas encore éclaté.

*

Dans une ultime péripétie – car la saga de ces journaux intimes ressemble à un feuilleton –, en 1994, des pages en parvinrent à un autre hebdomadaire anglais, le *Sunday Telegraph*. Étaient-ce les mêmes que celles qui avaient parcouru l'Europe pendant vingt-sept ans ? L'illustré italien *Epoca* les compara avec des photocopies qu'il détenait des faux avérés et, à sa grande surprise, constata que non. Le graphisme et la teneur en étaient sensiblement différents.

Une hypothèse s'imposa alors : il y aurait eu en circulation des vrais et des faux journaux intimes de Mussolini. Mais l'écheveau de l'affaire était désormais tellement embrouillé qu'aucune explication ne fut imposée.

Et l'on est fondé à se demander si ce n'étaient pas ces journaux que Winston Churchill, secrètement informé de l'existence de journaux authentiques, était allé chercher sur les bords du lac de Côme[1]. Le fait qu'il existe un lien constant entre l'Italie et l'Angleterre dans les tractations de ces documents est, en effet, frappant.

Dans le cas de Mussolini, on était certain qu'il tenait un journal intime, ses enfants et tous ses proches en témoignaient. D'ailleurs, il le déclara lui-même dans son livre *Parlo con Bruno* (« Je parle à Bruno »), rédigé et publié à l'automne 1941, à l'occasion de la mort de ce fils dans un accident d'avion : « Et maintenant, permettez-moi de garder pour moi le journal que je tiens depuis le 31 décembre 1940. »

Cela ne signifiait pas qu'il en eût tenu un depuis 1921, mais son fils Romano témoigna que Mussolini lui avait fait cadeau de pages de ce journal, datant de l'année 1927, et décrivant l'émotion suscitée par sa naissance. Le Duce n'hésitait pas, pour faire un cadeau à ceux qu'il aimait, à arracher des pages de ce journal portant sur des événements déterminés. Il avait de même offert à son ami Giorgio Pini, rédacteur en chef du *Popolo d'Italia*, le

1. Voir p. 353 et suiv.

journal qu'il possédait, des pages se rapportant à la naissance de Bruno, le fils disparu. Étrange pratique, un journal intime étant en principe destiné à être conservé intact par l'intéressé. Mais enfin, elle était attestée.

L'intérêt en Italie fut immense : des pages de journaux intimes du Duce réserveraient certainement des surprises sur la Marche sur Rome, sur les entretiens avec le roi Victor-Emmanuel III, sur l'assassinat de Matteotti et sur bien d'autres épisodes célèbres ou obscurs de l'histoire de l'Italie moderne. Mais les feuillets publiés furent décevants. Pour l'année 1921, par exemple, on ne retrouve que des notes sans date précise, sur les expériences de pilote de l'auteur supposé :

> *Au frémissement du vent qui souffle impétueusement et à la divine liberté quand on a éprouvé tout ce qu'il y a de profond dans l'âme.*
>
> *Voler devient alors un besoin spirituel et physique.*

Tout cela était décidément un peu creux. En 1921, Mussolini avait bien d'autres soucis en tête : les escouades fascistes saccageaient encore les bureaux des organisations socialistes, communistes, républicaines et autres. En mai, trente-cinq députés fascistes avaient été élus au Parlement et, en novembre, le fascisme se constituait en parti. Il y aurait eu bien plus à confier au papier que ces envolées lyriques.

Mais l'émotion demeurait : songez, des pages autographes du Duce lui-même ! Les nostalgiques se sentirent rajeunir. Les sarcasmes des sceptiques intriguaient les indifférents.

L'adage chinois ne fut jamais plus opportun : « Le sage doute de tout, y compris du doute. »

1986

La vérité sur le nuage de Tchernobyl

L'un des premiers soucis des autorités de tous les pays, en cas de catastrophe majeure, est d'éviter une panique nationale, susceptible d'entraîner des débordements fâcheux et incontrôlables. Elles distillent alors l'information de façon parcimonieuse. On l'a vérifié en mars 2011, lors de l'accident de la centrale nucléaire de Fukushima au Japon. Mais elles peuvent parfois aussi la diffuser de façon trompeuse, et l'exemple le plus illustre est sans doute celui des communiqués sur le passage du nuage radioactif échappé de la centrale de Tchernobyl, en Ukraine, après le retentissant accident de 1986.

Le 2 juin de cette année-là, le SCPRI (Service central de protection contres les rayonnements ionisants) diffusa un communiqué assurant que la France n'avait été touchée que par la queue du nuage issu de Tchernobyl, où les poussières radioactives étaient déjà très diluées. En réalité, la France avait été touchée dès le 29 avril et, le 1er mai, presque tout le territoire était atteint ; le nuage avait particulièrement persisté au-dessus de l'Alsace, de la Lorraine et de la Corse. Pis, les pluies du 2 au 3 mai avaient entraîné la chute des poussières radioactives sur ces régions. Certaines de ces poussières perdaient rapidement leur radioactivité (deux mois pour l'iode 131), d'autres pas : la demi-vie du césium 137, par exemple, est de trois cents ans. Le 2 juin, quelque huit semaines plus tard, le SCPRI ne pouvait l'ignorer. En 2005, soit dix-neuf ans après les faits, un comité d'experts admit que les données du SCPRI avaient été sous-évaluées. C'était peu dire : elles constituaient ce qu'on appelle pudiquement de la « désinformation ».

Le 29 avril, la radioactivité atmosphérique était alors quatre cents fois supérieure à la moyenne. La surexposition individuelle à la radioactivité pendant les douze mois suivants s'éleva de 0,063 mSv (millisievert) en moyenne, variant de 0,005 à 0,17 selon les régions (les plus touchées furent l'Est et le Sud). À titre de référence, un individu absorbe en France chaque année une dose totale moyenne de 3,6 mSv de causes diverses.

Les autorités eussent pu expliquer que cette surexposition équivalait à celle que subit un passager aérien durant une traversée de l'Atlantique, par exemple, du fait de l'exposition aux rayons gamma en haute atmosphère. Mais l'atome était une priorité économique et il était impératif de ne pas affoler la population ; à la désinformation du SCPRI, dirigé par Pierre Pellerin, partisan à tout crin de l'atome civil, s'ajoutèrent des déclarations lénifiantes d'autres autorités, telles que celles de François Guillaume, ministre de l'Agriculture : « Le territoire français, en raison de son éloignement, a été totalement épargné par les retombées de radionucléides consécutives à l'accident de la centrale de Tchernobyl. » Intégralement faux. Renchérissant pourtant sur ces déclarations, Pellerin appelait à lutter « contre la psychose ridicule » qui gagnait la population.

Le caractère par trop rassurant de ces discours eut l'effet inverse : quand, en 2000, la Criirad (Commission de recherche et d'information indépendante sur la radioactivité) publia les conclusions de son enquête, deux associations, dont la Criirad elle-même, l'autre étant l'Association française des malades de la thyroïde, et cinquante et un malades déposèrent plainte contre X, et un mouvement d'opinion dénonça le défaut d'information sur les dangers encourus par la population.

La théorie du complot s'emballa et elle ne s'est pas affaiblie à ce jour. Comme trop souvent, son principal effet est d'entretenir de la méfiance et des peurs irraisonnées sans résultat probant. Le sentiment d'une vaste mystification persiste donc.

Ce n'était certes pas un cas isolé de dissimulation des risques nucléaires : le 17 octobre 1969, un accident de la plus haute gravité était advenu à la centrale de Saint-Laurent-des-Eaux, dans le Loir-et-Cher. Un chargement erroné du cœur du réacteur n° 1 avait entraîné la fusion de 50 kilos d'uranium. En 2011, l'hebdomadaire *Le Point* publia des documents jusqu'alors ignorés du grand public[1]. EDF avait envoyé des « nettoyeurs » pour ramasser le combustible. L'un d'eux, Daniel Robert, raconte que ses collègues et lui-même récupérèrent l'uranium fondu avec des raclettes pour le mettre ensuite dans des poubelles en plomb. La durée d'activité maximale était de deux minutes. L'accident était de niveau 4 sur l'échelle internationale. Il fallut vingt-neuf mois pour réparer la centrale, qui fut arrêtée durant trois ans et demi. Le Pr Pellerin expliqua alors aux élus du département que « ce n'était pas grave ». Et le public n'en sut rien.

Pis : le 27 décembre 1999, une tempête et une inondation causées par une grande marée interrompirent trois réacteurs de la centrale du Blayais, en Gironde, et l'isolèrent pendant treize heures. Cela faillit être un pré-Fukushima : le maire, Alain Juppé, fut réveillé dans la nuit par le préfet, l'informant qu'il fallait songer à évacuer Bordeaux. Ce n'était qu'un incident de catégorie 2, mais le public n'en sut rien non plus.

Les données sur la contamination des personnels des deux centrales sont connues d'EDF, celles de la contamination de l'environnement le sont bien moins.

L'incertitude demeure. En ce qui touche à l'accroissement des taux de cancers de la thyroïde, qui a été effectivement constaté, il semble avoir commencé vingt ans avant l'accident de Tchernobyl. Mais cela ne signifie pas que celui-ci n'ait eu aucun effet sur la santé des Français. En effet, aucune évaluation des types de poussières radioactives retombées sur le sol, ni de leurs effets additionnels, n'a été établie. Une substance radioactive peut, isolée, n'entraîner aucun effet, mais associée à une autre, en avoir. On ignore ainsi quelles peuvent avoir été les conséquences de la consommation de produits agricoles « enrichis » de césium 137, de strontium 90 ou de phosphore 32. Nous mangeons peut-être encore des salades au césium.

1. 24 mars 2011.

Et les assurances fournies par les experts n'engagent qu'eux, car on ne peut être expert de ce que l'on connaît, mais pas de ce que l'on ignore.

La prudence et la fidélité dans l'information possèdent au moins le mérite prophylactique de prévenir les théories de complot.

1997

Plus forts que les alchimistes, les maîtres de la Bre-X

Le souvenir de certaines mystifications est singulièrement volatil : elles sont évoquées deux ou trois jours dans les médias puis, poussées par l'actualité, elles basculent dans le passé et l'oubli. Parfois, leur évaporation s'explique par le fait qu'elles ont compromis des innocents ou des gens puissants qu'il peut être inutile ou risqué de contrarier.

Ainsi de la Bre-X.

Le scénario est étrangement semblable à celui d'une pièce de Jules Romains, *Donogoo-Tonka*, qui eut son heure de succès en 1929 : des prospecteurs découvrent une mine d'or dans une contrée lointaine. Une société d'exploitation se fonde ; le cours des actions s'envole ; des rêves magnifiques surgissent. Puis crac et krach, on découvre qu'il n'y a jamais eu d'or à Donogoo-Tonka.

En 1993, deux hommes d'affaires, John Felderhof, d'origine hollandaise, et David Walsh, canadien, annoncent la création d'une société de prospection d'or, la Bre-X, dont les actions sont introduites à la Bourse de Calgary, au Canada. Ils s'adjoignent un géologue philippin, Michael de Guzman. Ils annoncent qu'ils vont prospecter la jungle dans la région de Busang, de la partie indonésienne de Bornéo, Kalimantan.

Quelques mois plus tard, ils annoncent la découverte d'un filon exceptionnel près du village de Lao Buri, à une vingtaine de kilomètres de la côte des Célèbes. Des chiffres mirifiques sont évoqués : 1 million d'onces d'or, quelque 31 tonnes. En septembre 1994, les chiffres sont réévalués à la hausse : entre 3 et 6 millions d'onces. En février 1996, on est à 40 millions d'onces, en septembre de la même année, à 71 millions. Enfin, en mars 1997, 200 millions d'onces.

Le Busang serait l'Eldorado absolu de tous les temps. Il contiendrait plus d'or que toute la planète.

Introduit à la Bourse de Toronto en avril 1996 à 5 dollars, le titre de la Bre-X atteint 200 dollars à la clôture. En octobre, sa valorisation serait de 15 000 % supérieure à son cours d'origine.

L'expansion – on dirait plutôt le surgissement – de la Bre-X a alors pris des dimensions internationales. Sur l'avis de son conseiller, Henry Kissinger, ancien secrétaire d'État des États-Unis, le dictateur de l'Indonésie à l'époque, le général Mohamed Suharto, a acquis 30 % des actions de la société. Son ministre des Mines confirme la validité du gisement. Une société canadienne de poids, la Barrick, envoie à Jakarta deux émissaires de poids eux aussi, George W. H. Bush, ancien président des États-Unis (père de W.), et Brian Mulroney, ancien Premier ministre du Canada ; les deux hommes sont bientôt élus au conseil d'administration de la Bre-X ; ils seront chargés de tempérer l'appétit de Suharto.

La société bénéficie de 400 millions de dollars de prêts bancaires et ses fondateurs, Walsh, Felderhof et Guzman, sont qualifiés à Toronto de « prospecteurs de l'année ». Pourquoi pas du siècle aussi ? Mais, en 1997, quelques gros actionnaires se décident enfin à vérifier la réalité et l'ampleur du gisement, et envoient à Busang des experts indépendants. Le 26 mars 1997, ceux-ci rendent leur rapport :

> *Nous avons le regret d'exprimer la ferme opinion qu'aucun gisement d'or susceptible d'exploitation économique n'a été identifié à Busang.* [...] *L'ampleur de la manipulation des échantillons a donné lieu à une falsification sans équivalent dans l'histoire minière mondiale.*

Quelques jours plus tôt, le 19 mars, Guzman avait pris l'avion pour joindre Saraminda à Busang, mais il n'était jamais arrivé : il avait, selon le pilote, ouvert la porte en plein vol et s'était jeté dans le vide. Ou peut-être l'y avait-on aidé... La veille, en effet, il avait vendu pour plusieurs millions de dollars de titres, ce qui n'indiquait pas vraiment des intentions suicidaires. Mais il était malade et, de toute façon, son cadavre n'a jamais été retrouvé.

Walsh et sa femme avaient également vendu leurs actions de la Bre-X, lui pour 7 millions de dollars, elle pour 19 millions. Il est mort l'année suivante de causes apparemment naturelles.

Felderhof aussi avait vendu ses actions à temps et en avait retiré 33 millions de dollars.

Les alchimistes prétendaient transmuter le plomb en or ; là, il n'y avait même pas de plomb.

Dans les jours suivant le rapport des experts, le cours de la Bre-X avait été suspendu, puis la société avait été mise en faillite. Fonds de pension, banques, petits et gros actionnaires en furent pour leurs frais. Aucune poursuite juridique ne fut entreprise.

On ignore si les fondateurs avaient eu connaissance de la pièce de Jules Romains. Les victimes, elles, étaient trop jeunes.

1997

Quelle différence entre les crimes du communisme et ceux du nazisme ?

Dans les mois et les années qui suivirent la découverte des camps de la mort nazis, plusieurs articles et ouvrages parurent en Occident pour tenter de répondre à ces questions : comment n'avons-nous pas été informés de ces camps ? Certains l'étaient-ils ? Ils inauguraient un type d'ouvrages historiques dont la veine s'était à peine tarie cinquante ans plus tard et contribua, entre autres mises en cause, à des attaques souvent véhémentes contre le Vatican.

En 1997 paraissait un ouvrage dont il fut d'emblée évident qu'il ferait date : *Le Livre noir du communisme : crimes, terreur, répression*[1]. Il dénonçait, quatre-vingts ans après la révolution d'Octobre, les crimes du communisme et, plus particulièrement, ceux du régime soviétique. Le bilan en était accablant : quatre-vingts millions de morts, douze fois celui des camps de la mort.

Le plus étonnant est qu'il ne parut pas un seul ouvrage pour poser les mêmes questions : personne n'était-il informé ?

Et aussitôt s'enclencha une polémique où des historiens et des penseurs prirent position : pas question de comparer les crimes du nazisme et ceux du communisme. Les communistes, évidemment, s'érigèrent avec le plus de vigueur contre une pareille comparaison – « une vieille scie », arguèrent-ils –, au nom du postulat suivant : en 1917, il n'était pas dit que Lénine et ses successeurs s'engageraient dans les « excès » détestables auxquels

1. Par Stéphane Courtois, Nicolas Werth, Jean-Louis Panné, Andrzej Paczowski, Karel Bartosek et Jean-Louis Margolin, Robert Laffont.

ils s'étaient laissés aller, alors que les camps de la mort étaient inscrits dans la destinée du nazisme.

Une alarmante amnésie collective s'instaura sur le pacte de Moscou, qui avait fait de Staline le complice de Hitler jusqu'en 1941, où le Führer attaqua l'URSS de but en blanc, déclenchant ainsi une crise dépressive de Staline, qui dura plusieurs jours. Jusqu'à la rupture du pacte de Moscou, nazisme et communisme suivaient le même chemin.

Néanmoins, les communistes s'insurgèrent contre l'idéologie qui, selon eux, pervertissait une partie de l'ouvrage (en particulier la préface de Stéphane Courtois). La polémique, déclaraient-ils, ne seyait pas à l'histoire.

Il semble plutôt que cette « idéologie » qu'ils déploraient soit la conclusion inévitable du constat historique : la violence meurtrière de l'État était inhérente au communisme. Cela a été visible en Chine comme en URSS. Cette violence dérivait d'un mépris fondamental pour l'existence humaine, qui se manifesta dès les premières années du régime.

> *On ne peut dresser une armée sans répression,* écrivait ainsi Trotzky, l'un des fondateurs du bolchevisme. *On ne peut mener à la mort des masses d'hommes si le commandement ne dispose pas dans son arsenal de la peine de mort. Tant que les méchants singes sans queue qui s'appellent les hommes, et qui sont fiers de leur technique, formeront des armées et batailleront, le commandement placera les soldats dans l'éventualité d'une mort possible à l'avant et d'une mort certaine à l'arrière*[1].

Et encore ne s'agit-il que de la discipline dans l'armée. Les « méchants singes sans queue » apprécieront. De pareils propos n'auraient pas déparé *Mein Kampf*.

En réalité, la distorsion du regard requise pour les crimes du communisme tient à des raisons idéologiques ; elle procède du refus obstiné à admettre que le communisme était un totalitarisme. Elle est à peu près la même partout et, en France, elle équivaudrait à renier de vastes pans de l'histoire politique et idéologique, de la Révolution française à l'adoration professée

1. *Ma vie*, Gallimard, 1953.

par des écrivains, des penseurs et des artistes pour Joseph Staline. La liste en est longue. Et, pour plus d'un, inscrire Lénine, Staline et leurs sectateurs au tableau de ceux qui commirent des crimes contre l'humanité serait organiser l'office funèbre du socialisme. À l'intérieur du PCF, elle imposa le silence sur les meurtres de militants trotskistes dans les maquis communistes.

La distorsion demeure donc. Le constat désabusé d'un historien respecté tel que François Furet dans *Le Passé d'une illusion*[1] n'y a rien changé.

Quant aux réponses aux questions évoquées plus haut, elles existaient depuis longtemps. Que l'on se souvienne du scandale causé en France en 1947 par la publication de l'ouvrage du transfuge Victor Kravchenko, *J'ai choisi la liberté*. Staline était encore en vie et il était hors de question de laisser discréditer l'URSS par ce tableau des horreurs soviétiques. Le rédacteur en chef des *Lettres françaises*, Claude Morgan, et un journaliste, André Wurmser, crurent pouvoir mystifier le public en alléguant que l'ouvrage était un faux, rédigé par un certain « Sim Thomas », journaliste américain, qui s'en serait d'ailleurs confessé. Or, Sim Thomas n'a jamais existé et l'enquête de justice – car il y en eut une – révéla que la « confession » avait été écrite par un journaliste communiste, André Ullmann. Une vraie mystification pour prétendre qu'une vérité en était une, le cas est savoureux. Par la suite, Boris Souvarine et Arthur Koestler, puis Alexandre Soljenitsyne, contraignirent les réticents à ouvrir les yeux sur l'horreur totalitaire communiste.

Les goulags tuaient plus lentement que les camps, mais ils tuaient.

La mystification qui interdit de comparer les crimes du communisme à ceux du nazisme ne s'est jamais interrompue, même si elle n'est plus accueillie avec la même ferveur qu'aux temps de l'URSS, puis à l'époque où des grenouilles en quête de roi agitaient le *Petit Livre rouge* dans les dîners parisiens, puis encore à celle où elles couraient à Cuba applaudir Fidel Castro. Elle est plus active en URSS, où il fut question, en 2009, de

1. Robert Laffont/Calmann-Lévy, 1995.

canoniser Staline, des témoins assurant que l'ancien séminariste qu'il était se rendait à la messe tous les matins...

Et son alliance avec Hitler ? « Le pacte Molotov-Ribbentrop était le seul moyen d'autodéfense pour l'URSS », arguaient en 2009 les services secrets extérieurs soviétiques (SVR), contredisant ainsi formellement les déclarations de Vladimir Poutine, quelques mois auparavant à l'occasion de sa visite en Pologne.

Mais il est vrai que Poutine disait tout et son contraire ; en 2007, il avait fait interdire un manuel d'histoire russe « révisionniste », écrit par Igor Doloutski, et il avait clamé : « N'autorisons personne à nous imposer un sentiment de culpabilité. »

Cela s'appelle une amnésie sur ordonnance.

1998

Mouammar Kadhafi et l'affaire des infirmières bulgares

En 1998, des enfants qui avaient été traités à l'hôpital pour enfants El Fateh de Benghazi, en Libye, pour des affections mineures, se plaignirent de troubles persistants, tels que des angines, des infections bronchiques et des maux d'oreille. Les explications des médecins de l'hôpital parurent douteuses et les parents s'insurgèrent. Quand le gouvernement s'en avisa, ces jeunes patients furent envoyés en Italie pour examen et diagnostic. Il s'avéra qu'ils avaient été infectés par le virus du sida. On dénombra quelque quatre cents cas. Pendant quelque temps, les autorités libyennes tentèrent de dissimuler les faits ; mais l'évidence indiquait que les enfants avaient bien été contaminés à l'hôpital El Fateh, et le scandale défraya la chronique.

Le gouvernement déclara alors que cinq infirmières bulgares et un médecin palestinien de l'hôpital avaient délibérément contaminé les petits patients et les condamna à mort. Néanmoins, devant le tollé de l'opinion internationale, il sursit à l'exécution. Personne ne se résolvait à croire que les accusés auraient sciemment contaminé de jeunes enfants.

Le mode de contamination demeure à ce jour mystérieux. Une enquête effectuée en 2002 par une équipe médicale italienne indiqua que les enfants avaient reçu des injections intraveineuses, des antibiotiques, des stéroïdes et des bronchodilatateurs, mais pas de produits sanguins ou dérivés, qui auraient été les agents les plus directement incriminés. L'hypothèse la plus couramment admise est que la médiocre hygiène de l'hôpital et sans doute l'utilisation de matériel infecté et non convenablement stérilisé furent responsables de l'épidémie. Cependant, l'opinion publique et le gouvernement s'obstinèrent dans leurs accusations, et le médecin ainsi que les infirmières demeurèrent en prison.

Des pourparlers officieux entre des gouvernements européens et la Libye s'engagèrent. En 2007, moyennant l'annulation des dettes de la Libye en Europe de l'Est, des promesses de développement d'un programme nucléaire civil, d'un accord militaire avec la France « très avantageux », selon Seif el Islam, fils de Mouammar Kadhafi, et une compensation financière de 750 millions de dollars, les inculpés, huit infirmières bulgares et un médecin palestinien, furent libérés.

Il s'agissait donc d'une prodigieuse extorsion de fonds basée sur des allégations fantaisistes et calomnieuses. La seule responsabilité dans la contamination des victimes incombait à la direction de l'hôpital El Fateh, qui n'avait pas assuré une hygiène satisfaisante dans ses locaux. Mais à l'époque, les autorités européennes préférèrent ménager, fût-ce à titre onéreux, la susceptibilité du chef de la junte libyenne et d'un pays considéré comme un client fructueux de la technologie européenne.

Trop de gens n'ont pas été surpris par les attentats du 11 Septembre

Les théories de complot ont proliféré après les attentats du 11 septembre 2001 comme les champignons après la pluie. Il nous paraît donc inutile d'y ajouter, et ce d'autant plus que nous n'en avons pas de nouvelle. Nous nous limiterons donc à citer des faits témoignant qu'il y eut trop de gens qui n'en furent pas surpris.

En 1993, un expert américain, familier des services de renseignements, Yossef Bodansky, révélait ceci dans son livre *Target America. Terrorism in the US Today* : au début des années 1980, le gouvernement iranien avait envoyé des pilotes de l'armée de l'air à Won San, en Corée du Nord, pour y suivre un entraînement de kamikaze ; ils devaient apprendre à s'emparer d'un avion en vol pour le précipiter ensuite sur une cible déterminée. Une base aérienne leur fut réservée, à Wakilabad, près de Mashad. Ce programme disposait d'un Boeing 707 et d'un Boeing 727, ainsi que d'un Boeing 747 pour les exercices spéciaux. Certains de ces pilotes avaient été formés aux États-Unis. Bodansky était directeur de la Task Force on Terrorism and Unconventional Warfare de la Chambre des représentants américaine.

En 1994, le mensuel *The Futurist* publiait ces lignes :

> *Des cibles telles que le World Trade Center ne permettent pas seulement de réaliser le nombre de victimes nécessaire, mais, en raison de leur nature symbolique, elles offrent le maximum de résonance. Afin d'obtenir des chances maximales de succès, des groupes terroristes envisageront probablement des opérations multiples et simultanées, dans le but de surpasser les capacités*

d'un gouvernement à réagir, aussi bien que de prouver leur professionnalisme et leur rayon d'action.

Ces lignes étaient signées de Marvin J. Cetron, qui avait, en 1993, présidé un groupe de militaires et d'experts de la sécurité, à la base militaire aérienne de Langley, en Virginie, proche du QG de la CIA, sur la possibilité d'utiliser des avions comme projectiles contre des cibles. Cetron leur avait déclaré : « En descendant le Potomac, vous pourriez tourner à gauche et viser le monument à Washington. Ou bien tourner à droite et attaquer le Pentagone. » C'était sept ans avant le 11 Septembre fatidique.

En 1995, un incendie se déclara dans un appartement de Manille, aux Philippines. Il apparut à la police et aux pompiers que c'était un atelier de fabrication de bombes, occupé par un certain Ramzi Youssef et un certain Abd el Hakim Mourad. Le premier était l'un des futurs organisateurs des attentats du 11 Septembre ; il parvint à échapper à la police philippine et à quitter le pays. Des documents saisis dans la fouille de l'appartement révélèrent que les terroristes avaient prévu des attaques en kamikaze de la tour Sears, à Chicago, de la tour Transamerica à San Francisco, du QG de la CIA à Langley... ainsi que du Pentagone et des tours du World Trade Center à New York. Les Philippines étaient alors en excellents termes avec les États-Unis. Ces documents furent donc transmis aux autorités américaines.

Le 15 mars 1999, la Commission américaine de la sécurité nationale déclarait :

> *Des Américains mourront sur le sol national, peut-être en grand nombre.* [...] *L'Amérique deviendra de plus en plus vulnérable à une attaque hostile sur notre territoire, et notre supériorité militaire ne nous protégera pas entièrement.*

De janvier à mai 2000, des agents de la CIA surveillèrent Mohamed Atta, qui se révéla plus tard être le chef des équipes de terroristes du 11 Septembre ; il résidait alors à Francfort, en Allemagne. En juin 2000, Atta alla aux États-Unis s'inscrire, lui aussi, dans une école de pilotage. Mais, après les attentats, le département américain de la Justice nia avoir eu connaissance de ses activités terroristes. On peut se demander pourquoi il avait alors été surveillé.

Fin mai 2001, Steven Emerson, journaliste, auteur d'un documentaire télé, projeté sur la chaîne nationale PBS, déclarait dans le *Wall Street Journal*, quotidien qui est loin d'être une feuille confidentielle, que le groupe terroriste de Ben Laden « projetait des attaques contre les États-Unis ».

Le 23 juin 2001, le bulletin professionnel *Airline World News* alertait ses lecteurs : « Les compagnies aériennes US pourraient être menacées par un acte terroriste dans les trois jours. » « Une mobilisation maximale règne dans les forces de Ben Laden », annonçait douze jours plus tard un journaliste de la chaîne américaine en langue arabe MBC. « Il semble qu'une course soit engagée entre celui des deux qui frappera le premier. Sera-ce l'Amérique ou Ben Laden ? »

Le 31 juillet, la DGSE – française – prévint le FBI que Zakarias Moussaoui, l'un des étranges postulants qui apprenaient à piloter dans les écoles américaines et qui avaient déjà été signalés à l'agence américaine, avait des liens étroits avec les réseaux islamistes et qu'il aurait été entraîné en Afghanistan. Les Américains le confirmèrent : il faisait partie du réseau Ben Laden. Cependant, ils refusaient de l'arrêter ; à leur connaissance, il n'avait fait l'objet que d'une brève arrestation pour violation de la réglementation sur les passeports. Et le département de la Justice refusait de rouvrir son dossier. Selon certaines sources, l'entrevue entre les Américains et les Français fut tendue. On a même évoqué une porte claquée…

On concevrait aisément quelque humeur, en effet, chez les responsables de la sécurité du territoire français ; ils n'avaient pas oublié le piratage du vol Air France 8969 Alger-Paris, le 24 décembre 1994, par quatre terroristes liés à al-Qaida ; ceux-ci avaient bourré le DC10 d'explosifs et, à l'escale de Marseille, avaient contraint le pilote à faire le plein. Leur plan était de précipiter l'avion contre la tour Eiffel et de causer le plus possible de dégâts dans la collision.

Même certains responsables américains témoignèrent de contrariété : ainsi le directeur adjoint du FBI, John O'Neill, démissionna en juillet 2001, exaspéré par ses supérieurs qui ne le laissaient pas faire la chasse aux terroristes comme il se devait.

Peu de jours plus tôt, la station de radio Europe 1 avait informé le public français que Moussaoui possédait plusieurs passeports et qu'il détenait inexplicablement des informations techniques sur les Boeing et plusieurs manuels de pilotage.

Moussaoui s'était déjà distingué dans les écoles de pilotage, dont l'Airman Flight School, dans l'Oklahoma, dont il avait deux fois suivi les cours, l'une en 1999 et l'autre au début 2001. Il ne s'intéressait pas aux phases de décollage et d'atterrissage, essentielles dans l'obtention du brevet de pilote, mais simplement aux techniques pour piloter un avion déjà en vol. Dans une seconde école, cette fois dans le Minnesota, il s'était singularisé en posant des questions sur l'espace aérien de New York et sur la réglementation concernant l'ouverture des portes de la cabine de pilotage.

Cependant le directeur du FBI, Robert Mueller, déclara plus d'une fois qu'il ignorait que les terroristes du 11 Septembre prissent des leçons de pilotage...

Le 3 septembre, l'écrivain Salman Rushdie avait prévu de voyager au Canada sur des vols intérieurs. La Federal Aviation Authority américaine le prévint alors qu'elle s'y opposerait, à moins que les compagnies aériennes canadiennes prissent des mesures de sécurité extrêmement strictes ; ces mesures étant coûteuses, ces compagnies refusèrent et Rushdie ne put donc pas se déplacer. La FAA expliqua à son éditeur que les services de renseignements l'avaient prévenue qu'il se préparait « quelque chose ».

Le maire de San Francisco, Willie Brown, avait prévu de se rendre à New York le matin du 11 Septembre ; la veille à 22 heures, heure du Pacifique, il reçut un coup de fil lui conseillant de se montrer très prudent en matière de déplacements aériens. Interrogé sur cette coïncidence, Brown tenta d'en minimiser la portée et déclara que c'étaient simplement « les gens de la sécurité à l'aéroport ».

Le 12 octobre 2001, le secrétaire d'État à la Défense, Donald Rumsfeld, accorda une interview à *Parade Magazine*. Quand les journalistes lui demandèrent comment il se faisait que l'Amérique eût été surprise « si profondément endormie aux commandes », il admit qu'il y avait eu nombre d'avertissements, mais que les renseignements utiles « se perdent parfois dans les centaines d'alertes ou de fragments d'informations reçus ». Selon lui, les services locaux de police et d'application de loi se heurtent aux services d'investigation. En somme, en langage courant, la faute en revenait au « système ».

D'autres responsables de la sécurité arguèrent que, de toute façon, même si des alertes avaient été lancées, les autorités n'auraient pas pu deviner les cibles, le World Trade Center et le Pentagone.

Il semble néanmoins que certaines personnes connaissaient au moins une de ces cibles. Dix-sept sites furent identifiés sur Internet entre la mi-juin et la mi-juillet 2000, dont ceux-ci : attackontwintowers.com, nycterroriststrike.com, pearlharborinmanhattan.com, et singulièrement plus précis : terrorattack2001.com, worldtradetowerattack.com et terroristattack2001.com[1]. Ces sites ont expiré, on n'a pas retrouvé les traces de ceux qui les avaient ouverts et qui étaient sans doute dotés de prescience.

Il existe, à notre modeste connaissance, des analystes dans les services de renseignements américains – NSA, DIA, NRO, CIA, FBI et d'autres – qui savent recouper les mots-clés. Ils sont équipés des systèmes d'écoute les plus perfectionnés au monde (budget : 42 milliards de dollars, dont 12 affectés à l'époque au contre-terrorisme). S'ils avaient procédé au recoupement des diverses mentions du World Trade Center depuis 1995, et s'ils avaient suivi les mouvements des terroristes, ils auraient peut-être pu faire mieux.

Et d'autant plus que, bizarrement, de nombreux employés moyen-orientaux du World Trade Center ne se présentèrent pas au travail le 11 septembre. Selon le correspondant du quotidien anglais *The Independent*, des douzaines de fidèles d'une mosquée du Bronx déclarèrent aux enquêteurs du FBI qu'ils avaient reçu la consigne vague de se tenir à l'écart du bas Manhattan ce jour-là. Encore des gens qui avaient été bien informés.

---

1. Russ Kick, *September 11 : No Surprise*, in *Everything You Know is Wrong*, Russ Kick ed., New York, 2002.

Enfin, que les terroristes aient été connus des services responsables est attesté par le fait que, cinq jours après les attentats, la presse publiait leurs photos et leurs noms.

*

Détails pittoresques, du moins *a posteriori* : le 10 septembre 2001, un écolier de sixième déclara solennellement à son professeur d'école à Dallas : « Demain commence la Troisième Guerre mondiale. Elle commencera aux États-Unis et les États-Unis perdront. » Il fut absent le 11 et le 12. À Brooklyn, un étudiant du cycle secondaire déclara, en montrant la fenêtre par laquelle on apercevait le World Trade Center : « Vous voyez ces deux tours ? La semaine prochaine elles ne seront plus là. » Immédiatement après les attentats, son professeur alerta la police, mais elle avait ce jour-là d'autres chats à fouetter. Cependant, le 13, le FBI et le NYPD (New York Police Department) allèrent interroger le garçon, son frère et son père. C'étaient des immigrés pakistanais. Tout de suite après les interrogatoires, le père s'envola pour son pays d'origine, laissant sa famille derrière lui.

Seuls les imbéciles tirent des conclusions, affirmait Flaubert. Mais il se peut que parfois l'adage soit inadapté. Certaines mystifications sont tellement « hénaurmes », eût encore dit Flaubert, qu'elles atteignent le stade du fabuleux.

2003

La guerre d'Irak, produit d'une triple mystification

Les turbulences internationales causées par la guerre d'Irak, qui se poursuivent à l'heure où nous écrivons ces lignes, ont rapidement occulté le fait qu'elle résulta d'une double mystification.

La première fut le fait de Saddam Hussein. Depuis son accession au pouvoir, les services de renseignements occidentaux avaient négligé l'Irak, et la plupart de leurs gouvernements ne commencèrent à s'y intéresser que lorsque, par l'opération Babylone, le 7 juin 1981, Israël détruisit le réacteur nucléaire Osirak, qui aurait donné à ce pays la possibilité de fabriquer une bombe atomique. Sept ans plus tard, Saddam Hussein utilisait des armes chimiques pour écraser la rébellion kurde et faisait sept mille morts kurdes. Le tyran était décidément turbulent et imaginatif, car deux ans plus tard on découvrait en Grande-Bretagne les pièces d'un canon de 52,50 mètres de longueur, destiné à l'Irak et dont les obus auraient peut-être pu atteindre Israël. Ce lointain descendant de la Grosse Bertha, qui terrifia Paris durant la guerre de 1870, ne parvint évidemment jamais à destination.

Mais, même si les services de renseignements intensifièrent leurs efforts pour savoir ce que fomentait le tyran, ils éprouvaient des difficultés à pénétrer un pays dont peu d'agents parlaient la langue. Malgré sa défaite dans la guerre du Golfe, en 1990, causée par son invasion du Koweït, Saddam Hussein ne s'accommoda pas des visites des inspecteurs de l'Unmovic de l'ONU, chargés de vérifier qu'il n'entretenait pas et ne préparait pas de programmes d'armes de destruction massive (ADM, en anglais WMD). En 1998, il les expulsa. Cette attitude entretint les soupçons de la communauté internationale, notamment ceux qui portaient sur un programme irakien d'armes biologiques. L'ONU déclara l'Irak en violation permanente de désarmement. Ni la déclaration d'armement de l'Irak, soumise au Conseil de sécurité de l'ONU fin 2002, ni les dénégations irakiennes savamment formulées à propos des ADM ne convainquirent personne, au contraire.

Il apparut plus tard que Saddam Hussein bluffait astucieusement, pour faire croire qu'il possédait en fait des ADM, et particulièrement des armes biologiques, afin d'inspirer la terreur aux pays du Golfe et aux Occidentaux. Cette mystification lui fut fatale, car elle déclencha l'offensive des États-Unis et de ses alliés en 2003.

*

La seconde mystification fut le fait du gouvernement des États-Unis, qui ne disposait d'aucune preuve réelle de la détention d'ADM par Saddam Hussein. Les quatre cent soixante visites des cent quatorze inspecteurs chargés de contrôler les programmes d'armement irakien n'avaient abouti à aucune découverte déterminante. Mais, plongés par les attentats du 11 septembre 2001 dans une véritable psychose de guerre terroriste, les gouvernants américains brûlaient de réparer leur humiliation en démontrant leur force à la face du monde. Le 5 février 2003, lors d'une séance devenue historique dans les annales du délire, le général Colin Powell présentait au Conseil de sécurité de l'ONU la fameuse ampoule censée contenir des germes d'anthrax et censée prouver que l'Irak poursuivait un programme de guerre bactériologique. Ce qui donnait aux États-Unis le droit d'invoquer la résolution 1368 de la charte de l'ONU, qui confère aux pays le droit de recourir à la force pour leur légitime défense.

Powell ne précisait cependant pas comment cette ampoule était sortie d'Irak et était arrivée dans ses mains. Rien ne certifiait non plus qu'elle contînt réellement des germes d'anthrax. Le général se contenta d'affirmer que les Américains disposaient d'un « témoin oculaire ».

En fait, les États-Unis étaient victimes d'une troisième mystification.

En 1999, la CIA avait été prévenue par les services secrets allemands, la BND (*Bundesnachrichtendienst*), de la présence d'un réfugié irakien qui leur avait fait des révélations très importantes sur le programme de guerre bactériologique en cours dans son pays ; l'homme était un ingénieur chimiste expérimenté. Selon lui, le dictateur avait installé des laboratoires bactériologiques dans des camions, afin d'échapper à toute détection par satellite, avions espions ou agents de l'Unmovic. Les agents de la CIA accoururent pour interroger à leur tour ce réfugié dont le nom véritable ne fut alors pas divulgué, et qui fut désigné sous le nom de code de Curveball (terme de base-ball signifiant « balle à effet »). Il fournit des informations remarquablement détaillées sur les installations imaginaires irakiennes, dessinant les tuyaux qui reliaient les cuves de fermentation bactériennes, les centrifugeuses, les dispositifs de contrôle... Il raconta que douze chimistes qui travaillaient dans ces installations étaient morts à la suite d'une contamination accidentelle. Il dessina aussi le centre fixe de ces recherches, à Djerf el Nadaf.

Et, détail de poids, il apprit aux Américains que Saddam Hussein pouvait déclencher la guerre bactériologique dans un délai de quarante-cinq minutes. Ce devint un argument pour les Anglais.

La BND avait entre-temps permis à ce réfugié et à sa famille d'acquérir la nationalité allemande et lui offrit un appartement à Karlsruhe, l'usage d'une Mercedes-Benz et un salaire de 3 000 dollars par mois.

*

Les Américains furent saisis. Ils ne tinrent pas compte des réserves des spécialistes, pour qui de telles installations, même si elles étaient plausibles, ne pouvaient être montées dans un garage ni embarquées sur des camions.

Pendant près de deux ans, les informations de Curveball furent tenues sous le coude mais, après le 11 septembre 2001, elles acquirent une importance cruciale. En 2002, le vice-président américain Cheney déclara publiquement que Saddam Hussein s'équipait pour une guerre bactériologique et qu'il menaçait les alliés de l'Amérique. Le chef de la CIA, George Tenet, acquiesça. Si les inspecteurs de l'Unmovic ne parvenaient pas à trouver les fameux laboratoires, c'était parce qu'ils étaient mobiles, pardi !

Les États-Unis vécurent alors dans la hantise d'attentats à l'anthrax, qui inspirèrent d'ailleurs d'autres mystifications. Et la Maison Blanche rejeta d'un revers de main le soupçon que Curveball pourrait être un bel et bon agent irakien chargé d'intoxiquer les Américains. George W. Bush avait ainsi vécu un moment d'horreur, pendant son voyage en Chine, quand son vice-président Dick Cheney lui avait téléphoné pour l'informer que tout le personnel de la Maison Blanche avait été contaminé par la toxine botulinique (l'alerte se révéla infondée). La psychose se mua en automystification. Pendant ce temps, en effet, une notabilité irakienne en exil, Ahmed Chalabi, persuadait les faucons du gouvernement Bush que la conquête de l'Irak serait une promenade de santé et que les Américains seraient accueillis en libérateurs. Sous son impulsion, l'urgence de la guerre devint irrésistible.

On devine la suite : en 2004, quand il fut démontré qu'il n'y avait ni armes biologiques ni délai de quarante-cinq minutes, George Tenet démissionna de la direction de la CIA, après avoir déclaré que Curveball était un « fabricateur ». Dans son livre de mémoires, *Au cœur de la tempête*, il déclara que l'affaire Curveball était « le plus illustre exemple de mauvaise information[1] ».

Il était impossible, en 2011, de retracer l'origine d'un mythe annexe des trois mystifications que voilà : celui de la capacité de l'Irak de mettre en œuvre ses armes bactériologiques dans un délai de quarante-cinq minutes après la déclaration de guerre. Toujours fut-il qu'il prit force d'un article de foi et que le gouvernement de Tony Blair y adhéra pleinement, sur la foi des

1. Le récit de cette troisième mystification a été magistralement fait par Bob Drogin dans *Curveball – Spies, Lies and the Con Man who Caused a War*, Random House, New York, 2007.

services de renseignements britanniques ; le Premier ministre assura à des députés que ces services lui avaient fourni des informations « étendues, détaillées et certaines » (« *extensive, detailed and authoritative* »). Il s'avançait par trop : les services secrets avaient négligé de vérifier les allégations de Curveball selon lesquelles le fils de son ancien directeur à Bagdad, le Dr Bassil Latif, achetait à Londres des armes pour l'Irak, ce qui se révéla faux.

Quand vint l'heure des bilans et que les Anglais s'avisèrent, après mai 2003, qu'il n'y avait eu ni ADM ni déclenchement dans les quarante-cinq minutes, un mouvement d'opinion hostile à la guerre apparut dans le public et aux Communes, accusant le gouvernement d'avoir été dupe de fausses informations. Une enquête commença ; elle fit une victime de plus, le Dr David Kelly, qui avait participé aux recherches sur les ADM irakiens avant la guerre. Les méthodes d'interrogation utilisées le poussèrent au suicide. Les mythes mettent le plus souvent les boucs émissaires en danger.

Saddam Hussein avait embarqué les États-Unis et leurs alliés dans une aventure militaire qui ne semble pas achevée.

*

Le 16 février 2011, Curveball fit une confession publique qui occupa trois pages dans le quotidien anglais *The Guardian*. Son vrai nom était Rafid Ahmed Alwan al-Janabi, et il avait monté sa mystification pour renverser le régime irakien. Il s'en déclarait fier. Le chef de la CIA en Europe, Tyler Drumheller, qui avait mis ses supérieurs en garde contre les allégations de Curveball, se déclara soulagé. Et il rapporta que lorsqu'il avait fait part de ses soupçons au directeur adjoint, John McLaughlin, celui-ci lui avait répondu : « J'espère que vous avez tort, parce que c'est tout ce que nous avons. »

La mystification d'un seul homme avait donc suffi à déclencher une guerre. Ou plus exactement, elle avait servi de prétexte.

En guise de conclusion

Comment nous nous mystifions nous-mêmes

Ce panorama de quelques exemples de mystifications, distorsions de la réalité, mensonges et autres ne saurait être complet sans la mention des mystifications que nous perpétrons sur nous-mêmes et à notre insu. Le phénomène est étudié depuis plus de deux siècles seulement. Mais il existe depuis les origines de l'humanité.

C'est d'abord la plaie des compagnies pharmaceutiques.

En novembre 2008, un nouveau type de traitement génétique pour le traitement de la maladie de Parkinson fut interrompu alors qu'il était en phase 2 d'expérimentation, à la Michael J. Fox Foundation, aux États-Unis. Comme tous les nouveaux traitements, il avait été soumis au protocole du double aveugle – celui-ci consistant à administrer le véritable produit à certains malades connus des seuls expérimentateurs et à donner aux autres un placebo, simple pilule d'amidon, de lactose ou de glucose. La mesure des résultats permet d'évaluer les effets du produit réel et de les distinguer de ceux qui seraient causés par l'autosuggestion. Or, dans ce cas-là, les résultats obtenus par le placebo étaient nettement supérieurs à ceux du produit.

En mars 2009, les essais d'un nouveau médicament contre la maladie de Crohn, affection intestinale, furent suspendus pour la même raison. Les actions de la firme productrice, Osiris Therapeutics, plongèrent à la Bourse de New York. Deux jours plus tard, la firme Eli Lilly suspendit les tests d'un médicament contre la schizophrénie : celui-ci avait produit deux fois moins d'effets que le placebo.

Cela rappela à certains de vieux souvenirs de la Seconde Guerre mondiale. Dans un hôpital militaire de campagne, en Italie du Sud, après le débarquement des GI, des chirurgiens opéraient les blessés en urgence, alors que la bataille faisait rage non loin de là. Ils vinrent à manquer de morphine. L'assistante d'un anesthésiste, Henry Beecher, prévint l'un des blessés qu'elle allait lui injecter un anesthésique très puissant. Le blessé fut soulagé. Mais la seringue de l'infirmière ne contenait pourtant qu'une solution saline, ce qu'on appelle du sérum physiologique.

L'automystification est, en effet, très persuasive.

*

Le terme *placebo* apparaît en 1811 et signifie en latin « Je plairai ». L'effet placebo ne repose sur aucune base physiologique connue et il est imprévisible. On a pu cependant mesurer son pourcentage dans les essais thérapeutiques sur diverses affections : il semble le plus faible chez les parkinsoniens (6 à 18 %) et le plus fort dans l'arthrite (80 %). Certaines constantes ont été observées ; ainsi les pilules de placebo jaunes sont les plus efficaces, les rouges, les plus puissantes et les blanches, les plus apaisantes ; les vertes sont celles qui réduisent le mieux les cas d'anxiété. Le nombre de pilules administrées a son importance : quatre placebos par jour donnent l'illusion d'un traitement intensif. Et l'efficacité générale augmente quand les pilules semblent porter le cachet d'une marque. Mais, singularité notable, des effets secondaires contraires, nausées, maux de tête, palpitations et autres, peuvent apparaître chez une certaine catégorie de patients ; c'est ce qu'on appelle l'effet *nocebo*.

Il semblerait aussi que l'effet réel de certains médicaments aille en décroissant avec les années, comme pour le Prozac, sans que l'on puisse définir la part de l'effet placebo de celles d'autres facteurs : il se peut ainsi que l'effet diminue parce qu'on connaît déjà le produit et que l'on y croit moins. Ce serait une variante de l'effet nocebo.

Déjà évident dans ces constatations, le facteur psychologique peut se compliquer de facteurs culturels. Ainsi les proportions relatives des effets réels d'un médicament et de ses effets placebo peuvent varier selon les zones géographiques ; on s'est ainsi aperçu dans les années 1990 qu'en France et Belgique les effets réels du diazepam (Valium) contre l'anxiété étaient nettement supérieurs à l'effet placebo, mais qu'il n'en allait pas de même aux États-Unis. Le phénomène était cependant inverse avec le Prozac. Et les effets placebo apaisants de pilules bleues étaient plus forts partout dans le monde, sauf... en Italie.

Un élément de réponse rationnelle existe dans le fait que le cerveau produit ses propres opiacés, qui calment les douleurs. Il semblerait donc qu'un centre cérébral activé par un symbole, tel qu'une pilule, suffise à déclencher la production de ces substances. Cette ébauche d'explication n'éclaire cependant pas des effets placebo qui n'impliquent pas directement la douleur, comme la pression artérielle (50 % d'efficacité), la toux (36 à 41 %) ou le rhume des foins (22 %).

Les plus grandes firmes pharmaceutiques mondiales s'efforcent depuis des années d'analyser le phénomène placebo, afin d'en tirer les enseignements utiles et de produire des médicaments plus efficaces. Cela ne changera cependant rien à la capacité de l'organisme de se mystifier lui-même.

*

Est-ce le même mécanisme qui prévaut dans l'automystification ? Non, mais un mécanisme similaire. De même que le cerveau protège l'organisme contre la douleur qui compromet son équilibre, il protège l'individu en activant des schémas de comportement visant à accroître son bien-être ou à le prémunir contre des dangers. C'est ce qu'en psychologie on appelle l'engrammation d'expériences et de souvenirs. Au cours de l'existence et dans la vie des cultures, ces schémas se changeront en archétypes. Pour l'enfant victime de sévices d'un condisciple roux, par exemple, les personnes rousses présenteront un risque de danger. Il en ira de même au cours de son développement ultérieur ; il sera équipé de toute une batterie de concepts classés selon qu'ils sont positifs ou négatifs. Et de même que le chien de Pavlov salivait au simple son d'une clochette, l'individu adoptera des attitudes mentales caractérisées selon que certains concepts évoqueront pour lui des promesses de bien-être ou des dangers et entraîneront des attitudes favorables ou bien hostiles. C'est d'ailleurs ainsi qu'on dresse les animaux. Puis ces attitudes deviendront des habitudes et enfin, chez l'être humain, des mythologies.

Il n'est personne qui ne dépende d'une culture, c'est-à-dire d'une mythologie. Et c'est ainsi que même des esprits supérieurs peuvent se laisser influencer dans leur interprétation du monde et, sauf s'ils sont escrocs, duper leurs semblables avec la plus parfaite bonne foi.

DU MÊME AUTEUR

(suite de la page 4)

Le Mauvais Esprit, Max Milo, 2001.
Les Cinq Livres secrets dans la Bible, JC Lattès, 2001.
25, rue Soliman-Pacha, JC Lattès, 2001.
Madame Socrate, JC Lattès, 2000.
Histoire générale de l'antisémitisme, JC Lattès, 1999.
Balzac, une conscience insurgée, Éditions n° 1, 1999.
David, roi, JC Lattès, 1999.
Moïse I. Un prince sans couronne, JC Lattès, 1998.
Moïse II. Le Prophète fondateur, JC Lattès, 1998.
Histoire générale de Dieu, Robert Laffont, 1997.
La Fortune d'Alexandrie, JC Lattès, 1996.
Typo l'Admirable, Julliard, 1996.
Coup de gueule contre les gens qui se croient de droite et quelques autres qui se disent de gauche, Ramsay, 1995.
29 jours avant la fin du monde, Robert Laffont, 1995.
Ma vie amoureuse et criminelle avec Martin Heidegger, Robert Laffont, 1994.
Histoire générale du Diable, Robert Laffont, 1993.
Le Chant des poissons-lunes, Robert Laffont, 1992.
Matthias et le Diable, Robert Laffont, 1990.
La Messe de saint Picasso, Robert Laffont, 1989.
Les Grandes Inventions du monde moderne, Bordas, 1989.
L'homme qui devint Dieu :
I. *Le Récit*, Robert Laffont, 1988.
II. *Les Sources*, Robert Laffont, 1989.
III. *L'Incendiaire*, Robert Laffont, 1991.
IV. *Jésus de Srinagar*, Robert Laffont, 1995.
Requiem pour Superman, Robert Laffont, 1988.
Les Grandes Inventions de l'humanité jusqu'en 1850, Bordas, 1988.
Les Grandes Découvertes de la science, Bordas, 1987.
Bouillon de culture, Robert Laffont, 1986 (avec Bruno Lussato).
La Fin de la vie privée, Calmann-Lévy, 1978.
L'Alimentation suicide, Fayard, 1973.
Le Chien de Francfort, Plon, 1961.
Les Princes, Plon, 1957.
Un personnage sans couronne, Plon, 1955.

Cet ouvrage a été composé et mis en pages
par Facompo (Lisieux)

Achevé d'imprimer sur Roto-Page
par l'Imprimerie Floch à Mayenne
en août 2011
pour le compte des Éditions de l'Archipel
département éditorial
de la S.A.S. Écriture-Communication

Imprimé en France
N° d'impression : 80237
Dépôt légal : septembre 2011